U0505321

国家社会科学基金重大项目“中国式现代化建设中传承中华文明的内涵和价值研究”（23ZDA017）的阶段性成果

施韦泽研究系列
主编：陈泽环、王泽应

Albert Schweitzer

中国思想史

Geschichte des chinesischen Denkens

〔法〕阿尔贝特·施韦泽 著 〔法〕贝尔纳德·肯普夫 〔瑞士〕约翰·齐歇尔 编
常晅 译

上海人民出版社

引子
施韦泽的中国研究与文明互鉴

陈泽环

作为20世纪西方人道主义的伟大人物，敬畏生命哲学—伦理学的创立者阿尔贝特·施韦泽，[1]在其得到的许多高度评价中，有一个不太引人注意，这就是美国比较哲学家阿契·巴姆（Archie J. Bahm）教授称施韦泽为20世纪第一个真正的比较哲学家。这一论断似乎使人感到意外，但笔者认为，只要了解一下施韦泽的思想进程，就会认为是有一定道理的。就其思想史的视野而言，施韦泽涉猎的范围相当广泛，除了基督教神学思想之外，整个西方伦理思想史、印度思想家的世界观和中国思想史等，都是他深入研究的对象。关于其中国思想研究的特点，德国当代汉学家罗哲海（海因内·洛兹，Heiner Roetz）的评论值得参考："自启蒙运动以来在欧洲就没有像施韦泽那样，在苛刻的、基于理性而不是非理性之上的伦理构架之中如此认真地对待中国思想的人。"[2]此外，施韦泽对中国思想的关注和研究，不仅是他构建敬畏生命伦理学之理论活动的一个组成部分，而且也渗透到了其日常生活之中。例如，1945年5月，他在收音机里听到第二次世界大战结束的消息时，就走进书房拿起了老子《道德经》的第13章读了起来："兵者，不祥之器，非君子之器，不得已而用之，恬淡为上……杀人众多，以悲哀泣之；战胜则以丧礼处之。"[3]由此可见，对于中国文化和思想的高度重视和独特研究，确实是施韦泽生平和思想中的一个重要因素，值得我们仔细了解和深入探讨，特别是在京茨勒已指出"敬畏生命"作为"一种全球性伦理，是对全球化世界的一个必要回答"，而它又"借鉴了中国古典哲学"[4]的情况下。有鉴于此，为了比较客观地把握施韦泽的中国思想研究及其理论和实践意义，特别是面对当代世界范围展开的"文明互鉴还是文明冲突"的论争，我们可以从中获得哪些有益启示的挑战，在先前对其相关文本之解读的基础上，[5]本文拟从施韦泽中国研究的方式和动机、施韦泽中国研究的文明交往背景、作为文明交流互鉴先驱的施韦泽等几方面对"施韦泽的中国研究与文明互鉴"问题作些探讨。

一、 施韦泽中国研究的方式和动机

从施韦泽探讨、研究和发挥中国思想的进程来看，不同于其与印度思想的关系，可以说早在中学时代就开始了，因为这有其回忆录的依据；但是，鉴于他在20世纪10年代写作《文化哲学》时，就已经对中国古代哲学思想有了自己的特殊理解框架，这一情况似乎允许我们大胆估计，可能在大学时代他就与中国思想有所接触了。至于在施韦泽中国研究的论著中，最重要的是他写于20世纪30年代的《中国思想史》(2002年作为遗著出版)。此外，在《基督教与世界宗教》(1922年和1923年出版)、《文化哲学》第1—2卷（1923年出版)、

《印度思想家的世界观》(1935 年出版)、《文化哲学》第 3 卷 (1999 年和 2000 年作为遗著出版)、《世界宗教中的文化和伦理》(2001 年作为遗著出版)、《报告、讲演、论文集》(2003 年作为遗著出版) 等论著中，也有一定的涉及。例如，在《报告、讲演、论文集》中的一篇讲演中，施韦泽就说道："中国的两大哲学学派，即孔子和老子 (道家) 的学派都肯定世界和肯定生命。但是，孔子、孟子，还有墨子，他们的肯定世界和肯定生命与一种执着的人类之爱伦理结合在一起；而道家的伦理学则多少具有静观的特性。由于道家的肯定世界和肯定生命没有通过一种坚定地服务于进步的伦理而得以强化，从而它看起来似乎是否定世界和否定生命的。此外，在我们的纪元之初传入中国的佛教，其否定世界和否定生命倒是与道家相关。"[6]还有，在相关篇幅相对多一些的《文化哲学》第 3 卷、《世界宗教中的文化和伦理》等之中，也有独特的论述。因此，以下对"施韦泽中国研究基本状况"的概括分析，主要依据其《中国思想史》一书展开，当然与此同时也尽可能地利用一些其他相关文献。

就施韦泽中国思想研究的工作方式和基本特性而言，应该看到，他并没有掌握中文，因此其工作主要是依据德国汉学家的翻译文献来进行的，其中特别是引用了德国著名汉学家卫礼贤 (Richard Wilhelm，1873—1930) 翻译的中国古代经典著作的德语文本。从而，他的中国思想研究，与其说是一种德国汉学家的专业学术研究，毋宁说是一个提出了自己特定伦理理念之思想家的思想史探索：虽然有一种要确定 (展示) 中国思想在人类思想上占有一席之地的愿望，但毕竟只能从其"伦理地肯定世界和生命"的命题和框架出发，给出一个中国思想发展进程的概要。关于这一点，正如《中国思想史》的编辑者肯普夫和齐歇尔所说的那样："与之相应的是，他的人类思想史手稿绝大部分的大标题都是'对生命的敬畏'，我们这本书 (1937 以及

1939/1940）也不例外。”[7]而更重要的一点则是，从哲学—伦理学研究的角度来看，像启蒙思想家一样，施韦泽也认为中国不仅是一个学术意义上的研究对象，而且也是一个可以寻找“伦理文化发展”之基础的实践对象。因此，他从未由于中国思想的实践特性和力图贴近生活而否定其哲学性（例如像叔本华和黑格尔等对待孔子的那样），而是批判了已丧失其“公共责任”的现代学院哲学—伦理学，体现了一种在学术界被忽视了的、侧重于公众效应的生活世界哲学—伦理学。正是基于这种对伦理不能孤立地、以纯学术的方式去研究，而且其发展也不可能在一个单一的、纯粹的文化系统中得以实现的观念，使施韦泽在构建自己的伦理思想时，能够努力吸取包括中国思想在内的人类精神生活精华，不仅突破了当时欧洲主流哲学界中西方单一文化传统的垄断地位，而且在中国思想研究本身中也取得了重大成就：“在手稿中提供了一个关于中国哲学从古到今的基本发展脉络的概况，它不仅在量的层面上大大超越前人，并且在其对中国思想的积极评价上也可以说是前所未有的。”[8]

当然，为充分把握施韦泽中国研究的这一工作方式和基本特性，首先就要从理解其考察中国思想的动机和主题着手。施韦泽对中国思想的研究，属于其整个文化哲学研究的一个组成部分，其动机和主题是面对20世纪之初第一次世界大战爆发，在确认西方文化衰落的同时，寻找西方文化重建或再生的道路。为此，在分析了当时西方文化衰落的原因之后，施韦泽阐发了关于“文化的伦理本质”和“文化的再生之路”的基本观点：在文化发展中，只有伦理的进步才是本质性和确定性的进步，作为文化的建构性要素，只要伦理的动能重新在人们用以塑造现实的信念和观念中起作用，衰落就会转变为兴起；并由此提出了西方文化复兴和重建的途径：由于“文化以世界观为基础”，因此，西方文化的重建必须从世界观的重建开始，即要从论证一种乐观主义（肯定世界和生命）和伦理的世界观开始。至于为论证这样一种世界观，鉴于西方探寻“伦理地肯定世界和生命的世界观”的悲剧性过程，施韦泽认为有必要摆脱西方中心论的束缚，吸取东方（印度和中国）思想中的合理因素，放弃对世界进行乐观主义的解释，承认世界观念和生命观念、认识和意志的二元论，从天真的肯定世界和生命达到深刻的肯定世界和生命，从伦理的冲动达到思想必然的伦理：“存在着一种世界哲学，西方哲学只是其中的一部分。从而，只要人们把哲学理解为对世界观的努力探寻，并追求哲学应该论证和深化的基本信念，人们就使我们的思想与印度人和中国人的远东思想进行交锋。”[9]当然，施韦泽要求西方思想与印度和中国思想进行交锋，并不是要抛弃西方思想，全盘接受东方思想，而是要通过借鉴会使西方人“感到陌生”的东方思想，发现西方思想的局限，放弃“在世界的意义中把握生命意义”的传统做法，提出一条以“深刻思想”论证乐观主义—伦理世界观的“新路”。

这样，基于其“伦理地肯定世界和生命”的世界观，施韦泽在吸取印度思想家“伦理地否定世界和生命”的世界观追求内在文化和消解西方盲目乐观主义、主张不杀生等积极因素的同时，也批判了其缺乏发展文化之强大动力的局限，而对中国思想则作出了更高的评价，认为中国思想实际上已经是一种伦理地肯定世界和生命的世界观：老子、庄子、孔子、孟子、列子，以及可以说他们所有人，都是这样的思想家；西方思想探寻的世界观问题，在他们那里以一种陌生的、但吸引人的方式出现在我们面前。但是，对中国伦理地肯定世界和生命之世界观的论证方法，基于其道德论证的基本框架，他则更多地采取了保留和分析的态度。由此施韦泽认为，虽然就基本要素而言，启蒙运动的理性主义世界观与孔子和晚期斯多葛学派的乐观主义—伦理一元论相符，但它所具有的热情却远远超过孔子和晚期斯多葛学派，从而开辟了人类文化史上的最伟大时代。但是，“理性主义信念的基础在于：它认为乐观主义—伦理的世界观已经得到了论证。但实际上，乐观主义—伦理的世界观并没有得到论证，而是像孔子和晚期斯多葛主义者一样，建立在对世界简单解释的基础之上。”[10]这就指出了孔子（包括老子、孟子、庄子）对伦理地肯定世界和生命世界观的论证并没有达到思想必然的高度，而只是建立在“对世界简单解释的基础上”，即“试图在一种肯定世界和生命的自然哲学中论证伦理”“从伦理上解释世界意志”。从而，中国思想是一种一元论和泛神论的世界观，无法解决这样的问题：在多大程度上，我们能够认为世界的根源是伦理的？在我们的生命意志对这一根源的奉献中，我们能够在多大程度上成为伦理的？

二、施韦泽中国研究的文明交往背景

以上对“施韦泽中国研究的方式和动机”的概括分析表明，如同研究欧洲思想史、印度思想史、世界宗教的伦理一样，他研究中国思想史的目的也是为了论证其伦理地肯定世界和生命的世界观——敬畏生命的伦理学，并不只是为了掌握或传播关于中国的一般或专业知识，而是企图通过总结西方、印度和中国思想史的经验教训，由此论证一种能够实现西方乃至人类文化复兴的世界观。尽管已经有学者指出这种研究方式的局限，与其对印度思想的研究类似：“他关于印度思想文本的主要兴趣在于考察它们的各种伦理学说在多大程度上符合他敬畏生命的伦理观”，[11]不能代替西方汉学的专业学术研究；但应该承认，就其敬畏生命伦理学产生了世界性的积极效应而言，应该说施韦泽实现了“西方思想与印度人和中国人的远东思想之间真正交锋”的目标。在这一意义上，甚至可以说，像德国思想家韦伯的《儒教与道教》、雅斯贝尔斯的《大哲学家》一样，《中国思想史》等也表明：“即使不通晓中文也仍然完全可以在汉学核心的研究主题内部做出非常有意义的贡献”。[12]当然，对于我们来说，现在更具理论和实践意义的问题则是，他的这一“交锋”，在人类思想史上，特别是在近代以来的中西思想文化交流史中的意义何在呢？显然，为回答这一问题，首先就有必要澄清包括中西思想文化在内的文明交流互鉴在整个世界文明发展史中的重要地位：“东西文化接触是文明世界的强大推动力。以哲学为例，东西哲学均有其自身的发展规律，但同时也发生相互影响。中国哲学对欧洲思想的影响，实以 1645 年至 1742 年天主教徒争论之礼仪问题，与耶稣会士对宋儒理学之态度为其关键。但欲明此，须先注意中国文化西传之历史。以吾所见，13 世纪至 16 世纪中国的重要发明，以蒙古人与阿拉伯人为媒介，其所传播之中国文明，实予欧洲文艺复兴之物质基础创造了条件；而 16 世纪以来耶稣会士来华传教，其所传播之中国文化，则实予 17、18 世纪欧洲启明运动创造了思想革命的有利条件”。[13]

朱谦之的以上论述首先告诉我们，“东西文化接触是文明世界的强大推动力”，这一有别于世界历史线性动力发展（也有一定合理性，但不宜绝对化）的观点，现在看来似乎平淡无奇、广为流传（当然也不宜绝对化），但要知道此话写于 20 世纪 50 年代的中国，这是多么地困难和深刻。其次，他指出东西哲学均有其自身的发展规律，既为当时当地物质性的生产力和社会关系及思想传统所制约，但同时也会受到其他文明传统的生产力和社会关系及思想文化的影响。有了这两点基本认识，就为他也为当下的我们考察中国哲学对近代欧洲思想的影响奠定了理论基础：13 世纪至 16 世纪中国的“四大发明”等科学技术的西传为欧洲文艺复兴之物质基础创造了条件，16 世纪以来西传之中国思想文化为17世纪和18世纪的欧洲启蒙运动创造了思想革命的有利条件。朱谦之的这一概括，即使从当前学术界关于中西文明和文化关系史的研究成果来看，显然也是有事实根据和合理的。例如，法国启蒙运动的领袖伏尔泰（Voltaire，1694—1778）就十分推崇孔子："孔子本人，他享有一切荣誉，——不是神的荣誉（神的荣誉谁也无法享受），而是一个人由于在神明的问题上，提出了人类理性所能形成的最圣洁的看法而受之无愧的荣誉。"[14]此外，法国重农学派的领袖魁奈（Francois Quesnay，1694—1774）也被当时的思想知识界人士称为"欧洲的孔子"。[15]当然，这方面最重要的文献当属莱布尼茨（Gottfried Wilhelm Freiherr von Leibniz，1646—1716）的相关论述。作为德国启蒙运动的第一个伟大人物、德国近代哲学的真正奠基者，在近代德国的著名哲学家中，可以说他不仅是最早对中国思想文化作出高度评价的人，而且也可以说是进行了最合理评价的人："人类最伟大的文明与最高雅的文化今天终于汇集在了我们大陆的两端，即欧洲和位于地球另一端的——如同'东方欧洲'的'Tschina'（这是'中国'两字的读音）。我认为这是命运之神独一无二的决定。也许天意注定如此安排，其目的就是当这两个文明程度最高和相隔最远的民族携起手来的时候，也会把它们两者之间的所有民族都带入一种更合乎理性的生活。"[16]

但是，正如世界历史的前进是曲折的那样，人类思想史的发展也不是一条直线，在启蒙运动后期，特别是在18世纪末期法国大革命之后，曾经广受喜爱和推崇的中国思想文化，在欧洲被批判并逐步走到了被彻底贬斥的地步。这一批判和贬斥开始于当时"先进"的英国人和法国人。例如，"英国人率先抛弃对古代的崇拜之情，津津乐道于本国现行制度下所取得的各项成就。……比较早也比较多地批评中国"，[17]反映在著名经济学家斯密（Adam Smith，1723—1790）的《国富论》中就是："中国一向是世界上最富的国家，就是说，土地最肥沃，耕作最精细，人民最多而且最勤勉的国家。然而，许久以来，它似乎就停滞于静止状态了。"[18]而在法国的孟德斯鸠（Montesquieu，1689—1755）那里，中国则成了专制国家的典型："中国是一个专制的国家，它的原则是恐怖。在最初的那些朝代，疆域没有这么辽阔，政府的专制的精神也许稍为差些；但是今天的情况却正相反。"[19]至于在"落后"的德国，虽然相对于英国和法国强调德国文化的民族性，但是对于东方各民族，即使承认其特殊性，也开始持一种贬斥的态度。例如，不同于高度评价了中国文化的莱布尼茨和沃尔夫（Christian Wolff，1679—1754），赫尔德（Johann Gottfried von Herder，1744—1803）在其 1787 年的《人类历史哲学的理念》中说："中国人以及世界上受孔子思想教育的其他民族仿佛一直停留在幼儿期，因为这种道德学说呆板机械，永远禁锢着人们的思想，使其不能自由地发展，使得专制帝国中产生不出第二个孔子。"[20]这种对中国及其思想文化的极端贬斥，到了黑格尔（Georg Wilhelm Friedrich Hegel，1770—1831）那里，更是发展成了一种思辨历史哲学的体系："中国人和印度人一样，在文化方面有很高的声名，但无论他们文化上的声名如何大、典籍的数量如何多，在进一步的认识之下，就都大为减低了。"[21]中国"在任何情况下，它都把自己的特性一直保持下来，因为它始终是独立的帝国。这样，它就是一个没有历史的帝国，只是自身平静地发展着，从来没有从外部被摧毁。其古老的原则没有被任何外来的原则所取代，因此说它说没有历史的"[22]。

对比以上两种不同的中国观，为什么同为欧洲的思想家，面对同一个认识对象——中国，他们对中国评价的差别会如此之大，以至于可以说有霄壤之别呢？分析下来，除了各思想家所得到的中国信息不同（有的来自传教士翻译的经典文献，有的来自商人和旅行者的报道），特别是他们各自认知中国的立场和旨趣有别之外（有的想借鉴中国改革内政或通过批判中国建立新制度，有的想与中国通商贸易），更重要的则是自17世纪到19世纪初，中国和欧洲之间的文化和文明“势能”发生了根本性的变化。17世纪和18世纪之初，欧洲还处于全球扩张的初期，内部各种革命正次第展开，遥远的中国由于其异域的、先进的“封建主义”导致的文明之宏大、富庶和文化精致等特点，成为当时启蒙思想家的推崇和借鉴对象，集中体现在莱布尼茨、沃尔夫和伏尔泰、魁奈等人的言论中。而到了18世纪中期之后，欧洲近代对内革命和对外扩张的文明已经崛起，中华文明开始相形见绌，斯密、孟德斯鸠直至赫尔德、黑格尔的中国停滞论、专制论、腐败论就成了19世纪西方人看待中国的基调。当然，从上述引证的相关文献来看，尽管对中国的推崇论有一定的溢美之处，贬斥论所包含的偏见也不少，但不能否认，两者都有一定的事实依据，并非都是主观臆测，相反，其中多面性和复杂性程度较高。因此，对于近代欧洲思想家的中国观，重要的不是去评判这多面性和复杂性中的谁对谁错，而是要从整个人类文明史发展的过去、现在和未来的大历史角度，来考察哪种中国观更符合21世纪文明多样平等和交流互鉴的历史性要求。如果上述立场可以得到认定的话，那么看来，与斯密、孟德斯鸠、赫尔德和黑格尔等人相比，由于莱布尼茨、伏尔泰等早期启蒙思想家具有较多的世界主义、人道主义精神，与西方唯一文明论和殖民主义色彩较浓的斯密、孟德斯鸠、赫尔德和黑格尔等相比，尽管他们对西方资本主义的经济、政治和文化的论证也包含着不少合理性，但还是应该说前者的中国观更为合理些。试问，短短200年后，面对21世纪中叶中华民族伟大复兴的前景，再说中国“停滞”“专制”和“没有历史”，还有什么实践和理论意义？

三、 作为文明交流互鉴先驱的施韦泽

这就涉及要确立一种合理的比较文明观之问题。20 世纪 90 年代以来，随着“冷战”结束，东西方之间的意识形态斗争虽未完全消失，但“文明冲突”（亨廷顿语）却尖锐起来，尽管这也许只是一种掩盖实际种族、民族、国家和阶级利益冲突的一种表面现象。当然，应该指出的是，与 19 世纪西方唯一（单数）文明论在现实和观念中占主导地位不同，当代包括“文明冲突”在内的“文明”概念主要被理解为是复数的，即多样和平等的：“在英语中表示为‘civilizations’。在这种语境中，历史上出现过的较大人类共同体各自有不同的发明创造和生存、表现成就，它们相互有差异，但是却以各自的方式实现自己的存续和发展。复数的文明概念，演变为对形成传统的大规模的人类共同体的文化和成就特性的区分，从而形成文明比较的意识和各个民族、文化、社会各自具有独特价值的意识。”[23]相对于单数（实则西方唯一）的文明观念，这种复数文明观的出现，在西方思想史上，也可以说从斯密、孟德斯鸠、赫尔德和黑格尔向莱布尼茨、伏尔泰的回归。与这一人类文明史进程的宏大背景相应，当代学术界关于文明问题的论著和理论也日益增多，并引起了包括学术界本身以及整个社会层面的广泛关注，我国学者也在此发挥了比较成熟的观点。例如，耿昇指出：各种文化的交流与人类文明的发展几乎是同步的，各种文明都以其独特的方式对人类文明作出了贡献。只有通过互补，才能使人类的共同财富更加丰富，并更好地为人类的共同利益服务。只有加强国际间、地区间和民族间的相互交流和借鉴，发达者才能不失上升之势，落伍者也才能奋起直追。“文化交流永远是双向互惠的，绝不

会有永久的‘施主’或‘化缘者’。当然它也不会始终都是等价交换，而是某一方在某一时代或某一领域受益较多，另一方则在其他时代和其他领域给予更多的回报。这就是各种文化圈的相互依存特征。”[24]显然，这是一种比较合理的比较文明观，也为我们在考察施韦泽中国研究的方式和动机、施韦泽中国研究的文明交往背景的基础上，确认“作为文明交流互鉴先驱的施韦泽”的命题奠定了基础。

实际上，对于近代以来的中西思想文化交流史，施韦泽也有过三个阶段细致的分析：17 和 18 世纪“中国思想被欧洲认识”，其特征集中体现为莱布尼茨、沃尔夫、伏尔泰等人惊讶地发现“中国思想和他们的思想多么接近”；19 世纪欧洲“对中国思想的热情逐渐减退”，康德后哲学和浪漫主义不承认中国理性主义的重要性；19 世纪和 20 世纪之交重新开始的“欧洲对中国思想新的兴趣”，“孔子和老子在静悄悄的、不知不觉地施加了重要影响……中国思想[对于]世界的意义开始在我们的时代越来越为人们所察觉。”[25]虽然十分简略，但这种三阶段的概括不仅勾勒了一个近代三个世纪欧洲理解中国思想的基本线索和图景，与现在的一般中西文化交通史研究的理解类似，而且也可以为我们在把握施韦泽中国研究的文明交往背景时提供参考。正是基于在 19 世纪和 20 世纪之交西方现代性文明和文化危机中，中国思想对西方文化重建和复兴的重要性，主要通过对“中国思想同印度及欧洲思想的比较”，包括和古代印度伦理、古希腊伦理思想、查拉斯图特拉伦理、犹太教和基督教伦理等的比较，施韦泽高度评价了中国思想：“中国伦理是人类思想的一大重要功绩。较之其他任何一种思想，中国思想都走在了前面，它第一个将伦理视为一种以绝对的方式存在于人的精神本质中的东西，它也是第一个从其基本原则中发展伦理思想，并且第一个提出了人道理想、伦理文化国家理想——并且以一种适应任何时代的方式。作为一种高度发达的伦理思想，中国伦理对人与人之间的行为提出了很高的要求，并且赋予了爱还要涉及生灵及万物的内涵。这种先进性和巨大的成果还来源于中国伦理采取的正确的对生命及世界的肯定观，它以自然而细致的方式去面对现实生活中的实际问题。”[26]对于这一评价是否过高了的问题，可以有不同意见并展开争论，但它至少表明，在20世纪西方对中国思想的重新关注中，不同于当时的浪漫主义文明怀疑论主要体现了道家思想的特征，施韦泽则逆潮流而动，更多地仍然坚持了启蒙运动的“伦理理性主义”——伦理地肯定世界和生命，综合了儒家和道家思想的积极因素，因此也就更全面些。

但是，施韦泽也并非没有看到中国思想本身的局限，除了指出其伦理地肯定世界和生命之世界观的论证方式建立在“对世界简单解释的基础上”之外，在与不从伦理上解释世界的查拉斯图特拉伦理、犹太教和基督教伦理进行比较时，认为中国思想缺乏它们所具有的战斗“激情”，其伦理的理想人格模型也局限在自然关系的范围之内，而没有深入涉及诸如“不加限制的宽恕以及对敌人施加的爱”等人与人关系中的最困难问题。特别是在实践中，“没有人试图解决中国地主对于实际进行耕作的农民的剥削问题。农业生产的问题无从解决以及人口不断增长导致民众越来越穷困表明了孔子思想本身蕴含着的悲剧式的无能为力”[27]。由此可见，在对整个人类思想史的研究中，施韦泽虽然高度评价了中国思想，但他对中国思想的局限性仍然保持了清醒的认识，作出了自己的敏锐分析，特别是对近代以来“中国伦理思想的命运”作了深刻的概括和展望，体现了一个思想家的成熟。由此，在探讨了中国古代思想史的基本进程之后，施韦泽指出自19世纪中期以来中国、中国文化和中国思想面临了严重的危机，掌握了现代化武器装备的国家分别从东方和西方侵略它，直到1938年才终于拿起武器为拯救自己的生存而斗争。至于在文化上，使施韦泽感到痛心的是，中国当时的应对是悲剧性的，清朝统治者不思在新要求面前做出最低限度的调整，而在国外留学的知识分子中则出现了革命者，他们认为中国的希望在于迅速地实现民众思想的欧化以及建立共产主义制度，坚持孔子的作用已经尽到，但施韦泽则认为：“尽管孔子与一个时代的潮流不相一致，但未来仍然属于他……由孔子一手创造的思想还没有达到它最完全的发挥……如果设想一下中国思想的明天，那么它必然是一个从孔子学说出发的通过实现其开始具有的各种可能性并将其中蕴含的所有生机和活力都淋漓尽致地发挥出来的有所革新的思想。……对孔子精神做符合时代精神的革新意味着精神和伦理文化对于物质主义文化的一次胜利，它将不仅对于中国，甚至对于全世界都有着重大的意义。”[28]

对于施韦泽的上述论述，看起来具有浓厚的文化保守主义色彩，更何况他对当时已经在中国进行的、后来继续的、并取得伟大历史性成就的共产主义革命也缺少了解，似乎不太合理。但历史是复杂的，在经过激烈的政治革命、经济革命和文化革命之后，在中国共产党成立 100 周年、执政 72 年之际，中国共产党的领导人庄严宣告：“坚持把马克思主义基本原理同中国具体实际相结合、同中华优秀传统文化相结合。”[29]这一论断标志着，在经过百年来的“打倒孔家店”的曲折之后，以孔子为主要代表的中华优秀传统文化在中国当代社会——中国特色社会主义社会中终于获得了必要和充分的地位。而如果从这一视角再来考察施韦泽关于“尽管孔子与一个时代的潮流不相一致，但未来仍然属于他”的思想，不是也可以看出，在其表现出局限性的同时，也包含着深刻的合理性吗？由此可见，作为 20 世纪西方世界一个伟大的人道主义者、独特的思想家，其在创立敬畏生命伦理学的同时展开的人类思想史研究，特别是中国思想史研究，不仅很早就超越了当时弥漫于西方思想界的西方中心论，而且还很有远见地预见了中国思想在面临19世纪的危机、经过20世纪的革命到21世纪的民族复兴进程中的命运，确实难能可贵。在这一意义上，我们说施韦泽是20世纪世界范围内中西文明交流互鉴的先驱，应该是名副其实的。当然，像任何伟大人物都有其局限性一样，施韦泽也不例外。例如，他没有把其长期生活地的非洲思想纳入其伦理思考，对伊斯兰教则持较为批判的态度，虽然也强调了伊斯兰教的道德取向；因此，“如果说相对于某些文化，诸如非洲文化来说，施韦泽坚持启蒙运动的标准有落入欧洲中心主义的偏见之嫌的话，那么在对中国这样一个自身在古典时期就已经经历了启蒙运动的国家时则很大程度上形成了非常合适的评价。”[30]当然，指出这些，并不是说我们比施韦泽高明，而是说在新的历史条件下，我们要继续深化施韦泽早就从事了的文明交流互鉴的事业。

陈泽环

2024年1月于沪

注 释

[1]参阅陈泽环：《敬畏生命——阿尔贝特·施韦泽的哲学和伦理思想研究》第一篇《伟大人格》，上海人民出版社2017年版。

[2][法]施韦泽：《中国思想史》，社会科学文献出版社2009年版，第216页。

[3][法]施韦泽：《对生命的敬畏——阿尔贝特·施韦泽自述》，上海人民出版社2019年版，第273—274页。

[4][德]京茨勒：《阿尔贝特·施韦泽思想导论》，上海人民出版社2020年版，第197页。

[5]参阅陈泽环：《敬畏生命——阿尔贝特·施韦泽的哲学和伦理思想研究》第四篇《中国研究》，上海人民出版社2017年版。

[6] Albert Schweitzer，Vortraege，Vorlesung，Aufsaetze：Verlag C. H. Beck Muenchen，2003，S.149.

[7][法]施韦泽：《中国思想史》，社会科学文献出版社2009年版，第5页。

[8][法]施韦泽：《中国思想史》，社会科学文献出版社2009年版，第218页。

[9][法]施韦泽：《文化哲学》，上海人民出版社2017年版，第103—104页。

[10][法]施韦泽：《文化哲学》，上海人民出版社2017年版，第193页。

[11][美]巴萨姆：《敬畏生命——阿尔贝特·施韦泽对伦理思想的伟大贡献》，上海人民出版社2020年版，第95页。

[12] [法]施韦泽：《中国思想史》，社会科学文献出版社 2009 年版，第 216 页。
[13] 朱谦之：《中国哲学对欧洲的影响》，上海人民出版社 2006 年版，第 23 页。
[14] [法]伏尔泰：《伏尔泰文集第 4 卷 · 风俗论》上册，梁守锵译，商务印书馆 2019 年版，第 254 页。
[15] 谈敏：《法国重农学派学说的中国渊源》，上海人民出版社 2014 年版，第 61 页。
[16] [德]莱布尼茨：《中国近事：为了照亮我们这个时代的历史》，[法]梅谦立、杨保筠译，大象出版社 2005 年版，第 1 页。
[17] 张国刚：《中西文化关系通史》，北京大学出版社 2019 年版，第 741 页。
[18] [英]亚当 · 斯密：《国富论》，郭大力、王亚南译，商务印书馆 2019 年版，第 65—66 页。
[19] [法]孟德斯鸠：《论法的精神》上册，张雁深译，商务印书馆 2020 年版，第 153 页。
[20] 清华大学思想文化研究所编：《世界名人论中国文化》，湖北人民出版社 1991 年版，第 180 页。
[21] [德]黑格尔：《哲学史讲演录》第一卷，贺麟、王太庆等译，商务印书馆 2019 年版，第 128 页。
[22] [德]黑格尔：《黑格尔全集第 27 卷 · 世界史哲学讲演录（1822—1823）》，刘立群等译，张慎等校，商务印书馆 2017 年版，第 114 页。
[23] 赵轶峰主编：《中华文明史》，陕西师范大学出版社 2017 年版，第 2 页。
[24] [法]安田朴：《中国文化西传欧洲史》，耿昇译，商务印书馆 2013 年版，第 2 页。
[25] [法]施韦泽：《中国思想史》，社会科学文献出版社 2009 年版，第 109 页。
[26] [法]施韦泽：《中国思想史》，社会科学文献出版社 2009 年版，第 186 页。译文据原文有修订。
[27] [法]施韦泽：《中国思想史》，社会科学文献出版社 2009 年版，第 205 页。
[28] [法]施韦泽：《中国思想史》，社会科学文献出版社 2009 年版，第 107—108 页。
[29] 习近平：《在庆祝中国共产党成立 100 周年大会上的讲话》，《求是》2021 年第 14 期，第 10 页。
[30] [法]施韦泽：《中国思想史》，社会科学文献出版社 2009 年版，第 217 页。

中文版出版说明

关于文本中括号的使用：如同德文版出版说明中已经说明的那样，正文内容如不加说明则为施韦泽撰写的内容，书中有小括号的地方是原著者所加；中括号内的文字则是德文版编者为保持文本的完整和通顺，根据上下文添加的。

在将此书翻译成中文的过程中，对于一些专有名词和重要核心概念，译者都在中文译名的后面使用小括号保留了外语的书写，以便于读者查对，如兰巴雷内（Lambarene）。此外，原文中需要解释说明或者与事实情况有出入的内容，译者也在后面加了小括号，并附上了解释说明。所有这些译者添加的文字均注明了“译者注”。

关于页码和注释：由于翻译后，中文版和德文版的页码无法完全一致，而书中又有很多内容涉及原书页码的引用和说明，特别是书后的索引部分。因此，我们在中文版中以在页边插入数字的方法保留了德文原版的页码，方便读者查对。如无特别说明的，凡涉及原文出处的页码均指德文原版页码。出于同样的目的，我们也保留了德文版中一个章节通排注释的排版方式。

关于中国古代的人名、地名和书名：在施韦泽时代，涉及中国的专有名词在拼写方法上很不统一，各种书写方法并行。通读原文，不难看出，施韦泽很注意书写的规范和还原中国古代思想家名字的本来面目。但是，尽管如此，原文中还是有极个别的人名书写的谬误和在翻译时无法考证的地方，这些译者都以译者注的形式存疑。

另外，原文中施韦泽在提及中国思想史上的经典文献时，同当时很多西方人一样，采用了音译与意译结合的方法。比如《诗经》，他

就用拉丁化的拼音 *Shi-king*，后面再在括号里面加上解释“诗歌之书”。这一习惯，我们在中文版中也保留了，详见书后的参考文献。

关于引文：关于中国经典文献的引文及其出处，原文当然是采用了翻译本，其章节出处也来自译本上的罗马数字。为了不扩大译本的篇幅，译本没有对这种简化标记的形式加以转换。读者可以根据数字标记自行查阅原文，例如“《庄子》，VI，6”就是指引文出自《庄子》中第六章《大宗师》中的第六小节。

关于一些错误之处：诚如施韦泽自己所说，他撰写此书是在远离一切图书馆的情况下完成的，再由于施氏本人不懂中文，只能参考大量翻译成欧洲语言的文献资料，因此，他在一些专有名词上犯了错误，对于一些概念也产生了误读。最后就是关于一些年代和事件的描述，也有与我国通说不尽相同的地方，这有可能是施氏本人的错误，也有可能是因为他沿用了当时某个错误的版本，对于这些问题，德文版编者并没有做考证，为方便中国读者阅读，我们做了相应调整。

译者序言

刚刚接到出版社翻译施韦泽的《中国思想史》的委托时，我起先很是惊讶。因为提起阿尔贝特·施韦泽这个名字，恐怕人们很难会将他和中国思想史联系在一起。谈及施韦泽，人们首先会想起，他是诺贝尔和平奖获得者；他放弃欧洲优越的生活远赴非洲的兰巴雷内（Lambarene，在今加蓬共和国境内）建立施韦泽医院，救死扶伤的事迹；接着人们会想起他在音乐上的造诣，他对巴赫的理解和他出色的风琴演奏技法。同时，施韦泽还是一位神学家和哲学家。他出身于一个牧师家庭，受此影响，他早在25岁那年就获得了神学和哲学博士学位。施韦泽一生中有关哲学和伦理学的著作颇丰，特别是他提出的"对生命的敬畏"（Ehrfurcht vor dem Leben）的概念至今在哲学和伦理学领域内仍然占有重要的地位。

施韦泽的这本《中国思想史》无论在海外还是在国内，和他其他的著作相比都算得上是默默无闻了。其主要原因在我看来大致有三点：首先，本书在施韦泽生前未能出版，甚至他在生前仍然未能将此书彻底地完成；其次，在学术界，特别是在德国的汉学界，施韦泽的这份手稿得到了不无争议的评价*；最后，人们对于施氏的认识还仅仅局限在医生、音乐家和哲学家，其他方面的光芒令人们根本没有想到他还曾经认真而系统地阅读过中国古代思想方面的著作，并对其有过专门的著述。

惊讶之余便是担心，担心自己无力胜任此书的翻译。然而在哲学系方向红老师的鼓励下，我终于鼓起勇气，迎接了这次挑战。《中国

* 参见本书德文版序言及后记。——译者注

思想史》的德文版在贝尔纳德·肯普夫和约翰·齐歇尔两位编者的努力下，于1999年在德国出版。至今，时隔十年，这本论述中国思想的书也终被译成中文，与中国的读者见面。然而，我们不能忽视的事实是，施韦泽的手稿形成于20世纪30年代，距今天已经有七十多年了；此外，两位编者是在未能出版的遗存手稿基础上将此书整理出版的，因此，本书在完整性、全面性和时效性上都打了一定的折扣。那么，本书对我们来说还有什么样的意义，我们又将如何去阅读此书呢？

本书除了"德文版序言"和"后记"外共分为"印度和中国思想史（1939/1940年稿）""中国思想史（1937年第一稿）"和"附录"三个部分。其中以1939/1940年稿的"印度和中国思想史"这一部分内容最为完整，体系最为全面。它以非常小的篇幅介绍了印度思想的产生和发展，然后用绝大部分的篇幅介绍了从先秦到晚清中国思想的发展历程。当然，施韦泽的主要研究对象仍然是中国先秦的诸子百家，并且对儒家、道家（道教）和佛教在中国封建社会的发展做了一些独具匠心的探讨。1937年稿形成较早，从内容和体系上看均不及1939/1940年稿来得完整全面，这也是德文版编者将之放在第二部分的原因。1937年第一稿与1939/1940年稿是同一部著作在不同时期的两个不同版本，因此，它们在内容上有重复之处，同时1937年第一稿又有自己的特色。"附录"部分则是施韦泽的草稿，很多地方还只是一些写作计划和比较零散的篇章。两位德国编者无法将其归入前面正文的部分，但为了让专门的研究者和有特别兴趣的读者能够更好地了解施韦泽著作的全貌，他们仍然保留了这些不成熟的文字。译者建议读者在阅读本书时应当以第一部分（1939/1940年稿）作为蓝本，比较全面和系统地了解施韦泽的《中国思想史》一书的脉络；在把握了全书的总体构架之后，再就某个专题从第二部分（1937年第一稿）和"附录"中寻找相关章节进行对比阅读。

译者序言

“施韦泽一直致力于按照对生命的敬畏的伦理观来归纳人类的思想史，中国思想史是其宏大的至今仍然有着巨大现实意义的计划的一部分。”这句话在译者看来，既点明了施韦泽撰写《中国思想史》的动机，又揭示出这部思想史中包含的伦理观点的思想主线。无论对于本书中略微提及的印度思想，还是对于中国思想，施韦泽都根据生命和世界观将之分成肯定观和否定观两大潮流，然后根据这两大潮流的发展以及相互的作用来分析和阐述思想史的发展。同时，敬畏生命和伦理生活的原则又是施韦泽衡量思想的一杆标尺。弄清楚这一点后，对于1939/1940年稿当中较大篇幅的介绍印度思想及其发展史的内容就不难理解了。一方面，施韦泽其志并不在于研究中国思想这个单一的研究对象，而是整个人类的思想；另一方面，印度思想史中对生命及世界的肯定和否定观的关系及其互动发展与中国思想正好是两个完全不同的模式：“在印度，两种潮流是交替发展的；而在中国，两大潮流则是并行不悖的，只不过自然思想的潮流从一开始就比道家神秘主义更为繁盛。”* 对这样两个有着悠远的思想史的东方大国的思想发展史略做比较是非常有意义的。

在译者看来，本书翻译出版在以下两个方面有填补空白的意义：首先，在施韦泽研究领域，本书的翻译出版无疑是对国内施韦泽研究的一大贡献，同时也使人们对施韦泽及其思想宝库有更加全面的了解和认识。研究施韦泽的思想时，必不可少的工作就是了解他的生平及其著作，从而慢慢探究其思想的形成和发展，厘清一条主线。《中国思想史》一书的出版，对我们了解和重构施韦泽思想体系的大厦显然有着举足轻重的作用。从施氏对中国思想流派的阐述和评价中，我们完全可以解读出其思想倾向，这当然是其本身的立场和思考的出发点的

* 《中国思想史》，1937，II，前文，第285页。如无注明，注释中的页码均指原书页码，即本书边码。——译者注

显现；比如，对于中国民间伦理思想中体现出来的“善待生灵的劝诫”的伦理思想，施韦泽认为它是从中国思想自身中萌生出来的，“而并不像一直说的那样受到佛教的影响” * 。这和施氏试图以“敬畏生命”的原则来归纳人类思想的尝试是完全合拍的。其次，对中国思想以及思想史的研究，施韦泽的这本《中国思想史》也是一家之言，是在特定时期、特定的动机下，对中国思想及其发展史的一种独到解读，它必然能够丰富中国思想史研究的宝库。我们要看到的是，这是施韦泽作为敏感的哲人，于20世纪30年代，这个欧洲充满了思想危机的时代，对中国思想做出的自己的解读和评价。这样，我们也才能够明白，为什么施韦泽在评价中国的某个思想体系时，似乎总带着要寻找到一个终极的、完美的思想体系的抱负。在本书中，施韦泽一再对孟子的“文化国家”的理念高度评价和对道家提出的非暴力原则表示认同，都体现了远在宁静和平的非洲的施韦泽面对欧洲动荡的局势时所做出的反思和理论上的探索，这种反思和探索即使放在今天，仍然是有现实意义的。

此外，我要感谢时任南京大学哲学系副教授的方向红老师在我翻译前对我的支持和鼓励；在我赴德国进修期间，哥廷根大学跨文化日耳曼学系的阿尔布雷希特（C.Albrecht）、胡诺尔德（C.Hunold）和施魏格尔（I.Schweiger）三位老师都在文本的理解上给予我很大帮助；最后，我还要向南京大学法语系的张新木老师和张晓明老师表示感谢，在书中涉及法语内容的地方他们给了我很大的帮助。

由于译者水平有限，错误和疏漏之处在所难免，敬请方家批评指正。

译　者

2009 年 2 月

---

* 《印度和中国思想史》，前文，第225页。——译者注

目录

附　录

德文版前言 7

所有文本的抄本、由编者加入的置于中括号内的文字、注释、引文的补充和关于所有文献的说明文字均出自约翰·齐歇尔之手。1989 年起，斯特拉斯堡新教神学院教授肯普夫博士也参与了此项工作。自此，文本中遇到的任何问题都是由两个人共同来协商，最终的选择都是两个人共同做出的，比如从档案中整理选择出版的 1937 年稿的第二部分。就像肯普夫一直以来喜欢戏谑地称呼自己的那样，作为一名“第十一个小时的工人”，在历经共同的修改后他把文本导入磁盘，整理成书。“序言”中的部分章节，由于时间的原因而必须做出修改的地方，他也参与了修订。最后的索引也出自他之手。在最终的编辑工作中，我们还要感谢乌尔里希·卢兹教授博士先生给我们提出了非常重要的意见和建议。

在施韦泽遗稿的准备和编辑过程中，我们还得到了下列机构和人士的支持和帮助，在此编者也向他们表示最衷心的感谢。他们是施韦泽国家基金会；兰巴雷内阿尔贝特·施韦泽医院的施韦泽救助协会；伯尔尼大学新教神学院；温特图尔黑格纳基金会；施韦泽神职人员联合会(ASP)； A.毕提柯夫-伯恩哈德，瑞士曹根里特；斯特拉斯堡新教神学院校友和毕业生联谊会；V.拜尔，斯特拉斯堡。此外，我们还要感谢曾任君斯巴赫档案管理员的阿里·西尔弗(已故)和托尼· V.莱尔两位女士一直以来的帮助，还有古斯塔夫·渥依特先生向我们提供了大量的帮助和珍贵的抄本。对于一位不愿透露姓名的捐助者，我们特别感谢，他为本书的出版提供了一笔非常慷慨的资金。

贝尔纳德·肯普夫于法国韦因堡

约翰·齐歇尔于瑞士塞夫蒂根

1999 年 1 月

德文版出版说明 9

遵从几乎一切遗稿出版的原则：所有由编者添加的文字都放入了中括号[ ]中；而圆形的小括号( )则是原文。空缺的文字用中括号内添加省略号[……]的方式表示。

关于注释：如果没有加中括号，则说明这些是施韦泽本人在原文中加进去的注释，不过都是后期添加的(原文中同期的脚注数量则非常少)。这里还要指出手稿页边文字的问题。这些文字都被我们编入了注释中，并加以“[页边注]”的字样。这些文字有的是关于某个概念、句子，或者涉及多页的某个段落的初稿，我们将之挑选出来，并且认为它作为内容、语法或者表达上的一种可能性是有作为页边注予以保留的价值的。另外的一些页边注仅仅是一些备忘录式的文字，或者记录了当时的兰巴雷内的情况：天气、日期以及当时发生的愉快的或者是不愉快的事情。以上这些文字，我们考虑到它们共同构成了施韦泽撰写此书时的整体氛围，因此也保留了。

关于中国人名字的书写问题，施韦泽在自己的《世界文明中的文化与伦理》一书中就表示过：

> 对于中国人名的翻译方法，以及“子”这个头衔，在欧洲学者当中就从来没有统一过。它有时被写成 Tse，有时被写成 Dsü，甚至还有 Dsi 的写法。1910 年，德国译者们都采用了威廉-莱辛式写法。
>
> 最重要的一些名字：孟子，拉丁化写作 Mencius，威廉-莱辛式写法为 Mong-Dsi；庄子，威廉-莱辛式写法为 Dschuang Dsi；列子，

拉丁化写作 Licius，威廉-莱辛式写法为 Liä Dsi；杨子或杨朱，威廉-莱辛式写法为 Yang Dschu；墨子，拉丁化写作 Micius，威廉-莱辛式写法为 Mo Di；惠子，威廉-莱辛式写法为 Hui Dsi。

我们以施韦泽在 1939 年手稿中的书写方法为准，并且依据它对
10 1937 年手稿进行了修改。在 1939/1940 年的手稿中，施韦泽用小短横将 tse 和姓分开，如 Kung-tse、Lao-tse，庄子和杨朱则分别写作 Tschuang-tse 和 Yang Tschu。给出引文出处时，我们使用了所引著作的书名。

根据渥依特抄本的修改，我们对文中的一些人名的书写也做了校正。

原文中印度和中国人名从属格时加上的标记(')也保留了。

序　言

贝尔纳德·肯普夫和约翰·齐歇尔

1937 年 12 月 9 日这天，阿尔贝特·施韦泽在兰巴雷内给身在日 13
内瓦的 E.H.冯·查尔纳-冯·迈森堡教授[1]写了一封信，信中说：

> 您是如此友好，作为专家，您表示愿意仔细地审校我的关于中国哲学的研究，您在打印稿中进行修改，加入批注，好让我这样的外行能够明白我在哪里又犯了什么错误。我亲爱的朋友温特尼茨教授帮我完成了关于印度思想家的研究的审校工作。我将从哲学一般的问题出发来展示东方哲学，二十多年来我一直尽我所能地去研究这个问题。然而对我来说，如果能有一位专家在即将出版时将书稿通读一遍，无疑会令我更加放心。他们为我做这样的事情，我非常感谢。我相信，从哲学自身的出发点开始展示中国哲学(它比印度哲学重要得多)是非常必要的。
>
> 寄给您的这封信比我预想的迟了一些。我还要将论述中国思想史的开端，也即孔子以前的部分的第一章节(古代中国的世界观)重新修改一下。刚开始担心这部分研究的篇幅会过于冗长，结

果反而略显不足，于是我需要重新再来。其中我将涉及一些中国思想的代表性问题。到您拿到书稿，大约还需要几周时间。我会将它们打印整齐，并留下足够的行距，以便您可以很舒适地在行之间或页边上写下您的意见。第一份手稿诞生于1920年，这期间我至少做过两次根本性的修改。[2]我还要感谢亲爱的卫礼贤[3]，我和他相识于1921年，我非常钦佩他。[4]

14 今天我来信的目的是请教一些关于文献方面的问题。我这里远离任何图书馆，所以需要一些相关的信息……[5]

……我觉得中国的哲学是非常重要的，同时我想从哲学和哲学问题出发来阐述它，好让哲学系的教师和学生们可以比以往更好地了解它。[6]即使是哈克曼的有趣的阐述[7]也未能将这些问题作为哲学问题来一一详释。在哈克曼生命中的最后几年里，我和他曾保持书信联系。他非常友好地给了我很多关于中国佛教方面的建议。

这里还应该引用另外一封同年（1937年6月29日）写给布拉格的奥斯卡·克劳斯教授的信的内容。[8]

……在这些晚上（我时常还会工作到夜里），我在进行着我的哲学工作。完全不在乎这本书会有多厚，我只是试图从对世界和生命的肯定，以及伦理的问题出发，给出人类思想发展进程的概要。现在我正好完成了有关中国思想家的章节，为此我已经研究了多年，并且花费了大量的心血。但我对此毫不后悔，在中国哲学史上有很多非常伟大的思想家，他们不仅存在于古典时期，而且存在于和文艺复兴同时期的宋代直至18世纪。中国思想史上的两大潮流：一个是道家的消极遁世的神秘主义，另一个是孔孟的自然

> 主义伦理学。这两大潮流在中国思想史上并存发展，直至今日。试着来综合一下，两大潮流是如何相互作用的。首先是深邃的自然伦理思想，而这一思想在欧洲思想史上却显得十分不足。无论如何我是在享受着它们。当然，这本书如果写成会很厚，我并不介意，至少现在不会。因为我正在为自己书写一本人类思想进程的巨著。

尽管这些信都体现了作者对于中国思想的高度评价和他非常明确的要将这一研究出版的意图，然而书稿却始终没有真正付梓（在施韦泽去世后，除了该书稿的 1939/1940 年手稿于 1972 年在奥斯陆出版过一个挪威语的节选本外）。相反，施韦泽却把他自己并不十分看重的有着否定世界和人生的基本倾向的关于印度思想的手稿完成了，并使得该 15
书稿于 1935 年出版。对于《中国思想史》一书未出版，我们只能猜测其中的原因：也许施韦泽认为英国读者会对印度思想史更感兴趣。另外一个可能的原因则是，施韦泽本人觉得自己对于中国思想的本质和历史还所知有限，不能轻率地出版这方面的专著。此前对于中国思想，施韦泽只是在前面提及的《印度思想家的世界观》一书、《基督教和世界宗教》（1922/1923）以及其他的报告、《文化和伦理》（1923）一书中或稍稍提及，或做简要概述，或仅引用只言片语。而在他 1931 年出版的自传体小说《我的人生和思想》和关于他 1918—1921 年对世界宗教研究的简短报告中，也只是隐约地表达了有关中国思想史章节的内容。这个与本书相比显得格外简短的 1920 年的关于中国的章节在当时也没有出版，原因可能并不在于施韦泽收回了相关的章节（《世界文明中的文化与伦理》），更有可能的原因是施韦泽于 1921 年 6 月 27 日写给纳坦·瑟德布卢姆的信中表示，这个章节应该可以完全去掉。

施韦泽本人究竟是不是要将对中国思想史的研究出版，他自己有着不同的说法。1962 年 4 月 24 日，他在给古斯塔夫·渥依特和罗伯特·明德的信中写道：

> 在世界的某一个地方存在着我的巨著《中国伟大的思想家》，这是我在“二战”期间[9]创作的《印度伟大的思想家》的姊妹篇。在创作中我无比快乐，但是由于某些章节我实在无法定稿，所以它就无法最终问世，永远只是为了我个人的教益和消遣而书写的……如果没有出现核武器事件，也许手稿的各章节早已经有了它们最终的形式。然而我感到了一种义务，我感到这是世界的精神权威的一部分，而且我必须在这样的斗争中使用它。这既源于我对这属于我的义务的信念，也因为我知道爱因斯坦[10]信任我，并且他在临终前致朋友们的一封信中表达了相应的愿望……
>
> 我非常遗憾我未能完成我的手稿。然而老康德早就说过“超于一切的义务”……

此外施韦泽曾经还向阿里·西尔弗（在兰巴雷内时的一位女同
16 事，按照她对出版者的陈述）表达过类似的想法：关于中国的这本书他是为他自己而写的，然而书稿并没有最终确定，至于这个“没有最终确定”[11]是指书稿在形式上还没有完全达到出版的要求，还是指内容的组织和素材的分析就不得而知了。

然而在一封致马里·渥依特-塞克雷坦的信（1940 年 4 月）中有着与 1937 年致冯·查尔纳的信几乎同样令人深信不疑的内容：“‘中国思想家’我已经弄完了，我只需要做一些微小的改动，然后撰写一篇序言。”这种口气毫无疑义，书的出版对施韦泽来说应该已经是板上钉钉的事情。尽管这封信比 1962 年写给渥依特和明德的信早了二十多年，但仍然是写在完成正文之后。至于施韦泽已经在思考序言的书写可以从卷宗 8 第 7 号第 15 页的一个记录（1937 年 4 月）中窥见一斑："关于中国思想家的前言中：要确定(展示)中国思想在人类思想上占有的一席之地。"

施韦泽想出版关于中国思想研究的专著的意图直到1940年都是有着非常明确的证据的。一种可能性在于，如果没有第二次世界大战，他的作品可能会在20世纪40年代的早期就问世了。按阿里·西尔弗的陈述，施韦泽甚至考虑过扉页献词的人选，比如他的巴塞尔的朋友汉斯·鲍尔[12]神父。此后，出版的愿望就渐渐地变得不可能实现，并且1945年以后，德国的出版业停滞。由于最终认识到在其他工作和事务之余要想把稿件整理出版已经完全不可能，施韦泽在生命中的最后几年放弃了最终完稿。

今天展现在我们面前的1939/1940年完整的手稿还缺少最终的编辑，施韦泽本想在欧洲继续完成这些在兰巴雷内的作品的最后编辑。书稿还缺少章节的划分，注释、文献和引文的标记也都不符合出版的规范，因为还都不完整。有的章节需要简略一些，有的重复的地方则 17
需要删去，等等。至于在1937年12月9日致冯·查尔纳教授的信中提及的1937年版"打印整齐"的书稿(至少它的第一章应该必须符合这个要求)是否含有最终校对的工作，这些也完全可能在1940年完成，对我们来说不得而知，因为出版商们(也包括1977年谢世的U.诺伊施万德)从来没有见过这份书稿。也许这份手稿根本没有存在过，也许施韦泽从来没有将它示人，因为我们也找不到任何关于冯·查尔纳对书稿做出鉴定的证据，除了参考文献中提及的回信。[13]

我们将1939/1940年的书稿(也就是我们所见的这本书的主要部分)出版，除了依据施韦泽的手稿外，还参考了1969年G.渥依特的一份打印稿。

施韦泽关于中国思想史的一切努力，从前面引述的1937年的前言、很多其他的旁证、不同的计划、文章的标题和记录乃至施韦泽所有的哲学著作来看，是很明显的：他想撰写一部人类思想史，这意味着要全面介绍一些重要的宗教和文化在伦理学上达到了什么样的高度，以及它们是如何证成并发展这些成果的。[14]从对这些思想的纵览中，施韦泽产生了自己的思想，按照他自己的基本倾向，“问题的本质并不仅在于问题自身，也来自试图理解它在历史中自我发展的方式”[15]，试图建立起对生命的敬畏这一基本观点。与之相应的是，他的人类思想史手稿绝大部分的大标题都是“对生命的敬畏”，我们这本书(1937 和 1939/1940)也不例外。

施韦泽对伦理学和对伦理学适当的解释的兴趣，使得中国思想对他来说不可或缺，这一点非常容易理解，甚至理所当然。当关于印度
18 和中国的书稿从简短的叙述变得越来越厚，也越来越复杂，以至于无法纳入《文化哲学》中的时候[16]，他把它们变成了单行本。但想要对它进行全面的哲学阐释，施韦泽还需要更多的短文。我们见到的 1940 年以后的这些内容[17]并不是他从已经出版的书中删节出来的内容，而是对《文化哲学》的延续，这意味着他正计划写作并着手进行《文化哲学》第三卷。1940 年，施韦泽又撰写了关于以往研究过的宗教和文化的新的草案和提纲[18]，这些和以往的一些文字都无法纳入《文化哲学》第二卷《文化和伦理》(1923)，且都应属于《文化哲学》第三卷。

奇怪的是，施韦泽对于自己已经在 1919—1921 年间完成的提纲并不满意。当他从中为《文化哲学》第二卷《文化和伦理》提取出关于世界宗教的章节“世界宗教中的文化和伦理”后，就像前面讲的那样，他显然要在第三卷中分别在范围和构架上改进提纲，使之尽可能地建筑于宗教科学研究的最新的认识之上。上面的这一愿望我们可以从一些相关的单行本中看出：《印度思想家的世界观》就曾需要他信中提及的温特尼茨教授的帮助，施韦泽因为这部关于中国思想史的著

作则求助于冯·查尔纳教授。(在《文化哲学》第三卷中，施韦泽 1932 年时选定的关于查拉图斯特拉的宗教观的短文仍然如 1919—1921 年版那样引用了旧的译本。)

第 23 页 (边码) 注释[1]* 中关于施韦泽单独抽出“人类思想史”中两个章节(关于中国和印度)的说明还可以由施韦泽本人的两处类似的注释得到补充：

> 计划变更。开始我想厘清对人类思想(神秘主义、宗教、哲
> 学)阐释的方向，然而我发现这是非常浩大的工程，而且会破坏一
> 本著作的整体性。目前从正文中摘出的第 66—141 页文字[19]包 19
> 含了《人类思想史》的开头部分，即三种思维方式：神秘主义、宗教
> 和哲学，以及几乎已经完稿的神秘主义阐释的部分。《人类思想
> 史》应该在将来的某个时候完成。阿·施韦泽(卷宗 9 第 6 号，
> 1939 年 7 月，手稿第 125 页)
>
> 此后还会有关于人类思想的历史的稿子，其中关于印度和中国思想的章节已经定稿。将人类思想史写完必然会大大超出一本书的范围！于是我准备只写敬畏生命的哲学，而不提及人类思想史的问题，人类思想史会以单独的形式出版，这样我不必像一直以来那样痛苦地不切实际地寻求删繁就简。于是我将关于印度和中国的章节单独拿出来，单独编上页码。1940 年，阿·施韦泽(卷宗 23 第 3 号，1939，结尾后记，手稿第 59 页，[20]即第 9 页注释[1])

虽然施韦泽 1937 年时需要的鉴定可能并不存在，然而 1939/1940 年的正文有两个版本的评价，一个来自海德堡的汉学家西格弗

* 即“印度与中国思想史(1939/1940 年稿)”注释[1]。——中文版编者注

里德·P.恩勒特，另一个则来自苏黎世大学的教授罗伯特·P.克莱默斯博士。编者在此非常感谢两位的努力。恩勒特在1973/1974年审阅
20 书稿后做出了不建议出版的评价，原因在于施韦泽给出的一系列论述和评价在他看来是值得商榷的，且随着时间推移，新的研究结果也使得施氏研究成果的学术价值在降低。如果出版时对原稿做修改性的评论，在他看来，其篇幅可能要几倍于原稿。恩勒特因此没有对细节做过多的评论，并建议不要出版。克莱默斯的评价更为折中一些，他在1969年8月11日的报告中对手稿的各部分做了区分，其中有他认为很好的部分，有的部分问题比较大，而有的部分则略显冗余。所以他建议有选择性地出版。

我们这个版本，为符合其记录的目的，还是出版了全文，那些所谓“问题比较大”的章节也做了必要的说明，并增补了文献和引文的出处。只有在这样出版的基础上才使得全面的解读和研究它成为可能。前面提到，克莱默斯教授的报告深入大量的细节，也为我们对本书做必要的注解做了巨大的贡献。我们在书中的注释部分会经常引用到克莱默斯教授的报告中关于文章部分的说明，这些在1981年时得到了他本人的许可，为此我们表示非常感谢。对阿尔贝特·施韦泽的《中国思想史》最新的评论来自海纳·洛兹，该评论也是本书的“后记”，对他，编者一样表示最高的谢意。

对中国精神和思想史的外行(编者也在其中)来说，施韦泽的中国思想史看似一部导论。然而这样有可能导致人们误以为它可以代替其他的关于中国历史文化的导论。它，首先作为哲学和宗教哲学的著作，并不想代替其他的导论著作[21]，反而更多应当以这类导论著作为理解的前提，并且一直试图依托于它们。读者必须首先明白并注意到这一点，通过本书我们并不能了解历史和哲学研究的最新状况，而是了解它们曾经的状态。读者至少可以了解到研究史的某一个局部，

并且他还能获悉，施韦泽对什么问题感兴趣，并且是通过提出什么样
的问题来迫近中国思想的：这些都是施韦泽在一部对自己来说相当重
要的著作中对既是必须的，又是超越的、一般的——联系着各个民族 21
的——宗教哲学[22]的比较，又是对单一事实历史的哲学的研究而提
出的问题。这部著作可看成 1935 年出版的《印度思想家的世界观》
一书的姊妹篇。出版本书的意图在于记录施韦泽是怎样研究中国思
想、怎么评价中国思想和其中比较有问题的部分的。那些冗余的部
分，或者说被看成冗余的部分，也并没有多大影响，如果把它们都删
掉，反而会损害文本原有的连贯性。甚至这些部分也有可能记录了施
韦泽对于一些中国思想史上以往并不为世人所熟知的篇章的兴趣。

关于人们对施韦泽书中被大量引用的卫礼贤译本持保留意见，我们则认为，他的译本和著作在今天重新出版，又获得了新的认可，比如说对《道德经》的翻译：“如果看一下德国众多的关于这本2 500年前古代中国老子的智慧的书籍的翻译和阐释，就会发现卫礼贤的译本或许是最有效的。”（S.阿诺尔德，《文集》，1978 年 12 月 30 日，伯尔尼）而对于卫礼贤的著作《中国的灵魂》（法兰克福，1980)的再版，则有一位评论家写道：“尽管我们今天的经验与卫礼贤那个时代有如此大的差别……然而他在 1926 年第一次出版的书却有着这样的质量，以至于永远不会觉得过时。”（H.P.霍尔，《文集》，1981 年 3 月 7 日）这本书的再版无论如何意味着卫礼贤的翻译与研究又成了新的(尽管是一直也存在着的)热点。

施韦泽在《世界文明中的文化与伦理》1919/1921 年版中就已经开始使用卫礼贤的翻译和注释，除了诸如维克多・冯・施特劳斯 1870 年版的《道德经》或者威廉・肖特 1862 年版的《论语》这些更早的译本。（相关的《中国思想史》的章节则书写于 1920 年，这还是在施韦泽与卫礼贤认识之前。）

本书的“附录”部分（除了一些附件外）还有——像 1939/1940 年
22 稿那样——1937 年兰巴雷内稿的第一部分和第二部分的一些段落（两个部分是在 1937 年 3 月大约同时开始的），以及 1940 年稿的一些标题式的草稿。第二部分中的摘录和引文的收集并没有完全照抄，在目录中已经有所注明（对相关文献位置的说明，以及页码的标记）。这一稿如同 1939/1940 年稿一样，也不应归入《文化哲学》第三卷，因为它也是被当成一本从中剥离的单行本来看待的。[23]“后记”是一篇题为“阿尔贝特·施韦泽论中国思想”的文章，我们在前面就已经提到过了。

施韦泽的手稿在本书中按其原来的顺序做了如下排列：

在《世界文明中的文化与伦理》中的 1920 年的主稿（1919 年稿作为第三章，存于君斯巴赫的档案中），《文化哲学》第三卷中的一段 1932 年的简短的文字（连同有关印度的内容），1937 年和 1939/1940 年稿，后来的《文化哲学》第三卷中的标题提纲和草稿。在这个第三卷中的一些被冠以“人类思想史”的文字中也有很大一部分是关于中国的。唯一的例外是注释[2]中提及的 1933 年的[世界宗教中的]《人和创造物》一文被从原来的上下文（也即《文化哲学》第三卷第一部分）中抽取出来，并放到 1919/1921 年的世界宗教中去了。关于中国章节的稍微扩充的 1937 年稿（在第二部分）也被收入本书（原稿第 243—313 页）。

在所有这些文本被发掘出来后，施韦泽是如何对中国思想进行阐释的才第一次清楚地展示在人们的面前。

注　释

[1] 见注释[13]。

[2] 1932 年稿和 1933 年在《人和创造物》的相关章节。比较：序言后部关于不同稿之间的标题，见第 21 页及其后。

[3] 卫礼贤(1873—1930)，德国汉学家。

[4] 就像卫礼贤在一封给他的一个儿子的信中写到的，这是一个“建立在相互理解和相互尊重基础上的”关系(引自S.威廉，《卫礼贤：中国和欧洲之间的精神掮客》)。

[5] 施韦泽的问题和冯·查尔纳教授寄给他的文献出处保留在了ZAG的档案中。

[6] 撰写本书的重要目的之一(比较第15页及其后)隐性的表达!

[7] 见参考文献。

[8] 见H.W.拜尔编，《从他的信件中看A.施韦泽，生平、作品及思想，1905—1965》，海德堡，兰贝特·施耐德出版社，1987，第145页及其后。

[9] 指1939/1940年。

[10] 阿尔伯特·爱因斯坦(1879—1955)。

[11] 在手稿中明确被认为是“最终确定”的部分是第36—65页的内容，即第二章所有关于印度思想的章节，这在手稿“印度和中国思想史(1939/1940年稿)”注释[2]标题目录中也被标记为“最终确定”。(至于为什么施韦泽会将该章节放在这里，而不是放入《印度思想家的世界观》一书，原因可能有二：一是因为在第一章中不仅提及了中国，而且提到了印度的神秘主义，为了给读者一个内容上的总结，故而加上这样的章节；当然，另一个简单的原因可能是作者手头缺少关于印度的章节，故而作为一种替代而附加在这里。)

[12] 汉斯·鲍尔(1870—1937)。

[13] 爱德华·霍斯特·冯·查尔纳(1937年日内瓦和伯尔尼大学的私人讲师，自1950年任苏黎世大学汉学系副教授)于1962年去世：早在25年前，人们开始整理施韦泽文存时就已经不可能向他询问当时的真实情况了。

[14] 比较：U.诺伊施万德的报告《阿尔贝特·施韦泽对文化哲学的继承》，斯特拉斯堡，1975，附于：U.诺伊施万德，《基督学，阿尔贝特·施韦泽研究5》，伯尔尼/斯图加特/维也纳，1997，第324—334页(有删节)；未删节的法语译本发表在《宗教历史和哲学杂志》，斯特拉斯堡/巴黎，1976，Nr.1—2，第83—96页。

[15] 摘自《我的人生和思想》，XII，第5章。

[16] 《世界文明中的文化与伦理》(1919/1921)中的这个较短的章节原来是作为《文化哲学》的第一卷出版的。施韦泽在该章节未出版后并没有将之简单地运用到另外的书中去，而是不断地对它进行修改。

[17] 比如卷宗10，第2号。

[18] 比如卷宗10，第4号(其中也还有关于中国和印度的章节)和第5号。

[19] 卷宗9，第2号(1939年春)：“这篇文章里也包含了关于印度和中国的思想，这并不表示它就可以被纳入关于印度和中国的卷册中去，这会造成对文章无意义的切割。”这篇文章，尽管被单独抽取出来，但仍然被嵌入《文化哲学》下半卷中。因为施氏从来没有真正开始撰写人类思想史的章节，只有关于中国和印度的章节是存在的。

[20] 按照1939/1940年稿注释[1]的说法，这两个章节其实是指本书中1939/1940年稿正文的第二章和第三章。第二章是1932/1933年后，除了1935年编辑过的版本外，现存的唯一完整的关于印度的章节。卷宗23，第3号中1940年的后记的意义在于，它是一处可以证明《人类思想史》应该诞生在《文化哲学》之后的证据。关于中国的文本也应当是指1937年稿。在写作过程中，施韦泽决心将之写成单独的一本书(比较注释[22])，但这一稿又被后来的1939/1940年稿所取代。也许施韦泽是带着重新写一部完整的《文化哲学》第三卷的目的开始撰写这一最终稿的，然而最后它像1937年稿那样，又成为单独的一本书，因为从页码的编排上可以看到两种页码，其中一种后来被擦掉了。第一章比第二章诞生得要略晚一些(见第一部分注释[39]的日期，但两篇文章的界限并不是非常明确)。

[21] 在一封1921年6月27日致Ch.T.尚皮翁的信(与致N.瑟德布卢姆的信正好同一天，见第15页)中，施韦泽就1919/1921年世界宗教的论文(它的章节与这本关于中国的著作类型相同，只是更短一些)写道：“我正在写一部哲学著作。所以重要的是，所有引文的意义要解释正确。”(比较《世界文明中的文化与伦理》前言中的详细的引文。)

[22] 克莱默斯在他的报告(文档第390页)的第14点也强调，对于施韦泽来说，“比较精神史的主题”是他的主要观点，最根本的意图在于建立一个“万有的文化哲学(或者‘真’的哲学)”。比较施韦泽，《文化哲学》，第三卷上半分册，慕尼黑，1999，第32页记录，卷宗8，第7号，1937年2月“前言”(关于《文化哲学》第三卷)：“将中国

哲学纳入世界哲学，并以此为出发点来评价，即从哲学问题的角度去阐释和评价。”

[23] 1937 年 11 月 22 日致 D.拖维的信：“我还一直停留在关于中国思想的章节，这将构成与印度思想的一个对照。”这一记录很明显是指 1937 年稿的第二部分，其中包含的资料直到当年的 12 月 22 日。关于 1937 年 7 月 24 日完成的第一部分，施韦泽写信给 A.海斯勒说：“晚上的哲学，关于中国哲学的章节完成了。现在轮到查拉图斯特拉了。现在终于是真正的‘人类思想史’了。”这部思想史当时可能还是作为《文化哲学》第三卷的一部分的[1937 年手稿第一部分第一页标题记录(见第 177 页)是“敬畏生命”可以说明这一点]，然后四个月后从中剥离出来的关于中国思想的章节则可看成 1935 年的《印度思想家的世界观》的姊妹篇。

印度和中国思想史[1] 23

（1939/1940 年稿）

[I.] 印度和中国思想中神秘主义的产生[2]

谈到印度思想，我们习惯的理解是在印度定居的雅利安人的思想。这些人早在前 1500 年就从西方开始向印度河流域迈进，后来又占领了恒河和亚穆纳河平原的大部分地区。

雅利安(人)(梵文 ārya，古波斯文 ariya)，意为高贵，是对中亚地区、波斯和东伊朗地区的印度-伊朗人的称呼。

从新近的一些考古发掘中获悉，印度北部的原住民曾经拥有非常灿烂的文化，然而它并未流传下来。可以推测出的是，当时的原住民已经拥有了比后来的雅利安侵略者更为先进的文化。首先这些古印度人在前 5000 年时就已经有了自己的象形文字，它们和中国的汉字有着某种亲缘关系。入侵的雅利安人是游牧民族，直到进入印度之后才真正定居下来。几个世纪后，他们才开始使用文字。但由于他们是国家的统治者，所以他们还处于蒙昧阶段的文化必然与原住民已经相当发达的文化发生碰撞，并成为主流。

而南亚次大陆南部诸国的各民族则不同，他们并没有受到雅利安人的统治，所以原住民的精神生活还是得以保持的。于是他们的思想和印度雅利安人的思想发生交流，受到他们的影响，也会反过来影响
24 他们。由此我们可以知道原住民的精神生活，并且能够确定，它的伦理思想比印度雅利安人的更自然更生动，从它身上完全可以看到一个古老文化的影子。[3]

如果我们审视为我们所知最古老的印度雅利安人思想的话，就会发现它并不是统一的。它内部包含了两种思想成分：一种是以自然的方式来面对人与世界，对生命和世界持肯定的世界观；而另外一种本质上则属于构筑在对生命及世界的否定基础上的神秘主义哲学。这种神秘主义是以与婆罗门(Brahman)* 合为一体的思想为基础的。婆罗门被理解成纯粹的、不变的、永恒的存在，而由此产生和消亡的、存在于感性世界中的存在不过是一个现象而已。

其中以自然的方式来对待人和世界的思想属于民众，而与婆罗门合为一体的神秘主义思想**则属于婆罗门教士阶层。

令人惊讶的是，这样一种古老的神秘主义思想并不是不成熟的，相反就其形式上讲达到了非常完善的阶段。

我们可以从吠陀中了解到印度雅利安人的民间思想。从中可以看出，印度雅利安人在他们古老的时代就生活在对自身存在的质朴的愉悦和自然的证实中。他们向赞歌中讴歌的神灵乞求成群的牛马，诸事

---

* 又译作梵。——译者注
** 即梵我合一。——译者注

顺利，获得财富，赢得战争和长寿。

婆罗门神秘主义的基本思想见诸《奥义书》(*Upanischad's*)中。[4]

吠陀经(*Veda*,吠陀是知识的意思)由很多部分组成,其中第一部是《梨俱吠陀》(*Rig-Veda*,歌曲吠陀),它包含 1 028 首赞歌。其中最古老的赞歌可以追溯到前1500 年以前的时代,最晚的也出现于前 10 世纪左右。在吠陀赞歌中被歌颂得最多的是阿耆尼(Agni)、印度教的太阳神、因陀罗(Indra)和伐楼拿(Varuna)。

吠陀经的其他部分——《娑摩吠陀》(*Sāma-Veda*)、《耶柔吠陀》(*Yahur-Veda*)和《阿闼婆吠陀》(*Ātharva-Veda*)——的形成年代都比《梨俱吠陀》要晚。从它们的内容中可以看出,它们形成于雅利安侵略者到达恒河地带的时候。而《梨俱吠陀》中的赞歌则只涉及了印度河及其最大的支流的流域的内容。

《娑摩吠陀》包括 585 个独立唱段的唱词,它某种意义上是一部宗教歌曲集。由于当时还没有乐谱,所以最著名的唱段歌词必须连同曲调一起记忆和表达。

《耶柔吠陀》包括各种祭祀(新月、满月祭,祭祀逝者,祭火,季 25
节祭祀,身体祭和动物祭祀)的重要礼仪和仪式。

《阿闼婆吠陀》则是按照最早的拜火教士群体阿闼婆的名字来命名的。这是与查拉图斯特拉教的拜火习俗相对应的,其中还有非常古老的以歌曲形式表现的咒语和誓言。

“奥义书”这个词是从一个动词“在某人的身边坐下”派生而来的,意思是“可信的话语”。《奥义书》是前 1000 年至前 550 年之间产生的对四部吠陀经的解读,它被看成吠陀经中暗含的奥义的某种秘密的揭示,实际上指的就是与婆罗门合为一体的神秘主义。

《奥义书》之前还有《梵书》(*Brahmanas*)和《阿兰若书》*(*Aranyakas*),它们涉及祭祀用语的意义的知识。《阿兰若书》的意思是从林中产生的观察。

四部吠陀经、《梵书》《阿兰若书》和《奥义书》被看成神圣的神意显现,并且千百年来一直是口头传诵。

雅利安印度人没有创造自己的文字,而是使用了一种闪族人的字母,我们从腓尼基人的铭文以及摩押国王米沙(Mesa,前890年前后)的著名的石刻文字上都可以见到。在印度使用这些文字的最古老的证据是那些于前3世纪中期由著名的佛教国王阿育王(Asoka)部分刻在石崖上、部分刻在石柱上的用于劝诫他的臣民过道德的和虔诚的生活的法条。

印度雅利安人古代的重要文献使用的语言是梵文,这是一种和古波斯语有着亲属关系的语言,在公元后的几个世纪里可能还是活的语言。今天它在印度的地位就相当于拉丁语在中世纪的地位一样。

婆罗门思想世界被欧洲所认识首先是通过 *Oupnek'hat*。*Oupnek'hat*(这个词是通过肢解《奥义书》而获得的)是一部1656年被穆罕默德·达拉·沙科王子(Mohammed Dara Schikoh)翻译成波斯语的60篇文章的《奥义书》的节选本。这部著作被法国人杜伯龙(Anquetil Duperron, 1731—1805)连同古波斯文《阿维斯塔》和180篇从印度收集到的文章一起带到了巴黎,出版了一部两卷的书(1801—1802),并配上了他自己的拉丁语翻译。

此外,19世纪初第一批英国的印度学者瓦伦·黑斯廷斯(Warren Hastings)、查尔斯·威尔金斯(Charles Wilkins)、威廉·琼

* 又译《森林书》。——译者注

斯（William Jones）、托马斯·科尔布鲁克（Thomas Colebrooke）和亚历山大·汉密尔顿（Alexander Hamilton）为印度文献的研究做出了巨大的贡献。

1808年，曾经于1803—1804年在巴黎师从于汉密尔顿的弗里德里希·施莱格尔（Friedrich Schlegel）出版了他的享有盛誉的著作《关于印度人的语言和智慧》[海德堡，1808]。

叔本华主要就是从*Oupnek'hat*中得到了很多关于印度思想的知识。

第一个进行吠陀文献研究的是法国东方学者比尔诺夫（Eugene Burnouf，1801—1852）。

非常奇怪的是，在印度思想中存在的两大潮流在中国思想中一样存在。

以自然的方式看待世界和对生命和世界肯定的思想在中国古代经 26
典文献，如《易经》（变化之书）、《书经》（文献之书，即《尚书》）、《诗经》（诗歌之书）以及《礼记》（习俗之书）中都有体现。[5]这些文献向我们展示了前2000年时中国人的精神生活。在它们的基础上产生了孔子（前551—前479）的学说，其实他的真实姓名应该是“孔丘”。

与我们在吠陀赞歌中看到的古印度对生命和世界的肯定思想相比，中国思想的不同之处在于它是成熟的，并且有着鲜明的伦理学的特征。这当然和中国至少在吠陀赞歌产生的1 000年之前就有着非常繁荣的文化有关。另外，印度不得不接受一种外来的文字，而中国则自古以来就一直使用着自己的文字。[6]

印度思想中与婆罗门合为一体的神秘主义对应于中国思想中有关与道合为一体的神秘主义。这些见于老子（约前570—前490）的《道德经》和以列子(约前450—前375)、庄子(约前380—前286)命名的著作中。

和婆罗门神秘主义一样，道家神秘主义也是成熟的思想。从形式上看，它已经和后世的任何一种神秘主义哲学一样完善、一样深刻。[7]道和婆罗门一样，被视作存在的根本原因。但道并不是像婆罗门那样纯粹的、不变的、永恒的存在，而是被理解为在一切现象中起作用的力量。[8]另外，道家神秘主义也不像婆罗门教那样走向对生命和世界的否定。他们只在这样[9]的程度上拒绝世界，即提出人不应该影响自然的主张。

婆罗门教和道家都提倡无为的原则。婆罗门教从对生命和世界的否定出发，而道家则选取了一个奇怪的内部充满矛盾的立足点：一方面他们持对生命和世界肯定的基本观点，另一方面又放弃对客观世界的应有的影响。

古印度和古中国思想的又一个共同点在于，它们个中包含的古老思想在以不间断的方式延续着。它们没有发生质的改变，只是按照它们当中本来就有的因素继续发展着。

27 伊朗思想的发展由于查拉图斯特拉给予了它一个新的方向而受到影响。同样的，先知们使犹太思想改头换面。在希腊哲学中，人们完完全全地重新树立起一种全新的思想，它与以往的毫无关联。

如果当下思想发展的状况和原始思想之间还存在关联性的可能性的话，那么只可能在古中国和古印度思想当中找了。

在古印度和古中国思想中存在着许多令人惊讶的事实。在以自然方式对待世界和以对生命和世界的肯定为出发点的思想之外，两者又都是非自然的[思想]，又包含一种遁世的神秘主义。两种截然不同的思想方法和平共处。那种自然的思想方法是民众的；另外那种非自然的思想方法尽管提出了胜过自然主义思想方法的要求，但仍然只是局限于一个小圈子内的。

可是，为什么在这两种思想中会在自然思想旁边产生非自然的思想，对生命和世界的肯定世界观下会出现遁世的思想呢？

而且这是一种非常古怪的遁世思想。希腊思想在它的后期发生了转变，开始背离其原本认为理所当然的对生命及世界的肯定观，因为它失去了证成以及坚持这一观念的信心，并开始怀疑世界。而婆罗门教和道家的神秘主义却是以一种非常特别的方法遁世。它并没有因为认识到无法证成对生命及世界的肯定的世界观而痛苦地放弃现实世界，而是寻找到了一个超越现实世界的更高层次上的高尚存在。所以，婆罗门教和道家并不是对现实绝望，而是不想理会现实世界，因为他们对现实世界并不感兴趣。

为什么会产生超越现实世界的高尚存在的思想，并使人们自豪地采取一种弃世的态度呢？ 如何解释人不愿意去理会现实世界的问题呢？

人们也许会想，古印度和古中国思想如此相似的事实和相应的问题一定引起了人们极大的关注，然而不可理解的是，实际情况并非如此。人们迄今为止完全没有问过它们，从来没有人注意到印度思想和中国思想之间任何的亲缘关系。

人们只有从它们最基本的立足点出发，才有可能理解婆罗门和道 28
家神秘主义的产生和本质。

人们还一直想把老子的与道合为一体的神秘主义和婆罗门教徒的与婆罗门合为一体的神秘主义思想理解成一种构想出来的哲学体系。但要弄清楚这样的想法是如何产生以及如何发展到这一地步的，却怎么也不可能。必须弄清楚，在他们的思想中婆罗门和道的观点是怎么产生的。还必须弄清楚，他们是出于什么样的考虑从而放弃了面对现实世界的自然行为，而选择了遁世的态度。然而关于这种非自然的思想是怎样从他们当中产生出来的，我们一无所知。他们的神秘主义思想从形式和方法上都给人一种感觉：这不是他们自己的创造，这只是对一种既有的东西的再发展。[10]

关于婆罗门和道家神秘主义之间具有如此奇怪的亲缘性的事实，我们只能通过猜测两者是从某种共同的早期神秘主义思想发展而来的来解释了。

但这又是一种什么样的神秘主义思想呢？ 它又属于哪个时代呢？

假设中国和雅利安印度思想之间曾经有过直接的联系是件极为或然的事情，那么它们两者共同拥有并且保持下来的东西必然是一种属于原始神秘主义思想的东西。

如同我们已经确定但无法证明的一样，原始人的思想方法[11]无论在什么地方、在什么时代都是相同的。今天还存在着的原始民族生活在与他们的先民相同的世界观中。

雅利安印度思想和中国思想可以追溯到极为远古的时期。两者有着共同的特征：它们当中原始的思想成分与其他思想不同，并未被剔除多少，也并未停止继续发展。[12]而且原始思想的成分并不是简单地被保存下来，而是得到了发展。所以这就造成雅利安印度思想和中
29 国思想在可追溯至远古的自然思想方法外，还存在着由原始神秘主义发展而来的神秘主义思想。

存在着一种原始神秘主义？ 它是什么样的？

原始神秘主义，泛泛地说，意味着人们并不像宗教信仰一样保持与超越自然之物的距离并顶礼膜拜，相反他们认为超越自然之物不陌生，并试图去接近它。

在高级的神秘主义中，人们认为自身的本质与普遍存在的本质有着一致性。所以他们要通过与永恒的存在的深层次的联系来体验自身

的存在。

原始人，包括今天的那些，不仅相信鬼神存在，还认为世界上存在一种超越一切的、非人格化的力量，这在宗教学上用一个美拉尼西亚语词汇“超自然力”（mana）来命名。它并不是指一种支配世界变化发展进程的强力。因为原始人还没有产生存在的总体性的观念，也还没有去面对自然现象变化发展的问题，但他们认为，如果成功地推动这种力量，它就能产生作用。

根据原始人的信仰，人如果懂得必然的有效的魔法仪式，就可以和神力产生关联，从而获得超自然的力量。这种最古老的魔法神秘主义不是公有的精神财富，而是魔法师、萨满（巫师）以及医师的秘传，只有这些人才拥有关于具有神奇力量的仪式的知识。他们守护着自己的秘密，只有他们当中的人才能具有体验和神力合为一体的能力，对其他人来说，这仅仅是道听途说。

所以在今天的原始人当中，能够达到某种超自然能力的魔法仪式仍然是由那些专门的属于能够得到秘传法术的圈子里的人主持的。

这种原始的神秘主义与宗教还[13]没有任何关系。像这样的对超自然的设想还不能构成宗教。[14]对于宗教，即使是原始宗教，也需要通过人进入超自然的关系来确定人的思想和行为。这在原始神秘主义中是不存在的。它是以人面对超自然的全然非精神化的行为为前提的。人感觉不到对超自然的敬畏，相反还想获得驱使超自然的力量，30
甚至敢于拥有超自然力量。类似于虔诚的情感在原始人那里也是没有的。

那种希望变得强大的神秘主义与人们对世界和自身的存在，以及自身面对世界的行为的问题的思索毫无关系。那些举行魔法仪式的人需要的只是他们梦寐以求的超自然的能力。

如果谁还和今天的原始人生活在一起就会知道，对人通过某种仪式可以获得超自然力量的笃信在他们中间所起的作用。他们可以通过超自然力操纵天气；让树冠弯曲向着地面；在水面上行走；穿行于火中；不为任何东西，包括鬼怪和其他灾害所伤。

婆罗门和道最初就是这样的至高的力量，人们可以通过某种魔法和它产生联系。

婆罗门不仅是最高的力量，也是在奉献牺牲时一句有魔力的咒语。婆罗门教士是最高级的神职人员，能和婆罗门的至高力量产生联系。婆罗门教士并不怎么把奉献牺牲看成向神灵表达谢意和提出请求的举动，更多地是把它理解成一种魔法行为，通过这种行为，人才可以驾驭神灵之上的超越感性的力量。

> 婆罗门教士是一些从萨满（巫师）发展来的神职人员群体，他们拥有最高的魔法，能够获得和神灵一样的力量，所以他们认为，如果他们不实施火祭，太阳就不会升起。在吠陀赞歌中婆罗门教士还没有起作用，这可以理解为他们没有随同第一批入侵者，而是后来才移居到印度的。
>
> “道”本来是道路的意思，引申为制约自然现象变化发展的力量。[15]
>
> 老子[16]将“道”的观念精神化、深刻化了。“道”指在原存在中含有的决定事物变化发展的基本原则。它能使世界上一切力量和谐地有意义地相互作用，对于人，它是至高无上的精神，使人能够正确地理解世界并且正确地思维。
>
> 孔子也使用“道”这个词。他谈天道和人道。天道是按照世界秩序进行的自然现象的进程，人道则是人按照世界秩序所做的相应的道德的行为。
>
> 老子把道看成一个宇宙的维度，而孔子只把道当成思想。老

> 子的道的概念更为原本。他理解的道是"存在"在自然现象中起作
> 用的原因，这可以追溯到把道理解成力量，并且人通过某种仪式可 31
> 以和它建立联系的原始[观念]。孔子和他的前人都认为对道的原
> 始信仰是一种迷信，所以他们只接受把道的观念当作一种[存在的
> 学说]。[17]

道在其中起很重要作用的民间信仰受最粗陋的魔法观念影响，在中国到今天都还生机勃勃。[18]如果我们把老子思想看成一个由他创立的哲学体系，并且忽视它是由老子以前的原始道神秘主义发展而来的话，就很难想象，老子如此精神化的道家神秘主义居然和原始的民间信仰是有关联的。但是，人们往往又会陷入不可理解的境地，因为无论是老子的学说还是民间的原始信仰都被称为道。后者也是建立在道的观念的基础上的，只是它理解的道不像老子那样是自然现象中至高无上的法则，而是通过魔法和仪式可以得到的力量。人们一直以来试图这样解释这两者之间的关系：民间通俗的道教是老子高度精神化的道家神秘主义蜕化后的一个结果，这样一种蜕化变质是不太好理解、也不太能够证明的，因为从原始的神秘主义中可以发展出一个更高级的、精神化的神秘主义思想，但我们不可想象更高级的神秘主义思想又回到了原始魔法的神秘主义。此外，在老子以后，高、低两种道是并存的。

两种道的关系可以很自然地解释成原始的道教是早就有的，而道家的神秘主义则是从原始神秘主义中发展而来的。

道家思想有着这样的起源还可以从它们中的变得强大而有力量的原始神秘主义成分中看出。老子、列子和庄子都有与道合为一体能够获得超越自然力的思想。

32 老子说:“盖闻善摄生者(这意味着掌握道的人),陆行不遇兕虎,入军不被甲兵;兕无所投其角。[19]虎无所用其爪,兵无所容其刃。”(《道德经》,50)[20]

在以列子命名的著作中却还能见到很多更为古老的素材。尽管列子大约生活在老子的一百年之后,但我们从他的与道合为一体的神秘主义中却能认识到更多古老的、还未达到老子思想精神化高度的东西。尽管列子也提到老子思想,但我们可以认定他并未受到老子的影响。如果我们不知道列子生活在老子之后这个事实,只是单纯地观察列子的思想,我们会认为老子是列子的后来者。[21]

列子的道的神秘主义的古老之处,在于它比老子思想明显有着更多的属于原始神秘主义的通向超自然能力的思想。

他常常会说那些修道中达到了完成境界的人,本质上就有了和神仙一样的性质。他们可以进入水中而不被淹死,可以在火中穿行而不被烧伤,可以从悬崖上落下而不受伤,还可以御风而行。* 他还记录了一些通过道而获取神秘力量的人,他们可以用具有魔力的音乐让飞鸟从天上落下,让鱼从水里跳出;可以让春秋逆转,冬夏互换**;还能让飘着的云彩定住不动。(《列子》,III,3,6,9,12,18;III,2)[22]

这些拥有道的外在效果对他来说更多地只有次要的意义。他还举例说明,那些修道成仙的人把自己的超自然力量当成秘密来保留,即使使用这种力量,也只是在很隐秘的情况下。*** (《列

---

* “入水火,贯金石;反山川,移城邑;乘虚不坠,触实不硋。”“随风东西,犹木叶干壳。”——中文版编者注

** “飞者走,走者飞。”“冬起雷,夏造冰。”——中文版编者注

*** “善为化者,其道密庸,其功同人。”——中文版编者注

子》,III, 2[结尾]以及 3[开始]。)

庄子就谈到过列子,说他可以御风而行。* (《庄子》,II)[23]

高度精神化的道家神秘主义虽然产生于原始神秘主义，但相对于 33
受魔法观念左右的原始道家神秘主义已经高明了很多。然而令我们非常费解的一个现象是，道家思想和道家神秘主义从来就没有分开过。在那些老子和他的后来者特别享有盛誉的时代，比如唐代(618—907)，原始的道教和它们所推崇的魔法观也很受民众的青睐。

就像花朵和花托一样，婆罗门和道家神秘主义思想总是被原始神秘主义所包围。

在原始神秘主义中，忘我的癫狂(Ekstase)是起着非常重要的作用的。魔法师、萨满和医师都知道那种有时候是通过某种植物的汁液、有时候是通过自我催眠让人达到忘我的癫狂状态的方法。在今天的原始部落中，很多属于这些魔法圈子里的人还不断使用这些方法以达到癫狂的状态。[24]

癫狂状态的体验对于原始人的思想是一次深刻的洗礼。他们完全被震撼了，他们的思想为之倾倒。他们的世界观的形成不再是依据经验可以达到的有关世界的知识，而是建筑在一种神秘的灵魂出窍的忘我境界中。体验癫狂状态的意义在他们看来是对存在的真实本质的显现。[25]这对于原始人来说是他们一切思考的出发点，是一切基本的体验。

由于原始人认识到了一种不是在感性世界中，而是在超感性世界中体验自身的状态，所以他们坚信，感性世界只是一个更高的存在方式的无关紧要的现象，而他们自己在这种更高的存在方式中早就已经

* “夫列子御风而行。”——中文版编者注

存在着了。在那样的状态中他们还体会到了极乐的境界：不再是不安的，而是处在极度平静和无欲无求的状态中。所以原始人觉得超越了现实世界，而不愿意与现实世界有什么关系。

最原始的神秘主义是受魔法仪式的信仰所控制的，而不那么原始的神秘主义思想是由体验忘我的癫狂所决定的。

体验忘我的癫狂状态是一切神秘主义的起源。它是从一种用内心去观察、闭上眼睛去观察的认识世界的方法开始的。

神秘主义这个词来源于希腊语动词 μῦειν（音 müein），它本来的意思就是闭上眼睛。

34 为了弄明白人类思想的起源和发展进程，必须弄清楚这个奇怪的现象：从这种忘我的癫狂体验中是怎么产生一个后来不断发展的思想的。

由于有了癫狂的体验，所以从一开始就在自然之外有了非自然的思想，在对生命和世界的肯定之外有了对它们的否定。

《奥义书》中记载了婆罗门神秘主义是以癫狂状态的体验为前提的。其中不断地将忘记现实世界的状态评价为一种至高无上的状态。在《奥义书》时代，婆罗门神秘主义已经高度精神化了，并且把与婆罗门合为一体看成思想的结果。[26]但书中仍然认为，人要在忘我的癫狂状态中不断重新体验与婆罗门合为一体的状态。

所以，《奥义书》给出了详细的指南，告诉人们练习那种通往癫狂状态的将意念集中去超越感性之物（瑜伽）的方法。在这种专心致志集中意念的过程中，重要的是要不断重复一个神圣的声音“Om”。

> “瑜伽”或者说“瑜伽修习者”这两个词来源于同一个词根，在拉丁语中是iungo[27]，在德语中是指给牛架的轭。它意味着瑜伽修习者通过练习它可以和超感性之物取得联系。

直到今天，在婆罗门神秘主义中，忘我的癫狂仍然占有重要的一席之地。

在老子及其后来者的道家神秘主义中，忘我的癫狂的重要性已经比在婆罗门神秘主义中减弱了。不过在道家思想中明确表达了它是受到体验忘我的癫狂而产生的一种思想，所以道家还会提到这种癫狂状态。比如庄子就记录了这样的故事：孔子在拜访老子的时候，就发现他处在一种极度兴奋、仿佛忘记现实世界的状态中*（《庄子》，XXI，4）。此外还出现这样的描述，庄子将人们集中一切思想于道之上的沉醉的状态描述为一种存在于身体之外、一种游离于无意识的状态**（《庄子》，VI，7； XI，4）。然而在老子及其后来者的神秘主义中，更多地是谈对忘我癫狂状态的回忆，而不是直接去体验这种状态。

与在婆罗门教中人去练习意念集中而试图进入癫狂状态不同的
是，在老子及其后来者那里，意念集中已经取代了癫狂的地位。与道 35
合为一体的境界在他们那里是通过完全把思想集中在道上而体验的，因此忘我的癫狂的状态失去了意义。

道家神秘主义可以不需要癫狂状态，而婆罗门教却一再地依靠癫狂状态体验的原因在于，老子及其后来者的道家神秘主义比后者在精神化上要更进一步。

按其历史起源来看，道家神秘主义是由癫狂状态的体验而产生的。但它却不再需要这种体验，不再需要用它来证成自身。这种思想越深刻，它就越能从自己的过去中走出来，向着它的本质的方向发展。

---

* “孔子见老聃，老聃新沐，方将被发而干，蛰然似非人。”——中文版编者注

** “汝梦为鸟而厉乎天，梦为鱼而没于渊。不识今之言者，其觉者乎，其梦者乎？”“浮游，不知所求；猖狂，不知所往。”——中文版编者注

那么，高级的神秘主义是怎样从原始神秘主义中产生的呢?

这种发展的动力是在癫狂状态的体验中产生的。明白了不同的存在状态后，人们获得了一种开始探讨他自身内部和周围世界存在的本质的冲动，所以在神秘主义中产生了思想。这种由体验癫狂状态产生的思想开始思考存在的本质时，就必然会产生一种存在的一体性思想。在神秘主义中，这种一体性思想的产生要早于其他的普通的思想。

一旦产生了存在一体性的观念，婆罗门和道就会演变成另外的一种事物。它们不再意味着人们可以通过某种神秘的仪式而获得的力量，而必然被理解成某种符合存在的一体性的事物。也就是说，它们从魔法的维度走向了宇宙的维度，成为超越自然的一个集中概念。

对婆罗门的理解的变迁，我们可以从《梵书》《阿兰若书》和《奥义书》中找到。开始，婆罗门教徒还认为，超自然力量的奥秘蕴藏于古老的奉献牺牲时的仪式和咒语中，并且可以通过它们实现超自然力量。于是他们出于这样的目的从事对这些仪式和咒语、四部吠陀经，特别是那些和奉献牺牲有关的章节的研究和阐释。其中专断的语源阐释和寓意性的语言起着最为重要的作用。这就是在《梵书》《阿兰若书》和《奥义书》中能够读到的对我们来说难以理解的婆罗门思想的起源。同时，在这些文献中，我们还能看到婆罗门教是如何渐渐发展到通过由存在推动的观察和思考来解释超越尘世的问题的。除了神圣的文献的奥秘以外，自然的奥秘对他们来说也渐渐有了意义。在这些自然奥秘中，生命与气息之间的依存关系的奥秘、睡眠与做梦的[奥
36 秘]和种子中蕴藏着整棵植物的生命的奥秘，以及盐与咸水的奥秘特别引起了人们的关注。为了能够解释这些日常生活中的小奥秘，他们认为，在一切实体性的存在中都蕴藏着一个非实体性的存在。所以超自然对于他们来说成为以自然方式归属于存在的超感性之物。

所以在他们当中产生了这样的学说：一切物品的根本的本质是从非物质的和永恒的存在的原动因——婆罗门——当中派生出来的非物质和永恒之物。所有的东西都被看成是具有灵魂的。在所有的物品中都有从世界灵魂中产生、又将回归到其中的东西。用这种方式，感性世界中的产生和消亡得到了合理的解释。

婆罗门还可以被称为 Ātman(气息)，由此也可以看出婆罗门的观念在起变化。气息对于婆罗门教徒来说是非肉体的物在人身体中的表达。起初这被理解成是每个人体内的非物质物，而渐渐地它成了一般非物质的称谓，从而也渐渐成了“婆罗门”一词的代名词。

在《梵书》《阿兰若书》和《奥义书》中没有相互联系的婆罗门教关于万物有灵的学说的表达。这些只可以在其中一些大大小小的插入对四部吠陀经的阐释中的残篇里窥见一斑。此外，这些残篇还分属不同学派和时期的作品。

对道的观念的转变我们不能像对婆罗门的观念的转变那样去看待。这个转变比印度思想要早了很多。此外也没有任何文献可以显示这种变化的过程。

在老子之前的思想家就已经认为从力量中产生了原存在。在这样的意义下，“道”这个概念已经出现在了《阴符经》(神秘的补充之书)中。这是一部简短的道家思想的箴言集，出现在老子之前。[28]

婆罗门教徒和道家思想家对于原存在的设想是不同的。婆罗门被理解成一种不变的、永远处在平静之中的非物质的存在，感性世界以及一切的产生和消亡对于它来说都只是一种混乱的、不可理解的和毫无意义的现象而已。相反，对于老子和他的后来者来说，道是一种以
与它相对应的方式从它当中产生出感性世界并在其中起到决定作用的 37
原存在。[29]

婆罗门是不具有创造性、没有生机的存在，自然现象对于它来说

仅仅是围绕在婆罗门周围的鬼火*而已。

相对地，道则是一种有创造性的、活生生的存在，它和感性世界有机地结合在一起。道在它的本质上被理解成在现象世界中可被感知的，并且在其中表达着自己。[30]

为什么婆罗门和道在原始魔法神秘主义时期都只是力量，但在发展成为原存在的过程中却表现得如此相异呢?

原因在于，这种转变发生的前提从某方面来说是不一样的。雅利安印度人那里只存在着一个并不发达的对生命与世界的肯定观，而婆罗门教可以战胜这种观点，从而坚持那种从忘我的癫狂状态体验中产生的关于存在本质的观念，宣扬一种对生命及世界的否定观。

在中国，道家思想家们一开始就面对着一种属于古老精神文化的对生命及世界的肯定观，这种观念是由对世界细致的思考而发展起来的，并且具有非常明显的伦理性的特征。所以那种从忘我的癫狂状态体验中产生的关于存在本质的观念以及对生命及世界的否定观[31]无法完全与之抗衡，因此这两者必须达成某种妥协。在这种对生命及世界的肯定观的影响下，道家神秘主义不可能按照癫狂体验的要求将存在的本质定义为永恒不变的东西，而只能将其理解为具有创造性的对感性世界施加有意义的影响的存在。对生命及世界的否定观也不得不被放弃。然而，来自癫狂体验的思想中有一点在道家思想中得以彰显：老子和他的后来者都主张无为的基本原则。

理论上，道家神秘主义承认对生命及世界的肯定，然而他们提出的关于行为准则的主张却又是属于对生命及世界的否定观的，他们用这样的方法使对生命及世界的肯定和否定两种观念达成协调统一。无为的原则并不是通过对生命及世界的否定观来证成的，而是通过强调

---

* 喻指无意义的、通往歧途的现象。——译者注

人对世界做出的一定的行为只是外在的，无法与道的神秘的、在内部 38
发生的影响相合拍来证成的。

中国人的精神不会基于癫狂体验而产生弃世的思想，而是从对现象奥秘的苦心孤诣的冥想中产生高度内在化和精神化的、不再需要作为的、对生命及世界的肯定观，这样也就可以认可从癫狂体验中产生的无为原则。

婆罗门神秘主义有着统一性，因为它是全然从癫狂体验中来的。因为人在癫狂状态中体验了天国中极乐的快感，一切的不平静和忙碌感都消除了，所以人们理解的婆罗门是纯粹的、不变的存在，并且否定感性世界和他们在其中进行着的此在。

道家神秘主义[不][32]是以这样的方式从癫狂体验中产生的。它是一种不统一的东西，在它之中，我们可以看到一种可以追溯到癫狂体验以及属于对生命和世界的否定观的神秘主义和一种深刻的对生命及世界的肯定观[被迫]在相互渗透、相互妥协。一切把这种对生命和世界的肯定和否定观紧张地相互存在的不统一性理解成是单纯由对存在的思考而形成的尝试都是没有任何出路的。这是历史沿革的产物。

对生命和世界的肯定的影响力，也解释了为什么在老子及其后来者那里癫狂体验失去了作用。癫狂体验必须退到幕后，因为它是一种可以不断唤起对生命和世界否定的思想的体验。

由于受到对生命和世界的肯定观的影响，道家神秘主义并没有提出禁欲和苦行的要求。而婆罗门神秘主义则提出了以禁食和自我惩罚的方法苦行的要求。[33]

统一性使婆罗门神秘主义强大，而不统一性使道家神秘主义博大。它们就像是两座教堂，一座是纯哥特式的主教教堂；而另外一座则既有浪漫派风格，又有哥特式的特征。

随着婆罗门和道的观念的改变，神秘主义有了新的意义。人们想

39 和力量产生联系，单纯是为了获得超自然的能力，而不会从中产生任何有关面对世界以及生命的思想。然而当婆罗门和道成为宇宙维度、存在的本质得以显现后，与它们合为一体就有了不同的意义。在此人们和不尽的存在产生了联系。基于人们达到的对存在本质的洞见，人们有了对自身的此在的印象，并决定按照这个印象来生活。所以，较为发达的神秘主义开始有了一种生命和世界观。

所以，神秘主义也就不再是由那些传承魔法仪式以及不断练习回到癫狂状态的圈子里的人专属的思想，它开始对所有人敞开了大门。它成为一条对所有想走的人都敞开的通向生命的真实的道路。

对到今天还把和婆罗门合为一体看成他们独有的能力的婆罗门教徒来说，承认他们的神秘主义成了一个只要具有所需要的认识和沉思的能力的人就可以理解的思想是非常困难的。《奥义书》还没有达到承认这一点的程度。

这一点也说明道家神秘主义比婆罗门神秘主义略高一筹。对老子和他的后来者来说，一个人只要以正确的方法努力就一定能够达到掌握道的境界，这是一件理所当然的事情，他们已经不再认为这只是萨满（巫师）和魔法师的特权了。早在老子之前，道的修炼就不是由道教的法师而是由圈外人在进行着的了，在他们的思想中，神秘主义得以高度的精神化并由此达到了一定的深度和内在性，这些在老子的《道德经》中都有着非常明确的表达。[34]

在原始的神秘主义中产生了人与一种更高级的存在发生关系的神秘主义思想。在由癫狂体验诱使的思想的影响下，人开始思考存在的本质，并产生了存在的一体性的观念，这使得神秘主义思想有了新的内容。

这可以解释为什么神秘主义思想是在人类思想史的春天首先绽放的花朵。在宗教产生之前，世界上就已经有了非常深刻的神秘主义思想了。

因为印度和中国的神秘主义脱胎于自然生发出来的原始神秘主义，并不断地发展，使自身更加精细，所以它们很早就已经发展完善了。

[II.] 印度思想 40

伟大的印度婆罗门神秘主义思想认为个体的灵魂可以和世界的灵魂合为一体，这或多或少受到了人在本质上优越于感性世界的思想的掌控。其中包含了一种非常有优越感的精神。婆罗门思想中要求的这种专心致志进入世界灵魂的境界和佛教的解脱思想是毫无关系的。灵魂并不是逃离感性世界，而是以光荣和崇高的方式和它告别，因为它已经看穿了感性世界的幻象，洞悉感性世界不过是归属于永恒不变的存在而已。

和婆罗门教一样，佛陀(Buddha，约前 557—前 477)也主张对生命及世界的否定观。只是这种否定观在他那里发生了一些变化。佛陀不仅认为感性世界是像婆罗门教理解的那样的存在的一个无意义的现象，他还走上了完全背离感性世界的道路，因为根据他的经验，感性世界是痛苦的，无法给人以能够找到的满足。所以在他的思想中，从痛苦的感性世界中解脱的思想代替了人优越于感性世界的思想。

佛陀放弃了与婆罗门合为一体的神秘主义思想。他不愿意去信仰一种永恒的存在，而是认为，真正的解脱只有在存在的结束，即涅槃中才能获得。

同样的，婆罗门教徒和佛陀都确信，在他们的同时代人中只有极少数人才有足以彻底地背离现世的洞察力和力量，以他们所认为的唯一有意义的方式生活。其他的芸芸众生的生活，就好像感性世界一样，只是幻象，人们还没有发现生命其实并不真正有意义的巨大奥秘。他们给人以自由，争取着自由；他们教育孩子长大；他们从事农耕；他们进行贸易；他们追逐幸福、财富和权力；他们统治与被统治；他们发动战争，互相交战。在所有的这些事情当中，他们都停留在本来早就应该放弃的对生命及世界的肯定观上。

他们由于还生活在现实世界中，所以也还认可伦理观的效力。一个达到了完全脱离现实世界的婆罗门教徒可以自豪地宣布，他已经像脱离一切行为那样，完全地超越了善恶、是非评判，并且由于无为，
41 已经放弃了一切义务。而俗世中的人要过他们正常的生活，所以不得不承担各种义务，在善与恶中做出选择。

奇怪的是，无论是婆罗门教徒还是佛陀都没有对众生停留在他们的行为和追求中提出抗争，而按照他们本来的认识，这应该是一种会导致非常严重后果的错误。他们寻找到这样一种解释：他们发展出一种再生(Saṃsāra)的学说，也被称为灵魂转世说(Metempsychose)。

再生的学说认为，人不断地进行着一系列尘世的生活。[35]这种学说不属于最古老的印度思想，因为在吠陀赞歌中找不到这些。在远古的时代，人们希望逝者能够到达神灵所处的天界。直到在《奥义书》中，才出现了关于重生的学说。它可以追溯到一段关于逝者进入极乐世界的神话，在神话中，每月有月盈与月亏。月盈就是吸收了人间的灵魂，而月亏则是将吸收的灵魂再次送入天界，或者是通过降雨让它们重回人间。

人可以在人间转世轮回的学说带来了一种解释：很多人还处在幼稚的对生命及世界的肯定观当中，他们还没有通过轮回到达洞察对生命及世界的否定观的能力。但总有一天，他们会获得这样的能力和洞见。

婆罗门教徒在一定程度上认可对生命及世界的肯定观，原因在于，他们要允许那些生活在尘世中的人们从事生产劳动，这是种姓制度的要求，甚至是附加在他们身上的一种义务。佛陀则从原则上否定劳动。对于劳动，佛陀觉得那[就][36]像是一种无法避免的令人厌恶的东西。

对生命和世界的肯定与否定在印度思想中并行存在，并且紧张对
立，使这种思想本身具有一种复杂性。被婆罗门教和佛教拉下宝座的
对生命和世界的肯定观并不总是满足于被容忍的地位。它不断提出抗
争，并且随着时间的推移，取得了不同的地位，直到最新时期，终于
能够[以]那样[完全的、不受阻碍的]对生命及世界的肯定观出现。所 42
以，印度思想的发展轨迹就是由这种日益彰显出来的对生命及世界的
肯定观所确定的。

对生命及世界的肯定观直到最新时期都承认否定观的效力，而且也没有为自己提出要求，仅仅是致力于为有所作为的行为方式谋得一席之地，让人们认可它的合法性，由此隐藏了印度思想当中存在着的自我分裂现象。

其中包含的第一个对有所作为的行为方式有好处的重要的要求就是，必须承认，人们以虔诚的心做出的行为与在无为中遁世有着同等的价值。

这一地位被在婆罗门教和佛教之外异军突起的印度教所占据。

与婆罗门教和佛教不同的是，印度教是一个鲜活的宗教。婆罗门和早期佛教思想只是一种哲学的世界观，只有后期的佛教才发展成为一种真正意义上的宗教。

印度教是一种一神论宗教，它大约是在前 700 年左右，由在印度的崇拜克利须那神(Krishna)的地区的民间多神教开始发展起来的。而这种独神教并不与多神教发生对抗，而是通过把所有神祇都理解成

一个主神的不同存在方式而容忍其存在。用来称呼印度教大神的常用词汇是薄伽(Bhagavad), 即崇高者。

这个大神并不被看成存在于世界旁边或者超越于世界的创造者或者统治者，而是一切存在的原动因，并由自身产生整个世界。早期印度教也并不具有非常明显的伦理本质，直到后来才慢慢获得伦理特征。

所以，印度教是一个不同于查拉图斯特拉、犹太教先知和基督教的一神论宗教。印度教和其他一神论宗教的区别还在于，它不仅要求人们要顺从神，要爱神，更要求人们以绝对的宗教虔诚(Bhakti)来与神合为一体。这是一种与神秘主义有着亲缘关系的提倡活生生的虔诚信仰的宗教。

印度教作为一个渐渐形成的民间一神论宗教，在发展时已经面对相当成熟的婆罗门神秘主义思想，并且不断受到它的影响。这一点我们可以从印度教是一种神秘主义的形式，以及印度教将对生命及世界的否定看成最高认识中看出。又由于它本身是从一种持对生命及世界的肯定观的民间宗教发展而来的，相应地，它当中就有了一种与从婆罗门神秘主义那里吸收来的对生命及世界的否定观紧张对立的倾向。
43 长期来看，从有所作为的思想出发的虔诚印度教信仰不能再否认其真实本质，它必然会促进反对婆罗门思想方法发展，而它的表现形式不是否认对生命及世界的否定观，而是要求承认以虔诚的心做出的行为与在无为中遁世有着同等的价值。

《薄伽梵歌》(*Bhagavad-Gitā*，意为崇高者之歌)中表达了印度教对婆罗门教的要求。

《薄伽梵歌》大约产生于前3世纪，是印度长篇叙事诗《摩诃婆罗多》(*Mahabharata*)的一个部分。这部史诗描写了俱卢族和与他们有着亲缘关系的班度族争夺王位的故事。在这部史诗里，有很多生动的歌曲，其中表达印度教内容的《薄伽梵歌》最为有名。[37]《薄伽梵歌》中包含克利须那神化身为勇士阿周那(Arjuna)的车夫来点化阿周那的故事。在战场上，两军对垒，准备交战的时候，阿周那本应该给出开战的号令，然而他还在为是否能够承担亲属之间交战带来的死伤犹豫不决，低垂着弓箭，坐在他的战车里。这时克利须那告诉他，他不但能够这样做，而且必须这样做。

印度教宣扬无论是通过放弃作为，还是通过有所作为都可以达到圆满的境界。有所作为的道路甚至比无为更为优越。为与不为的区别不过是相对的，最重要的是看在为或者无为的行为方式中，思想处在怎样的状况。

克利须那神教导阿周那，世界是由大神导演的一场不可理解的演出，是否参加到其中是由不得人的。如果大神自己在创造和保持世界中都是靠有所作为，人怎么可能去选择一种无为的生活方式呢?

克利须那神又提倡一种什么样的虔诚的行为呢?

虔诚行为的观念在《薄伽梵歌》中被设以非常古怪的限制。它不
被理解成出于由大神给予的愿意为邻人做出善意行为的爱而做出的行
为。[38]对神的爱的思想中并没有包含形成对他人之爱的成分，只有 44
那种对神的绝对奉献精神被看成虔诚的行为，至于行为的意义则不需
要去考虑。除了实现神的意志，克利须那不允许有任何其他的目标掺
杂其间。《薄伽梵歌》只把人们接受并扮演好由神分派的角色当成对
人们的最高的精神要求，而不需要人们去考虑行为本身的意义。

《薄伽梵歌》提出的所谓虔诚的行为是这样空洞和非自然，以至于我们这些处在基督教爱的思想影响下的人们很难理解其中的含义。常常有人这样阐释《薄伽梵歌》，认为它在教导人们爱神的同时，也在劝诫人们爱他人，然而无论是从具体的文字，还是从文章本身的逻辑来看，这种理解都与原文的精神相悖。

最后，克利须那说，人只有在全心奉献神后，才能受到召唤，做出本来按人的衡量是恶的事情。大神是超越于人的善恶标准存在的。人们在这时只需要考虑一个问题，就是决定做一个行为的时候，是不是认为这是神赋予你的任务，以及你是不是完全出于这样的想法才做出这样的行为。如果人们能坚定自己的想法，那么就免除了一切罪恶，即使杀戮。按照人的标准是恶的行为，在这样的思想认识下也成为善。

基于一番教导，克利须那神最终要求阿周那明白其实早已经在他身上暗藏着的战意，要求他宣布开战，而他也确实这样做了。

为了理解《薄伽梵歌》中为什么会出现虔诚的行为这样一个空洞而又非自然的概念，人们必须认识到，虔诚的行为对印度教来说意味着什么。印度教思想希望从对生命及世界的否定观那里得到认可，这样的认可不可能是针对一般虔诚行为的，而只能是它首先放弃对现实世界的兴趣，以及对世界施以作为的企图。由于失去自然意义，避免了与对生命及世界的否定观正面冲突，所以这种虔诚的行为或多或少是在精神层面上的。

在《薄伽梵歌》中，婆罗门教和印度教基于对无目的而实施的行为的虚构而达成的妥协是一种聪明绝顶的选择，并且是极具智慧的人在面临窘境时才有可能想出来的。双方都做出了不可能实现的让步。印度教的虔诚给对生命和世界的肯定观设置了一道不可能的限制，以
45 至于它实际上承认对生命和世界的否定观；婆罗门教对生命和世界的否定观也给自己下了一道不可能的限制，并且使某种有所作为的生活方式和脱离世界的基本思想等量齐观了。

所以，从《薄伽梵歌》中可以很清楚地看到，思想在面临必须同时认可对生命和世界的肯定和否定两种观念的窘境时是多么具有创造性、多么圆滑。

在这一妥协当中，对生命和世界的否定观看起来是取得优势的一方，因为它在其中仍然获得了优先权，然而实际上它是做出了让步的一方。因为以往不被承认的对生命及世界的肯定观所主张的虔诚的行为从它这里获得了和脱离尘世同样的被认可的地位，而它自己的权威仅仅是得以延续而已。

所以，《薄伽梵歌》是对生命及世界的肯定观对否定观的第一次胜利。即使想表现得谦虚一些，它也仍然是意义非凡的。认可了印度教的对生命及世界肯定观，婆罗门对生命及世界否定观的权威被动摇了。由于有所作为的生活方式得到认可，它就取得了一定的地位，这种地位必然会使它有朝一日变得足够强大，从对生命及世界的否定观中彻底解放出来。

对生命及世界的肯定观必然会发起一轮新的冲击。有所作为的虔诚观不会安于当下达成的妥协，它也不会长时间地放弃对现实世界有所作为的企图。它必须重新变得自然并试图完成这种自我实现。[39]

对生命及世界的肯定观最终必然会发展成为虔诚思想中的一部分，不再满足于要求人们认可有所作为的生活方式，而是明火执仗地向婆罗门对生命及世界的否定观发起进攻，争夺它的地位。

印度教就是这种发展中的推动力。它战胜了拒绝承认对生命和世界肯定观的佛教，并将之赶出了印度。对于在《薄伽梵歌》中已经表现出了妥协能力的婆罗门教，印度教通过用自己的意义来改造婆罗门 46
神秘主义的方法越来越多地利用了它的精神。

由于越来越多地受到伦理思想的影响，印度教的虔诚观获取了对抗婆罗门无为思想的能量。人们只有出于伦理的需要而做出行为时，才认为自己具有完全有必要否认其他行为方式的合理性。[40]

《薄伽梵歌》表达出来的印度教思想还没有明确的伦理精神，大神还没有被理解成一个具有伦理性的人格主体。大约在公元前后，伦理行为的思想开始形成。这一发展的推动力来自印度原住民的传统伦理观。这些原住民还保留着有发展能力的自然伦理观。

充满了有所作为的观点的伦理观来自印度南部。这是有历史原因的。当雅利安人大约在前 1500 年进入印度的时候，印度本土的文化已经有了发展到相当高度。[41]在印度北部，雅利安人定居的地方，原住民的文化没有得以保持。在那里，外来入侵者的文化渐渐得以确立，尽管它在雅利安人进入印度时还只停留在相当蒙昧的状态。而在印度南部的居民那里，婆罗门教的影响远远小于在印度北部，它们按照当地的自然的、伦理的对生命与世界的肯定观的传统的元素发展着自己的精神生活，这种精神对印度教产生了巨大影响，并且通过后者对整个印度的思想产生了影响。

《古拉尔》（*Kural*）是一部可能产生于 2 世纪左右的伦理箴言集，其中提出了以对他人之爱表达的虔诚属于真正的人性的主张。

在伦理方面，印度教发展中最具意义的是，自中世纪始，罗摩（Rama）——一个渐渐伦理化的神灵——受到了和毗湿奴（Vishnu）、湿婆神（Siva）以及克利须那神一样的膜拜。通过这个被看成大神的最重要的化身之一的神灵，我们可以看出伦理性在大神的性格特征中占据越来越重要的地位。

伟大的印度教先师罗摩难陀（Rāmānanda，约 1400）*，一位罗摩的崇拜者，基于博爱精神对种姓差别提出了批评，并要求认可最贫困和最卑贱的民众的尊严和人权。

47 著名诗人杜勒西达斯（Tulsī-Dās，1532—1623）用印度东部的印地民族语言歌颂了罗摩的功行，并把它当作人们的伦理典范，要求人与人之间要有兄弟般的情谊。

---

* 原文如此，年代不详。——译者注

但是直到新时期，印度思想开始接触在基督教以及欧洲思想中形成的对生命及世界肯定的伦理观并受到其影响后，印度教中的肯定生命及世界的伦理思想才得以真正地和对生命及世界的否定观相抗争。对印度新生代的思想家来说，背离对生命及世界的否定观绝非易事，因为他们面对的是有着多个世纪传承的思想，此外他们自己也坚信，对生命及世界的否定观可以给思想带来深度和内涵。的确，对生命及世界的否定观以及神秘主义使得印度思想不会变得平淡，而欧洲思想却屡受它的威胁。

印度新时期著名的思想家有拉伊（Rām Mohan Rai，1772—1833）、德奔德拉纳特·泰戈尔（Debendranāth Tegore，1817—1905）、夏布·强德拉·森（Keshab Candra Sen，1838—1884）、达耶南陀·萨拉斯瓦蒂（Dayānand Sarasvatī，1824—1883）、罗摩克利须那（Ramakrishṇa，1834—1886）和他的学生辨喜（Svāmin Vivekānanda，1863—1902）、罗宾德拉纳特·泰戈尔（Rabīndranāth Tagore，生于1861年[卒于1941年]）、甘地（Gandhi，生于1869年[1948年被刺]）以及奥诺宾多·高须（Aurobindo Ghose，生于1872年[卒于1950年]）。

在这些思想家中，受到佛教思想影响的甘地企图保持对生命及世界的否定观。他认为最好的生活方式是保持单身并放弃一切现世的东西。在主张弃世的同时，他又号召人们以伦理的行为为他人、为社会服务。所以他所理解的脱离世界和婆罗门所主张的已经不可同日而语，它不再是单纯的无为，在甘地看来，脱离世界的最高的表达应该是行动的爱。

但甘地也并未给这种伦理的行为提出在现实世界中面临的全部任务，因为对生命及世界的否定观是不允许具有典范意义的人既具有精神上的伦理性，又兼具社会上的物质性。此外，甘地还拒绝能给人们的生活带来便捷的知识和技能的进步，甚至包括能够救死扶伤的医学，所以他给伦理的行为的范围设下了重重限制。让我们觉得甘地对于世俗中的事务还有兴趣的地方在于他有着政治倾向。他是个民族主
48 义者，但不承认他的民族主义是强烈的、不是在任何方面都无可指摘的对生命及世界的肯定观的一种表达。当然他有能力使他的对生命及世界的否定观和本应属于肯定观的伦理的行为的思想令人信服地协调统一起来。于是，每当他更多地处在对生命及世界的否定观或者伦理的行为的思想影响下时，他的思想就会出现自相矛盾之处。他也不能总是很有理由地坚持他一贯以来用非常生硬的言语表达出来的对知识和技能进步的蔑视。有时候他也会非常热情地去评价事物，或者承认各种各样的间接蕴含着对生命及世界的肯定观的事物。

印度新时期的其他思想家也首先关注了精神和伦理领域的进步，但是他们并没有像甘地那样拒绝知识和能力的成果，虽然他们也没有去表达这方面的兴趣。[42]

他们都倡导社会改革，其中大多数人还提出了民族主义的要求。他们通过给予现实世界中的事物巨大的兴趣和选择积极的有所作为的态度的方式采取了对生命和世界肯定的立场，但是他们并不觉得有必要直接宣扬这种肯定观。虽然印度思想已经发展到了必须面对生命和世界的肯定和否定观的问题的时候，但是思想家们仍然回避对这个问题追根溯源。

为了理解他们这样做的原因，我们必须了解他们当时所处的环境。如果要他们彻底放弃传统的思想、重新开创一种新的思想，这对于他们来说是不可想象的。传统的权威是如此之大，以至于排除了一切与之相抗的力量。让新时期出现的伦理的对生命及世界的肯定观得
49 到认可的唯一可能性是，在吠陀经文的阐释艺术中寻找出路，并把新的东西当成传统的东西加以弘扬。[43]

> 吠陀文献包括《梨俱吠陀》(吠陀赞歌歌曲集)、《娑摩吠陀》、《耶柔吠陀》和《阿闼婆吠陀》(包含奉献牺牲、祈祷和魔法仪式)、《梵书》和以理解四部吠陀经而形成婆罗门神秘主义基本思想的《奥义书》。吠陀是知识、智慧的意思。[44]

只有在特殊的情况下，思想才会变得非常有革命性，而在大多数情况下，它都是通过追溯在传统中既有的东西并寻求对它们进行新的解读来证成自己需要确立的某种变革。印度新时期思想中的基督教思想也是以这样的方法进行着的，它努力寻求证明新约是支持一种对生命及世界的肯定观的，虽然原本的基督教观念仍然是构筑在对生命及世界的否定观之上的。[45]

在 19 世纪时，印度出现了对吠陀经的新的研究。这是新时期的思想家为伦理的生命及世界观在传统文献中寻求根据提供可能性。[46]

直到 19 世纪初，人们对印度神圣典籍的研究还是持一种经院主义哲学的方法，拘泥于一些著名评论的阐释和其中的代表观点。通过丰富新的元素而发展起来的新印度思想不再满足于旧的吠陀经阐释，思想家们感到有必要直接面对吠陀经文献，并且用批评性的眼光去研究它们。这和基督教宗教改革以及新时期遇到的问题几乎是一模一样的。在欧洲，人们也不满于《圣经》的传统阐释，而用直接解读《圣经》得到的新解读去代替传统阐释。

印度思想的变革还得到了非常有价值的支持，那就是 19 世纪时
欧洲学者开始的对印度传统文献进行的科学研究。 50

新印度思想的巨大特点是其具有极强的自我意识和来自吠陀经文中的近乎绝对的优越感。[47]辨喜坚信，欧洲和美国的精神生活是依靠印度神圣经典中的启示的。达耶南陀·萨拉斯瓦蒂认为，在吠陀经中不仅可以找到全部的精神和伦理的真理，而且所有的人类可能认识

的科学发现也都早在吠陀经中有了明确的预示。

基于对吠陀经中已经包含一切有价值的认识的观念，印度新时期的思想家们确信[48]，在其中一样有代表伦理的对生命和世界的肯定观的思想，即使这种思想萌芽到目前为止还没有体现出影响力并且从某种程度上讲必须被他们重新发现。

第一个明确认可对生命及世界的肯定观的人是罗宾德拉纳特·泰戈尔，他是德奔德拉纳特·泰戈尔之子。他认为，以往思想家历次对生命及世界的否定观对于伦理的肯定观的认可，所做的只是在两者之间抉择一个。由于他认识到了伦理行为的义务，因此他感觉到有必要号召人们在两者中选择伦理的对生命和世界的肯定观。如果人们拒绝在由神创造的现实世界中有所作为，那么在这种情况下谈与神合为一体的思想绝对是思想上的一种巨大错误。所以，他用激烈的言辞抨击了印度教修行者(Sannyāsin)[49]宣扬弃世思想的错误。泰戈尔倡导人们要致力于以世界精神的意义有所作为，并且[50]要为世界的完善做出贡献。人们应该带着创造的喜悦，基于新的知识和技能的成果让自然的神奇力量为人类造福，参加到目前还未知前景的科技进步中去。泰戈尔还高度评价了最高的、对于现代人才有可能的对生命和世界的肯定观。

51 同时他也坚决地强调，只有那些由精神和伦理性决定的对生命和世界的肯定观才有意义并且能够起到好的作用。就像其他的印度新时期思想家一样，他也批评欧洲和美国的对生命及世界的肯定观[51]过多地走向了非精神化和非伦理性的错误道路，树立了错误的、堕落的典型。

为了公正地评价，他又必须更为强调，[52]在欧洲和美国也曾经存在过一个蕴藏着真的、典范的对生命和世界的肯定观，并且在精神和社会等方面都起到过卓越的作用，而这正是当前的印度所缺少的东西。

泰戈尔还反对一切悲观主义的观点。他确信，美、秩序与和谐永恒存在于世间。所有我们认为不美的、无序的、不和谐的以及痛苦的都一定可以在世间的美、秩序、和谐以及愉悦中得以消解。

泰戈尔还没有去计较世界精神意义上的行为问题的困难。世界意志，用他的话来说，不是我们陌生的东西。我们在我们当中体验到它。重要的只是，我们要全身心地奉献。[53]泰戈尔自然而然地认为，人可以以他的意愿和行为进入有意义的自然现象的工作中。他的对生命和世界的肯定观还没有真正以客观的方式来面对世界的现实性。

他把爱解释为世界的意义。他引用古老的婆罗门观点，认为感性世界是永恒存在导演的一场游戏。只是在他那里，永恒存在不是非人格化的婆罗门，而是一个演化出世界的神性的人格主体。对于神，泰戈尔阐述道，这场游戏必须符合一种必要性并具有意义。为了达到神本身的最高的自我意识，他必须走出那种为了自己存在的状态和平静，并且产生一个由各种现象组成的世界，其中生活着一个个有自主意志的、有禀赋的个体。他们以爱来奉献神和神创造之物，并达到与神合为一体的状态，这是对于人和神都至关重要的体验。[54]

泰戈尔对世界意义的阐释和德国思辨哲学，特别是费希特(Johann 52
Gottlieb Fichte，1762—1814)哲学是相近的。他设想无穷无尽的世界是为了在特定时期在小小的地球上出现的人类而产生的，从这个意义上讲这种思想是幼稚的。

泰戈尔在吠陀经当中寻求对新印度的对生命及世界的肯定观的证成，他预设这一思想在吠陀赞歌[55]当中是早已确立的，只不过那是属于残存的文化，是人们最质朴的、不能自我反思的对生命及世界的肯定观，而不是在更高的发展阶段的思想中产生的伦理的对生命及世界的肯定观。这些在古老文献中是找不到的，必须通过泰戈尔的暴力的阐释艺术才能发掘出来。[56]

一个有着超过两千五百年发展史的思想在泰戈尔这里终结。在非自然的、由癫狂体验统治的思想长期占据着统治地位后，自然思想通过它又获得了自己的合法地位。受到婆罗门思想排挤的印度精神终于在漫漫歧途上重新找到了一条笔直的发展道路。

可能印度思想还需要几代人的时间，来把必须认可的伦理的行为和传统的对生命及世界的否定观结合起来。然而现在思想家终于做出了抉择。泰戈尔洞察到，伦理的行为必须以对生命和世界的肯定观为前提。禁锢从此被打破了。印度思想重新回到以自然方式来对待世界的发展道路将不可阻挡。

但泰戈尔所拥有的那种像青年人一样的无畏精神却不可能长久地保持在新印度思想中。由于不断走向成熟而产生的要求完全自我定位
53 的渴望，他会失去那种按他的需要来看待世界的能力，并且必须探讨它所面临的现实世界中的难题。

新的印度思想觉得自己比当时的欧洲思想更为优越，那是因为后者陷入了迷惘，并呈现出了四分五裂的状况。欧洲思想出现这样状况的原因并不在于其在优雅、深刻和能量上逊于印度思想，而是因为它正处在对世界认识的探讨中，努力在其中获得自我的证成。

由于印度思想还没有开始探讨这些现实世界向对生命及世界肯定的伦理观提出的难题，因此它还处在这样一种自我意识和自信当中。

总有一天，它也难免像欧洲思想那样，在面对现实世界的难题时努力地寻求自我证成，从而使对生命和世界的肯定观得以保持。[57]

[III.] 中国思想 54

[1. 发端，古代的源头]

中国思想与印度思想的进程不同。

在印度思想中自然思想和对生命以及世界的肯定一开始为婆罗门教的神秘主义和对生命及世界的否定的世界观所排挤，它们并无声望，仅仅处在被容忍的状态中，直到此后几个世纪，它们才在不断深入的伦理学的支持下，渐渐地通过艰难的斗争而取得一席之地。

在中国，来源于自然思想的对生命的肯定一直享有盛誉，并因其深度而具有如此之大的力量，以至于道家神秘主义在它们的影响下放弃对生命和世界的否定的基本主张而仅仅提出了无为的思想。

在印度，两种潮流是交替发展的；而在中国，两大潮流则并行不悖，只不过自然思想的潮流从一开始就比道家神秘主义更为繁盛。[58]

在下面关于中国思想的论述中我避免使用拉丁化写法的名字。中国精神生活中的三个最重要人物的名字被天主教传教士赋予了这样的名字，并且直到今天，这样难于理解的写法在欧洲还仍然使用。Konfuzius 是孔夫子（孔子）的拉丁化写法，Mencius 是孟子（前 372—前 289），Micius 是墨子（约前 372—前 289），Licius 则是指列子（约前 450—前 375）。给这些思想家继续沿用他们从来不曾有过的名字是毫无道理的。

我们对于中国最古老的思想来源的认识是来自经典的文献。[59]

它们共分为两类：五经（第一类经典文献）和四书（第二类经典文献）。经指纵向的线条，转义喻指神圣的书籍，书就是［指］书。五经
55 是[60]：《易经》（变化之书）、《书经》（文献之书）、《诗经》（诗歌之书）、《礼记》（习俗之书）、《春秋》[61]（用“春”和“秋”命名，由孔子编写的前722年至前481年的关于鲁国的编年史）。

> 奇怪的是，孔子——按他自己一句流传甚广的话来说——将《春秋》看成他的一部重要代表作，然而实际上它只是非常平淡地列举了一些事件。很多迹象表明，他书写《春秋》的用意并不仅在于事实的罗列。对于这部编年史有一本由左丘明所撰写的名为《左传》的评论，然而这部含有关于什么是正确的统治的观点的著作极有可能出自他本人而并非出自他的学生之手。所以，《春秋》应当被理解成孔子从国家档案馆中摘编成的编年史以及他对此的注释，这样孔子本人对于该著作的重视程度才变得顺理成章。

四书是：《论语》（孔子谈话录，由他的学生记录）、《大学》（大的学问，对孔子学术思想的集中阐释）、《中庸》（有关中正的学问，是一部孔子的弟子曾子所著的以伦理学为内容的著作），以及一本记录孔子学派的学者孟子的学问和言论的书《孟子》。

在这里必须指出的是，对于在孔子之前就已经产生的四部经，我们已经无法了解它们的原貌，而只能看到通过孔子获得并保留下来的形式。晚年的孔子开始收集流传的文献，并对此加以编纂，把其中他认为不好的内容都删除了，尤其是其中有关迷信和巫术的内容。他的这一行为使得一些原本有可能让我们了解远古世界观和风俗的章节永远消失了。

这些上古文献经历的另外一场浩劫则是焚书[62]，秦始皇，秦国

的国君，于前 213 年下达了这样的命令。秦国的国君于前 221 年结束了自大约前 1046 年开始的周朝的统治，并取得了整个国家的统治权。此外他还下令建造了用来抵御北方匈奴进犯的长城。

这位皇帝放弃了分封制，而是把整个帝国分成了 36 个郡，通过 56
向每个郡分派行政长官的方法来治理国家。

因为他一定害怕那些记载着传统的文字会形成对他的这种改革的反对，所以他一定要尽可能地把所有那些能够唤起人们对过去回忆的文字都清除掉。在他最得宠的丞相李斯的影响下，他下令，将所有国家以及私人收藏的书籍都焚烧掉。

而不属于焚烧的范畴的书籍则是那些关于医学、占卜、农事以及秦国历史的书。因为《易经》中含有占卜的内容，所以它有幸在焚书中被保留了下来。焚书中，皇帝的矛头直指《书经》和《诗经》以及一切记录着儒家思想的文献。他希望这样能够切断这些人物所代表的思想传承的影响。令人费解的是，一个由 70 名学者组成的团体[63]却被允许收藏《书经》和《诗经》。

至于那本以孟子的名字命名的书，尽管其中含有孔子的思想，却并不在被焚之列，其原因可能是这本书在当时还不出名。

在秦始皇死后(前 210)，他的后人无能，失去了国家的统治权，新的统治者建立了汉朝。由于新朝代的皇帝认可孔子及其流派关于国家政治生活的观点，于是在新朝代开始，对古代文献的禁令就没有继续下去，尽管对其正式废止也是直到前 191 年才正式实施。

学者们开始热切地收集并整理保存下来的文字。

学者们收集整理古代文献时遇到的另外一个难题则是，秦国丞相李斯在引入新的度量衡的同时引入的统一的简化文字。这样一来，旧的文字容易很快被人们遗忘，古代书籍面临窘境，必须被迅速地翻译
成现代的文字。此时必然有各种各样的书籍没有能够流传下来，因为 57

有可能书中的那些文字已经无法辨认。

相比之下，损失最小的则是记录古代中国人对于存在和发生的世界观的《易经》。

我们今天看到的《书经》可能只有原来的一半多一些，内容涉及古代以及直到前7世纪时的统治者颁布的政令和荣誉获得者们的演说，其中最为重要的是讨论伦理、政治和哲学问题的《洪范》(大法)章节。

对《诗经》的重现要显得简单一些，因为很多民歌还一直保存在民众的记忆当中。

最困难的是《礼记》。我们今天所见的《礼记》一书是由旧的或新的版本，乃至公元前后的一些文字拼凑起来的。尽管如此，它仍然是我们了解古代宗教仪式、习惯和风俗的一个重要来源。

除了经典文献以外，古代思想当中值得我们去研究的还有管子、邓析子和晏子[64]，或者那些被附会在他们身上的著作。

管子[65](约前723—前645)曾是齐国的宰相。晏子(?—前500)在大约一个半世纪后担任了同样的职务。邓析子(约前570—前501)已经有了诡辩术的思想方法。

以这三位思想家的名字命名的著作主要涉及了伦理的问题以及对好的执政方法的探讨。

《吕氏春秋》(吕不韦的春秋)也包含有上古的思想。吕不韦(?—前235)曾经是一个很富有的商人，他通过具有传奇色彩的手段成为秦国的宰相[66]，他在位期间励精图治，当时秦国的国君叫政，也就是后来的秦始皇。为了取得在文化领域的地位，他让一批学者将各种来源的历史和风俗都记录在了一本书中。因为这本书中含有很多后来散失的古代文献，所以它有着不同寻常的价值。

> 后来吕不韦受到国君政猜忌，并被流放，此后他用毒药结束了自己的生命。同样李斯也不得善终，始皇帝的继任者先把他投进监狱，后又判其腰斩之刑。 58
>
> 《阴符经》是一篇关于道家思想的短文，人们相传为前3世纪的黄帝所著*，但实际上它应该属于8世纪。[67]

为什么[68]中国能在这样一个印度乃至欧洲人还处在思想发展的最初阶段的时代就产生这样一个高级的、繁荣的并建立在伦理生活以及对世界的肯定观之上的文化？[69]

古代中国的思想的出发点是宗教观和思想。首先是对祖先的膜拜，对后代来说，最神圣的义务莫过于尊重祖先的英灵，并向他们奉献牺牲。

与所有蒙昧的思想一样，中国人在信祖先的灵魂（鬼）之余，还信仰自然之灵（神）。[70]整个自然界被想象成由这些有形之物居住其间，并通过一些发生的事件来证明它们的存在有着重大的意义。

祖先的英灵被理解成具有保护家族的功能，然而尽管有一些自然之灵被认为对人类无害，但一般它们都被看成是对人没有益处的。通过奉献牺牲或者从事具有魔力的仪式，人们使这些自然之灵不出来害人，或者抵御它们带来的灾祸。代代相传，掌握控制和驾驭这些灵魂的方法的人称为道士，他们通常也具有未卜先知的能力。

道士身上还有着非常明显的萨满教起源，他们起到的作用还和原始宗教有着非常密切的联系。在请神上身的时候，他们不再是原来的自己，感觉自己只是某种超自然力量的器官，并以此接近它。

除了相信存在恶魔和自然之灵之外，中国人还信仰神，认为神在

---

* 原文如此，实际上黄帝应该更早。——译者注

自然事件中发挥着作用，并且与天上的星宿或者自然界的元素相对
59 应。但这种多神论的信仰在发展过程中中断了。原因有两个：第一个
原因是，中国人出于唯物主义的思想方法，很难产生真正的人格化的
神的形象。[71]固然人们把一些无法解释的、人力所不及的自然事件
理解为由像人一样并且有着人的行为的巨大的存在物所制约，但归根
结底仍然是把神祇理解成一种力量。

多神论的本质在于，每个神的具有个性的人格特征被不断地强化。在这一点上，中国的神灵既没有个性也缺乏想象力。[72]

中国的多神论发展中断的第二个原因则在于，中国的两个大神——天和地——有着无与伦比的地位，并且包罗万象。由于天和地被理解成各种力量最本初的来源，世间一切事物的变化都来源于此，因此中国的多神论成为负面的存在。[73]它不可能发展成为真正的宗教，所有星宿、山川、河流、土地以及植物的神和各个国家的守护神只能由皇帝、诸侯或者英雄人物在特定的场合下通过传统的祈祷或者奉献牺牲的方式召唤出来。中国没有多神论的宗教，而只有由国家开展的对多神论的膜拜。[74]

在两个最为重要的大神中，被想象成女性的地神原本更为重
要。[75]这表明，在中国的远古时代，女性，而不是男性，在家庭中
占有支配地位(母系制度)，很多原始部落到今天都是如此。渐渐地，
地的地位在宗教的思维方式中落在了天的后面。在膜拜仪式上这一点
60 并不明显。一直以来，人们都以相同的方式来祭拜天和地，只是对天
谈得更多一些。

基于这种错位，天成为某种意义上的万能的神祇，并包含其他一切的[众神]。于是这给了中国思想一种可能性，即在没有真正形成多神教信仰的情况下，直接到达一神教信仰。即使是基督教和犹太教的查拉图斯特拉一神论仍然不是完美无缺的，因为至少人们认为在他之

外还存在着别的神祇和超自然物，他们有着自己的意志，甚至会做违背大神的事情。

实际上，中国思想中已经出现了一神教的发端。比如在《书经》和《诗经》中就能找到相关的内容，天不仅是地之上无限广延并且决定一切的存在物，还被设想成了有意识的人格主体。所以天会为人类奉献的牺牲而高兴，会闻味道，会倾听人们的请求[76]，会注视着祈祷的人们。[77]这样的天的形象具有和中国思想自古以来一直就有的伦理思想相符合的伦理的特征。他会告诉人们自己的愿望，会奖赏人们好的行为，还会因为人类做出有失道德规范的行为而发怒。[78]当中国思想试图反对将超自然物人格化的想法时，人们会用伦理的观点来权衡一切。在所有的思想中，伦理观是产生一神教的推动力。[79]信仰世界只有唯一的、万能的神祇来主宰首先要求相信伦理治世的可能性。

但是，这个产生于中国公元前两三千年前、由上古文献证明的一神教信仰还存在一些不完整的地方。如果中国思想出于伦理的原因更倾向于一神教，那么它无法解决根植于内心深处的对于一切信神的思想方法的疑惑。《书经》中就透露出对于这种倾向的回避。在最远古
时代，毫无疑问可以用对皇帝的称呼——上帝（最高统治者）——来称 61
呼天（T’ien）。[80]但在《书经》后面的章节中，则可以观察到一种明显的变化。基本上在这本书中，除了极个别的地方外，作者都是用很小心的方法来提及天，而它的人格化的特征则有隐去的感觉。

在伦理一神教的意义上，天因此不可能成为真正的主神，因为它不是世界的创造者，而只是世界的统治者。

中国思想在对天的充满矛盾的假设中停滞不前。它一方面把天理解成傲立于地之上的存在物，那些可以影响事物变化发展的力量皆来源于此；[81]另一方面，基于对事物的变化发展中总是在实现智和善

的信念，它又试图将天理解成出于思考而行为的人。[82]

根据同样的理由，人们既可以肯定，也可以否定中国一神教的存在。它至少不是产生于成为的状态。

可以肯定的是这一点：无论是一神宗教还是多神宗教，在中国都体现得非常之少。古代文献中提及人们会乞求天、敬畏天，但并没有和它建立起真正的关系。人们当然是虔诚的，但这种虔诚跟基督教或者印度教的虔诚是不一样的，后两者产生了活生生的信仰，而不在于全心全意地献身。

由于在中国没有形成完整的多神或者一神宗教，也使得这里缺乏
62 相应的神职人员阶层。祭拜天地的仪式都是由皇帝来完成的；祈祷或是向其他的神奉献牺牲也是诸侯或者地位崇高的人的事情；在祭祖活动中，家长才是有资格祭奠的人。专职的神职人员只存在于民间残存的一些信仰更低等级的神灵和魔鬼的蒙昧宗教中，这些人员也没有什么社会地位。

由于印度思想起源于神职阶层，而中国思想产生于非神职人员中间，所以，尽管两种思想的出发点以及所依据的前提和假设如此接近，但仍然以截然不同的方式发展下去。

中国[思想]的倡导者是那些在时代中产生的伟大的思想家，而读书人学习流传下来的精神遗产则是对它的传承。这一方式对它的存在方式以及发展方向起到了举足轻重的作用。

因为神职人员对中国思想没有影响力，所以中国思想可以保留完全自然的特征，保持它的忠诚、正直，并且不受干扰地向前发展。

印度思想与之差别有多么大！婆罗门僧侣使印度思想陷入了对生活和世界的否定的冒险之旅。后果则是，考虑到僧侣们的传承关系，印度思想很难恢复到纯自然的状态。它不得不信任于不清晰的妥协，用令正直的感觉受到威胁的值得怀疑的解释艺术，去同阻碍自己发展

的过去辩个明白，并且向前……[83]

天和地与道又是怎样的一种关系呢？

对道家学者——老子，他的前人和后人——来说，天和地是从道中演化而来的。道被看作原存在，一切都是由道产生的，它的效力则又是普适的。对于从观察自然[84]而产生的中国思想，就像《易经》中记载的那样，天和地是一种自生之物。它们并不可以追溯到原存在，在那种状态下天和地以未充分发展的方式相互依存。这一非道家的思想正是发端于对自然界可做出的判定，并试图来阐释自然。这并不意味着是对天体的一种假说。一切的秘密并不在于天和地是怎样产生的，而在于天地之间如何相互作用，并影响着事物的变化发展。

在《易经》中也没有说天和地的相互影响以及和谐共存是由道来 63
决定的。孔子接受了中国上古的思想，认为天和地是理所当然地和谐地相互存在的。如果一定要谈道，那么道不是老子说的那种在一切存在中起作用的原存在，而是天和地相互作用的世界规则。[85]人之道指的则是人应该按照世界规则，即一种道德化的转向，来度过他的一生。老子的道的思想在《易经》中并没有体现出来。

随着时间的推移，一种将天和地理解成是由原存在演化而来的非道家学说出现了。在《易经》早期的注解中就常常出现产生天和地的万物本初(太极)，这个万物本初之物虽然从某种程度上与道是对应的，但并没有被称为道。这说明，《易经》并没有假设以道命名的原存在。

万物本初理论的充分发展是在宋代(960—1279)的儒家学说的代表人物们身上才得以完成的。

大约从前12世纪开始中国思想中就出现了阴和阳两个可以代表地和天的原始存在物。阴是指地、阴暗、寒冷、低洼、枯萎、潮湿、柔软[86]，而阳则是光明、温暖、高耸、生长、干燥和坚硬的代表。

阴属月，阳属日。

文献中一直说阴阳，而不是阳阴。这说明属阴的地优先于属阳的天。

在《易经》以及早期的注解中，总是只提到天地[地天？]。只是在后来的注解中才开始渐渐提及阴阳。[87]

64 由于中国古代思想放弃了地和天两大既有范畴，而开始使用与之对应的阴阳概念，所以它失去了本原性。在道家和佛家思想的作用下，阴阳理论促进了思想家提出阴阳尚未分化前的原存在的假设。

地和天(或者阴与阳)并非互相对抗。光明和黑暗并不像查拉图斯特拉哲学那样作为善和恶在斗争中相对立。它们相互补充，并以此构成整个现实世界。中国思想假设二元存在的原始自然力，但又不赞同二元对立理论。

因为天和地在本质上是一体的，并互相补充，所以它们是以一种和谐的方式相互影响的。

所有的存在物，因为其自身有着两种原始自然力的相互作用，所以都被理解成处于不断的变化之中。事物之间的连续性发展就是由这两种原始自然力，而绝不是其他东西所决定的。事物变化发展的原因在于，这两种原始自然力并不总是以同等强度、同样方式起作用的。它们的力量在不断地转移，此消彼长，所以有时是这种、有时是那种特性主导事物的本质。

事物变化是由规则决定的，因为两种原始自然力的转移是由基于某种神秘的内在规律性而发生的。

中国思想中这种有关存在和发生的本质的世界观产生于对一年中季节更替规律的观察和思考。由于用两种和谐的相互作用的原始自然力理论可以很好地解释这种自然现象，所以就认为这一原则应当是适用于一切存在物的普遍原理。

中国[88]人对于存在和发生的观点很深邃，因为它以客观的观察为前提，产生于对自然的深入研究，揭示了自然界神秘的本质。其中包含着不变的真理。

首先，两种原始自然力产生五种基本元素：水、火、木、金、土。在这五种元素中，原始自然力发挥着它们的作用。

基本元素有五种，出于《书经》，来源于第二个千年的前半叶*的古代著作《洪范》中就已经明确地提到这个数字。[89]

汉语中“元素”这个词是“行”，它的意思有移动和行为。 65

按中国古代观念，元素不仅是物质材料，也是这种特质材料表达出的权力。它们被看成具有神灵的本质。

按中国古人的思想，不同的方位和季节也分属五行。水对应于北方和冬季；火对应于南方和夏季；木对应于东方和春季；金对应于西方和秋季；土则对应于中央，这被看成一个非常特殊的方向。与五行相对应的还有五官(听觉、视觉、嗅觉、味觉和感觉)和五脏(心、肝、脾、肺、肾)。

与分属的季节相对应，每种元素都有一个统治阶段，但它在变化中又会像季节更替那样渐渐失去作用，退到幕后，直到又按顺序发挥出作用。

中国古代的思想不仅假设五行元素、季节和方向之间存在关联，而且努力解释存在于自然界千差万别事物[90]间的一切内在关系。中国古人都有一种基本信念，即一切的存在和一切的发生都是内在统一的，因为在所有存在和发生中都有两个原始自然力在起作用，具体情况下的差别只是起作用的方式不一样罢了。

《易经》用符号表达了主导事物变化发展的原始自然力的千变万化的

---

* 原文如此，应指公元前15世纪以前。——译者注

相互作用方式。这种符号由完整的和断开的线条组成。完整的线条(⚊)代表天、创造者和光明，而断开的线条(⚋)表示地、接受者和黑暗。把这两种线条组合[91]成上下的两道线条(⚌ ⚎ ⚏ ⚍)就产生了对应四季的符号。[92]在这基础上再加上第三道线条就形成了相传由灰色的蒙昧时代的一位统治者伏羲氏所创的八卦。[93]八种符号分别是[94]：

66 ☰乾：创造，强势，天。

☷坤：接受，顺从，地。

☳震：激发，震动，雷。

☵坎：边缘，危险，水。

☶艮：静止，阻碍，山。

☴巽：柔软，进入，风。[95]

☲离：附着，照亮，火。[96]

☱兑：热情，开放，泽。

八个卦相两两组合，形成六道线条，就有了64个符号，《易经》就是一本关于这些符号的书。

这些符号中的第三个形状如下：䷂

对这些由六道线条组成的符号的阐释是由生活于前1046年左右的周朝的开国国君周武王的父亲周文王在被商朝的最后一个国君暴君殷纣王关押之时所做。

由六道线条组成的符号的意义是由三道线条的八卦的意义组合而成的。对于一个组合，哪一卦在上、哪一卦在下，也有着很重要的意义。

同时，每个线条以及它们所在的卦相当中的位置，都有着意义。这些卦相的意义相传是由武王的弟弟，被分封在鲁国的周公旦确定下来的。[97]

就像在中国，祭祀活动是由皇帝和诸侯，而非专职神职人员来进行一样，对于这些知识的探索也是由他们来完成的。

当古代杰出的智者在《易经》中对两种原始自然力相互作用的原理进行研究的时候，他们不仅仅要获取事件发生的秘密的知识，而且努力在这些知识的基础之上研究最理想的应对未来的方法。

这种未卜先知之术在于，首先通过随机的方法产生一个由六道线
条组成的符号，然后占卜之人运用《易经》中各个符号确定的意义来 67
预测未来之事。

> 获取这些符号的传统方法是六次随机地操作50根蓍茎，从中多次，并且每次用不同方法抽取出四根一束的草茎。从取出的草茎和剩余的草茎计算出与完整和断开的线条相对应的数字。对应天的完整的线条属于奇数，被视作强；而断开的、象征地的线条代表偶数，象征弱。先获得的线条处在下面，后获得的线条位于上方。

这样获得的符号可以表达出力量的方位分布，用于对相关事件的参考。

现在假设，我们通过草占已经获得了如下的符号(䷨)。这个符号处在《易经》的第41位。[98]它的上半部分☶是艮(静止，山)，下半部分☱是兑(热情，泽)。这一符号叫作损，解释如下：

> “山的下面有水，形成损卦。君子看到这个卦象就要制止愤怒，去掉欲望。”*

* “山下有泽，损。君子以惩忿窒欲。”——中文版编者注

对这一卦相的断言则是：

“有了诚，
就大为吉利，没有坏处。
人们可以合于正道。
还有好处，可以发展下去。
用什么来祭祀呢？
只要两碟子食物就可以了。”[99] *

从对每个线条的阐释来看：

人们必须思考，能从多大程度上去使他人受损。——不使自己受损，而能使他人受益。——如果一个人独行，他找到一个同伴。——如果要减少损失，就要他人赶快来，并获得愉悦。——如果能不损害别人而又使自己受益，这是最好的情况。诚意带来大吉大利。[100]

68 这个卦相告诉我们，在相对应的事件中有信心的行为应该在正直、谦逊和对他人的关怀中展现出来。但并不是每个信息都是这么清楚的。

所以，《易经》是一种更为高级的占卜术。它不仅告诉你未来的事件，还告诉你通向成功的正确道路。

对于发生事件的本质的解释与占卜之术在《易经》中这样结合了起来，很难弄清楚《易经》一开始本身究竟是一本占卜之书还是一本关于两种原始自然力互相作用的著作。[101]而种种迹象表明，前者的可能性似乎更大一些。

孔子对《易经》的评价非常高。根据他的一句流传甚广的话来

* “有孚，元吉，无咎，可贞，利有攸往。曷之用，二簋可用享。”——中文版编者注

说，他想活得更为长久，以便能比较完整地获取《易经》中含有的全部智慧。[102]很有可能的是，关于《易经》的一部最古老最有价值的被称为《彖传》的评传就是出自他的手笔。[103]

首先，中国古代思想一直在努力揭示世间事物发生的奥秘，希望了解人类与自然的关系，以及人类应该怎样做才能与决定世界的原始自然力保持一致。

在《易经》的传以及《阴符经》中都把人看成一种随天地而产生的原始自然力，所以人的途径(道)就必须和天地之道相符合。[104]

古代中国的自然哲学比古希腊的自然哲学更深刻。古希腊人希望通过获取自然科学的知识来探视自然，而中国的古人则将人浸入自然中，并亲身体验人与自然的神奇的关联性。

正确的行为包括人观察自然现象，并由此得出伦理的思想，做出符合伦理的行动。这些都是人符合自然的一些基本组成部分。

在《礼记》和《吕氏春秋》中可以找到很多源于古老规则的针对 69
每个月份的宜和忌，书里面记载了有关帝王和诸侯应该如何奉献牺牲，应该完成什么样的仪式，应该选取什么颜色的服装，一日三餐应该吃什么，哪些工作和活动是被允许的，哪些则是应该着力避免的。

> 摘录于《吕氏春秋》中关于春季第一个月份的规则：[105]
>
> “祭先脾……[第 1 页]
>
> 天子居青阳左个……载青旂，衣青衣……食麦与羊……[第 1 页]
>
> 命相布德和令……[第 2 页]
>
> 天子亲载耒耜……帅三公、九卿、诸侯、大夫，躬耕帝籍田。天子三推，三公五推，卿、诸侯、大夫九推。[第 2 页]
>
> 是月也，天气下降，地气上腾，[106]天地和同……王命布农

事……乃修祭典……[第2，3页]

禁止伐木；毋覆巢，毋杀孩虫、胎夭、飞鸟。[107][第3页]

毋聚大众，毋置城郭……[第3页]

是月也，不可以称兵……[第3页]

孟春行夏令，则风雨不时，草木蚤落，国时有恐。[第3页]”

只有通过伦理的行为，人们才可以达到和世界相一致的境界。

根据中国古人的观点，人类的行为和自然事件有着如此紧密的联系，以至于人类的叛逆的行为会招致自然的毁灭。雨、阳光、冷暖和
70 风是不是在对应的季节适量的出现，按照《洪范》的阐释也取决于人是否具有尊严、文明、洞见、审慎和智慧这五种品质(原文为“五事：貌、言、视、听、思”)。[108]

其中最重要的当属与天有着直接联系的至高无上的皇帝的言行。他的品德和他统治人民的正确方法使五行得以有序。自然灾害等带来祸端的情况一旦出现，皇帝就应当适时地检验是不是他自己或者是他的臣民有什么不检点的行为。

中国人关于人的行为和自然事件相关联的观点来源于他们伦理的信念，符合道德的行为会带来好运，而不符合道德的行为则会招致灾祸。这不能简单理解为赏罚，因为幸福和灾祸并不是作为赏罚加诸人们身上的，而是与某种世界规则相契合。[109]

中国古代的伦理世界观以很有特色的方式区别于查拉图斯特拉、犹太教的先知或耶稣。伦理的一神世界宗教中拒绝世界上发生的具体事件，因为其中有它所厌恶的恶，所以，这足够推论出世俗世界的事情总是处在从不完善到完善的发展过程中。应该说，伦理是由对符合伦理的本质的世界秩序必将到来的信仰所支撑的。[110]

相反，中国思想把世界上发生的事件当成一种既成事实。因为它

非常明白发生事件和行动之间的深刻区别，因此也就不把用以评价行 71
为的伦理准则应用在发生事件上。[111]它绝不赋予它们伦理的特性，而是发现了其中含有的尚不能为人们所理解的神秘的和宿命的东西。

世界上的事情本身虽然不具有伦理的特性，然而在中国古代思想看来，它却和伦理性之间有着一种天然的联系，这种联系在于至高无上的两种原始自然力在创造世界的过程中也产生了一种可以区分善恶的东西，并且它把按照善的标准来行事看成一种道义的责任。所以伦理的就是自然而然的，就像人是怎样发展起来的一样。由于两种原始自然力在人的身上以最为深刻和圆满的方式相互作用，所以人本身也就是一种伦理的创造物。

与其他伦理宗教强调善对世界的纯粹统治不同的是，中国思想表现得比较有所保留。它认为世界只有在有道德的人出现的前提下才能变得美好而有意义。

其他的伦理宗教是双重的。它们认为，世界上存在着两种相互斗争的力量，一种是有意义和善的力量；另一种是无意义和恶的力量，
伦理宗教观试图使人们信仰和期望后一种力量是处于下风的。而中国 72
思想是单重的，它认为世界上只存在(一个)同一意义上起作用的力量，并且把符合伦理的看成完美的和顺乎自然的。

中国古代思想可以毫不费力地接受世界的事情本身不具有伦理特性的观点的原因在于，它的伦理观还缺乏阐释世界的事情所必需的能力。它还没有感觉到世界上发生的事实给它带来的困难。

这样一种不受拘束的伦理思想竟默默地走到了这样的境界！人可以通过自己伦理的行为达到和自然的和谐统一，该思想有了如此的深度!

根据[112]古代中国思想的观点，伦理是知和行的原则，通过这种原则，产生了人类社会的一种符合世界的秩序。

这一思想意味着人道是同天道相一致的。

在我们所能认知到的中国古代思想的最古老的形式中就已经发展出了高度发达的伦理观。它虽然是从过去慢慢演化形成并且在传承中被保留下来的道德习俗，但这种道德习俗却几千年来一直处在对世界和人类的思考的影响之下，并且在这样的思考中不断地变得精致而深入。

与这种达到相对完美的以道德习俗的形式出现的伦理的发达状况相适应的是，它并不是通过每个人遵守由它提出的规则，而是通过每个人在思想上服从于它实现到真实社会规则。伦理已经发展到这样的精神境界，以至于它可以认识到法律和传统规定的不足之处。

对于法律和伦理的问题，中国古代思想和雅利安印度思想在观念上有着根本的不同之处。充斥着婆罗门教思想的法律典籍《摩奴法典》(*Manus*)期望通过统治者严厉地赋予法令以最高的威望来实现和保持治理有序的状况。其中就有一句话："整个世界只有通过刑罚来保持有序。"[113]

73 而在中国古代文献中，几乎找不到法律书籍，而只有那些让人们去思考关于善的书。[114]

中国伦理虽然达到了很高的发展高度，但究其本质仍然只是传承下来的道德习俗之伦理，这一点可以由它主要探讨自然状况下发生的人际关系表现出来。

根据《书经》的记载，伦理主要包括五种关系：君和臣，父和子，长和幼，男和女以及朋友之间。[115]这里的朋友是指邻人或者同乡，也可以指相互赢得了信任的陌生人。

由于中国古代伦理与人际自发形成的自然关系等量齐观，并由此产生义务关系，所以它走了一条承认人与人之间的相互约束力的发展道路。这条道路发展到尽头，必然最终会提出普遍的仁爱的要求。

在《洪范》中就列举了五种品质：尊严、文明、洞见、审慎和智慧。[116]

所有美德的本初和基础在于子女对父母的敬爱。

中国古代伦理执完全积极的对生命和世界的肯定态度。它试图在现世实现人们到达它所规定的完满，并且创造出实现人类物质和精神的繁荣发展的客观条件。[117]

管子[卒于前645[118]]，齐国的齐桓公的宰相，在他流传至今的语录中提及国家秩序井然、人民生活富足是出现道德社会的前提条件。

> “仓廪实而知礼节，衣食足而知荣辱。”[119]

但是在古代，在比较小的范围内，对生命和世界肯定的世界观的
框架中也生发出淡薄物欲的理想模式。这一思想的主要代表者为晏 74
子，居[120]齐国的相位。两种思潮在此后并存发展。

中国思想以它对生命和世界的肯定以及对合乎理性、合乎目的性的强调与18世纪欧洲伦理观相一致，但它却从来没有像沦为枯燥的实现个人和社会的福祉的说教的欧洲伦理那样面临过危机。因为中国伦理思想始终与自然保持着密切的联系。伦理思想向符合道德的行为的转化并不仅取决于个人社会归属的权衡，而是首先在很大程度上注重个人与世界保持和谐的关系。这一点使中国伦理与欧洲伦理的发展分道扬镳。

纵观中国古代的伦理观(中国整个的伦理观)，我们会发现它很少关注合乎目的性和用益性，而更多地关注达到圆满的境界。这样的观点要求人们选择行善，首先是为了达到他应有的状况，其次才是为了追求人们符合道德的行为所带来的后果。

由于人生来就具有行善的能力，所以中国古代伦理是以自然而然为前提的。

中国古代伦理的一大特点在于它拒绝使用暴力。

国君不应该通过严刑峻法而应该通过精神上的权威来领导他的臣民的思想不仅出现在《书经》中，也为管子所倡导。[121]

在现实意义上，中国伦理赋予了民众武装起来抵抗外来侵略的权利，但禁止他们将自己所拥有的暴力应用到他人身上。就像个人一样，一个民族也应该具有与他族和平共处的美德。

在《易经》中，弱者具有比强者更强大的力量的思想比比皆是。

75 人在试图与他人抗争时不应该借助于他所能取得的外物，而应该[122]依靠他精神和道德本性中焕发出的能量。

只有温良、谦恭和无私才能使其他好的品质真正显示出来。

没有哪种伦理教育像中国伦理那样致力于内在的修养。

在中国古代伦理思想中还没有出现爱的思想的时候，与孔子同时代的晏子就已经提出了类似的观点。据我们了解，他第一次在中国的土地上明确地提出：对遭遇不幸、挨冻、挨饿、穷困和弱势的人表示同情的举动属于真正的人的本性。[123]

中国伦理处在将爱作为一种劝诫提出来的发展道路上，但中途止步不前，这是有其原因的。因为，提出爱的劝诫不仅是对伦理的一种完善，也必将产生改变其特征的后果。

君主和臣民，个人与社会，家庭与其成员之间的义务关系是基于自然而产生的，并且构成了一个一目了然的整体。但是，爱的劝诫包含了无数无法洞察的自愿承担的义务关系。此外，爱既不可以被理解成一种保持社会井然有序的基础，也非一种在自然秩序中显现出来的原则。如果提出了爱的劝诫，那么伦理观无异于迈出了走向任意专断、难以衡量、丧失边界的步伐。

如果它仅限于由自然而发生的义务关系，那么中国古代伦理就是由蒙昧的追求自我保存引导的。[124]究其本质，它只能要求那些促使符合自然的社会秩序得以最好地保持的东西。[125]它一旦提出了爱的主张，就背离了它合乎理性的原则，背叛了自己的初衷，这意味着它的一次冒险之旅。

但是中国古代思想对于爱的抗拒是徒劳的。在其进一步的发展过程中，道德观必然要提出爱的主张。[126]

如果中国伦理思想没有受其基本原则的制约，它将毫不费力地形 76
成爱的理念。中国人所具有的那种深刻的自然性当中天然包含了感同身受的能力。这种能力之强使中国人不仅能够感受他人的感觉，甚至还将这种能力迁移到其他的创造物之上。根据古代的规则，人们不允许在春季的头几个月里猎杀母兽(因为它们有可能怀有幼兽)，不允许将一窝全部捕获，也不能捕杀刚出生的幼兽。这可以解释为一种与季节相适应的行为准则，它的目的是要保护物种在春季进行繁衍生息。可能是由于中国思想在其发展过程中对其他生物的怜悯之心越来越多地表现出来，我们可以猜测，上述的古代规则就是基于对新出生的无助的幼兽的同情之心而制定的。

提出过爱的劝诫的晏子[127]曾经用很明确的方式表达了应对动物有同情之心。有趣的是，作为晏子的一项基本主张，他倡议人们过一种简朴的生活，以此来使人们不至于因追求更高的生活品质而超越生存的必要条件的限度去捕杀森林中的鸟兽。[128]

关于保护生灵，中国古代伦理思想和古印度戒杀生(Ahiṃsā)的劝诫有着深刻的不同。与中国古代伦理怜悯生物的思想相比，印度戒杀生的劝诫表现得要逊色得多。[129]后者以一种绝对的方式禁止人对于其他生物任何形式的杀戮和伤害，[130]而这种思想又并非源于人们对动物的同情，而是出自由对生命和世界否定的基本准则导出的一种对生物的无为态度。印度教徒禁止对生物一切的杀戮和伤害，目的是为了保持自身之于世界的绝对纯洁，而非出于对被屠戮者的同情。此外，戒杀生劝诫并不使人负有应该帮助那些处于困境的生物的义务。
77 所以，甘地受到同情心的驱使，通过注射一种速效的毒药来结束一头小牛犊的痛苦，此事引发了虔诚的印度教徒的激烈抗议。

在教育印度人具有同情心上，戒杀生劝诫并没有起到太大的作用。[131]就像当代印度人自己也认为的那样，动物的命运在印度比在其他任何一个地方都值得同情。中国伦理则包含一种来源于自然感受的对生物的同情之心，这种同情心在几百年的发展过程中渐渐形成，并在民众的思想方法中渐渐固定了下来。

对生物的同情的劝诫是伦理思想的扩展，而爱的劝诫[132]则是对伦理思想的升华。虽然这两者都不包含在中国古代伦理的最初计划中。

问题在于，中国古代伦理思想从多大程度上保持着它的追求，保持着它原有的风貌，多大程度上能够阻止博爱思想的出现，以及它又在多大程度上不得不承认博爱思想的存在。

中国古典时期伟大的思想家老子(约前 571—前 470，一说前 571—前 471)、孔子(约前 551—前 479)、墨子(约前 468—前 376)、杨朱(约前 395—前 335)、孟子(约前 372—前 289)、庄子(约前 369—前 286)生活在帝国沦亡的岁月。[133]大约前 8 世纪初开始，自前 1046 年建立起来的周王朝的天子已经不能保持对诸侯们的号令。分封而建的王朝纷纷独立，相互之间战事不断。在诸侯国中，强势的家族也在攫取国君的权力，并以此来压迫民众。这种状况导致民众生活贫困，苦不堪言，社会传统习俗纷纷瓦解。纯洁的发源于上古的文化面临着崩溃的危险。

在宫廷中出现一些擅长诡辩之术[134]的哲学家试图将把人民带

入痛苦的、穷兵黩武的国君的行径美化成德政。

对于孔子和老子时代威胁国家和文化的这些弊端，人们不可视而 78
不见，尽管它们有些还只是初现端倪。孔子和老子都试图改变这种弊端，只是他们走了两条截然不同的道路。[135]孔子强调要恪守传统文化的基本原则，而老子则认为被宣传的传统文化本身就已经是被歪曲了的，要想实现救赎就必须让民众回到最原始的状况去，生活在一种完全的无欲无求当中。

然而拯救国家的是秦始皇，[136]他于前221年灭了六国，实现了权力的大一统。文化的救赎则通过它自身的精神以及通过孔子对文化自身进行清晰的反思而体现出了新的活力。

［2. 孔子］

> 孔子(约前551—前479)的父亲是一位因英勇善战而著名的军人，他年过七旬后才又娶了一位年仅15岁的小姑娘，因为他的正室只生了女儿，而另外的小妾也只生有一个身带残疾的儿子。孔子出身于贵族家庭。
>
> 在比较贫困的环境中，孔子从小就学习了言谈和书写。19岁时娶了妻室，刚满22岁时，周围就聚集了一批学生。30岁的时候，按他一句常常被引用的话来说，他取得了一个比较固定的立足点。[137]34岁那年，孔子和他的两个学生去了洛阳(在今河南省)，当时的周朝天子的驻地，目的是在那里探索口头和笔头文学的渊源，当然也可能是为了结识天子，成为他的谋士，然而这个愿望没有实现。根据著名历史学家司马迁(前145—前90)的记载，他应该在洛阳遇见了当时正负责档案保管工作的老子。
>
> 直到[138]前500年，孔子已经年过五旬的时候，他的毕生梦想，在国家事务中起到典范影响，终于实现了。鲁国的国君赋予了

他一个很高的职位,他也能很好地胜任这个职务。然而前 497 年
时,他失去了对国君的影响力,并逐渐意识到有必要放弃这个位
子,离开鲁国。他和他的学生们在外游历了 13 年,时常还要忍受
79 贫困和迫害。在 69 岁那年,孔子受到鲁国新任国君的召唤,回到
鲁国,从事国君的顾问工作。在那里他受到了非常隆重的接待,却
没有得到任何实际的职位。晚年,他终于将收集和整理古代文献
的工作做完。在他的努力下,古代的五本经典之书(五经)形成了
它们在焚书之前的模样。

我们了解孔子思想最重要的源头是含有他的重要言论的《论语》。值得一看的还有《大学》和《中庸》,其中包含了他的学派中后来者的伦理学思想。[139]

下文中的引文若无特别说明,都是引自《论语》。

孔子并不想带来什么新东西，他只想以正确的方式来表现古代的东西。至于他强调不宣扬自己的观点，而只想把研究古代而获得的成果发扬光大，在我们看来有些过于强烈了。

虽然孔子对古代流传的东西评价极高，但他并不是对它们全盘接受。他对其中包含的观点也做了审慎的观察，看它们在正确的考验面前是否还能站得住脚，是否符合真正的文化精神。某种观点一旦不符合标准，就会被删去，这些文献记录是唯一可以将过去的精神遗产传诸后世的媒介。他鼓足勇气在老祖宗传下来的思想中区分出哪些是应该继续流传下去的，而哪些又是要被遗弃的。在中国文化史上每个特定时期都会出现一位重要的人物，他本着对一切珍贵之物的敬畏之心，将文化从其发展过程中一直伴随出现的陈旧的和阻碍其发展的东西中解放出来。这不啻为一项善举，也是其他文化所没有的，或者说其他文化从未以这种方式获得新生。

应该说，孔子是这样一位经院主义哲学家，他将中国思想的主体看成完美的，并且没有敢于声称对其做出开创性的贡献。同时他是如此的独立、有自我意识，并不满足于仅仅整理流传下来的思想遗产，而是又给出了自己的评价。他通过使这些思想再生而使之成为自己的东西。他并没有为自己做过多的论证，就已经按照它们应当的方向去发挥了这些思想。

这种由基于对自然的观察而产生的伦理信念而证成的中国思想，就像孔子正确认识到的那样，是成熟的、闭合的。而中国思想的成熟和封闭性并不意味着止步不前，相反，它生机勃勃。这种有机的思想构成并不能产生出翻天覆地的变化，也不可能生发出全新的思想。但是从那些萌发于最基本观念的思想中却完全可以产生出这样或者那样的符合整体思想的东西，并得到继续的发展和深化。这一点从孔子以 80
及他的学派的另外一位杰出代表孟子的身上得到了很清楚的验证。

中国古代的思想家，或者说所有中国的思想家，都缺乏原创性，他们只是在发挥原有的思想。然而，这一点不能说明他们不伟大，也不会影响他们的重要性。那些由古代无名氏所创造的思想都是那样深刻、伟大和不可更改，思想家们似乎除了使那些古代思想以最生动和最深刻的方式在自己的思想中重新焕发生机或者使其在某个方向上进一步发挥以外，就没有什么别的事情可以做了。在这一点上，老子和他的继任者的关系就如同孔子和他的继任者们一样。

对于古代文献中的一切明显是迷信的东西，孔子都没有采信，并且将之从文献中删去。他在言谈中也在尽量避免去谈这些问题，就像《论语》中明确提到的那样(VII，21)。*

是否应该信鬼神，孔子对这个话题没有明确作答。为了讨好鬼神

* “子不语怪，力，乱，神。”——中文版编者注

而向它们奉献牺牲，在孔子看来是一种讨好献媚的做法(II，24)。* 但是对于宗教仪式和传统上的奉献牺牲的行为，他又是认可的。[140]他对此的看法可以从他的一句话中看出："敬鬼神而远之(这表示，不再深究它们)，可谓知矣(这应该是一种智慧)。"(VI，22)[141]

81 相对于敬重鬼神，他更看重崇敬祖先的英灵。在他看来，更重要的是人们应当心怀崇敬来对待父母和他们所认识的先人(XI，12)。**

孔子并不真正认可天帝是世界主宰的信仰。[142]他本人与民间那种自古以来与受到《易经》思想左右的哲学世界观并存发展并试图取得某种合法地位的伦理一神论宗教无关。孔子生活在这样一种世界观中，他一直在钻研天地两种原始自然力的相互作用的奥秘，因而他无法同时接受天以一种伦理的人格主体的方式在统治着世界，并且关注着每个个体的幸福与苦难。他关于世界含有伦理秩序的世界观在于，他把伦理的人看成天和地相互作用的最终结果，认为人的行为和客观的现象存在着神秘的联系，最终他还希望人类趋于完善并对世界秩序趋于完善起到积极的作用。[143]

孔子也没有完全背离伦理意义上的对伦理统治者的自然而忠实的信仰。有时他说起话来也会像一名信仰者那样。在他最欣赏的一位学生死去的时候，他说了如下的话："噫！ 天丧予！"(XI，9)[144]另外一次他拒绝诅咒天，并表达了他的信念，天应该认识他(XIV，35)。[145]根据另外一些话语，他确信自己处于苍天[146]的庇护之下，并感到受到召唤去宣扬真理(VII，23；XIV，38)。***

然而他不是信徒。他曾经告诉过他的一个学生，他已经祈祷很久

* "非其鬼而祭之，谄也。见义不为，无勇也。"——中文版编者注

** "未能事人，焉能事鬼？"——中文版编者注

*** "天生德于予，桓魋其如予何？""道之将行也与，命也；道之将废也与，命也。"——中文版编者注

了(VII，35)。* 我们在他的话中找不到他倡导信仰天帝的内容。

孔子不去探讨那些终极问题。[147]“夫子之文章，可得而闻也；夫
子之言性与天道，不可得而闻也。”《论语》中这样说(V，13)。[148] 82
他感到自己有义务去实施伦理的教化，因此他只探讨有关正确行为的问题。[149]孔子也生活在《易经》的时代，他和他的学生在评论里也探讨过关于《易经》的思想的问题。然而他自己并没有直接的言论，[150]就像孔子似乎由于某种担心而始终没有对神秘的东西做出过正式的表述一样。[151]

对孔子来说，宗教就是人们认真地完成传统的习俗仪式。因为这是顺理成章的，所以要向先人和神灵奉献牺牲(III，12)。[152]**他的一个学生一次曾经想取消掉每月初的牺牲，孔子非常严厉地指责了他(III，17)。***如果别人赠送给他的肉是牺牲品的话，他都会先鞠躬以示敬意(X，15)。他还要求，在奉献牺牲的时候，内心必须全神贯注于这项重要的事情。

作为奉献给王朝祖先的太牢在孔子看来有着神秘的力量。“‘知其说者之于天下也，其如示诸斯乎！’指其掌。”(III，11)这样高的评价的原则在于，孔子认为天子奉献的太牢和天与地按某种神秘的方式有着相互的联系。

孔子并不认为人死后还可以长生。一个学生曾经问他死有什么特征时，他给出了一个闪烁其词的回答：“未知生，焉知死。”(XI，12)

祭祖的仪式建立在人们认为人死后灵魂仍然可以继续存在的假设上。《易经》中谈到了这一点，根据其中的说法，生与死不过是变化，它们源于两种原始自然力的交替作用。从事件的相互作用中产生出新

* “丘之祷久矣。”——中文版编者注

** “吾不与祭，如不祭。”——中文版编者注

*** “子贡欲去告朔之饩羊。子曰：‘赐也！尔爱其羊，我爱其礼。’”——中文版编者注

的生命，总会以死亡结束，这是恒定不变的。孔子与《易经》中的观
83 点相同，但是他并不愿意直接说出反对与祭奠祖先相一致的关于灵魂不灭的民间信仰的话来。

孔子很虔诚。但他的批判性思维让他无法像其他那些还存有质朴思想的人那样产生信仰。只要不和伦理的观点发生价值上的冲突，他就不会去质疑宗教的信念。对他来说，人的最重要的存在价值莫过于为了与其本质相符合的道德要求而努力，以此来完成上天赋予的使命。

在中国思想史上，第一次出现了这个不断以新的方式提出来的命运问题，究竟伦理可不可以缺乏信仰的基础而独立存在，中国古代思想做出了肯定的回答。[153]孔子显然是吸取了这样的思想源头。由于他洞悉了冒险的必要性，[154]又努力承担了实施伦理传承的使命，所以他成为最伟大的思想家之一。

孔子并不认可信仰恶魔、鬼和自然之灵的宗教的地位，尽管如此，它们仍然保持着原有的风貌。甚至这些宗教有的时候还会在民众中重新获得信任，而且直到今天仍然普遍存在着。但孔子至少做到了一点，即[155]它们在以孔子为代表的世界观体系[156]中再也没有登堂入室的机会，而只能作为一种平行的思想与之并存。

孔子对伦理的一神论宗教的否定决定了后者在中国思想史上的命运只能停留在一种未完成的宗教形式上。[157]

孔子还在他的言论中首先谈及诸侯。他们应该停止毫无道义的战争，并且用一种合理的方法来领导民众。因此他列举了上古的贤明帝王作为榜样。

首先当然是尧、舜和禹。尧(前2353—前2256)被视作构成中
84 国文化基础的世界事件和风俗的基本世界观的创立者。舜(前

2256—前 2205)并不是尧的儿子,而是一位臣仆,因为他的勤勉和贤明被任命为尧的继任者(VIII,18—21)。* 以同样的方式舜把帝位传给了禹(前 2205—前 2197)[158],夏朝(前 2070—前 1600)的创立者。禹用了九年的时间,历经辛苦终于治理了黄河流域。禹的治水令中国北方黄河流域的水灾得以控制,这些土地重新成为可以居住的地方。在他治水工作期间,据记载,他曾经亲自挥动铲子铲土,数次经过家门而不入,只住在非常简陋的茅草屋里。[159]

另一位神圣的君王就是汤,商朝(前 1600—前 1046)的创立者,商朝又叫殷朝。最后就是武王,文王的儿子,西周(前 1046—前 771)的创立者,和他的弟弟,周朝的一位诸侯(周公)。[160]孔子对周公特别推崇。

首先,孔子要求诸侯具有对民众施加精神的和风俗的影响力。《论语》中说:"子欲善,而民善矣。"(XII,19)[161]

"君子之德风,小人之德草。草上之风,必偃。"(XII,19)

按孔子的学说,诸侯应当以其道德的力量来引导人民。然后民众就会变得审慎(II,1,3)。**如果他只用政令和刑罚来统治,那么民众必然会有恶的思想(II,3)。诸侯应该学习舜帝的方法,只通过道德上的律己来统治整个国家(XV,4)。[162]***

"其身正,不令而行;其不正,虽令不从。"(XIII,6)

---

* "巍巍乎,舜禹之有天下也而不与焉!"——中文版编者注

** "为政以德……道之以政,齐之以刑,民免而无耻;道之以德,齐之以礼,有耻且格。"——中文版编者注

*** "无为而治者其舜也与? 夫何为哉? 恭己正南面而已矣。"——中文版编者注

诸侯对于民众的道德影响在孔子看来不仅是一种榜样，而且还有一种神秘的规律在起作用。[163]

对统治者，要求他们公平、正直，不可趾高气扬地维护自己的尊
85 严，避免一切卑鄙和不审慎的行为，不可施加暴力，宽厚地对待臣民，不可对民众提出过于苛刻的要求，要符合善良的风俗。[164]

孔子认为，只需要每个人恪守他本来属于的位置，就能够自然地保持社会的自然秩序。

> “君君，臣臣，父父，子子。”(XII, 11)

诸侯必须认真对待的还有，应该让自己的臣民生活在和平的环境中，使各种传统的习俗得以保持，有足够的粮食，并达到一种富足的生活。因为只有富足的生活才是真正意义上文化的前提(XIII, 9)。*

> “邦有道，贫且贱焉，耻也；邦无道，富且贵焉，耻也。”(VIII, 13)

诸侯还应当致力于建立起一支强大的防御力量，使得民众在面对敌人的时候得以自卫。[165]

在被问到哪一点是统治者必须首先做到的，究竟是让民众有足够的粮食，还是要有足够的防御力量，还是要能够取得民众的信任时，孔子回答道，取信于民才是所有这些中最重要的(XII, 7)。**

在选择任用官员的时候，统治者只需要考虑其是不是勤勉。君子在具有相应的品质和能力时，要把获得某种职务看成是自己的一项义

---

* “富之……教之……”——中文版编者注

** “自古皆有死，民无信不立。”——中文版编者注

务(XVIII，7)。*

官员要非常严肃认真地对待他的职权和责任。他应当努力地获取更多与他的工作相关的知识(XIX，13)。**在书写任何公文的时候，他都应当非常谨慎(XIV，8)。***在面对诸侯的时候，他应该表现得正直而坦率。对主人应有的尊敬并不应该阻止他勇敢地站出来提出反对意见，特别是当他被要求做出一些不名誉并且有悖于为民众谋福利的事情时(XIV，22)。****如果君主并不听从他的话，那么他应该辞职。只有非常有个性的官员才是真正忠诚的官员。

虽然孔子认为应该领导民众并起到传承文化作用的诸侯在秦始皇建立起新的社会秩序时(前221年)退出了中国的历史舞台，但是完全依靠官员来治理的帝国需要寻找那些对他们的职业有着很好认识的人才，从这一点上讲，孔子及其学说仍然做出了理论贡献。

孔子认为子女应当对父母保持非常恭顺的举止，有关的言论在 86
《论语》中并不鲜见。[166]

"生，事之以礼；死，葬之以礼，祭之以礼。"(II，5)

"父母唯其疾之忧。"(II，6)

"父母在，不远游。游必有方。"(IV，19。父母应该知道子女所居住的地方，这样他们能随时找到子女，也可以随时叫子女回来。)

"事父母几谏。见志不从，又敬不违，劳而不怨……"(IV，18)

有一次，孔子宣传真正的诚实，一个人举例说明，在周的都城，

---

* "不仕无义。"——中文版编者注

** "仕而优则学，学而优则仕。"——中文版编者注

*** "为命，裨谌草创之，世叔讨论之，行人子羽修饰之，东里子产润色之。"——中文版编者注

**** "勿欺之，而犯之。"——中文版编者注

有一个儿子告他的父亲偷了一头羊。孔子回答道："吾党之直者异于是。父为子隐，子为父隐，直在其中矣。"（XIII，18）在他看来，家庭成员之间的权利义务关系高于一切其他的社会关系。

孔子并不把父母和子女之间有亲切的感觉作为这种关系的前提。《论语》中也提及孔子与他的儿子鲤保持距离（XVI，13）。*

友谊被孔子看成一种深刻的精神上的关系。人们应该把朋友提出的要求当成一种致力于向善的动力。两个人应该在相互的勉励中共同进步，并保持适当的距离。如果发现对方不再听取你的建议，就不要再继续这种关系，以免使他感到羞耻[167]并最终威胁友谊的存在。

孔子通过对伦理的思考将中国古代伦理思想继续发展。[168]孔子以"善是人本性中自然的东西，人生来就是要把这种自然的东西发挥出来"为出发点，要求人们不断对自身进行思考，并且确信通过这样的方法必然可以达到向善的目的。只有在善的意志下，人才真正与自身的本性达到统一。

87 "求仁而得仁。"（VII，29）

"民之于仁也，甚于水火。"（XV，35）[169]

"不仁者不可以久处约，不可以长处乐……"（VI，2）

孔子的伦理建筑在两个思想之上：一个是臻于完善，另一个是关怀他人。

人应该为了自己达到真正的成人的境界而去过伦理的生活，这种思想让孔子伦理思想富有深度。在传统的中国古代伦理思想中典型的

---

* 陈亢问于伯鱼曰："子亦有异闻乎？"对曰："未也。尝独立，鲤趋而过庭。曰：'学诗乎？'对曰：'未也。''不学诗，无以言。'鲤退而学诗。他日，又独立，鲤趋而过庭。曰：'学礼乎？'对曰：'未也。''不学礼，无以立。'鲤退而学礼。闻斯二者。"陈亢退而喜曰："问一得三，闻诗，闻礼，又闻君子之远其子也。"——中文版编者注

君子被孔子赋予了具体的形象。[170]

由于孔子比古代伦理思想在人对待其他人的行为规则上提出了更为细致的要求，因此这可以被看成推动古代思想的一种进步。

人，按照孔子的观点，应该不断地完善自我、克服自我，严格地对待自己的错误，宽容地对待他人的错误(XV，15)。[171]他看到一个贤德的人，于是就想能够具有和他一样的贤德；看到一个不贤德的人的时候，则开始反省自身是否也具有这样的缺点(IV，17)。*

孔子把恭、宽、信、敏、惠(XVII，6)作为五个最为重要的美德。

对于真正的仁**，孔子认为人不可以只考虑自身的利益(VI，12)，不可以在遭到诽谤时恼火(XII，6)，不应该被不信任所左右(XIV，33)，而完全应该过着平和的生活(XIII，23； XV，21； XVI，7)，做人应该谦虚(V，3，8，14； VI，13； XI，22； XIV，28)。

> 关于应该过着与世无争的平和生活的观点，孔子甚至拒绝对真的论辩。《论语》中说“攻乎异端，斯害也已”(II，16)，如果人们对于一种言论置之不理，比积极地与之争辩更能形成对它们的打击。他本人也坚守这一原则。就像在《论语》中记录的一样，孔子对某事不发一言就表示不以为然。
>
> 对于谦虚，孔子则举了另外一个例子：一位军官在战场上失败撤退时在后面掩护他人，最后才躲进城里。面对人们称赞其英勇，他告诉别人，这不是因为他作战英勇，而是因为他的马当时跑不动了(VI，15)。

赋予观察传承的习俗和形式以意义是孔子伦理思想的一大特

* “见贤思齐焉，见不贤而内自省也。”——中文版编者注

** 施韦泽在这里用了“符合道德风俗”这个词。——译者注

88 色。这一点，按照史学家司马迁的记载，孔子应该曾在和老子在洛阳碰面的时候遭到了对方的指责。[172]

对于孔子来说，形式[*]并不是纯外在的表现，而是对一种必须作为前提的内在行为的表达。

他尽管也一再细数守孝时必须远离工作给人们带来的巨大不便，然而他仍然不愿听到人们认为守孝不需要遵守传统规定的三年，而是只需要一年就可以了。他同意在守孝的时候适当限制一些向先人致以敬意的烦琐工作，但对于守孝必须满三年非常严格，因为他认为这其中包含着子女对父母的巨大的爱(XVII，21)。[**]

孔子自己也恪守了传承的礼仪。尽管他个人非常直率地面对诸侯、国君，但对于宫廷礼仪，却一样也不敢少。

“恭而无礼则劳……直而无礼则绞。”(VIII，2)

为了表达真正的关切，如果身旁坐着家中有丧事的人，他就不会吃饱。如果出席了一次葬礼，他将放弃一天的歌咏(VII，9)。当他看到身着丧服的人，或者是身着官服的人，即使对方的年龄比他小，他也会起身(IX，10)。以同样的方式，他尊敬盲人，并且为他们做一切需要的事情(X，25)。[***]

仁和礼，按照孔子的观念，只有相互结合起来才能真正有效。

孔子的一位学生子贡在反驳一个提出事物不取决于形式而取决于本质的主张的人时打了个比方：去掉毛的虎豹的皮革和去掉毛的犬羊

---

* 指“礼”。——译者注

** “子生三年，然后免于父母之怀。夫三年之丧，天下之通丧也，予也有三年之爱于其父母乎！”——中文版编者注

*** “子食于有丧者之侧，未尝饱也。”“子于是日哭，则不歌。”“子见齐衰者、冕衣裳者与瞽者，见之，虽少，必作。”“见齐衰者，虽狎，必变。见冕者与瞽者，虽亵，必以貌。”——中文版编者注

的皮革没有什么差别(XII，8)。*

人本质的完善和外在形式(礼)的完善应当相得益彰，按照这样的标准，孔子塑造出了他理想中的君子的形象。

按照《论语》，君子的形象是：

> “文质彬彬，然后君子(VI，18)。——君子不忧不惧。”(XII，4)——“君子固穷。”(XV，2)——“君子成人之美，不成人之恶。”(XII，16)——“君子无所争……”(III，7)[173]——“君子和而不 89
> 同，小人同而不和。”(XIII，23)——“君子泰而不骄，小人骄而不泰。”(XIII，26)——“君子贞而不谅。”(XV，37)——“君子周而不比，小人比而不周。”(II，14)——“君子忧道不忧贫。”(XV，32)——“君子思不出其位。”(XIV，26)——“君子耻其言而过其行。”(XIV，27)[174]——“君子喻于义，小人喻于利。”(IV，16)——“君子求诸己，小人求诸人。”(XV，21)——“君子义以为质，礼以行之，孙以出之，信以成之。君子哉！”(XV，18)

孔子本人认真地践行理想中的君子。在某一方面，他自身有过某种体验，就会说一句话。他曾向一位学生非常谦卑地承认，按照真正君子的要求，他本人在仁、智、勇三方面还差很远(XIV，28)。**

孔子并不像很多人说的那样迂腐。[175]按照他的那种方式，少许的僵化并不能真正影响他的自然的、美好的人的形象。

> “子温而厉，威而不猛，恭而安。”(VII，38)
>
> “子绝四：毋意，毋必，毋固，毋我。”(IX，4)

---

* “文犹质也，质犹文也。虎豹之鞟犹犬羊之鞟。”——中文版编者注

** “君子道者三，我无能焉：仁者不忧，知者不惑，勇者不惧。”——中文版编者注

“子之燕居，申申如也，夭夭如也。”(VII，4)

关于他细腻的人生哲理和典雅的幽默感，我们可以从下面的一些言谈中窥见一斑。

“众恶之，必察焉；众好之，必察焉。”(XV，28)

“唯上知与下愚不移。”(XVII，3)

另外，孔子不是一个没有生活情趣的人。有一次他让他的四个学生——暂时忘记孔子比他们年龄更长——讲述自己内心的愿望。其中第一个想拯救国家于战乱之中；第二个想振兴国家的农业生产，让百姓不再忍受饥饿；第三个则想在宫廷中得到一个官位。而第四个学生曾点，只想在暮春，不需要穿太厚的衣服的时候，和朋友们一起在小
90 河里洗澡，在风中跳舞享受着清凉的感觉，然后大家一起唱着歌回家。这时孔子叹息了一声说：“吾与点也。”(XI，26)

孔子伟大的精神还表现在他在很困难的时期还能够坦然面对悲剧式的命运。除去他在鲁国短暂的居官时期以外，他的生活一直在低潮中度过，他关于真正文化的思想和言论并不被接受，而他的这些主张实施影响力的机会也非常渺茫。

然而，真理必然得到伸张的信念支持着他。他对精神力量的信仰一直不动摇。在他生命中最黑暗的时候，他像流亡者一样颠沛流离，然而此时他还非常有信心地说：上天的意志是不会让真正的文化走向沦亡的。[比较：IX，5]

在中国思想史上出现的重要人物当中，还没有谁能够像孔子那样令人产生敬畏。

那么孔子关于爱的劝诫的态度是什么呢?

孔子泛泛地把人与他人的关系定位为一种相处关系。人们一再问他仁的本质是什么，他总是回答："己所不欲，勿施于人。"（XII，2；XV，24）这是一个用双重否定式提出的命题，但是和耶稣基督的话已经极为相似："你们愿意人怎样待你们，你们也要怎样待人"（《马太福音》7：12），只是这是用一种肯定的形式表达出来的。

这种对他人的关怀对于孔子来说不仅涉及单纯出于实用考虑的态度。真正的对他人的关怀对他来说属于人性的一部分。

非常有趣的是，"仁"这个汉字在中文中表达着人性的意义。它的写法是由一个人字旁加一个数字二组成，由此表达出了人必须因其与他人在一起的这种归属性来定义其行为的基本原则。[176]

对他人的关怀，[177]按孔子的理解，比那句简单的"己所不欲， 91
勿施于人"要丰富得多。它指一种广泛的、深入的和细致的关怀，并要求人们时时刻刻关注、想到他人；[178]并关注自己，在大大小小的事情上，在言谈和举止上都要符合仁的要求。为了达到这些要求，人必须不断地进行自我教育，达到最终的真正友善*的境界。

因为孔子要求人们友善地关怀他人，这使得孔子伦理看起来似乎有了爱的思想。然而，事实并非如此。[179]在他所强调的友善中缺少爱的必要组成部分：必须全身心投入地帮助你的邻人，必须时刻准备着不断地宽恕他们。孔子从来不去谈论活生生的爱，比如向人们提出对邻人应尽的义务和责任，这些处在他的观察之外。

他的伦理思想始终处于理性的范围之内，所以它只要求人们非常友善地，而不是全身心投入地帮助他人。[180]全身心投入地帮助别人是不可能的，因为中国古代思想要求人们在人际交往中采取一种趋为保守的态度，所以像爱的自发性允许和要求的那样进入他人事务领域

---

* 施韦泽在这里用它来指"德"的概念。——译者注

的行为在中国人看来是不可想象的。

孔子的伦理观认为，通过正义就可以实现至善，所以他不能认同爱所要求的那种宽恕。

要求正义对孔子来说意味着，善和恶的区别能够得以正确地显现和保持。当被问到君子是否可以有恨的时候，他认为，君子可以憎恨那些说别人坏话的人，可以憎恨那些向上司讨好献媚的人，憎恨那些虽然没有什么本领但仍然逞强的人(XVII，24)。* 当被要求回答人们是否应该以德报怨的时候，他说道："何以报德？ 以直报怨，以德报德。"（XIV，34）

92 孔子并不否认他所要求的德(友善)在某些情况下会令正义丧失。根据一句在《礼记》中记载的话，孔子认为在仁的范畴内以德报怨是完全可以的：

> "以德报德，则民有所劝；以怨报怨，则民有所惩……以德报怨，则宽身之仁也。"[181]

但是，孔子讨论有关德和正义之间的关系的言论却没有流传下来。

根据《说卦》(谈卦相)——一本对于《易经》的评传——德和正义构成了人的道。德属于天，代表光明的那部分；而正义属于地，代表了黑暗的那部分。[182]

孔子的这句话"如得其情，则哀矜而勿喜"(《论语》，XIX，19)可以让我们看到他的内心世界。

他的一位学生用非常恰如其分的话来概括孔子的伦理思想："夫

* 子贡曰："君子亦有恶乎？"子曰："有恶：恶称人之恶者，恶居下流流字衍文而讪上者，恶勇而无礼者，恶果敢而窒者。"曰："赐也亦有恶乎？""恶徼以为知者，恶不孙以为勇者，恶讦以为直者。"——中文版编者注

子之道，忠恕而已矣。”（IV，15）

我们西方人所理解的博爱在孔子这里是找不到的。孔子只提出了对他人的友善的关怀，这种关怀局限在不需要自我牺牲的范围之内。

孔子的关怀还涉及动物。《论语》中说“子钓而不纲，弋不射宿”（VII，27）。他不用网捕鱼，因为他不会索取超过他所需要的；他也不会射杀还在窝里的小鸟，因为这些都是自然而然不应该做的事情。

孔子思想的伟大之处还在于，它敢于构建于自我体系之上，并且依托于它本身的必然性和真实性。

孔子思想的另一伟大之处在于它的纯粹性。它并不讨论关于仁
的一些终极问题，也不会提出至高的要求。但是它提出了很多要 93
求，并且是以正确的方法提出的。它引导人通过自己对仁的思考来
逐渐认识仁的思想，它告诉人们，以最高的谨慎保持在他所认为是
仁的状态。[183]

没有哪种伦理思想像孔子的思想这样自然、深刻、内在，[184]也没有哪种伦理思想如此致力于君子的形象和真正的文化。[185]

孔子思想的另一个好处是，它重视好的社交礼仪。我们今天在欧洲能很好地衡量形式(礼)对于道德习俗(仁)的重要作用。

《论语》成为伦理学最具有影响力的不朽之作。

由于孔子的伦理思想没有提出终极的义务和责任，因此它本身理论体系的完整性仍然存在不足。[186]它能够使仅具有简单社会关系的文化保持繁荣，但是它不能真正面对凸显出来的社会问题的攻击。它在此没有解决问题所需要的能力。

于是在中国出现了社会问题无人着手解决的情况。最大的失误在于，没有人试图解决中国地主对于实际进行耕作的农民的剥削问题。农业生产的问题无从解决以及人口不断增长导致民众越来越穷困[187]表明了孔子思想本身蕴含着的悲剧式的无能为力。[188]

94 [3.] 道家神秘主义[老子,庄子,列子]

老子并不是道家神秘主义的创始人，而是第一个将它发扬光大的人物。

已经发展到相当高水平的道家神秘主义的基本思想可以在一本以管子(约前715—前645)[189]命名的书当中找到。这些文章都和《道德经》一样涉及了不可知的道，在一切存在中都具有的原存在，单一存在的秘密和无为等思想。类似的思想在《邓析子》中也有出现。[190]

也就是说，老子是本来已经发展到一定高度的道家神秘主义思想的集大成者。

除了老子，另外两位道家神秘主义的重要代表人物是庄子和列子。

老子是比孔子略大[小]的同时代人。

老子姓李。列子和庄子称他为老聃(老师，聃，字面意思是大耳朵)。老子(老人的意思)的名字来源于史学家司马迁，我们今天能读到的不多的关于老子的文字都出于他的手笔。[191]

根据这些文字的记载，老子曾经在洛阳(在今河南省)任周天子的档案管理员。因为他看到了王朝不可挽回的衰败，就辞职离开了国都，向西方而去。在通过周朝边境的函谷关时，边关的守卫尹喜留老子住宿，并要求他留下一些关于他的学说的文字。应尹喜的要求，老子写了一篇关于道和德的五千字的文章。他的目的是隐居。至于后来老子往西去了什么地方，又死在哪里，无从考证。

尹喜也是一位道家学派的智者，《列子》中有大量的关于他的言论。后来也有一部以他的名字命名的道家文献。

“经”是一种常见的对于经典文献的称呼。“德”是本质、生命、影响力的意思。《道德经》是道和(道的意义上的)生命之书。

《道德经》不一定是老子本人写的。它更有可能是一些在他身边的学生或者年轻人记录他的学说和思想的一部著作;甚至有可能一些本来并不是老子说的话,也被当成是他亲口说的。

列子生活在大约前 450 年至前 375 年。他的故乡是郑国(在 95
今河南省)。根据以他的名字命名的文献记载,年轻的列子是从道术进入道家的学说中去的(II, 13)。[192]在他的神秘主义思想中,还保留有很多蒙昧时代的神秘主义思想的成分。尽管列子生活在老子之后的一百多年,但他的学说相对于老子并没有进一步的发展,其中仍然包含更多古老思想的成分,从这个意义上讲,他完全没有受到老子思想的影响。

以他的名字命名的著作中包含很多小故事,主题都是讨论正确拥有道。不是所有的故事都是他的。

庄子,比列子更为重要的道家代表人物,生活在前 369 年至前 286 年,当然也可能更迟一些,也就是说,他是一个比亚里士多德略小的同时代人。

他年轻时短暂地担任了一个小官职后,便隐居起来传授弟子。他长期待在魏国[193]的都城梁。[194]

在名为《庄子》的著作中,和《列子》这部著作一样,我们可以看到一系列的小片段,不是出自他本人,而是出自他的学生之手。关于这一点他自己说,他的话中有十分之七的内容是别人已经说过的(XXVII, 1)。[195]

和列子一样,庄子也主要是用寓言故事来表达他的思想。所以列子和庄子的思想看起来不像老子用精妙的言辞来表达的思想那样具有整体性。

庄子接受了老子的道家神秘主义的思想,还想把它再发扬光

> 大。由于庄子试图把它发展成为一个具有逻辑性的思想体系，反而使得它失去了在老子那里拥有的温情和内在性。[196]

老子忽略通过感性而获取经验的事实。为了获悉自然的本质而通过一条由表及里的道路在老子看来是没有出路的。对于领悟世界的精神本质，按老子的观点，要靠人本来已经具有的精神。一个人只有不为感性世界的各种感官所左右，才是本来的他，才具有了开启内心的眼睛去观察、用内心的耳朵去谛听的能力。世界的道只能通过人内心中的道去获知，所以这不是一个认识道的过程，而是一个体验道的过程。

老子、列子和庄子不谈通过经验而获取对客观世界的认识并不是
96 因为他们曾经试图走由表及里的道路，并且发现这是行不通的，而是因为道家神秘主义的世界观和婆罗门神秘主义一样，它们相信通过体验忘我的癫狂的状态才能够获取真正的认识，并由此贬低一切通过自然的方法而获取的知识。所以，在道家神秘主义和婆罗门神秘主义那里，真正的对于客观世界的探讨少之又少。人自己是什么，在这个世界上的意义又是什么，不是通过思考，而是通过体验忘我的癫狂状态而决定的。

> 尽管忘我的癫狂在老子和他的后来者那里的作用已经不像在婆罗门神秘主义那里那么巨大，但道家神秘主义起初仍然是一个如同神秘主义一样由体验忘我的癫狂而发展起来的思想。
>
> 在老子和他的后来者那里，集中意念是很重要的。它不再像神秘主义那样要求练习忘我的癫狂，但从列子和庄子那里可以明显地看到，集中意念本身和忘我的癫狂的状态有着很大的关联。因为他们常常把集中意念描写成离开身体的一种状况，这就意味

着一种真正的忘我的癫狂了。[197]

老子一再要求人们放弃一切外在的知识。在很多寓言故事中，列子和庄子都描述了通往道所必需的集中意念、内心世界、孤立和单纯。为了表现出外在认识的不可靠，他们甚至认为人根本不可能完全区别梦境和现实。[198]

列子举了相马者伯乐作为完全关注内在的眼光的例子，伯乐要为秦穆公选秦国国内最好的马，六个月后，伯乐回到秦穆公身边告诉他，那是一匹在某某地方的黄色的牝马。当人们按照伯乐的意思把那匹马带来的时候，发现居然是一匹黑色的公马。这位最好的相马者如此习惯于关注马匹的本质，而对于一些外在的东西已经视而不见了 97
(VIII，15)。

关于道和与道合为一体：

“古之善为士者，微妙玄通，深不可识。”(《道德经》，15)

“复命曰常，知常曰明。不知常，妄作，凶。”(《道德经》，16)

“不出户，知天下。不窥牖，见天道。[199] 其出弥远，其知弥少。”(《道德经》，47)

“欲若道而用视听形智以求之，弗当矣……唯默而得之而性成之者得之。”(《列子》，IV，15)

“夫徇耳目内通而外于心知。”(《庄子》，IV，1[，第29页，新版第63页])[200]

“道不可言，言而非也。”(《庄子》，XXII，6)

“无思无虑始知道。”(《庄子》，XXII，1)

“堕肢体，黜聪明，离形去知，同于大通，此谓坐忘。”(《庄子》，VI，7)

在老子那里，只有非常简单的关于阴(黑暗)、阳(光明)和其他一切的存在物皆是由道演化而来的陈述，列子则比较详细地探讨了存在从不存在中演化而来(《列子》，I，2，3，11)，又如何回到不存在去(《列子》，I，4，11)。[201]

在列子和庄子那里，我们还可以看到关于时间和空间、现实和假象、绝对与相对，以及客观和主观的讨论。

仅从确信客观事件是受命运支配、人应该完全接受命运或好或坏的安排这一点上来看，道家和儒家的思想体系是一致的。客观世界是不可知的，尽管这些是从天和地的相互作用或者是导致并决定这种相互作用的道派生出来的。

孔子对于人死后是否还继续活着持不置可否的态度(尽管他其实
98 是否定的)，道家的思想家们则非常明确地表示，死意味着一种终结。关于生和死的详细的讨论可以在《列子》和《庄子》中找到。生和死对道教徒来说——当然孔子也一样——是一种变化，它由两种原始自然力，即天和地(或者两种原物质，即阴和阳)的相互作用而产生，就如同客观世界中的事物的产生和消亡一样。只有产生生命和事物的两种原始自然力或者原物质是不灭的，而非生命和事物本身。生和死是一起的，一方是另一方的前提。

“欲恒其生……精神者，天之分；骨骸者，地之分……精神离形，各归其真……精神入其门，骨骸反其根，我尚我存?”(《列子》，I，4)

“善哉，古之有死也！仁者息焉，不仁者伏焉……古者谓死人为归人。夫言死人为归人，则生人为行人矣。”(《列子》，I，8)

“指穷于为薪，火传也。”(《庄子》，III，4)

“天地者，万物之父母也，合则成体，散则成始。”(《庄子》，

XIX，1)

“子来曰:‘父母于子,东西南北,唯命之从。阴阳于人,不翅于父母;彼近吾死而我不听,我则悍矣,彼何罪焉!夫大块载我以形,劳我以生,佚我以老,息我以死。故善吾生者,乃所以善吾死也。今之大冶铸金,金踊跃曰“我且必为镆铘”,大冶必以为不祥之金。今一犯人之形,而曰“人耳人耳”,夫造化者必以为不祥之人……今一以天地为大炉,以造化为大冶,恶乎往而不可哉!’成然寐,蘧然觉。”(《庄子》,VI，3)

这种新生的观点和印度思想中的转世投胎没有任何关系。

道家神秘主义可以把困扰佛教的自我问题[202]当作一个不需要解决的秘密而搁置在一边。对道教徒来说，重要的问题在于由两种原始自然力(或者原物质)交互作用的自我能够寻找到对待宇宙的正确的行为。庄子说：“庸讵知吾所谓吾之非吾乎。”（VI，7）

列子和庄子同孔子一样，还时常表达人类与其他生灵的归属关 99
系。由于人类和其他生灵一样是从原始自然力的互相作用中产生的，所以他们在本质上并不会相去甚远。人可以把自己当成高等的生灵，但他还是必须承认他和其他的生物之间存在着亲缘关系。

按照列子的观点,有的东西可以有人的形状和兽类的心,而有的东西则可以有兽类的形状和人的心,其中心比形状更为重要(《列子》,II，18)。*

“禽兽之智有自然与人童者,其齐欲摄生……牝牡相偶,母子相亲。”(《列子》,II，18)

---

* “有七尺之骸，手足之异，戴发含齿，倚而趣者，谓之人；而人未必无兽心……言血气之类，心智不殊远也。”——中文版编者注

> 列子认为，在上古时期动物是和人和平地生活在一起的，人还能理解动物的语言和思想。渐渐地，动物无法与人类相处下去，就纷纷逃跑，躲避起来（《列子》，II，18）。*

列子指责那种普遍存在的“动物不是为了自己而是为了人类而存在”的观点[203]是一种出于无知的错误。他在一则寓言故事中讲到，在一次酒席时，主人看到端上来的鱼和禽类就感谢上天给了人们这么多的美味佳肴。于是列子在寓言中让一个童言无忌的12岁少年说出了以下的话：“不如君言。天地万物与我并生，类也。类无贵贱，徒以小大智力而相制，迭相食；非相为而生之。人取可食者而食之，岂天本为人生之？”（《列子》，VIII，28）

《庄子》中则有一则这样的寓言：有一天，庄子拿着弹弓想打鸟，发现这只被他瞄准的鸟正准备去捕一只螳螂，而那只螳螂在毫无知觉的情况下正聚精会神地想去吃掉一只蝉。面对这样的一幅场景，庄子自己也身陷其中，他回到家中，在家里待了整整三个月反思，他为什么会失去自己的真性而陷入这种给其他的生灵带来危险的行为中（《庄子》，XX，8）。

100 在根本问题上，孔子和道家学派的世界观是一致的，只是孔子认为天地（阳阴）是本来就有的，而道家神秘主义认为这是由道派生出来的，并且受到道的支配。

包括构成中国思想的独特性和深刻性的基本观点，人的作用应该与自然的作用保持一致，两大学派的观点也是趋同的。庄子说的“知天之所为，知人之所为者，至矣”（VI，1）也说出了孔子的观点，从这个意义上讲，孔子的思想中也有一些神秘主义的成分。

---

* “帝王之时，始惊骇散乱矣。逮于末世，隐伏逃窜，以避患害。”——中文版编者注

尽管根本出发点是一致的，但是道家学派对于生命的观点和孔子大相径庭。

对孔子来说，人与自然保持和谐一致在于人尽可能好地作为，以符合道德的举止和履行各项义务来促使人生活在有秩序的社会中，并保持繁荣。

道家思想家则否定人应该以作为的方式进入客观世界中。这与他们如何评价人的作为有关。道家思想观察人的作为时不看行为的目的，而看以什么方式作为。

最好的作为是那种与自然最为相像的行为方式。

在自然中，一切现象都是在自我发生，而不是通过行为。自然与人的有目的的行为不同，它是一种自然而然发生的现象。其中包含着的力量以平静而隐含的方式在内部对事件的发生、发展起关键的作用。[204]

为了和道保持一致，人应该放弃一切出于某种目的的行为，并且努力地成为主导世界客观事件的一个器官。人的作用在于摒弃一切作为的因素，而获取事件的特征。

孔子要求有才干的人做官，但在道家思想家看来，如果他真这样做了，就是干了一件大蠢事。

通过无为而起作用的思想在老子及他的后来者那里不断地重复。

“道常无为，而无不为。”（《道德经》，37） 101

“上德无为而无以为，下德无为而有以为。上仁为之而无以为。”（《道德经》，38）

“为无为，则无不治。”（《道德经》，3）

“太上，下知有之。”（《道德经》，17）

“治大国，若烹小鲜。”（《道德经》，60）

“天下莫柔弱于水，而攻坚强者莫之能胜。”(《道德经》,78)

“积于柔必刚，积于弱必强。”(《列子》,II, 17)

“故至言去言，至为无为。”[205](《列子》,VIII, 11)

“古之真人，以天待人，不以人入天。”(《庄子》,XXIV, 13)

“无处无服始安道。”(《庄子》,XXII, 1)

“何为乎？何不为乎？夫固将自化。”(《庄子》,XVII, 5)

“反无非伤也，动无非邪也。圣人踌躇以兴事，以每成功。”(《庄子》,XXVI, 5)

按照无为的原则，道家思想家认为典型的文化应该是处在原始状态的文化，那时的人们还生活在一种非常简单的、没有太多要求的、安静的、平和的状态。“邻国相望，鸡犬之声相闻。民至老死不相往来”，是《道德经》中对这种状态的描写(《道德经》，80)。对老子和他的后来者来说，文化是一种纯的精神性的东西[206]，完全不期望知识及能力的进步。

庄子让一位老园丁用意味深长的话语来表达机器对于人的危险性。孔子的一位学生在路上看到一位老园丁在浇花，每浇一桶都要重新从井里面取水，深感意外，就建议他在井边建一个取水吊桶，这样可以[为他]节省很多劳动力。然而这位[园丁]回答他道：“有机械者必有机事，有机事者必有[机]心。机心存于胸中，则[纯]白不备。”[207](《庄子》，XII，11)

102 道家学派通过其思想中的既有的事实形成了无为而施加影响*的矛盾观念。

基于同其他思想流派一样的对生命以及世界的肯定，有所作为的

* 指无为而治。——译者注

思想和从忘我的癫狂而来的无为思想对他们来说是既定的。然而，问题在于如何把两者联系在一起。道家思想家们的解决方法是：他们认为自然的现象，如星象的变化，季节的更替，植物的生长、开花和结实都是由一种发乎内在的、安静的、不以明显的作为表现出来的力量起作用，并且他们要求人们能够以这种至高的作为的力量作为自己的榜样。

道家思想家通过道的观念和把无为思想和有所作为的思想有机联系起来的必要性导致他们必然去探究自然事件的奥秘，对他们来说，事件和行为始终有着本质的区别。[208]基于这些，他们把人的行为以什么样的方式归属于自然事件看成一个根本问题，并且[他们]思考如何去做才能使自身与自然世界保持一致，并且只有这种一致才是唯一有效的方式。

对于无为而治的含义、怎么实现无为而治，道家思想家更多的是通过消极方面来详细表述的。在这种理想模式之下，可以理解和可以操作的是无为，对人们来说尽可能无为。

道家理解的积极方面的无为而治是指人们不是通过在现实世界中做出一定的行为从而迷失自己，而是达到最深层次的聚集、内在性和纯粹性，以及从自身焕发的、能够感染他人的、在精神力量层面上的东西。

最终，无为而治的思想在于，人不再按照人的计划而有意图，而是必须成为决定客观世界变化的力量的一个器官。人们要放弃的不仅仅是作为，更多地是要放弃为达到某种目的的理智的思考。单纯通过内在的感觉就可以得出结论。跟着内在的调节和制约的自然力的神秘的灵感启发去走，就像一口钟一样，当别人敲打的时候，就会跟着响 103
起来，这样，人的行为方式就是正确的了。[209]

关于这种出于灵感的作为与放手，道家思想家们也没有提供太多的陈述，因为这是纯个人化的。所以道家思想家们在此最多给出一些启示性的话语。

无为而治的矛盾还带来了它本身既说不清、道不明，又完全缺乏可操作性的问题。

现象和行为之间存在着差别。人的本质自然而然地要求人们基于想象和思考行事。因为不仅存在着自然现象的奥秘，也存在着人的个性化的存在。道家思想家们只看到了一面，而忽视了另外一个方面。人是有个性的个体，不可能简单地成为决定自然现象的力量的器官。

道家思想家不能把他们理想中的那种内在化了的人设想为以最深刻的方式自然的个人的原因在于，无为的思想对他们来说是最根本的思想基础。于是他们把无为看成属于内在性的行为方式，并且只有放弃了一切行为的人才能真正具有成为决定自然现象的力量的器官的能力，因此无为的境界受到如此高的评价。

道家学派不仅不承认一般意思上的作为，同时对于一般意义上的仁也是持否定态度的。

婆罗门教徒因其对生命和世界的否定和无为的观点而感觉自己超然善恶之外。这对道教徒来说是不可想象的，因为他们持对生命和世界的肯定的观点，并且在无为的基础上仍然强调治。只要谈到治，就一定要谈善与恶。

道教徒要求无为而治，不能停留在用于判断一般行为的善与不善的观念的层次上，而是必须去寻求一种可以应用于与现象类似的行为的评价观念。

对一般的观察方式而言，自然现象是没有任何伦理特征的。做这
104 种假设对道家思想家来说毫无意义。在他们看来，世间的自然现象体现了至高的有意义与善。[210]

这种至高意义上的有意义与善到底指什么呢?

人只是面对在自身范围内单个事物的变化发展。帮助它发展的就是善，不帮助它的就是不善。

而自然相对于个人来说，不只关注个人的，而且关注整体的福祉。[211]它不是不仁慈，而是一种不同的、更为广泛的和在更高境界上超乎个人的仁慈。人应该学习这种更高层次的仁慈，但必须知道人不可能比自然更具智慧、做得更好。

在这个意义上，老子说：

> “天地不仁，以万物为刍狗。[212]圣人不仁，以百姓为刍狗。”（《道德经》，5）

按老子提出的有意义和善的两个概念来看，人的行为对道家学派来说只是一种对自然现象的任意的干扰，是对自然现象进程的破坏，影响了真正的有意义和善的实现。善和恶的标准只是人类的发明，并且这本身就显现出人类的不完善性。对一些人来说是好的东西，可能对另外一些人来说是不好的。这只事关对习俗的评价。至于人们常说的有理与无理，也只是相对的，就像我们说的幸福与不幸一样。对这件事情来说是好的，可能对另外的事情就有不好的后果。所以，根据人的概念来界定的好行为，如果放到一个整体的范围内去观察，我们就会发现里面不仅包含好，还有不好。

这里列子举了一个人的例子：这个人在新年的时候，为了展示他的善意，会把捉来的野鸽子放生。列子在这里告诉我们，人们捉的野鸽子其实本来就应该自由自在地在天上飞，而且他们在抓鸽子的时候
弄死弄伤的比关在笼子里的还要多。[213]所以，这个人表现出来的所 105
谓的仁慈不过是对野鸽子带来灾难罢了（《列子》，VIII，27）。

“唯之与阿，相去几何？善之与恶，相去若何？”(《道德经》,20)

(善与恶对老子来说是相对的，就像唯与阿一样。)

所以，道家思想家们致力于用实际的或者诡辩的方法，揭示一般意义上的善与恶的概念的相对性和不完备性。

道教徒是第一批意识到这个问题的人，但他们并没有对人的仁慈和自然的仁慈怎样相互作用追根寻底，就像他们对待人的行为和自然现象之间的从属关系一样。对他们来说，重要的就是告诉人们，个人的行为和仁慈是错误的，并告诫他们放弃这些，努力学习无为和更高层次的自然的仁慈，尽管这两者从本质上来讲都不是人能够做到的。

在道中变化意味着具有不要以普通意义上的善意来表达的仁慈。庄子谈到了圣人要有处在春天般的生气里的心境(V，4)。* 道家思想家们认为，仁慈在于一种思想上的仁慈，这是一种传及他人的精神的影响力。

根据一则庄子的小寓言故事，一个有罪而受过刑罚的人和其他的学生一样跟随一位道学家，并且接受他用仁慈的方式来洗净他的灵魂(V，2)。**

正确的行为首要地在于任其发展。

“夫道，有情有信，无为无形。”(《庄子》,VI，1)

“吾师乎！吾师乎！泽及万世而不为仁，长于上古而不为老，覆载天地刻雕众形而不为巧，此所游已。”(《庄子》,VI，6)

“人爱我，我必爱之；人恶我，我必恶之。”(《列子》,VIII，1)

---

* “使日夜无隙，而与物为春，是接而生时于心者也。是之谓才全。”——中文版编者注

** “人以其全足笑吾不全足者众矣，我怫然而怒，而适先生之所，则废然而反。不知先生之洗我以善邪？”——中文版编者注

“德人[214]者，居无思，行无虑，不藏是非美恶。四海之内共利之之谓悦。”[215]（《庄子》，XII，12）

“不刻意而高，无仁义而修。”（《庄子》，XV，1） 106

“至德之世，……端正而不知[以为义，相爱而不知][216]以为仁，实而不知以为忠，当而不知以为信，蠢动而相使，不以为赐。”（《庄子》，XII，13）

古代的先民在一种单纯的状态下具有至高的、自然的、包含一切美德的仁爱，虽然他们自己并没有意识到这一点。然而人们失去这种单纯后，他们就必须努力试图用别的方法来实现道德，并且创造出关于美德和义务的观念，从中规定善与恶的标准：

“大道废有仁义；慧智出有大伪；六亲不和有孝慈；国家昏乱有忠臣。”（《道德经》，18）

“法令滋彰盗贼多有。”（《道德经》，57）

“夫孝悌仁义，忠信贞廉，此皆自勉以役其德者也，不足多也。”（《庄子》，XIV，2）

庄子在攻击美德和义务的伦理观时，如此强调抛弃一般意义上的善与恶的观念的重要性，以至于显得他不再要求从道中演化而来的更高的仁慈，而主张一种类似于婆罗门教徒的冰冷的超越凡人的境界：

“故圣人有所游，而知为孽，约为胶，德为接，工为商……有人之形，无人之情……无人之情，故是非不得于身。[217]渺乎小哉，所以属于人也。”（《庄子》，V，5）

“畸人者，畸于人而侔于天。”（《庄子》，VI，4）

最高境界的仁慈与对他人的出于感情的好感无关。人不是用普通
107 的方法去爱人，正确的做法应该是像自然对待其他生灵那样去对待周围的人。[218]

庄子特别强调最高境界的仁慈是冰冷的。他认为一个人立志为了另外一个人去牺牲自己是非常愚蠢的做法(《庄子》，VI，1)。[219]* 在他看来，圣人的仁慈是无欲的，并且圣人尽可能地避免和人打交道。[220]

孔子赋予友谊很高的伦理价值，而道家思想家不这样看。“至仁无亲”，庄子这样说(XIV，2，[第 105 页，新版第 157 页])。

因为孔子强调一种由道德和义务而产生的仁，所以列子和庄子认为他是最大的不无恶意地以各种方法引导民众误入歧途的人。在列子和庄子的一系列寓言故事中，孔子不得不忍受老子严厉的批评和指正。[221]有的故事还记载了孔子晚年认识到了自己的错误，并改过自新。[222]有的寓言中还记载了孔子传播老子学术思想的内容。[223]

老子和孔子看起来并没有互相攻击。奇怪的是，也没有流传下来任何孔子的学生批评列子和庄子的言论。他们也许是恪守老师的教诲：“攻乎异端，斯害也已”[224]，而列子和庄子则越过了道家思想的界限，因为道家也是不允许起争辩的。[225]

因为圣人不认同一般意义的善与恶的概念，所以他也不会囿于一般意义上的对善人与恶人的区分。他们并不认为行善就一定要站在普遍认同的善人的一方去批判恶人。对他们来说，重要的是为了行善而赢过恶，因此他们对待所有人的方式是一样的。

“善者吾善之。不善者吾亦善之德善。”(《道德经》,49)

---

108 * “古之真人，其状义而不朋……其一与天为徒，其不一与人为徒。天与人不相胜也，是之谓真人。”——中文版编者注

“人之不善，何弃之有。”(《道德经》,62)

“是以圣人常善救人，故无弃人……故善人者不善人之师。不善人者善人之资。”(《道德经》,27)

另外，道家和孔子一样讲求平和无争。

“天之道不争而善胜。”(《道德经》,73)

“天之道利而不害。

圣人之道为而不争。”(《道德经》,81)

一切的暴力都必须避免，杀戮是最无益处的行为。按照老子的话，只有自然才有权杀戮(《道德经》，74)。[226] “夫代司杀者杀，是谓代大匠斫。夫代大匠斫者，希有不伤其手矣。”(《道德经》，74)

老子反对战争的至理名言有：

“兵者不祥之器，非君子之器，

不得已而用之，恬淡为上。

胜而不美，

而美之者，是乐杀人。”(《道德经》,31)

“师之所处荆棘生焉。

大军之后必有凶年。”(《道德经》,30)

“天下有道，却走马以粪。天下无道，戎马生于郊。”(《道德经》,46)

“抗兵相加哀者胜矣。”(《道德经》,69)

虽然列子和庄子对于战争的看法与老子没有什么不同，但在他们那里，我们读不到关于评价战争的言论。他们的神秘主义和老子的神秘主义有着不同的伦理内容。

道家神秘主义和古老神秘主义一样的深刻性在于，它们都是把人从他身边的事物——诸如职业、家庭、民众和人类等的作为——中剥离出来，然后去反思他自己和他的行为与世界的关系。所有的神秘主义都是形而上的问题。[227]

神秘主义讨论的问题都不是根据时间改变而带来的变迁能够触及的。只有次要的东西——人们，具体的人及整个人类，生活在其中的
109 社会关系——在变化着，而人和世界的本质并没有变。由于神秘主义面对的是对每个人来说都至关重要的终极问题，并试图对此做出回答，所以它无论在哪个时代都对人们具有普适性。

道家[神秘主义]以它所具有的内在价值以特别的程度实现着它的普适性。它比印度婆罗门神秘主义更为深刻和生动，因为后者存在于个体灵魂与世界灵魂的同一性思想中，建筑于对生命和世界的否定之上，注重单纯的无为的理想模式。

和古印度教一样，在道家神秘主义中对生命和世界的肯定和否定是同时存在的。虽然说对生命和世界的肯定受到了无为思想的限制，但它仍然存在。由于它不能自由发展，所以它更多地内在化了。道家神秘主义并没有强调“无为”的理想模式，而是强调“无为而治”的理想模型，由于“治”受到了“无为”原则的制约，所以“治”的思想和对生命及世界肯定的世界观一样经历了内在化的过程。所以，道家神秘主义实际上是最深刻的对生命和世界的肯定，并达到了最高层次的治。

它看上去认为完全可以深入讨论现象和行为的区别，以及由此产生的人如何以他们的影响力(治)去干预自然现象的问题。

此外，它还涉及伦理可以在多大程度上放弃行为，从而实现伦理

思考的精神影响的问题。在忽视自然感觉的情况下，道家思想家只承认变得更为完美的伦理，而不承认行为的伦理。

所以在道家神秘主义中，一切人必须试图回答的终极问题都在一起出现。[228]原因并不在于道家神秘主义的思想深度，而在于它产生和发展过程中具有标志意义的事件[229]必然导致它面临所有这些问题。它的深刻性在于矛盾性，试图融合对生活和世界肯定的和否定的观点，以及伦理的和非伦理的东西。它找到的解决方案并不是终结这些矛盾，而是放任这些矛盾出现。

对只熟悉西方思想命题的人来说，老子的《道德经》可能是一次 110
很有意思的经历。因为很多那些以往对他们来说理所当然的认识会一下子变得不确定起来。在惊讶中他会发现失去了原来所具备的那种自然，而且必须把眼光投向那些他原来根本不可能望及的更远的地方。

也许你一直以来对神秘主义持否定的态度，但对于道家神秘主义则不可能。这种思想方式的独特性和神秘力量在于你无法抗拒它，你不得不承认在矛盾中蕴藏着你不得不去探究的真理。

谁一直在思考最高境界的治的问题，并且明白了我们通过行为可以左右的事情相比之下远远少于以精神的方式能够实现的事情的道理，谁就等于理解了道家神秘主义。

我们以研究老子神秘主义的方式对它进行着理想化，我们还忽略了它其中本来包含着的蒙昧的成分：对于当中并不是纯的精神的东西，我们将其理解为纯精神的；对于当中并不是出于纯伦理考虑的东西，我们把它当成是出于纯伦理考虑的。[230]

理想化是道家神秘主义的一个特点。它是伦理和对生命及世界肯定的神秘主义思想的先驱，其中思想终将归于平静。

其他所有的神秘主义都来源于对生命和对世界的否定，因而也都不包含伦理的特征，而道家思想在建筑于对生命和世界的肯定之上，并致力于获取伦理的特征。它就像一曲前奏，但在其中已经完全孕育着整首交响曲的主题。因为道家思想包含着对生命和世界的肯定的伦理精神，所以它自然释放出这样的魔力。

康德和黑格尔是西方思想的巨人，老子则是人类思想的巨人。他以一系列基本的问题，如对生命及世界的肯定和最高境界的治，给了人类思想巨大的洗礼。与老子相比，尽管康德和黑格尔非常伟大，但他们仍然只是探讨了一些潜在的和边缘的问题。

《道德经》是一本巨著，它一再强调着老子的思想，它剥夺了人的自然的自我感觉，并迫使人们去思考自身和自己的行为之于无尽的存在的问题。

道家神秘主义因其自身的特点从来不可能变得通俗易懂。它不给
111 人以在一般的生活和行为中如何行动的启示，而是关注那些愿意，而且能够根据根本原则去构筑他们的生活、始终反思自身在世界的存在的例外的人。

在民众的眼中，老子、列子和庄子首先是用魔法的方式来让道显灵的道士和术士伟大的保护神。这样的观点也是很正常的，因为老子和他的后来者从来没有把自身和原始的、受神秘观念所左右的对道的信仰区分开来。[231]在他们的文字中还能找到这样的地方，人能够通过道而获得超自然的力量，比如御风而行、水火不侵，以及各种各样的法术。[232]受秘传的和未受秘传的道教并存并互相渗透。

后世对老子和他的后来者的重视，要看被儒家视为迷信的民间道教与孔子的儒家学说抗争的成果如何。

根据记载，在特定的时期，特别是在中国唐代，道教取得了繁荣，也就是说，在皇帝的宫廷中不是持孔子学说的儒生，而是信仰道教的道士或者术士获得了统治者的青睐。

一方面，秘传道教在后经典时代未获得发展，有关与道合为一体

的神秘主义保持着老子那里的原貌，它没有再经历精神上的发展。另一方面，这种后来的道教又与经典的道家理论有所不同：它表现出不再恪守无为的基本原则，[233]而是适当地赋予伦理相对的合理性，并且考虑到普通生活中的需要。[234]

两宋(960—1279)以来，孔子的儒家学说正式确立了地位。

1183 年，道教被禁止。 112

老子和他继任者的学说因为其著作的继续流传而得以保持。但它们失去了在公共生活中的影响力。

尽管[235]道教此后一直处于一种隐性的状态，却并没有失去影响力。宋代的儒学思想家们集孔子学说之大成，并将其发展成一个思想体系。他们了解道家思想，并从中吸取了一些思想来丰富孔子的学说。

此后老子学说的意义就像一个酸面团，它在中国思想史上在内化意义上起着作用。

[4. 墨子]

孔子死后不到几十年，墨子提出了他的兼爱主张。

墨子[236](墨子，墨翟，拉丁化写作 Micius)和孔子一样，是鲁国人。他在鲁国广收门徒，并度过了一生中的大部分时间。他曾经在宋国当过一段时间官。[237]

根据一个古老而又可能不太真实的说法，他精通机械，并对防守城池的理论有很高的造诣。

在他名下的广泛著述包括了一部分属于他本人、一部分由他的学生撰写的有关他的学说的文章(第 I—IX、XI—XIII 篇)、逻辑学的研究(第 X 篇)，以及一些相当不重要的涉及城防和要塞防守措施的论文(第 XIV、XV 篇)。最后这两篇不是墨子本人所著。

他的著作中最著名的提出兼爱主张的地方(I, 4)是这样说的：[238]

“莫若法天。天之行广而无私，其施厚而不德，其明久而不衰，故圣王[239]法之。

113 既以天为法，动作有为必度于天，天之所欲则为之，天所不欲则止。然而天何欲何恶者也？天必欲人之相爱相利，而不欲人之相恶相贼也。奚以知天之欲人之相爱相利，而不欲人之相恶相贼也？以其兼而爱之、兼而利之也。奚以知天兼而爱之、兼而利之也？以其兼而有之、兼而食之也。今天下无小大国，皆天之邑也。人无幼长贵贱，皆天之臣也。此以莫不刍牛羊，豢犬猪，洁为酒醴粢盛，以敬事天。[此不为兼而有之、兼而食之邪？][240]天苟兼而有食之，夫奚说以不欲人之相爱相利也？

故曰：‘爱人利人者，天必福之。恶人贼人者，天必祸之。’”

墨子是中国古代伦理一神论宗教的代表人物。天对他来说不像孔子所理解的那样是和地一样的原始自然力，并且在相互作用当中产生万物。在墨子看来，天是人格化的神灵统治者，它爱人[241]，并且要求人去实现伦理的转变。这种通俗的伦理宗教在孔子看来是幼稚的。[242]孔子并没有去驳斥它，而是通过自己的构筑于对自然思考的学说去排挤它。墨子的出现及其主张使这种本来存在的思想生动化了。墨子强调这种宗教的精神中的上天是爱，并且人类要按照上天的榜样互相爱周围的人。[243]

缺少爱在墨子看来是最大的恶：

“天下之人皆不相爱，强必执弱，富必侮贫，贵必敖贱，诈必欺愚。凡天下祸篡怨恨，其所以起者，以不相爱生也。”(IV, 15)[244]

墨子的兼爱主张到底在多大程度上超越了孔子的主张呢？[245] 114

孔子主张的爱更多的是一种对他人的友善的关怀，而不是一种真正意义上的爱。[246]相反，墨子提倡人要压抑内心任何自私的念头，并且无私地去爱他人。他甚至把这种要求升级为“视人之国，若视其国。视人之家，若视其家。视人之身，若视其身”(IV，2)。[247]为了更为生动地表达他兼爱的思想，他并没有像孔子那样使用“仁”这个概念，而是直接使用了更为强烈的表达——“爱”。[248]

不仅是因为他兼爱的形式，也包括他认为仁只有在爱中才能真正实现的思想，使他和孔子之间有着巨大的分野。孔子理解的仁首先是尽到因五种基本社会关系而派生的自然义务：君臣，父子，男女，兄弟，朋友。

由于墨子单纯地强调爱才能使人们过上有序的生活，并且很少谈及自然义务，所以他对孔子学说的支持者来说是一个革命家。[249]

对于“人不必信守爱的劝诫，因为这太困难”的指责，墨子给出的回答是，人们只要先将兼爱带来的好处当下化，就一定会去信守兼爱的信条。因为以爱回报爱，所以它是有用益性的，又因为恨可以产生恨，所以这是有损害的(IV，2)。[250]所以人们必然会选择爱。只有大方法才有用处。只有民众彻底领悟了这个道理后，才能使国家存在下去，而不是通过法律调节。

墨子还给出这样的论据：因为上天对世界施加统治，所以只有施以爱的人才能有幸福的生活，相反，对那些不这样做的人来说，等待他们的只有不幸。[251]

虽然墨子的主张从语言上看让人联想起因上帝的爱的意愿而向人 115
们提出爱的劝诫的耶稣，但这并不意味着墨子就可以与耶稣等量齐观。他提出的兼爱的主张远远不及耶稣的爱的劝诫。他的主张主要基于用益性和目的性的权衡。[252]

耶稣强调的则是一种出于臻于完美的内在冲动而产生的爱。那些耶稣向人们提出的对于自己和对于邻人的行为的更高要求在墨子那里是找不到的。墨子根本没有像耶稣那样论及伦理人格主体的理想化典型。除掉一些地方提到富人应当出于仁慈而接济穷人外，[253]墨子几乎没有具体地提出人们应该如兄弟般地对待那些穷困的、被遗弃的、无人照顾的和处于窘境的人。

墨子是个有激情的爱的伦理的宣传者，但他缺乏深度和内在性。但由于他是中国一神教和中国思想史上第一个使爱的思想破土而出的人，所以他的思想也具有重大意义。

墨子不是伟大思想家的另一个原因在于，他对于他以前的民间宗教信仰采取了全盘接收和为之辩护的态度。他非常积极地去维护相信神灵和鬼怪存在的信仰，并把这些看成天帝的臣仆。在面对持怀疑态度的人时，他在选择论据进行证明的时候也不加甄别。任何一些有关神怪的小故事都能被他拿来当作可信的论据。

他坚持代表相信神灵和鬼怪存在的观点，以此反击孔子的思想，后者则是把这种信仰视作不理性的表现。墨子是把自己视为民间一神教的卫道士来与孔子的思想进行辩论的。

他指责孔子的思想是一种和伦理世界观不相符合的宿命论思想，因为孔子认为决定事件发生的是命运，而不是伦理的世界主宰。[254]

此外，他指责孔子过度注重礼，压抑了人本来的自发性。

116 对于为父母守孝三年的礼，墨子也是不同意的。[255]关于缩减守孝的时间，他首先提出了物质上的论据，因为人们在守孝期远离生产劳作，会使土地荒芜，生活穷困。

关于在守孝期内远离生产劳动是一个古老的、在当时的下层民众中还占据主导的观点。

乐，在孔子的理论体系中占有文化精粹地位，并且享有很高的声誉，但是在墨子看来——尽管他本人也很喜欢音乐——在用益性的权衡下，特别是在宫廷中是一种奢靡的东西。他甚至提出，为了公众福祉的考虑，应该立法禁止乐。

在对战争的看法上，墨子与孔子和老子的主张是一致的。但他的主张不同于老子和孔子从伦理角度出发，而是又从物质的层面去论证。他常常这样论述，人们只要去计算一下得失，就会发现，无论对失败者还是对胜利者来说，战争的损失都大于利益。

和孔子一样，墨子也要求每个国家必须有一支强大的防御力量以抵御外族的入侵，并且他自己也承认："有义征无义。" *（I，5）[256] 他还举了天帝惩罚邪恶的权力者的例子（IV，3）。[257]

关于人和万物之间的关系，墨子没有做什么论述。他还停留在万事皆是为了人的存在而创造的幼稚观念当中。

> 有趣的是，墨子的弟子是中国第一个进行逻辑学研究和认识论研究的人。根据以墨子命名的第 X 篇，我们了解到墨子的门徒开始讨论真理和谬误的标准、事物和它的属性的关系、原因和结果的联系，以及对善和恶的理据等问题。[258]

后来，墨家学派还探讨了人们是不是也应该去爱恶人和敌人的问
题。他们从理论上对这一命题给予了肯定的回答，但在现实中寻找获 117
得免除这种爱的义务的合理性的理由。

他们还讨论了兼爱主张在多大程度上允许人们去考虑保护自己的个人利益。在这一点上，他们向前迈了一大步，并且甚至承认人们没有义务为了他人而牺牲自己。渐渐地，墨子的伦理思想失去了原本激

---

* 原文应该是"虽有义不能征无义"，但施韦泽是这样引用的。——译者注

情四溢的特征，同时这也标志着它的堕落。

在以庄子命名的文献的第 XXXIII[259] 篇中，有一个非常有趣的对中国前 4 世纪和前 3 世纪的思想史的主要流派的概貌的描写，从中我们可以了解到一个致力于向人们提出爱的劝诫的宗教派别。

他们的精神领袖是宋钘（或者宋荣子），他反对孔子和尹文（约前 330—前 280）。这个“宗教派别的人用一种特别的头饰来[表明]自己的身份。这个教派的主张和托尔斯泰有着奇妙的相似性。他们的基本观点是不反抗。他们认为，心灵的行为来自容忍的能力。‘他们试图通过燃烧的爱将世界上的人像兄弟一样地[联系起来。压抑]欲望和贪婪是他们的基本原则。当人们骂他们，他们不以为耻，而只是想到应该制止人与人之间的争斗。他们禁止武力，并试图让人放下武器，好拯救民众于刀兵之中。他们带着这样的信念到处游历。他们警告君子，告诫世人。虽然世人不接受他们的观点，他们却[260] 更为坚定地保持自己的信条，矢志不渝。他们到处上下游说，即使别人不听从他们的劝诫，他们也会强行坚持，决不放弃’”。[261]

在中国那个诸侯之间不断发动战争的年代，出现了历史上的第一批和平主义者。

这个宗教派别属于哪个学派，在我们掌握的这篇短的报道中并未提及。但因为他们的思想和墨子的思想流派非常相似，也许他们之间存在着某种联系。

118 [5. 经典时代的批判性思想家、诡辩家，杨朱]

在中国，不曾出现一种像古希腊时代的那种怀疑伦理观的正确性的诡辩术。但用质疑的眼光去检验一般认为是正确的东西，对一切都坚决持怀疑态度的批判精神，在中国却是古来有之。

尽管他们自己也在探讨伦理的确信是通过什么方法证成的，但他们却并不以这样的坚决[262] 来怀疑其证成性。

这些具有批判性的思想家们在中国被称为辩论者(辩士)，其中在先秦时期最为著名的有惠子(卒于约前310)[263]——他的智慧为其同时代的庄子所称道——和公孙龙(约前320—前250)[264]。两个人都继承并发展了墨家文献中出现的辩证方法，惠子流传下来的名言有“泛爱万物，天地一体”[265]。

在中国先秦时期，思想家们非常热衷于讨论人性本来是善还是恶。我们从《书经》中可以了解到，古代中国思想中以孔子为代表的儒家学派就认为人性本善。

告子(前4世纪)则认为，人的本性根本无所谓善和恶。

荀子(前313—前238)也是孔子学说的重要代表人物之一，然而他却非常奇怪地站在了认为人性本恶的一方。[266]仁在他看来仅仅是说服、教育和习惯养成的结果。善和恶的概念在他看来是由古代的圣人发明并使用的，因为他们觉得这对于保持有序的社会状况是必需的，而且也因为个人只有通过不断克服与生俱来的恶性的倾向才会感到快乐。

只有认识到了人性本恶，才能理解圣人主张仁的努力的原因及巨 119
大的功绩。

孔子学派的追随者们并没有吸取荀子关于伦理的外在的理解和证明。

荀子认为仁是由圣人的理论而得以证成的，这种观点则建立在孔子思想之上。他这种说法也不无道理，因为在他那里常常可以看到这样的观点：仁是一种通过学习上古的文献获得的东西。

那个时期的思想家还有另外一种调和的观点，认为善和恶两种因素互相存在于人的本性当中，重要的是人发展了其中的哪一个方面。

还有通过命运来决定善和[267]恶的观点。后来的王充(27—约97)就代表了这样的观点。[268]从《易经》出发，他提出，人无论精神本质也好，外在形态也罢，都存在于天和地的交互作用中并且受某种命运支配。他假设，命运决定一个人行善，那么他就会自发地、不需要外在的教育或者引导，以善的方式作为；相反如果他的命运是要作恶，那么无论什么样的教育都不可能使其从善。在他看来，所谓宿命是人受到好的教育就会行善、遇到坏的榜样就会学坏。[269]

关于对伦理的作用的[质疑]，[270]战国时期的国君、权臣和他们的谋士从国家的角度提出的关于善和恶的理论远远比诡辩家们要多。

按照卫鞅(商鞅，前 390—前 338)[271]和鬼谷子(前 4 世纪)[272]的理解，国家可以完全出于权衡什么是对国家有益的、什么是对臣民有好处的，来做出决定。[273]

从道的意义上的行为的学说出发，没有可以用于普通生活的原
120 则，而人们在实践中没有它们又是不行的，所以他们就认定，对于国家的存在有利的事情为善。[274]这显然是正统道家思想之外的、世俗化的非正统道家思想的观察方法。伦理性被看成一个相对性非常高的概念。[275]

卫鞅反对孔子的观点，他认为个人的伦理信念是不必要的，从国家的角度来看，甚至是有害的。人根本不用去思考善和恶的问题，而只需要出于敬畏刑罚的心理去遵守国家法律中的规定就可以了。

道德完全屈服于国家意志之下。对于追逐权力的国家来说，那些本性更强的恶人远远比那些软弱的善人要更有用处。

对于民众的教育要完全倾注于使之能够适应战争。国家首先需要的是农民和士兵。

卫鞅高度评价战争，认为它是一种可以使国家赢得荣誉、权力和财富的手段。如果是对国家有利的事情，国君不必去考虑是非对错，就可以做任何符合一定目的的事情，包括谎言和阴谋诡计。

另一位思想家韩非子(约前 280—前 233)[276]则认为善恶的观念

并不是本来就确定不变的，而是要符合不断产生的情况而不断改变。他进而认为，法律也应该符合时代。所以只有有用益性的东西才能被看成是善的。

韩非子非常贬低教育的作用。读代表古人思想观念的书在他看来毫无必要。特别是统治者不需要拥有书籍，更不要重视书籍。

在前 213 年下令焚书的始皇帝就是韩非子的欣赏者，然而这也不能改变韩非子在遭人构陷后被投入狱中的命运。后来，他在狱中服毒自尽了。

后来的秦国渐渐在诸国中取得优势，这还得益于卫鞅在当宰相时 121
推行严密的组织和向人们灌输战争精神。

然而卫鞅也死于狱中。

否定教育和道德的国家强权，包括其在精神领域大于一切的理论必须通过了解当时诸侯混战的情况才能理解。它们是宫廷中的思想，而在民众思想的层面上并没有多么大的影响力。

在[277]卫鞅、鬼谷子和韩非子从群体性出发去否定伦理的作用的同时，杨朱则是从个体出发来否定它的。

> 杨朱(阳子)*是列子的同时代人。关于他的生平，我们几乎一无所知。他的言论和寓言故事，在以列子命名的文献中得以保存，特别是在第 VII 卷。

大约和古希腊诡辩家同时代的杨朱，在为个人以他自己觉得自然而然的方式生活的权利进行着辩护。

在初次认识他的时候，你会把他理解成尼采的先驱。但他其实只

* 有的理论认为，《列子》中的杨朱和其他著作中的阳子不是同一个人。——译者注

和尼采在一般原则上有着相同之处，即人在自然而然的对生命与世界的肯定观中与存在的本质相一致。而他理解的不受拘束的尽情生活和尼采却有着不同。尼采思想中富有特色的权力意志、优雅的存在的思想，以及悲剧式的生命感觉在杨朱这里是找不到的，他只关心如何最好地享受生活。所以，他的这种对生命与世界的肯定观与享乐主义更为接近。

杨朱的学说是世俗化的道家思想。老子的道家思想是在无为中寻求存在的本质，杨朱却认为每个人都必须尽情生活。

他不是怀疑论者，而是以他的独特方式去阐释与自然本质合为一体的基本原则。

与其他道家思想家一样，他要求从内部向外决定生活方式。而孔子及其儒家学说则强调生活方式的决定力来源于外部，考虑在社会中生活和面对他人的义务。

> “肆之而已，勿壅勿阏！……恣耳之所欲听，恣目之所欲视，恣鼻之所欲向，恣口之所欲言，恣体之所欲安，恣意之所欲行！”(《列子》，VII，7)

122 阻碍这种尽情生活观的是人基于道德风尚而寻求在他人那里得到认可的追求(杨朱把这个叫作对荣誉的需要)，[278]人还会追求地位和财富以及在畏死的情绪中度过一生。这样他们就生活在自己寻找的烦恼之中。他们只有从中解放出来，从对错误的幸福观中回归到正确的理解，才能从生命中赢得真正给他们带来快乐的事物。

在杨朱看来，人生中的幸福并不多，所以这点仅有的幸福在他看来就更不能被拿走。杨朱已经面临着如何用直接的方法来阐明自然而然的对生命和世界的肯定观的难题。他有时会提出一种无限度的享受生活，有时会提出一种精于计算的享受生活的观点。

在关于相国子产的故事中，他推荐了一种无限度的享受生活的模式。子产是郑国的相国，他的两个兄弟却一个好酒，一个好色，子产劝他们过一种理智而有节制的生活。然而在子产劝说两个兄弟的谈话中，两人却向子产说明，他们的生活方式符合自然，因而是正确的；相反，子产的生活却完全是在尽一些被发明出来的义务，既不自然，也不正确。（《列子》，VII，8）

杨朱虽然用编这样充满悖论的小故事来代表他关于无限制的享受生活的主张，但他实际上还是认为人用理智尽情生活才能保障最大限度的幸福。无论怎样，他都和尼采一样极少过着一种超人的典范的生活，虽然他自己有这样的主张。他和一妻一妾过着简朴的生活，时而还会游历于诸侯的宫廷之间，用他那些充满悖论的小故事去取悦于人而又时常令人惊讶。

杨朱建议不要对生活提太高的要求。

> “忧苦，犯性者也；逸乐，顺性者也……岂徒逸乐忧苦之间哉。”（《列子》，VII，19）
>
> “可在乐生，可在逸身。故善乐生者不窭，善逸身者不殖。” 123
> （《列子》，VII，5）

但关于什么是真正的乐趣，以及持久的精神的乐趣之于短暂的感性的乐趣，杨朱还都没有涉及，在这一方面，他的思想还是十分幼稚的。

和道家一样，杨朱认为人们应该和一切主张义务和奉献的思想要求的行为保持距离。

"古之人，损一毫利天下，不与也，悉天下奉一身，不取也……人人不利天下，天下治矣。"(《列子》，VII，11)

"忠不足以安君，适足[279]以危身；义不足以利物，适足以害生。"(《列子》，VII，18)

在杨朱看来，每个人都有权利为自己而生活。

尽管杨朱提出了这种利己主义的思想，但他没有认识到尼采提出的超越善恶。他的利己主义的内容在于人要为了自己而活，并不在于人要去损害他人的福祉。人不能去损害他人。

甚至杨朱还在他的一些话里认可了某种顾及他人的适度的同情心。

"古语有之：'生相怜，死相捐。'此语至矣。相怜之道，非唯情也；勤能使逸，饥能使饱，寒能使温，穷能使达也。"(《列子》，VII，6)

同情不仅出于一种自然的感觉，也在于它能给大家都带来的好处。

自然而然的生活，以及能给公众带来好处的同情和过度的奉献之间的界限在哪里呢？ 杨朱并没有言明。总的来说，同情心与尽情为自己而生活的原则是相抵触的。不过道家也试图把善与无为的原则结合起来。

如果每个人都按自然的方式过自己的生活，杨朱认为，就能出现
124 一种自然的社会秩序。在这样的社会秩序之上，君主和臣民，以及臣民之间都会有一种良好的关系。

杨朱的生命观来源于中国古代的人与天和谐共处的原则——当人们把存在的本质理解为尽情生活时。而他思想中那种尽可能享受生活

只能提供很少的愉悦的成分则可能是由于当时国家的情况。他必然会试图对那些能提供愉悦的事物表示满意。如果真像报道的那样，当时有很多人接受杨朱的观点，只能说明他们是出于确信：除此之外，他们再无所得。

庄子把杨朱的观点理解成一种悲观主义思想(《庄子》，XXIV，5)。

但是杨朱所倡导的这种利己主义的人生观是与中国思想精神相悖的，它不可能长久地容忍这种观点的存在。一旦中国思想开始反思，必然会批判杨朱的人生观。

所以杨朱只能暂时地和那些提出更为高尚的人生典范的思想家们分庭抗礼。

由于他和道家保持着关联，加上他是一个精巧的、善于用悖论方式来叙述的小说家，所以他的故事和言论被收录到了以列子命名的著作中。也许这也是他的学说并没有被人们彻底遗忘的原因。[280]

诡辩家们的著作很少被保留下来，因为中国思想对于那些负面的观念不感兴趣。

[6. 孟子]

在前 4 世纪时，国家和文化的体制走向衰落的情况更为明显，似乎面向学者阶层的孔子思想受到了来自墨子、杨朱和在民众中影响广泛的其他思想的巨大挑战。孟子作为一位伟大的思想家革新并完善了孔子的思想。

> 孟子(孟轲)和道家重要代表人物庄子以及亚里士多德(前384—前 322)是同时代的人。他和孔子一样出身于鲁国的贵族家庭。
>
> 孟子的一生是游历的一生。有时他也会在诸侯国的国君那里 125
> 作为谋士逗留一段时间，他在齐国逗留的时间最长。

和孔子一样，孟子也非常重视上天赋予他的使命。孔子对他来说是一位圣人，体现了上古贤明君王的思想。

他认为自己是一位先知，受到上天的委托，重新宣扬孔子的学说。

面对民间的信仰，孟子采取了比孔子更为自由的态度。

和孔子一样，他要求重视礼仪，只是没有孔子那样严肃的态度。同样对他来说，君子的典型是真正的道德行为和遵守礼仪相结合的产物。

在他的母亲去世后，他放弃了一切工作，守孝三年。

孔子要求君子在尊敬君主的同时不放弃正直和坦率，孟子则更要求，君主要能忍受贤德的人向他们讲述他们的义务，甚至要求君主尊重贤士，为了能得到好的建议，君主不应该命令贤士到宫廷里来，而是要能亲自访问贤士(《孟子》，IIB，2)。[281]

> “天下有达尊三：爵一，齿一，德一。朝廷莫如爵，乡党莫如齿，辅世长民莫如德。”(《孟子》，IIB，2)

此外孟子还明确表示，罢黜一个不勤勉的君主不仅可以由他的宗室(这根据中国古代的传统是可以的)，而且在特定情况下还可以由最高等级的臣子来执行。他还认可了历史上那些臣仆杀掉有罪过的君王的例子，理由就是，被杀掉的不过是个罪人，而不是君主(《孟子》，IB，8)。

但这并不是人们通常认为的民主思想在他的这种对待君主的态度中起作用，而是他对于统治者的一种高度的期望。在很大程度上，他的表达比孔子更为直接，因为他觉得自己不像孔子那样是官员，而是君主的谋士。

在孔子的时代，周朝的王室至少形式上还存在；而在孟子的时代已经很明显，国家的统一只可以由独立的诸侯国来实现。面对以什么样的方法由某位君主统一国家的问题变得越来越现实——孟子在这里 126
用了“行王道”的表达——他表达了自己的观点。他不认为一个国家为了创立新的秩序而走上武力的道路是正确的。在尚武精神中，他看到了国家处于非常可怕的状况，而这种状况[282]是不可能带来好的改变的。

对于任何以占领为目的的战争，孟子的评价体现了和孔子一样的态度。

“古之为关也，将以御暴；今之为关也，将以为暴。”(《孟子》，VIIB，8)

“霸者之民驩虞如也，王者之民皞皞如也。”(《孟子》，VIIA，13)

对于国家新的一统的局面，孟子希望是这样建立起来的：应该出现一个用自己的正义和仁慈来使人民感到幸福的统治者，然后周围的民众为了获得同样的恩惠而自觉地臣服于他的统治之下。[283]和《墨子》《庄子》中提及的和平主义者一样[284]，孟子也希望建立一种思想意识，并通过这种思想意识实现普天之下的和平。

但同时他又非常痛苦地认定，天道似乎还没有想要以和平和秩序来治理天下(《孟子》IIB，13)。

“养生丧死无憾，王道之[285]始也。”(《孟子》，IA，3)

“孰能一之？……不嗜杀人者能一之。”(《孟子》，IA，6)

“是以惟仁者宜在高位。”(《孟子》，IVA，1)

“民之归仁也……今天下之君有好仁者，则诸侯皆为驱矣。虽

欲无王，不可得已。"(《孟子》,IVA, 9)[286]

127 和孔子一样，孟子也把富裕的生活看成更为高度发达的文化产生的前提，所以他是以一种孔子的精神而倡导社会的进步的。同时他也以非常锋利的语言驳斥了道家、墨子和当时流行的一些人认为应该回归质朴社会、应该回到原始的秩序的观点。

当时还有一些教派宣扬取消社会分工，所有人，包括君主也应该一起扶犁，参加劳动。孟子认为这是非常愚蠢的。

> "或劳心，或劳力；劳心者治人，劳力者治于人；治于人者食人，治人者食于人，天下之通义也。"(《孟子》,IIIA, 4)面对有人持有的学者因为自己不动手参加农业生产因而不应该得食的主张，孟子反驳道："君子居是国也，其君用之，则安富尊荣；其子弟从之，则孝悌忠信。'不素餐兮'，孰大于是?"(《孟子》,VIIA, 32)

关于孟子超越了孔子的伦理思想，不仅可以从孟子更多、更热忱地提出了人道的要求中看出，也表现在孟子从更深的层次上去论证它。孔子的伦理思想有两个根源：一方面是来源于用益主义的相互性，另一方面也被看成符合人的本质而直接与生俱来的东西。[287]用益性的解释(这在墨子那里是非常突出的)在孟子这里遭到了摒弃。人与人之间的爱纯粹地从人与人之间的交互感觉中的必要性中迸发出来，这属于最真实的人性。

128 孟子决心在伦理问题上放弃权衡用益性的例子是一段他和宋牼的对话。宋牼(极有可能和《庄子》第 XXXIII 章中提及的和平主义宗教派别领袖宋钘是同一个人)正努力说服秦楚两国的国君打消交战的念头。[288]在回答孟子关于用什么理由来说服两国国君的问题时，他说："我将言其不利也。"这时孟子就反驳他说，虽然他的目的是高尚的，然而他使用的理由是不值得赞同的。人做善事不应该是出于附加于其上的利益，而是应该仅因为这是一件善事。如果人们靠用益性的思考去证成仁，而不是仅出于爱和义务，那么人们和整个世界就会陷入混乱（《孟子》，VIB，4）。

"欲知舜与跖之分，无他，利与善之间也。"（《孟子》，VIIA，25）

由于孟子在对生命及世界的肯定观的伦理思想中拒绝权衡用益性，并且把行为的最终、最深层次的动机归结为内心的必要性，所以他可以成为康德哲学的先驱。

和孔子一样，孟子坚信人性本善，并且人要使善得以形成。

"人性之善也，犹水之就下也。"（《孟子》，VIA，2）

"仁，人心也；义，人路也……学问之道无他，求其放心而已矣。"（《孟子》，VIA，11）

"大人者，不失其赤子之心者也。"（《孟子》，IVB，12）[289]

所以对人来说，按孟子说的那样，就要"尽其心"[290]，并认识到他本来的属于天道的本质*。关于失去本心，孟子的话让我们想到了耶稣的话："人若赚得全世界，赔上自己的生命，有什么益处呢？"（《马太福音》16：26）[291]

在孟子看来对他人之爱直接产生于感觉和同情，并且是针对所有人的。舜帝之后，治理黄河流域水患的禹特别得到孟子的崇敬，因为

* 知其性。——译者注

129 当时只要有人处在水患的危害之中，禹就像自己也身受其害一样；同样地，他也称赞当时负责农耕的稷，因为他每当想到天下饥饿的人，就如同自己也在忍饥挨饿一样（《孟子》，IVB，29）。

由于孟子倡导了对他人直接的感情，所以他达到了普遍的博爱。

然而他也没有讨论到爱的最终极的问题。关于宽恕的问题，他也只讨论了涉及亲兄弟时的情况。

> “仁人之于弟也，不藏怒焉，不宿怨焉，亲爱之而已矣……”（《孟子》，VA，3）

而对敌人之爱的思想就更是远在孟子的视野之外了。他的那句“仁者以其所爱及其所不爱”[292]指的不是爱敌人，而是爱不属于亲属和朋友之列的人们。

但孟子的思想已经发展到禁止人们对他人抱有敌意。他说过，如果人开始有敌视之心，那么就应该首先回到自身，检查自己身上是不是因为缺少了对他人的仁慈和考虑。如果在自我检查后，发现本身并没有什么缺失，而对方的不友好的行为仍然不改，则干脆不要再与之打交道了。所以君子在任何情况下都不会放弃“非仁无为也、非礼无行也”的原则（《孟子》，IVB，28）。

孟子特别重视在做任何事情没有达到预期效果的情况下，应该首先检查自身的原因。

> “爱人不亲，反其仁；治人不治，反其智……反其敬行有不得者皆反求诸己。”（《孟子》，IVA，4）

关于孟子伦理思想的深度和内在性，我们可以从他下面这些话语中得到证明。

“人有不为也，而后可以有为。”(《孟子》，IVB，8)

“仁之胜不仁也，犹水之胜火。今之为仁者，犹以一杯水救一车薪之火也；不熄，则谓之水不胜火。”(《孟子》，VIA，18)

“五谷者[293]，种之美者也；苟为不熟，不如荑稗。夫仁，亦在 130
乎熟之而已矣。”(《孟子》，VIA，19)

孟子也深入地讨论了命运的问题。对他来说一切“莫非命也”[294]，所以命运是通过一种必然性分派到每个人身上的，人们应该顺从地接受命运的安排。

但是人也不应该感觉自己就是一个完全被动接受安排者，相反人应该因为自己就其天性拥有了天道运行中必需的禀赋和自由而感到慰藉。所以人的使命感要求人接受命运的安排(《孟子》，VIIB，24)。

“君子行法，以俟命而已矣。”(《孟子》，VIIB，33)

“古之人，得志，泽加于民；不得志，修身见于世。穷则独善其身，达则兼济天下。”(《孟子》，VIIA，9)

孟子还赋予了承受苦难以很高的价值。他多次表达了对个人以及人民来说，必须经过承受苦难的考验，方能实现其本质的完善化。

“故天将降大任于斯人也，必先苦其心志，劳其筋骨，饿其体肤，空乏其身，行拂乱其所为，所以动心忍性，增益其所不能。”(《孟子》，VIB，15)

孟子将伦理的对生命及世界的肯定观发展到深入反思现实的程度。在他这里可以听到很多孔子不曾提出的言论。

如果人在出于义务的情况下，不得不选择放弃自己的生命，那么这在孟子看来是理所当然的。

> “生亦我所欲也，义亦我所欲也；二者不可得兼，舍生而取义者也。生亦我所欲，所欲有甚于生者，故不为苟得也。”（《孟子》，VIA，10）

在自愿结束生命的问题上，孟子的想法与斯多葛派是不同的。如果还有求生的可能性，人就必须选择生。人不能擅自离开自己的岗位。

> “可以死，可以无死，死伤勇。”（《孟子》，IVB，23）

131 斯多葛派所认同的对生命与世界的否定观对孟子来说还远在考虑之外。

在孟子看来，他给自己的最艰难的考验莫过于他视为已任的努力实现天下的和平和秩序，然而他又不得不得出结论：天道还并没有希望天下实现和平和安定（《孟子》IIB，13）。

孟子完全没有提及道家思想，虽然他完全应该去反驳列子和庄子在其寓言故事里对孔子的伦理思想的嘲弄。孟子这种沉默是否可以理解为，老子及其后来者的道家思想在民间缺少追随者，因而并没有成为孟子需要驳斥的对手？

更为奇怪的则是，在孟子的著作中根本看不到庄子的名字，庄子也完全没有提及孟子，[295]尽管两人是同时代人，而且有一段时间都住在西部的大国魏国的都城梁。

孟子主要把杨朱和墨子看作他重点反驳的对手。

> “杨朱、墨翟之言盈天下。天下之言不归杨，则归墨。杨氏为我，是无君也；墨氏兼爱，是无父也。无父无君，是禽兽也。”（《孟子》，IIIB，9）

杨朱对于伦理的不屑一顾比之墨子对于伦理的误解要难以驳斥。[296]

孟子必须驳倒墨子，因为墨子企图通过俭朴生活的典型、贬低礼制和批评传统的守孝来推翻孔子的学说并搅乱人们的精神世界。[297]孟子完全有理由站在孔子的立场上就这些问题进行论战。而如果他作为孔子学说的卫道士在反驳墨子的论战中攻击后者的兼爱的主张，那么他就在做一件可行性很低的事情。

孟子没有对墨子的兼爱主张提出实体性的批评，他只是在四处提 132
到墨子思想的地方采用了泛泛的陈述和不明确的论据。

孟子在自我的立场上是与墨子相对立的，只是他没有承认。孟子自己提出的人与人之爱的思想从根本上说与其对手的思想一样广泛。同墨子一样，孟子也倡导对人的爱。墨子也同时承认，基于血亲关系的好感相对于人与人之间基于同情心的爱也有着自己独特的意义。也就是说，这个关于对亲属之爱相对于人与人之爱到底具有多大的特殊性的问题，从根本上说，更多存在于一个理论层面，而不是一个实践的问题。对于真正的爱，不存在有影响力的级别差异。就像光速一样，由于光本身具有最高的速度，因此任何外在的加速度都显得毫无意义。

实际的情况却是，无论是孟子还是墨子，他们所主张的都是博爱，只是孟子的主张更为深刻。孟子主张的爱和墨子所主张的兼爱其实程度是一样的，区别只在于墨子是通过权衡用益性而论证兼爱，而孟子却认为伦理性不可以通过用益性来衡量。

孔子[298]主张的对他人善意的关怀，发展到孟子这里成为真正的爱。孟子通过这个超过了古代中国及孔子伦理思想设下的限制。[299]他还以为可以把这种爱限制在理性框架的伦理范畴之内。事实上它已经不[只]被理解成一个保持人类秩序的原则，它开始有了内在的自我动因，并且以绝对的方式表达出来。[300]

孟子自己都还没有意识到，他的伦理思想已经突破了可限制和可预测的范围，进入了不可限制不可预测的范围。

伦理思想在孟子那里得到了扩张，因为孟子还主张对动物的同情和仁慈。这比古代中国及孔子的要考虑到动物的伦理思想已经更进一步了。

孟子称赞齐宣王(前 320—前 301 在位)，因为他同情一头将要被宰杀作为牺牲的牛，而将其放生了。由于他具有这样的思想境界，孟
133 子认为这位国君可以成为天下的统治者。只是他又问齐宣王，代替了牛被宰杀的羊其实也应该和本来被当作牺牲的牛一样，得到相同的怜悯。最后他认可齐王的这种行为，因为两种不同表现的区别在于，齐王见到了被牵来的牛害怕的样子，却从来没有见到那只代替牛被杀的羊。“君子之于禽兽也，见其生，不忍见其死；闻其声，不忍食其肉。是以君子远庖厨也。”（《孟子》，IA，7）

在一句他的名言中，孟子试图确定不同的爱之间的区别。他说：“君子之于物也，爱(友善)之而弗仁；于民也，仁(爱)之而弗亲。亲(亲密)亲而仁民。”（《孟子》，VIIA，45)关于亲，他的理解是充满激情的爱。

然而这种区分并不能真正实现。因为各种爱的来源相同，并且在同一条河床上奔流。爱就其本质来说是一体的，无论是对谁的爱。对

于亲人真正的爱远远超过基于自然义务的认可和履行。爱只有在人和他人产生相同的感觉，并且由此最深层次、最直接地和他人联系在一起的时候才有可能产生。

在孔子伦理中树立起来的君子的典型在孟子那里变成了完善的人。这比斯多葛派的巴内修斯(Panaitios，约前180—前110)在欧洲初次形成的人文主义思想要早了两百年，而且孟子已经把它发展得非常生动和深刻了。

和同时期的柏拉图和亚里士多德一样，孟子也开始涉及理想文化国家(Kulturstaat)的问题。然而他远胜于希腊思想家们。[301]

柏拉图和亚里士多德的视野比孟子狭隘很多。他们只想在一个小小的城邦共和国内实现一个文化国家，而孟子的视野则是从一个自然的、包含完整民族的国家意义出发。[302]也只有在孟子那里，而不是
在两位希腊思想家那里，出现了将一切国家统一起来的全人类的思 134
想，[303]这对于一个真正的文化国家的典型有着根本的意义。也只有在孟子这里，而不是在柏拉图和亚里士多德那里，伦理的对生命和世界的肯定观才如此生动和深刻，以至于文化国家的典型包含了伦理的特征。

柏拉图和亚里士多德关于文化国家的理想不过是为了实现一定数量的公民、自由人，能够在奴隶进行生产劳动的前提下，不必担心物质生产而尽情地发展其身体和精神的能力，从而引导公众事务的目的。而孟子的文化国家的理想[则]是需要完成世界的一个任务，能给所有生活在这个世界上的人带来相同的条件。

当柏拉图和亚里士多德描写的文化国家无法满足向它提的各种要求的时候，孟子却提出了对任何时代都适用的构想。他认为的文化国家是一个在各方面都很好地规范起来、按照伦理的原则统领起来的共同体，它能向人们提供生存和行为的优良的物质和精神前提，并以最好的方式保障他们在精神和伦理方面得到很好的发展，并最终达到完

善的人的境界。所以孟子的文化国家的最终目的是全人类的伦理化。

这种文化国家的典型不是孟子的发明。早在孟子以前，受对生命和世界肯定观影响的中国古代伦理思想就孕育了它的萌芽，孟子只是完善了它的构建。[304]

现实[起初]并没有赞同孟子的理想。新的帝国不是由一个主张仁爱和和平的统治者缔造的。给自己加上了皇帝称号的秦始皇是一个好战的君主，他憎恨孔子学派的伦理的文化国家的典型。

但是汉代的皇帝认为，新的帝国需要建筑在精神和伦理的基础之上，并且采纳了孔子和孟子的学说。

于是[305]在新帝国中，两位伟大思想家的伦理的对生命和世界的肯定观及其中包含着的文化理念获得了声望。但这种学说在民众中真正确立地位还需要很长的时间。

135 孟子之后，中国历史上伟大思想家的时代就结束了。[306]在后来的几个世纪中出现了一些比较重要的追随者。孔子和孟子学派也缺少重要的代表人物。在一些时候，他们的影响力日渐式微。

直到宋代，又出现了伟大的思想家。通过他们，孔子和孟子的学说焕发了新的青春。

[7.] 草稿:佛教在中国[307]

在中国思想史上缺少伟大思想家的时代，外来思想进入了中国。[308]

根据一份出现于 2 世纪的史料的记载，东汉的皇帝明帝因为在 61 年的时候做了一个梦而派使者到印度，把印度的佛教学者和佛教典籍带到了都城洛阳。实际上佛教的知识早在公元之前就从中国的北方开始传播。那段史料其实只说明了佛教在明帝时被朝廷接受。

3 世纪中期，佛教已经在中国全境都拥有信徒。4 世纪末，佛教还传到了朝鲜。[309]

6 世纪始，佛教已经是在中国传播得最为兴盛的宗教了。

从中国北方开始，佛教在唐代还传到了蒙古。

如何[310]来解释，为什么持对生命和世界否定观的佛教对于本来视 136
对生命和世界肯定观为理所当然的中国人有着如此大的吸引力呢？[311]

帮助佛教铺平道路的是老子及其后来者的道家思想。

尽管道家思想持对生命及世界的肯定态度，然而道家主张无为的原则，这本质上属于对生命及世界的否定观，而且佛教也提倡无为。其中隐藏了中国对生命及世界的肯定观与佛教否定观思想之间深层次的区别。

此外，道家和佛教的共同之处还有，达到集中意念的状态在两种体系中都有着很重要的作用。[312]由于这些相似性的作用，就可以解释为什么中国思想没有把佛教看成一个完全陌生的东西，并深深受到它的吸引。[313]

中国人把佛教理解成为一种印度的道教。一些佛教的概念和观念的表达都直接借鉴了道教的相关语汇。

对中国的佛教徒来说，老子和佛陀是同一个人。他们认为，老子西游之后去了印度并且在那里化身成为佛陀。事实上老子、佛陀和孔子都是同时代人。[314]

佛教本身所代表的同情的思想也帮助它在中国取得成功。由于道家不要求人做出伦理的行为，[315]并且孔子和孟子都在以平淡的语气谈义务和道德，而与之相比佛教是积极的。[316]它在中国的吸引力就如同那个时代的墨子思想一样。以这样一种有特色的对于存在本质的观点[317]来证明同情的伦理，使佛教变得更具有魅力。[318]

此外，佛教的大乘教法（Mahāyāna-Buddhismus）是一种饱含情感 137
价值的宗教，而这正是中国本土宗教中所没有的东西。中国宗教更多提倡完成传统的仪式，而大乘教法的教义中则有了一种人们以生动的虔诚来思考自我存在的问题的成分。

由于佛教带来的激情、新的内容，以及佛教本身的外来地位都成为中国思想的一次体验，甚至你会怀疑它要从构成它本身本质和深刻性的简单中挣脱出来。

中国思想精神本身被动摇的原因还是首先在于佛教的影响力大、传播面广。

这种外来思想体系对中国思想的影响是那么大，以至于它开始艳羡和自身传统完全格格不入的僧侣生活的典型！

然而中国佛教并没有完全吸收佛教的思想世界，并创造性地发挥它。它更大程度上还是生存在几个世纪以来不断从印度传来的新的刺激之下。中国佛教除了吸收印度的发展之外，自身内部并没有形成有特色的新的教派。

> 中国最早的佛教文献是著名的《四十二章经》。[319]据记载，这部文献在1世纪时被由明帝召入宫中的佛教法师中的一人从印度文字翻译成了中文，里面主要是对后期佛教的概述。
>
> 此后的几个世纪中，大量的佛教文献从印度文字译成了中文。

在中国传播最为广泛的是对阿弥陀佛*和净土宗(宗是教派的意思)的信仰，净土被称为极乐世界(Sukhavati-Paradies)。[320]

强调内在性的教派(心宗)，更多地进行了佛教的冥想。心宗是由印度伟大的达摩祖师(Bodhidharma)创立的。他在约525年时来到中国，并且在中国传教，一直到他535年去世。[321]达摩祖师教导他的学生练习集中意念。只有通过这样集中意念的参悟，而不是通过对文

138 * Buddha Amitabha，常译为无量寿佛，是极乐世界的教主。——译者注

献的研习和对存在本质的讨论，才能到达真的认识和从中而来的解脱。

此外还存在一个低等的佛教，和民间的道教一样利用迷信和法术来试图取悦于人。这个教派把自己称为密宗(神秘的教派)，形成于8世纪左右，与印度出现的曼荼罗(Mantra)佛教[322]类似。

无论是在中国还是在印度，大乘佛教都非常热烈地讨论了空的思想，并且据此认为存在不过是一个完全不可认知的幻象而已。

中国佛教宣扬佛陀、老子和孔子是宣扬同一个教义的，在佛教寺院中形成了同时供奉三个人的塑像的传统，不过佛陀占据了正中央最为重要的位置。在佛教和道教长期不分彼此之后，特别是自8世纪开始，两者开始思考自身的特点，并开始分道扬镳。中国和印度的学者在7世纪奉皇命将《道德经》译成梵语时，终于认定，佛教和道教的学说根本无法达成一致。[323]

重新获得独立地位的道教时而成为佛教的竞争对手。

代表孔子学说的儒家从一开始就对佛教报以拒绝的态度，但这也并不代表儒家始终在和佛教进行斗争。儒家也从佛教那里吸收了一些东西，比如对画像和塑像的崇拜。

7世纪的唐代，儒家学派终于开始对日益强大的佛教发动反击。开始他们是用言语。高级官员中的儒生向皇帝上书弹劾佛教。在844年，唐武宗开始的历史上第一次对佛教的迫害，给中国的佛教带来了巨大的创伤。

皇帝最终下决心这样做，不仅有儒生的原因，也有道教徒在其中起到的作用。

虽然此后佛教还在一些时期得到了统治者的青睐，但再也没有能 139
够取得以前那样煊赫的地位。

宋徽宗(1101—1125)禁止佛寺中将孔子和老子的塑像放在佛陀的

旁边，虽然这个禁令收效甚微。徽宗对佛教的指责主要是因为过多的臣民信奉佛教而选择僧侣生活，使得社会缺少生产所需要的劳动力。

佛教及其影响方式完全彰显了它对生命及世界的否定观。然而对它的反抗却仅仅因为其传播的后果，也就是说完全出于一种实际的考虑。真正意义上的、人们所期待出现的出于中国思想本身的对生命及世界的肯定观对佛教否定观的批判却并没有出现。

对佛教冲击最大的还是复兴儒家思想的宋代理学家们。

佛教由于松赞干布赞普的原因，于 7 世纪传入西藏。松赞干布娶了唐朝和尼泊尔的公主，她们都信奉佛教，由于她们的原因，佛教进入了西藏。

新进入的宗教的教士们渐渐攫取了权力。11 世纪时，他们结束了王国的统治，西藏的佛教成了一个有严密组织的、行使世俗权力的教会机构。

藏传佛教的转折点是 15 世纪初的宗教改革家宗喀巴。他实施了僧侣要保持独身的政策，并且摒除了迷信和魔法的成分。

在宗喀巴改革后，藏传佛教中出现了两位大喇嘛(意为地位尊崇的人)，他们被看成佛陀转世的化身。其中一个在 1575 年取得达赖喇嘛(意为像海洋一样的喇嘛)称号，住在拉萨；另一个，即班禅额尔德尼喇嘛(意为学者中的珍宝)，住在扎什伦布寺(Taschi-lhumpo)。达赖被看成观音菩萨(Bodhisattva Avalokiteśvara)的化身，而班禅则是阿弥陀佛的化身。

拉萨的大喇嘛负责世俗事务的管理，而另一位大喇嘛则更多地负责精神上的修行。

大喇嘛的继任者要从在前任喇嘛逝世时降生的男孩当中寻找。这
140 一习俗是以灵魂转世的观念为基础的。佛陀化身在大喇嘛的肉身中，
在他们死的瞬间，灵魂会重新在一个人的肉身上重生。

在12世纪时，蒙古占领了西藏，喇嘛佛教传入蒙古并在当地传播。[324]

在中国，和佛教相竞争的还有基督教。

他们是被从小亚细亚和叙利亚驱逐出来、来到东方的基督教中的涅斯特利教派*的信徒。

这一基督教教派是以小亚细亚和叙利亚的重要的神学家所代表的哲学思想为基础的。当时愚昧的埃及主教们企图神化耶稣，并只承认他是一个人的形象，而小亚细亚和叙利亚的主教则在5世纪几乎动摇东方教廷的教义之争中宣称，耶稣在有一个神性的本质的同时还有一个真实的人的身份。代表这一观点的拜占庭主教涅斯特利(Nestorius)在以弗所(Ephesus)城举行的主教会议上(431)在和亚历山大城的总主教西里尔(Cyrill)的对抗中失利，因为西里尔更懂得赢得当时拜占庭帝国皇帝的支持，涅斯特利则被放逐到了埃及。

后来由于不肯认可在以弗所会议上达成的妥协决议而背弃自己的信仰，小亚细亚和叙利亚的基督教徒来到了波斯。这里自3世纪始就有基督教的传播。[325]但是它首先受到了萨珊王朝(Sassaniden，226—640)统治者的镇压，因为他信奉查拉图斯特拉教，[326]并且追究基督教徒和敌人，也就是同拜占庭王国有着共同信仰的人的罪行。然而涅斯特利教派的进入，却使萨珊王朝的统治者重新看待基督教，因为这些避难者不是拜占庭的朋友，而是敌人。[327]从此基督教不再受到迫害。此后基督教甚至得到统治者的青睐，因为他需要有支持的力量来对抗强大的查拉图斯特拉教势力。[328]

基督教的涅斯特利教派在亚洲和印度又被称为托马斯基督教，因 141
为根据一个传说，圣徒托马斯曾经向东方人传递过福音。

---

* 在我国境内传播的涅斯特利教派又被称为景教。——译者注

涅斯特利教从波斯进入了中国。

635 年唐太宗时期，第一个涅斯特利教派僧侣阿罗本(Olopen)[329]来到了唐朝的都城长安(Sin gan fu)[330]，尽管朝廷已经表示了对佛教的好感，但皇帝仍然于 638 年下诏允许基督教在中国传播。781 年，在长安(Sianfu)[331]立了一块石碑*，上面用汉语和叙利亚语表达了涅斯特利教派对唐朝皇帝给他们提供保护的感谢，记录了该教派产生的过程和历代高僧的情况。[332]

844 年，唐武宗下令镇压佛教，涅斯特利教也受到了牵连。这场宗教迫害是针对一切外来思想的。[333]

宋代皇帝不喜欢基督教等一切外来的思想。基督教在中国的尴尬境地，使得信徒们开始向蒙古迁移，[334]并且在那里造成影响，传播开来。

在中亚，1000 年前后，基督教和佛教处在一种相互竞争的地位。

摩尼教(Manichaismus)是一个可以追溯到波斯人摩尼(Mani Manus，214—274)由基督教的灵知派(Gnostizismus)中产生出来的宗教。它于
142 694 年来到中国，[336]造成了一定的影响，但在朝廷迫害外来宗教(844)后就失去了作用。

帕西教(Parsismus)是查拉图斯特拉教在萨珊王朝时形成的一种形式，也在 7 世纪被中国接纳。在阿拉伯人占领波斯后，[336]很多帕西教徒不愿放弃信仰，而向中国(或印度)外迁。由于这个宗教完全是波斯式的，以至于这些避难者在逃往别的国家后无法取得传教的成功。

[8. 孔子学说的革新者]

宋代对孔子学说进行革新的思想家有：周子(1017—1073)**；张载，又被称为横渠先生(1020—1077)；程颢，又称为明道先生(1032—1085)；他的弟弟程颐(1033—1107)；还有朱熹(1130—1200)。

---

* 即现存于西安碑林的“大秦景教流行中国碑”。——译者注

** 即周敦颐。——译者注

程氏兄弟是周子的学生，并自成一派。张载与二程年龄差不多，按辈分是两个人的叔叔。

这五位思想家作为孔子（和孟子）学说的革新者，并不是简单地重新倡导孔孟之道，而是非常深入地讨论了存在一般、世界的产生，以及人在世界中的地位等根本问题。

显然，孔子创立的伦理学也是基于对存在本质的观念。他认为万物的产生都是天和地两种原始自然力交替作用的结果，这也是一切自然现象的根本原因。世界对他来说有着一种伦理的目标，其实现方式在于，世界创造了人，人就其本质有一种对善和恶的辨别力，并且人会感觉到有行善的义务。他确信，人符合道德习俗的行为也是符合自然现象的基本法则的。

但是孔子和孟子并没有直接表达出这种世界观，而是认为这是古代文献中既有的不言而喻的思想，并以此为根本的出发点。这样一来，他们的学说看起来似乎只涉及善恶的判断。这是有损于他们的威望的，特别是中国思想在结识了佛教后，发现佛教中关于人行为的基本准则是从一种关于存在的本质的基本理论中派生出来的。

要让孔子的思想适应这种佛教产生后带来的更高的要求，他的追 143
随者们就不能仅仅简单地以古代思想中关于存在和现象的观念[337]为出发点，而是要发挥并发扬这种观念，并把从中获得的世界观纳入孔子学说的思想体系之中。这五位学者本身都精研了佛教和道教的思想，他们最终选择了孔子思想是因为孔子思想中的伦理性胜于佛教与道教，也更符合中国的传统。通过这五位思想家，中国思想回归了对自我的反思。同时他们也认为，对传统的思想大厦必须从地基到外墙都做一些彻底的改变。他们几乎采用了和与他们同时代的西方基督教经院学派对待基督教同样的方法，将孔子的思想发展成了一个体系。

无论是基督教，还是孔子思想本来的对存在和世界的观念，都为另外一个新的扩展了的体系所取代。

五位思想家也都以孔子依据的《易经》为出发点，但他们无法将阴和阳（地与天）再当成初级的事件来理解，[338]而是要确立一个演化出万物的存在的原动因。[339]通过佛教[340]与道教，他们已经坚定了存在原动因的设想，并且认为这是不可或缺的成分。

周子将存在的原动因命名为太极（Tai tchi，意为最终）。《易经》中曾经有一处地方提到太极，但是并没有把它当成一个前提性的概念。[341]

太极作为存在的原动因和道家的道是类似的。[342]这五位思想家作为孔子学说的追随者不能把存在的原动因命名为道，因为孔子和其他非道家思想只是简单地把道理解成自然现象的规律以及符合自然规律的人合理的行为。[343]

144 周子所理解的存在原动因（太极）是交替地处在运动和静止中的。它在运动中会产生阳，在静止中则会产生阴。由于这种交替不断发生，原存在就在不断地进行着自我更新，从阴阳中就产生了天地、五行和万物。此外，周子的世界观和古代思想以及孔子的世界观是完全一致的。他认为，五行，五种主要方向，季节，五种感官，身体的主要脏器和人的五种最重要的美德（仁、义、礼、智、信）是相互关联的。[344]世界的进程对周子来说是伦理的，在于人是以世间最高的区别善恶并且天然倾向于善的存在物出现的。

在众多美德[*]中最重要的是诚[**]。他认为这是一切美德的根本。“五常百行，非诚非也。”[345]

五位思想家中，最杰出的是朱熹，他比其他四位晚了一个世纪。

---

* 即五常。——译者注

** 施韦泽对五常中的“信”和周敦颐提出的“诚”都使用了 Wahrhaftigkeit（正直）这个词。——译者注他将从程颐开始的思想发展完善。

> 朱熹间或身居高官，有时也隐居起来著书立说，教导弟子，年过六十之后，还被皇帝召入宫廷提供建议。由于他过于耿直地指出了政务的弊端，揭露了其他高官尸位素餐，又被罢官，最终退归田园，晚年和自己的学生们一起度过。

朱熹，在程颐之后，认为存在有着双重的原动因：气(Tchi)和理(Li)。气包含了产生可见之物的力量，这大约和物质相对应。必须指出的是，这些中国思想家们所指的物质也包含着不可见的力量。[346]

理则是存在的原动因，因为它蕴含着现象的精神原则。它大约可以和世界理性相对应。

气和理共同是存在的原动因。它们彼此不相离，没有没有气的理，也没有没有理的气。

理作为构成事物本质的精神原则是在形成物的实体气之上的。

朱熹将理和周子提出的太极的概念并列起来。他认为阴和阳是从 145
理当中演化而来的。[347]

> 在朱熹的理论体系中本来是没有周子提出的太极的位置的。程颐——程朱理学的先行者——本身也没有去探讨太极这个概念。两个人其实是提出了一个新的关于存在的原动因的设想，按照这个设想，原动因应该存在于理气之中。而朱熹将“理”同周子的“太极”概念对应起来，反而给他的思想体系增添了混乱。

从阴阳当中演化出整个世界在朱熹看来是以惯常的方式进行着的。[348]

在朱熹的关于世界本质的设想中，他已经和传统的思想方法渐行渐远。世界本质在他看来，并不像传统观念那样是天和地（阳和阴）的交互作用，而是通过理和气之间相互存在的方式决定的。朱熹是在用一种二元论的方法来解释世界。在他之前的中国思想中还没有二元论的成分。即使以前的思想中假设有两个原始自然力存在，天和地（阳和阴），但这同把一个理解成好的、另外一个理解成不好的二元论思
146 想相比还相差甚远。中国思想将两者理解成相互一致、共同主导自然现象的东西。而伦理的人就存在于这样的世界中。

相反，朱熹则把理看成现象的伦理原则。在自然界中起作用的力量按他的理解是具体伦理性的。他不承认自然现象和伦理行为之间的区别，而主张人身上的伦理精神在整个自然界中都起着作用。但在自然界中，由于气（物质）的原因，理的作用可能无法实现。

但是朱熹还没有到把物质理解成与善相对立的东西的地步。气的作用是无所谓善恶的，所以从某种程度上讲，气是对善的一种阻碍。

对朱熹来说，这意味着从存在的本质中去证成伦理性。因此，他必须认为一切存在究其本质都是伦理的。

所以他宣称，在动物、植物和看起来没有生命的物体中，都和人一样以相同的方式和同等的强度存在着伦理的力量。为了不放弃存在本质的伦理性特征，他把不同种类存在物之间的区别解释为物质对于伦理的阻碍在不同种类的存在中起作用的方式不一样，强度也有所不同。按朱熹的理论，这就是为什么动物、植物和其他非生命的物体都没有人那么完美的唯一解释。它们和人具有相同的伦理本质，只是这种伦理本质无法自我实现罢了。灯发出的是一样的光线，但灰暗的玻璃能透射出来的光就比明亮的玻璃要少很多了。[349]

由于一切生灵和万物都具有相同的伦理精神，那么它们之间有着亲缘关系，所以一切的区别也都只是相对的。

为了把孔子的伦理观看作为已证成的，朱熹把它上升到了整体存在本质上都具有伦理性的高度。

同一神论伦理宗教观一样，朱熹把自然现象解释为两种力量对立的结果，一种是更高的、伦理的，另外一种是居下的、纯自然性的。只是在朱熹那里这两种力量不像一神论伦理宗教观那样尖锐对立而已。

从这样的假设出发，他回答了很多儒家学派经常讨论的关于人性本身是善还是恶的问题。他得出肯定的结论，认为人性本善。但为了实现这种善，他必须能克服从物质(气)中来的自然的欲望。 147

因为朱熹也非常熟悉佛教的思想，所以对他来说，提出“无论是人类还是动植物，众生皆平等”的主张并不是什么难事。

佛教徒还认为，世界的发展有着固定的轮回——在佛教中被称为“劫”。每次劫的时间是129600年。世界轮回每逢大劫的时候，一切都将毁灭，并重又回到混乱无序的状态。

朱熹还列举了人们在高山上发现贝壳和牡蛎壳的例子来说明世界常常会处于混乱无序的状态。他解释说，由于世界处于一片混乱，一切都不在其原来的位置上，所以最底层的东西会跑到最上层去。

在此后的几个世纪中，朱熹发展出来的体系几乎取代了孔子学说原本的地位。选拔官员的科举考试也都要求考生熟悉朱熹对经典文献所做的注解。[350]直到清代(1644—1911)，17世纪初，学者们又开始重新回归孔子学说及其对伦理学的简明的论证，这就和同时期在欧洲思想史上发生的放弃基督教教条而重新回归到福音书中包含的本来的耶稣思想的情况惊人地相似。

朱熹是一位伟大的经院主义哲学家，同时他又因为以其二元论的思想背离了中国思想史发展的主脉，所以是一位伟大的异教徒。

在11世纪，当孔子的儒家思想再次获得威望时，王安石(1021—

1086)[351]，宋神宗[352](1068—1086年在位)时期的宰相，试图对国家及其经济和社会的关系进行改革。他提出的改革主张却惊人地符合现代思想。

取代原有税收体制的是一个建立在自我评估基础上的收入税制度，这对富有的人来说更多触及了他们的利益，而对温饱线上的人来说，则免除了很多负担。所有人都应该负担的徭役被取消了，为了公共利益而必须做的工作则由国家通过税收来支付雇用劳动力的费
148 用。雇佣军体制也被废除了。所有有战斗能力的男人都被要求服兵役。国家统一向农民发放种粮，为此，农民要按一定价格向国家出售收获的粮食。另外，国家要监督和规范整个商业。

国家拥有最高权力的理论在王安石[353]以前的中国思想中就由卫鞅、韩非子(前280—前233)和其他代表人物所倡导。他们认为按照他们的主张可以最好地根据目的性来管理好国家，因此个人对国家无论在精神上还是在道义上都有着依附性。国家，按他们的看法，可以决定善恶是非。[354]由于他们动摇了道德的基础，因此他们主张通过改革带来的好处也令人怀疑。而且为此，他们在观念上也与儒家学派为敌。[355]

对王安石来说，伦理性是理所当然的，在这一点上，他与孔子学说的见解是一致的。[356]他所想的只是更有目的性地来管理好国家。

然而他还是和孔子学说的几位革新者成了敌人。尽管他和周子、程氏兄弟以及张载是好朋友，但他们却反对他的改革。他们维持既得利益者的利益，并且捍卫个人的独立性。他们完全站在孔子的精神上，认为社会关系真正的改良只有从人的精神的普遍的改良中，而不是从制定法律和推行行政措施中实现。[357]

儒家的反改革派还指责王安石变法改变了考试制度，科举不再重点考查将来的官吏是否熟悉经典文献，而是首先要求他们掌握司法以

及行政上的实用技能。

当时中国处在决定其发展命运的时期，显然王安石的变法超越了当时社会的需要和可行性。但是他认识到了符合目的改革的必要性，并且想开始实施新的政策。而孔子儒学的革新者们却代表了一个理想 149
主义的观点，并且不愿面对现实问题。他们原则上反对一切在国家、社会和经济领域内的革新，因为他们认为要想实现孔子的伦理的文化典型，只有让国家和社会保持过去的样子，一成不变，一直保持到将来。

几个世纪的进程中，中国经历着这样悲剧式的命运，由不愿面对现实和当前问题、充满理想主义幻想但实际上又不够勤勉的官员治理下的中国难以适应时代发展提出的各种新的要求。中国长期以来对外还是一个强大的国家，只是因为其强大在很长时间还得以延续，而不是因为它自身有适应生存和发展的持久的动力。由于它在新时期的新的情况下迷失了方向，结果它的存在最终[358]面临着问题。

王安石的变法得不到最终实施的原因，也在于宋代不断与北方进犯的民族开展着艰苦的战事。从 1127 年开始，这些北方的少数民族占领了长江以北的地区。

中国历史上最后一位大思想家是王阳明[359]（1472—1529)。他致力于将道家的基本思想和孔子的伦理的人生观统一起来，并试图建立一个与朱熹的世界观相对立的思想体系。

和朱熹一样，王阳明自幼也受到了佛教和道教思想的影响，而且也和朱熹一样，因为伦理性的关系而选择了儒家思想。

在王阳明担任高官后，35 岁时遭人诽谤受杖责五十，发配到西南，在那里担任一个驿丞。在发配西南期间，就像是大彻大悟一样，王阳明形成了他的思想体系中的基本思想。三年后，他重新得到任用。由于他的勤勉,他得到了皇帝的信任,最终代表皇帝管理四个省的政务。闲暇之时,他著书立说,教导学生。

在发配边疆大彻大悟的过程中，他确立了对世界本质的认识不是从外部，而是从内部才具有的信念。从根本上讲，他在这里所做的基本上就是全盘接受了老子及其后来者的观点。[360]

150 但他又和经典时期的道家思想有着深刻的不同。道家传统思想家不会做试验，在对事实的研究中获取对世界的认识。王阳明却在孔子的精神上努力研究事物。但是他却有这样的体验，他和一个朋友观察了很久为什么竹子长得更快而毫无结果，因此，他们觉得世界充满了神秘，要想尽窥堂奥，只有建立在世界的本质和个人的本质的认同上才有可能。一切真正的认识都有着直觉性。

对于感性世界只存在于人的观念之中的想法，王阳明并不真正赞同。精神和实体在他看来是两种相互关系的现实性。

当道家把无为看成洞悉了世界本质后的一种行为时，王阳明却选择了孔子伦理作为的行为方式。在这里，王阳明同佛教与道家决裂，因为佛教与道家只研究自我，而不去理会民众赖以生存和文化得以繁荣的物质。

只有那些领会了自我精神本质，并且使其形成并完善的人才是王阳明认为能够施加正确影响的人。

认识能力的最高作用莫过于辨别善和恶。从这个意义上讲，他和孔子是一致的。

但是他又是这样一个代表道家思想的人，在肯定伦理的基础作用的同时，却没有承认它的绝对的效力。他说，没有本身所谓善与不善的东西。善与不善之间的区别是相对的，就像一种植物并不是本身就是杂草，而只是它生长在一个让园丁觉得不应该让它生长的地方而已。所以说，善与不善只在于人不同的目的以及人内心的驱动力。

王阳明关于善与不善的相对论的表述中还保留有很多不清楚的内容。而且这也有损于伦理的权威性。[361]

他关于知——指洞见世界和人的本质——和行内在关联性的论述 151
是非常深刻的。他认为，两者总是共同，又彼此在对方当中存在。我们的本质从其自身出发，总是既是不断在认知的，又是行动着的。“知是行之始，行是知之成；知外无行，行外无知。”[362]人只有作为一个认识的，同时又是行动着的自我去面对世界和自我，才能够真正洞见世界和自我的本质。人只有认识到自己的本质，并且做出相适应的行为，而且不受其他杂念的影响，才能尽到在世界中的义务。

关于真理不仅需要认识还需要行动的体验的思想处在王阳明思想体系的中心位置，这也使他的思想博大而深刻。

虽然他选择了孔子的伦理观，但他也不愿以佛教与道教的敌人的身份出现。即使是对当时已经声望日隆的朱熹的理论，尽管他确信朱熹没有以正确的方法来阐释孔子思想，[363]他也仍然没有批评。这体现了中国人宽容的一面。

他并不寄希望于通过各派思想间相互争鸣而实现进步，而是希望每种学说能够不断地自我检查和内在化。他最重视的是真正地去寻找真理。

王阳明的学说对后世的影响很大，但都不是很好的影响。因为它当中包含着对善与不善的相对主义的成分，这使得他的思想被理解成在善与不善之间达成妥协，即使他本人并不这样认为。所以它无法像朱熹思想那样有教育意义。

因为王阳明思想具有一定的深度，所以他没有被遗忘，而且不断地对中国思想施加着影响。

尽管他尝试着将道家神秘主义的观察方法和孔子的伦理思想统一

起来，但这个伟大的尝试是不成功的。

152 [9. 佛教，基督教，伊斯兰教]

尽管在宋代，孔子的学说获得了新的声望，但佛教和基督教仍然在中国得以传播，并取得了一定的影响。

在成吉思汗领导下的蒙古族的部落占领了亚洲，并取得了中国北方（这一地区自 11 世纪起就处在所谓的契丹蒙古人的治下）的统治权，他们不再是异教徒后，有的信奉了佛教，有的则信奉了基督教。但是基督教的吸引力对他们来说比佛教要更大一些，因为前者不属于任何亚洲民族信奉的宗教，而佛教对他们来说则更多地是一个中国的宗教。

中国文化对成吉思汗的影响是通过耶律楚材实现的，他是一位契丹族的大儒，在蒙古人占领北京后被捕，后来成为成吉思汗的谋士。成吉思汗还让耶律楚材做自己最有天分的孙子，也就是后来的忽必烈汗的老师。

在成吉思汗之子大汗窝阔台在位时期（1229—1241），耶律楚材掌管国家的政事。而他用中国文化来影响蒙古族统治者以及蒙古政权的构想直到忽必烈汗在位时期才得以实现。成吉思汗的子孙首先是倾向
153 于基督教的。窝阔台的儿子，1246—1248 年执掌汗位的贵由，就有一个信奉基督教的母亲，并接受了作为基督徒的教育，因此任命了两个基督徒担任最为重要的官职。

蒙古人和中国的涅斯特利教派的关于上帝具有人性的基本思想和希腊拜占庭教会相抵触，但却和罗马天主教廷的思路是一致的，因此亚洲的基督教和罗马教廷开始了联系。[364]1245 年，教皇英诺森[四世]（Innozenz）派遣了方济各（Franziskaner）和多明我（Dominikaner）派的神父来到蒙古帝国。其中的一个方济各神父柏朗·嘉宾（Plan Carpin）受贵由汗的召见来到了蒙古国都城哈拉和林（Karakorum）。[365]

为了理解13世纪十字军东征的历史，必须了解当时南亚和叙利亚信奉伊斯兰教的帝国向西要对抗十字军的进攻，对东面要抵抗信仰基督教的蒙古人。

如果贵由汗在位时间能够更长一些，那么巨大的蒙古帝国就会成为基督教国家，整个亚洲也将接受欧洲的基督教文化。[366]

贵由的堂兄蒙哥于1251年至1260年居汗位，他的弟弟忽必烈于1260年至1295年统治整个蒙古。两个人的母亲虽然都是信奉基督教的，但他们本人却都更倾向于佛教。1256年在宫廷中举行的一次佛教长老大会上，蒙哥宣布佛教就像是人的手掌，而其他的宗教就是手掌上的手指。忽必烈汗既是蒙古国的大汗，又是元朝的皇帝，在他统治时期，佛教就像在唐朝时一样重新获得了繁荣。孔子的儒学和基督教一样也都得到了宽容的统治者的接纳。耶律楚材在窝阔台汗时期管理政务期间，建立了很多学校，这样蒙古的青年贵族也接触到了儒家思想。

在忽必烈汗之后，国家的主要官位都由佛教徒占据，这在民众中引起了不满，[367]并进而导致了元朝很快夭亡。

忽必烈汗看起来对道教并没有太多好感，对于伊斯兰教的态度也 154
是有所保留的。他觉得这对于蒙古帝国来说是个威胁。

忽必烈汗是个杰出的、仁慈的统治者。在他的统治之下，中国进入了一个繁荣的时期。王安石的一些没有得到实现的改革思想在忽必烈统治时期得以实现。在整个帝国范围内，他广泛储备粮食，以便去救济那些遭遇灾害地区的人们。另外他还将种粮发放给穷人种植。

关于他统治中国的方式，我们可以从1275年至1292年间逗留在他的宫廷中，并且按他的要求游历中国的威尼斯人马可·波罗(1254—1323)的游记中了解到。

忽必烈汗由于对基督教产生了兴趣，终于决定和教皇取得联系。

在久居中国的玛菲奥和尼科尔·波罗1266年离开中国的时候，忽必烈汗让他们向教皇请求派遣100名基督教工匠、学者和神父到中国来，如果这样能让他认识到基督教是最好的宗教，那么他和他的臣民将逐渐接近它。[368]格列高利十世(Gregor X)在他们1271年带上尼科尔·波罗的侄子马可·波罗回到中国的时候只给了一封回信。

直到教皇尼古拉四世(Nikolaus VI，1288—1292)才开始向中国[369]以及波斯和其他蒙古人的国家派遣传教士。在忽必烈汗之后，中国境内在涅斯特利教派之外又出现了罗马天主教派，并且它渐渐吸收了涅斯特利教派。[370]中国大量富家子弟进入天主教学校，并接受洗礼。[371]到1314年，中国境内有50所方济各修道院。

由于蒙古人没有成功地战胜埃及的[372]伊斯兰教国家，所以这注定了亚洲的基督教的命运。

伊斯兰教离完全臣服只有一步之遥！ 1256年，蒙哥汗命令他的兄弟、当时统治着波斯的旭烈兀(Hulagu)[373]，消灭还存在着的伊斯兰国家。这实际上就是一场蒙古人对伊斯兰世界展开的十字军征
155 讨。旭烈兀战胜了阿拉伯人在巴格达的伊斯兰教国家和美索不达米亚和小亚细亚的塞尔柱人。[374]

然后他派遣信奉基督教的蒙古人怯的不花(Kitboka)带领一支主要由信奉涅斯特利派基督教的人组成的队伍向叙利亚进发。这支队伍赶走了马穆鲁克人(Mameluken)，占领了阿勒颇(Alep)和大马士革(Damaskus)。[375]但怯的不花试图和当时还占据着塞达(Sidon)、凯撒勒雅(Caesarea)、阿孔(Accon)和雅法(Jaffa)的十字军对付共同的敌人的希望落空了。蒙古人因其凶残和暴力臭名昭著，使得他无法消除别人的怀疑，尽管当时怯的不花还在占领大马士革后把原来的清真寺让给被解救的基督徒做教堂。塞达的十字军甚至切断了蒙古人的运输线，以此来寻求对他们的报复。[376]

由于十字军的关系而失去支援的蒙古人在1260年时濒临埃及边境时被马穆鲁克人打败。

这场失败的后果是基督教在亚洲的一块块领地被不断强大起来的伊斯兰教势力所吞噬。

> 此后几年中，伊斯兰政权得以在叙利亚和小亚细亚重新建立起来。1295年，在波斯，一位信奉伊斯兰教的大汗即位。[377]
>
> 14世纪时，来自阿姆河(Oxus)东边的一个信奉伊斯兰教的部族的跛子帖木儿(Tamerlan, 1336—1405)要像成吉思汗那样重新建立起蒙古人的帝国，并且以他最为严格的方式在南亚和中亚推行伊斯兰教。他的帝国很快就沦亡了，但由此走上统治地位的伊斯兰教却保持了下来。
>
> 奥斯曼土耳其人在14世纪上半叶取代了失去政权的塞尔柱人的地位，并于1360年开始占领巴尔干。1453年，君士坦丁堡陷落。
>
> 只有在亚美尼亚和亚洲中部的小块地区——特别是在库尔德 156
> 斯坦(Kurdistan)和乌鲁米耶湖(Urmia-See)地区——还残存曾经繁荣一时的基督教信仰。

在中国，天主教在元朝(1271—1368)[378]短暂地存在之后，由于失去了保护而不再继续存在。忽必烈汗的后人无法抵御南方爆发的起义，因为他们同时还要与进犯中国北方的新蒙古人作战。

洪武[379]起初在一个佛教寺院中生活，后来成为农民起义军中的胜利者，创立了明朝(意为光明的朝代，1368—1644)。由于他和他的子孙，孔子的儒家学说终于在中国最终取得了统治地位。只有承认孔子学说的人才能够做官。对于整个国家和公共生活，孔子的理论体系就是标准。为了更好地宣扬儒学，洪武皇帝还设立了学校和图书馆。孔子的精神和他的文化理想统治着整个帝国。洪武自己也试图按照孔子的精神来做君主[380]，并且通过他的勤政和仁慈来实现。

洪武皇帝用一切方法来中断由于元朝的统治而兴盛的佛教以及原先的道教的影响力，但却没有对佛教徒和道教徒进行迫害。而对于天主教，他则显得更为尖锐。两个主教因卫教而殉难，一个死于1362年，那还在朱元璋争夺皇位的战争当中，另外一个死于1372年。没有史料记载涅斯特利教派在多大程度上在中国得以保全。

中国人的宽容在明代越来越受到排斥，国家看起来只承认孔子的学说，对于一切其他的学说都持怀疑的敌视态度。受皇命进行检查的官员甚至认为王阳明的学说也会对国家构成危险，[381]尽管他本人提倡孔子的伦理观点，并且在朝为官。[382]

在民众中的不宽容则出现在更后的清代。

157 16世纪末，天主教仍然得以重新进入中国。和1557年获得了在澳门定居权的葡萄牙人一起，耶稣会传教士也进入了中国。皇帝最后允许他们在中国的土地上传播教义。第一个来到中国的是传教士利玛窦神父(Pater Ricci)，他于1600年来到北京，并且因为在天文和数学上的知识，得到了万历皇帝[383]的赏识。[384]他的继任者神父汤若望(Pater Adam Schall)还帮助思宗皇帝[385]为抵抗清的进攻于1636年[386]承担了铸造大炮的任务。

为什么已经决定独尊儒家的明朝皇帝会允许基督教再次进入中国传播呢?

这可以解释为，刚开始的时候，由于基督教和佛教共同在元代受到蒙古皇帝的青睐，而从根本上来讲，基督教和孔子思想以及佛教思想并不尖锐对立。它其中关于爱的伦理思想和孔子思想相近；它对天父的信仰也可以和中国人对天帝(上帝)的信仰相提并论。而民间中国思想却从来没有皇帝所需要的生动的伦理宗教，由于这种缺失，佛教才进入了中国。而在这一点上，基督教实际上比佛教更为合适。

基督教耶稣会传教士比元代的方济各、多明我教士更加强调了基督教教义和儒家思想中相一致的成分。只要有可能，他们就尽量放宽基督教的教条。方济各、多明我教士身着僧袍，而耶稣会的教士则和儒生一样穿着。为此他们表现出与佛教的不同。

他们这样做不仅符合使中国人更加亲近基督教的目的，[387]也基 158
于中国人的儒家学说和文化给他们的深刻印象。他们认识到中国有着一个完全由伦理性和理性所左右的学说和高度发达的伦理文化。与当时明朝皇帝所追求的伦理典型的崇高形象相比，欧洲基督教的领主们显得多么渺小。

耶稣会教士对于礼遇他们的明朝是非常忠诚的。考夫勒神父(Pater Koffler)一直跟随在最后一个皇帝永历身边，尽管他自1646年起就只拥有广东附近的一小块领土了。当时崇祯皇帝妃、[388]太子以及家庭和朝廷的成员都受了洗。1659年永历逃到了缅甸。

在清朝统治时期(1644—1911)，各种社会关系和明朝时候大体相近。他们并不是以野蛮人的面目出现，而是已经了解了中国的文化。他们还让汉人当官，并且让传统的礼制得以延续。唯一的不同就是清朝取得政权后下令用鞑靼人的辫子取代了汉族的传统发式。

由于考虑到在治下有为数众多的佛教徒在西藏、中亚和蒙古地区，所以清政府保持着与藏传佛教和达赖喇嘛的良好关系。在中国的其他地区，他们还是作为儒学和基督教的保护者。汤若望神父在清朝第一位皇帝那里继续担任他在崇祯皇帝[389]那里的职位。和在明朝时一样，耶稣会教士帮助很多人受礼，同时也像帮助明朝那样帮助他们铸造大炮。

然而耶稣会教士的传教活动受到了来自教廷的干涉。在方济各和

多明我教派的一再要求下，教皇终于于1703年和1715年下令禁止耶
159 稣会教士宽容地让基督教教义适应中国人的思想方法的行为，特别禁止他们把中国人理解的天帝和基督教的上帝统一起来以及允许中国基督徒祭祖的行为。[390]出于对基督教事业在中国的兴趣，他们一直没有听从罗马教皇的谕令，直到1742年他们最终不得不屈服。

［10. 中国思想被欧洲认识］

通过耶稣会教士的出版物，欧洲人认识了中国思想。1687年柏应理神父(Pater Couplet)在巴黎出版了《论语》拉丁文译本。此后的几十年中，儒家学派最重要的著作的拉丁文译本相继出版。汉学研究主要在巴黎索邦大学开展，耶稣会教士是奠基人。

> 在18世纪学者出版的关于介绍中国思想的书籍中，最为重要的是《耶稣会教士中国书简集》和四卷本的《关于中国历史、科学、艺术和风俗的回忆录》。[391]

启蒙运动时期的哲学家们通过耶稣会教士的翻译了解了中国思想后惊讶地发现，中国思想和他们的思想多么接近。然而难以理解的是，当他们如此努力地要抛开教条主义的信仰，而达到符合理性的伦理世界观，并努力地要在自己的时代实现它的时候，孔子及其后来者早在两千年前就已经实现了。

“谁以前会想到，”做了很多关于中国思想研究的哲学家莱布尼茨(1646—1716)在他的《中国近事》(*Novissima Sinica*)中写道，“世界上还会有这样的一个民族，他们修养之细腻、伦理之高尚几乎要胜过我们？”[392]

德国启蒙派哲学的领军人物，克利斯蒂安·沃尔夫(1679—
160 1754)在他于1721年在哈勒大学做的报告《关于中国实践哲学的演

讲》（“Oration de Sinarum Philosophia practica”）中指出，他的伦理学思想完全与孔子如出一辙。[393]

最为欣赏孔子的还有伏尔泰(1694—1778)。他把孔子视作一位不需要神迹和教条的宗教信仰的支持，仅凭一种使命感就能够劝诫他的民众进行理性的思考从而认可伦理的劝诫的圣人。[394]

19 世纪初开始，欧洲学者对中国思想的热情逐渐减退。康德之后的哲学和浪漫主义感到自己要高于 18 世纪的伦理理性主义，所以他们并不愿意相应地承认中国的[理性主义]的重要性。他们反感简单，所以他们将注意力放到了多重构建的、更为陌生的、由英国印度学者开始介绍的印度思想上。[395]

直到 19 世纪末期，欧洲的学者才又开始了对中国思想新一轮的兴趣。

尽管在 18 世纪天主教在中国享有一定的声誉，但却不能取得持久的更大的成果。孔子的儒家学说已经完全得以确立。康熙皇帝(1662—1723 在位)于 1671 年颁布的圣谕宣布，儒家思想是唯一认可的学说。在这份每月的初一和十五正式宣读的诏书中，其他学说(指佛教和道教)被指责为伪学。从这以后，所有的臣民都有义务遵从孔子关于伦理的基本劝诫(爱父母和亲戚、重视农耕、勤劳以及听从国家的号令)，并且要重视教育。[396]

这道圣谕和前 3 世纪印度阿育王刻在石头上劝诫他的臣民遵守佛 161
教对于人的伦理的基本戒律是一样的意思。[397]

和这道圣谕一起颁布的律令中，皇帝完全出于孔子的思想宣布，国家的存在不是依靠法律，而是依靠全体臣民出于正确的伦理思考而做出的道德的行为。[398]

在雍正帝(1723—1736 在位)于 1724 年颁布的对这道圣谕的具体解释中再次具体阐述了这样的思想。其中还确定，学校并不只是专门培养官员的场所，而且是一个让任何人，无论其职业是什么，都可以有机会获得正确的教育的场所。

在这个对圣谕的解释中出现的对于中国思想的本质来说陌生的不宽容精神比本来那道圣谕更为明显地表达了出来。其中不仅拒绝伪学（指道教和佛教），同时还开始对伪学进行迫害，把他们和小偷以及强盗相提并论。但是民众并不为这样的处理方法所动。[399]

基督教并未在这个解释中被列为伪学，原因可能一方面在于基督教一再强调了和孔子学说的一致性，另一方面在于它本身的影响力还不大，还没有真正成为具有竞争力的对手。对于宽容基督教信仰，雍正帝解释说这是因为基督教士通晓历法。[400]

孔子学说取得的垄断地位和日益加强的对一切外来学说的反感导致基督教取得的一些影响力在 18 世纪渐渐消失了。

1823 年最后一位耶稣会神父离开了北京，但这并不意味着基督教完全不复存在。在学者圈中它还一直保持着影响力。

通过 1858 年和 1868 年的不平等条约，中国被迫向西方列强打开了边境。这对基督教——此时还包括新教——来说是一个机会，它可以在那里立足。但这不代表它能期望在中国人的精神生活中占据像它
162 曾经有过的那样的地位。[401]

[11. 民间伦理(《感应篇》),新时期的道士伦理]

人们可以从《感应篇》（关于行为和其后果之书）中了解到，伦理思想多大程度上成为中国民众的精神财富。[402]这个在中国古代文献中写读最为广泛[403]的作品由 212 个关于善与恶的句子组成。它被附会成老子所撰写，但实际上和他没有关系，而是从经典文献和古代的传统中摘抄出来的文本。这一文本的出现大约是宋初，最早不会早于唐末。

虽然《感应篇》的标题提及了老子，但实际上其中却充满了孔子的伦理精神，同时可以明显感觉到佛教思想和道教思想对它的影响。

儒家思想吸收佛教和道教思想是唐代思想的鲜明特征之一，在这个时期，三种学说互相影响。

抄写《感应篇》被看成一项有意义的工作。[404]得到广泛传播的是后来的一个扩充的版本，在每个句子之后都有一小段解释，并配上一个小故事来具体阐述其精神。[405]

在这些句子中有和古代民间信仰相关的内容。它们涉及人们的不
当行为可能招致的罪孽，比如蔑视祖先的灵魂[465]，诅咒风雨
[374]，对着北方恶骂[485/500]，指天上的彩虹[495]，长久地看着 163
太阳和月亮，对着流星吐口水[494]，在月初或者月末歌舞[481]，以
及夜晚裸露身体惊扰鬼神[489/490]。

而这种简洁的民间伦理却有着令人惊讶的内在性，这其中表达出了属于真正纯粹的人性的东西。

在这些句子中作为善的行为的有："宜悯人之凶[74]。——正己化人[65]。——矜孤恤寡[68]。——敬老怀幼[70]。——济人之急[74(79)]。——乐人之善[77]。——救人之危[83]。——不彰人短[91]。——不炫己长[93]。——推多取少[100]。——施恩不求报[107]。——与人不追悔[111]。"

作为恶的行为的有："受恩不感[175]。——念怨不休[178]。——轻蔑天民[180]。——刑及无辜[184，186]。——倾人取位[192]。——诛降戮服[194]。——弃法受赂[202]。——入轻为重[209]。——见杀加怒[212]。——愿人有失[239]。——毁人成功[241]。——蔽人之善[254]。——形人之丑[257]。——离人骨肉[264]。——败人苗稼[275]，散弃五谷[308]。——沽买虚誉[289]。——纵暴杀伤[298]。——负他货财，愿他身死[333]。——见他体相不具而笑之[341]。——恚怒师傅[347]。——虚诬诈伪

[155，280]，巧诈求迁[280，361，390]。——苛虐其下[367]。——口是心非[471]。——心毒貌慈[418，291]。——淫欲过度[416]。——苟免无耻[280]。——谩蓦愚人[436]。——嗜酒悖乱[441]。——不和其室[450]。——每好矜夸[454]。——作为无益[469]。——偏憎偏爱[474]。”

这种具有高度内在性和深刻性的伦理的质朴之处表现在，不断地把古代中国人的善有善报、恶有恶报的伦理思想当成理所当然。[406]

164 道教思想对《感应篇》的影响可以从其中永生的思想中看出来。那些做出了善举的人就可以在世上生活得更长久，而那些达到了完善的“完人”就可以期望长生不老。[407]而孔子及其后来者都没有认为人在死后仍然可以继续活下去的观念。

《感应篇》中虽然不断提及幸福是伦理的行为带来的、不幸是由于不当的行为造成的，但这种伦理思想也不能仅仅看成建筑在简单的因果报应的观念之上。它还是像古代中国以及孔子的伦理思想一样受到了认为人生来应当行善，善符合人的本质和天道运行的规则的根本原则的影响。因为人通过其正确的行为和世界的规律保持一致，所以对他来说善意味着幸福，而恶则招致不幸。在孔子，特别是在孟子那里，并不强调幸福和不幸作为伦理行为的动因。由于反映了民间的观察和思维方式，所以《感应篇》特别强调了善恶与幸福和不幸之间的必然联系，从而忽略了中国式伦理本身只是单纯地受到行善的愿望的驱使而提出这样的要求。[408]

从《感应篇》中还可以获悉，中国民间伦理思想是多么重视善待其他生命。

在《感应篇》的劝诫和禁忌中有：

> “慈心于物(51)。——昆虫草木,犹不可伤(73)。——射飞逐走,发蛰惊栖(230),填穴覆巢,伤胎破卵(235, 237)。——非礼烹宰(302[含评论])。——劳扰众生(312)。——春月燎猎(498)。”

《感应篇》批判了完全出于取乐而驱赶和宰杀动物的狩猎行为。它认为只有在必要的情况下狩猎，比如在夏天要保护庄稼不被鸟类和其他动物偷食，在秋天祭祖时奉献牺牲(498[评论])。

从对每条劝诫的注释当中，我们可以看出它要求人们要善待生灵：

> “见到了处在困境中的动物,要想到帮助它们,救它们一命[55]。——要严肃地教育自己的子女不可用昆虫和鸟类来取乐。因为这种行为不仅是伤害了一个生灵,同时在幼小的心灵中 165
> 也会埋下暴力和杀戮的种子[55]。——天地赋予万物以生命,让它们生长,如果你们伤害了它们,那么就得不到天地的仁慈的庇护[73]。”

几则附在每条劝诫后面的小故事(缩写)：

> “一个姓范的军人的妻子得了痨病,奄奄一息。她得到一个方子,如果吃一百个麻雀的脑子病就能好。当她看到了笼子里的麻雀,叹了口气说:为了我的康复就要杀掉一百个生灵吗? 我宁可死去也不想这样。她打开笼子,放生了它们。一段时间后,她神奇地康复了。”[尤里安,第 53 页]
>
> “曹贫住在一个倒塌的房子里。他的子女们来找他,商量着把房子重新修好。他却回答他们:在严冬当中,砖瓦石块[409]的缝

隙中都是小生命们的栖身之所。我不应该毁掉它们。”[尤里安,第233页][410]

“浏陵的武堂总是带着儿子去打猎。有一天他们遇到一头鹿正和幼鹿在玩耍,鹿看到武堂便逃走了,武堂于是张弓搭箭射死了幼鹿。然后他躲在草地后面,当大鹿回来舔舐小鹿的伤口时,武堂再次放箭射死了大鹿。几天后,他又看到一头鹿,就朝它射了一箭,结果箭突然偏了,射中了自己的儿子。武堂扔掉弓箭,抱着儿子大哭起来。这时从天上传来了声音说:武堂啊,那头鹿爱它的幼儿就如同你爱自己的儿子一样。”[尤里安,第232页]

后来出现的道教的三百条戒律* 中也包含了一系列善待生灵的内容:

1戒:“不可杀生害命。”——2戒:“不可食用动物的肉和血液。”——34戒:“不可鞭打家中牲畜。”——35戒:“不可有意踩踏蝼蚁。”——36戒:“不可以垂钓打猎取乐。”——37戒:“不可爬上树毁鸟巢,取鸟蛋,伤及幼鸟。”——63戒:“不可将鸟兽困于笼网之内”——64戒:“不可惊扰正在孵蛋的鸟类。”——65戒:“不可无故采摘花朵,芟夷小草。”——67戒:“不可放火焚烧树木森林。”——68戒:“不可在冬天挖出在地下冬眠的动物。”——112戒:“不可用开水浇地,以杀死土中的蝼蚁。”[411]

166 从自身当中,而不像一直说的那样受到佛教的影响,中国伦理思想提出了善待生灵的劝诫。

---

* 指《中极三百大戒》。——译者注

[12. 中国思想同印度及欧洲思想的比较]

中国思想中普遍的同情心的思想与印度思想的形成完全不同。它不像印度思想那样同一种关于存在的本质的理论和对生命及世界的否定观紧密相连，并受到无为原则的限制，相反中国思想中的同情观来源于一种自然的共同感觉，并且这种感觉影响着人们的行为。一些劝诫人们要善待生命的伦理要求早在中国古代，如孔子那里就已经形成。首先是晏子提出了这样的一般性要求。[412]在属道家的列子、辩论家惠子以及孟子、朱熹和其他思想家那里都表达了人和其他生灵之间存在着某种本质上的亲缘关系的认识。[413]怜悯生灵的思想在中国伦理思想的早期就已经形成了，远远早于佛教传入中国，只是由于佛教思想的作用，这一思想成分得到了加强而已。

所以，中国思想中的对生灵的怜悯在后来的学者如朱熹和古籍《感应篇》、道教三百戒条中就有了非常明显的印度思想的影子，只是中国思想本来的精神实质并没有因此而改变。

佛教的影响可以从《感应篇》中看出，它甚至提出了近乎放弃肉
食的要求，还要求人们不损害植物。饱受佛学思想影响的朱熹不仅认
为人和动物之间存在着某种亲缘关系，甚至认为这种关系在人和植物
之间也普遍存在。佛教的影响还在于，把实现对其他生灵同情的思想 167
追求诉诸最终的后果。特别是在道教《中极三百大戒》中，这种思想
表现得尤为明显。

从其年代和类型上来看，中国思想是属于一种怀有敬畏的思想。

中国思想首先提出了对世界一体性的假设，首先以深刻的方式来面对人的存在之于世界的关系问题。在这个很早就已经达到了高峰的思想中产生了人要达到完人、社会要拥有精神的文化的想法。

由于中国思想的伦理性的对生命与世界的肯定观，所以它从一开始就处在一条正确的发展轨道上。包括中国的神秘主义也不能舍弃这

种对生命与世界的肯定观。印度神秘主义从对生命及世界的否定出发，直到很多世纪后才回到对生命及世界的肯定观之上，[414]而中国思想[415]本来就不谈通过忘我和沉思从而实现与无穷的存在成为一体，而是讲求从世界精神的意义上有所作为。

如果说，在中国神秘主义思想中，伦理的对生命及世界的肯定观的发展受到了原始神秘主义中既已形成的无为原则的阻碍，那么它在中国古代的智者，如孔子及其后来者那里，则得到了最为充分的发挥。[416]

由于确信人的伦理的行为和自然相和谐，所以中国实用的入世思想也带有一定的神秘主义的成分。

它的伟大还在于，它一直保持着自然和基础。它没有走出支路，而是保持着原本的方向，向着最原本的目标。在其中没有出现思想方法的多样性并形成与之相适应的思想体系，就像在欧洲思想史上的情况那样。欧洲思想的多样性在于，世界观的问题总是不断从一个新的
168 出发点、在新的前提条件下被认识，而中国思想的单纯性则是由于它不断地以与其开始时同样的方式致力于对人生命中需要的思想进行着思考。不连续性和分散性成了欧洲思想的特征，而连续性和整体性则构成了中国思想的特征。

一个巨大的优势还在于，中国思想并不努力去从伦理的对生命及世界的肯定观上解释世界。它非常一般地以此为出发点，认为人的伦理的行为就是和自然现象之间存在着一致性的关系。[417]但它又并没有丧失去揭示自然奥秘的兴趣。

由于它没有解释世界的负担，因此它也就可以一直毫无困难地保持正直。在其发展过程中也没有出现类似的情况，因为要承认某种对客观世界认识的进步，而不得不公开或者暗暗地放弃某种曾经持有的观点。[418]人们可以永远保持在它的非常一般性的原则之上，即一切

现象都是由具有创造性的力量相互作用的结果。

由于中国思想没有对世界进行伦理的阐释，它就必须使得人们习惯于加诸人身上的宿命，并且对死后是否个体以另外一种存在形式的问题不置可否。尽管民间伦理思想，比如《墨子》或者《感应篇》，认为人会因为其伦理的行为而获得幸福和长寿，甚至可以期望获得永生，但更多的还是强调听天由命，习惯了这种想法的孔子和他的后来者们则认为善是出于一种自身的原因而做出的行为，人们行善不外乎为了获得一种内在的愉悦而已。中国思想如此超前，它不让人对存在提出由于感觉的需要而产生的要求。在这样一种大胆的态度上，以及其他一些事情上，它和斯多葛学派有着亲缘关系。

确信伦理性是自我证成的，并坚持这种观念，欧洲[思想]走了很多弯路，费了很多周折才达到这样的境界，而中国思想从最初就已经
是这样了。[419]根据它的要求，人们努力保持伦理道德，是出于自身 169
意愿，也是为了拥有和保持真正的人性，为了实现世界中的善。两种动机都存在，只是前一种占据主导地位。

一个正直、仁慈、捍卫正确的礼仪的君子被作为理想化的典型树立了起来。

中国伦理不仅停留在对善和恶的最一般的陈述之上，而且以鲜活的方式深入每个细节中去。一切人在其对趋于至善的努力中以及自然而又深刻的感觉和同感中认为负有义务的事情都被列入了中国伦理的考虑范围。此外再没有哪一种伦理思想像它这样细致入微。

尽管它提出了非常广泛的要求，孟子和其他一些思想家甚至代表了一种爱的思想，但中国伦理思想认为自己只是涉及出于理性的思考而产生的，并没有其他超越现实的可操作性的义务。在现实上，它早已经不知不觉超越了它认为自己所处的圈子。中国伦理思想其实并没有发觉，提出无止境要求的爱的原则使人无所适从，如果人真的去遵

守它的话，就会面临这样的困难：人不知道自己应该为了自身的存在而有所保留，还是应该为了他人而无私地奉献。

中国[伦理思想]的伟大还在于它广阔的视野。当欧洲伦理思想需要时间和努力把民族的思想上升为人类[420]的思想的时候，这对于幅员辽阔以及各个民族构成一个整体的中国来说已经成为思想中现实存在的东西。

又由于中国思想让人的自然的同感和思考自由驰骋，它认识到，不仅是所有的人，而且所有的生命都彼此相连，因此人不仅要对他人，而且要对其他的生灵也怀有一颗仁慈的心。[421]

如同爱的思想一样，认为人对一切生灵负有责任的认识本[也]应
170 该给中国伦理带来无限道德要求的问题，只是它没有发现罢了，尽管它一直都超越于爱的思想，并且这样的前景也早已经自我展现在那里。[422]

中国伦理思想千百年来对于个人和全民族的教育的功绩是伟大的。世界上没有任何一个地方能有这样一个建筑在伦理思想之上的文化能与中国这块土地上存在的相匹敌。[423]

欧洲思想中——由于基督教的关系——也存在理想的典型，但它没有像中国思想那样在一个持续的、繁荣的和细致的文化中得以实现。

[13. 自 19 世纪中期开始的危机]

自 19 世纪中期以来，中国、中国文化和中国思想都面临了严重的危机。

中国处在清政府的统治之下，成为一个和平的帝国，并且当它试图保持这种和平时，出现了严重的危险。清政府没有发动侵略性的战争，只是征服了帝国边境地带的威胁安定的民族。只要有可能，它尽量使它们保持独立性。

所以中国自18世纪到19世纪中期一直是一个既不侵略其他国家、又不受到其他国家威胁的文化国家，从而实现了中国思想中关于文化国家的典范。

然而当掌握了现代化武器装备的国家分别从东方和西方威胁到它的时候，中国显得毫无防范，因为它根本从未接触过现代化的武器和战舰。

于是从那个时期开始，中国的统治者必须忍受一个又一个的屈辱，蒙受一次又一次的损失，因为当其他国家都显然普遍推行强权即公理的时候，中国的皇帝还一直沉醉在世界上和平和文化的时代已经到来的迷梦当中。

> 1840—1842年，英国发动了对中国的战争，为了获取向中国
> 出口鸦片的权利；1882—1885年，法国从中国以南占领大片土地；
> 1894—1895年战败于日本，割让台湾，终结与朝鲜的宗藩关系；
> 1897年又被迫将胶州湾割让给德国。1900年在中国的北方，因为
> 列强不断增长的要求而爆发了民族主义的起义——所谓的义和团 171
> 运动。他们和清贵族一起试图争取民族的独立。通过商业条款，通
> 过在修建铁路和剥削土地资源方面的让步以及其他各种经济利益
> 上的让度，中国被划分成了列强的各个势力范围，以此换取和平。
>
> 最终，这个饱受侵略的民族终于不得不为了拯救自己而斗争，并在武器装备的落后方面补上一课。

中国人民用了一个世纪的时间，从他们所处的状况中得出结论，因为他们一直处于这样的信仰之中，通过付出忍受屈辱和做出牺牲的代价来忠实于他们精神文化中对和平的热爱的原则。

对这个时期的中国文化来说，必然产生这样的问题：它是应该继

续保持以往的形态，还是需要接受外来文化中的思想和机制，并用不同于以前的方法来解决它目前所面临的问题。

信奉传统的理想主义、尽忠职守、正义诚实的儒家精神的官僚阶层首先还是主张要保持原有的状态。在这种追求之下，湖南的儒生们居然挑动民众闹事，因为国家的考试要求掌握数学知识。[424]

凸显出来的农民的主要问题是负债，住在城市里的土地的拥有者把地租给佃农耕种，并收取租金。[425]人们其实早就应该解决这个问题，但是国家却一直放手不管，因为根据传统的观念，国家只需要维系秩序和教育人们去正确思考，而没有义务，或者说不应该去干预用合法手段来获取物权的规则。

由于世界贸易和工业化带来的后果，中国出现了新的社会弊病。民众对于他们所处的如此困苦的境况不再像以前一样听之任之。他们也了解到了在其他国家无产阶级为了改善生活状况而做出的改进社会的斗争。

在大同社会思想和被误读的基督教思想的影响下，中国爆发了太
172 平天国起义(1851—1864)，反抗者试图建立一个永久的和平帝国——太平意味着巨大的和平。起义军的领袖洪秀全(Hung Siu-tsch'üan)[426]声称自己是耶稣基督的弟弟。[427]

在这次农民起义被镇压下去后，清政府又在帝国内维持了几十年的安定和秩序。但对于改革，他们不敢尝试。没有人提出把新事物和旧事物统一起来的方案。只要一有新的动作开始，就会立刻有人叫停。

假设康有为(Khang Yu-wei)[428]建议下的光绪皇帝(1875—1908年在位)——后来被慈禧皇太后[429]给废掉了——能够让他的使中国欧洲化的一纸诏书得以实施的话，[430]当时的中国会变成什么样！

多么不幸的是，统治者不思在新时期的新要求面前最低限度地做出相应的调整，比如改变教育体制。他们完全可以做的是，在学校中不仅教授有关经典文献的评论，而且应该让学生获取对于时代发展有用的实用技能。因为他们的这种愿望在家乡得不到实现，所以很多年青一代的学子就去国外寻求知识，并且带着在国外的文化中养成的对民众来说是异化的观念和习惯回到祖国。在这些人中出现了革命者，对他们来说，中国的希望在于迅速地实现民众思想的欧化以及建立起共产主义的机制。

> 在中国建立一所现代化的大学的计划由学者文祥（Wen Chiang）[431]策划，但在英国税监独断专行的主持下，北京学院（同文馆）没有实现自己最初的目的，不过此后它发展为北京大学。[432]

20 世纪初人们开始对授课体制进行改革，然而很长时间内造成的后果是原有的学校教育被打破了，但又没有建立起适当的新的体制来代替。

1904 年，存在了几千年的选拔官吏的科举考试被废除了。这是一 173
种进步，因为它不再只要求人们钻研经典文献及其评论，而要求人们为了他所担任的职位准备获取一些实用的知识。同时这也意味着，官员们不再像以前那样拥有精神的和伦理的修养。

随着 1912 年帝制的废除，中国失去了维系几千年的制度。在以往的困难时期，总是会有帝王出现，阻止国家的沉沦，使文化获得新的生命。现在的情况却是，当国家及其文化再次面临着存续问题的时候，人们无法再期盼有道明君的出现，而只能等待民众中出现拥有权力和权威的人来结束国家面临的混乱，从而拯救国家及其文化。

具有悲剧意义的是，在当时的中国没有出现这样的伟人，中国思想家在对自我的思考和完全意识到自身的方式和价值的基础上去批判地对待为人们渐渐所认识的新思想和新知识。

那些通晓欧洲和美国哲学的思想家，比如辜鸿铭[生于19世纪下半叶的开始]，虽然选择了儒家思想，并且忠实地实践着它的伦理典型，但仍然并不清楚其在人类思想当中占据的重要位置。

试图和光绪皇帝一起使中国欧洲化的康有为[433]（1858—1927）赋予了孔子现代化的思想和现代化的历史哲学，并且声称要重新构造孔子学说的本来面貌。开始他试图把孔子的学说阐发成一个建立在社会主义模型上的中国的国家宗教，然而这一切由于1912年帝制的废除无法实现。他眼中的孔子是一位伟大的革命者，他自己编纂了经典文献，并创造出了上古的贤明君王的形象，通过这种人为创造的传统来为他自己的伦理学说增加威望。[434]

174 其他的思想家则认为孔子的伦理理性主义学说并不能真正符合中国人的精神。而它能如此长时间地处于统治地位，更多是出于外部的原因，而不是它自身的意义。比如早先在美国留学，后又在北京大学任教，并取得很大影响的胡适（Hu Schi[435][1891—1962]）就认为他在墨子那里找到了理智的中国思想的正确的出发点。他在这个与孔子学说相比影响要小得多的思想中找到了现代社会主义的先锋精神，并且想以此为出发点找到和欧洲思想的关联之处。[436]

其他一些人认为王阳明的世界观最能和现代的知识和现代的精神统一起来。[437]

在中国思想中寻找最能和欧洲和美国哲学相对应、最能够在思想上达成妥协的精神领袖本身就表现了中国思想自身处于一种迷惘的状态。

人们认为孔子的作用已经尽到，因为他以他的理性的和伦理的思维方式是无法欢迎外来哲学思潮的，同时也无法希望他能够和现代的认知理论以及自然科学相妥协，并由它们来证明其学说的可信度。

尽管孔子与一个时代的潮流不相一致，但未来仍然属于他。在他的自然、质朴、思想化和深刻性上，他提出的思想无论是在过去还是在将来都必将能够自我确立。他立足点的稳固使得他的发展潜力不受任何影响。与其他思想和进步的知识接触，并不意味着对孔子思想产生威胁，相反还能给它带来新的解释和证成。因为它的自然，又因为它不是一个单一的、封闭的系统，所以能够向着任何一个方向继续发展。

由孔子一手创造的思想还没有发挥到最完全的程度，因为它还没有足够致力于理顺理论和实践中的一些问题，而是表现出了一种更多
属于传统，而非代表其自身本质的固守于某种既有的态度之上的倾 175
向。所以它没有在它所在的道路上前进，而是停留在原地畏葸不前。

如果设想一下中国思想的明天，那么它必然是一个从孔子学说出发的，通过实现其开始具有的各种可能性，[438]并将其中蕴含的所有生机和活力都淋漓尽致地发挥出来的有所革新的思想。它拥有一种出于自我力量而不断以符合其本质的方式革新的能力，又不乏深刻性。首先，其中必须形成一种强烈的使现实不断符合理想化典型的冲动。其次，还要用要求全社会致力于改良社会关系为目的的行动来取代原本的仅对于个人自身的一种要求。[439]

对孔子精神做符合时代精神的革新意味着精神和伦理文化对于物质主义文化的一次胜利，它将不仅对于中国，甚至对于全世界都有着重大的意义。

而有些近代的思想家开始怀疑孔子，并不代表他对于今天的中国不再有意义。他的思维方式已经深深地扎根于中国人的精神当中，所以即使现在的时代看起来对他并不有利，但他仍将长存。孔子在中国

的伟大之处在于，他使一个广泛的阶层习惯于伦理修养的典型。这些学者和他们千百年来的前人一样，都在这样的思想氛围里成长，并始终忠于这种思想。这种思想藏于他们心中，直到有一天它突然壮大起来，再次起到它应有的巨大作用。

［14. 欧洲对中国思想的新的兴趣］

当中国思想在外来哲学思潮和时兴科技的冲击下面临着迷茫的危险时，欧洲结束了 18 世纪以来对中国精神世界的冷淡情绪，又开始了对中国思想的新的研究。

这个新的兴趣和以往 17 世纪、18 世纪时有所不同。首先不像以
176 前只涉及孔子的学说，而是涉及了全部的中国思想。在中国，老子和其他神秘主义者也在 18 世纪重新为人们所熟悉。近期，欧洲人注意到了中国的神秘主义，并且通过它注意到了一种完全陌生的神秘主义的思想方法。我们是通过老子了解神秘主义，而不是通过欧洲的神秘主义者。

我们对于中国思想新的兴趣与过去的不同还在于，我们的思想内部发生了一次后果严重的转变。莱布尼茨、克利斯蒂安·沃尔夫、伏尔泰以及他们的同时代人和孔子的学说如此接近，因为他们自己也有着和孔子一样的信念。在他们生活的启蒙运动时代也终于达到了这样的伦理信念。而我们却失去了这样的伦理世界观。受我们这个时代复杂的、不令人满意的思想的影响，我们从中国［思想史］中认识到那种我们曾经和它共同拥有的东西。在我们的印象中，简单和基本的东西对我们的影响很大。我们习惯了从对世界的认识当中派生出来的世界观；但在中国思想史中，人在面对自我，在自身中寻找着对于生活至关重要的信念。不仅是中国思想中的伦理的人生和世界观，还有它达到这样的人生和世界观的方式以及这种信念都对我们具有吸引力。

最后，我们之于中国思想的关系与 18 世纪时的不同还在于，当

时哲学界的杰出代表直接表达了中国思想对于他们意味着什么，而今天却没有人这样公开地承认。[440]然而，孔子和老子在静悄悄地、不知不觉地施加重要的影响。非常多学者通过作品的译本认识了他们，从他们的思想中获得了启发，开始用基本的方法来面对自身存在与世界的[终]极问题并为了真正的人性在努力。

中国思想[对于]世界的意义开始在我们的时代越来越为人们所察觉。[441]

注　释

[1][卷宗 24，第 2 号：这一主标题写在前面一张单独的纸上。下面紧接着这样的笔记：]1939/1940，兰巴雷内(带有重要的有关印度和中国神秘主义思想产生的章节。)

当我想写这两个章节的时候，试图在 1939/1940 年稿中去写人类思想史，它们都属于对生命的敬畏的一部分。因为人类思想史大大超越了这本书的框架，于是我决定只写对生命的敬畏的伦理，而不先写人类思想史。所以我把这些关于印度和中国思想的章节单独抽取出来，并给它们单独编排页码。兰巴雷内，1940，A.施韦泽

[2][这个标题是用铅笔写在正文上面的。旁边注明：]

最终有关印度思想章节的新的开头。

[页边注]兰巴雷内，1939 年 12 月 10 日。

[3][页边注]兰巴雷内，1939 年 12 月 13 日。

[4][施韦泽即使是在印度卷中也使用(一般用右上角加逗号的)英语式复数形式，而不是德语式的 Upanischaden。在这里我们保留了施氏原来的书写方法。]

[5][页边注]……和印度[思想]中相对应的见于吠陀赞歌中的成分相比，区别在于中国古代经典文献已经达到了相当的发展高度。

[6][比较：1937 年稿前言中有关中国的语言和文字，第一部分，第 177 页下及其后。]

[7][页边注]!

[8][页边注]!

[9][页边注]也仅是这样的。

[10][页边注]……如果印度和中国的神秘主义是像一种哲学体系那样产生的话，我们就应该在它们当中看到一些思辨的内容，来了解它们是怎样从对世界的自然行为中产生非自然的遁世思想的。然而我们却没有看到这样的内容，婆罗门和与道合为一体的思想、遁世的思想被当成熟知的、既有的思想，是某种前提性的、不证自明的思想。

[11][页边注]兰巴雷内，1939 年 12 月 17 日，基督降临节的第三周。

[12][页边注]……它们其实没有真正从原始思想中解放出来。原始思想还占据在它们当中，并且在它们当中继续发展着……

[13][“还”是后来再加进去的。]

[14][前面的手稿第 13 页(下)边缘的笔记：]区别：超越现世的太超越感性经验了。[比较第 36 页。]

[15][页边注]道是在中国至今还保留着的原始民间宗教中的力量……

[16][页边注]老子面临着一个他必须接受的世界观和自然观，印度神秘主义则还[是]完全自由的。

[17][最下面一行被撕掉。比较下面，1937 年稿第一部分，第 181 页上：在孔子和他的后来者看来，道是重视个人虔诚的伦理思想。]

[18] [页边注]……由于谈到道的时候，一方面可以指道教这种原始的民间宗教，另一方面也[还]会被理解为老子高尚的神秘主义哲学思想，所以可以看到老子的神秘主义思想、原始的道教和原始的道神秘主义本来是有着一体性的。

[19] [页边注]老子没有经过自然的思考(或看起来像是一种自然的思考)去解释。

[20] [老子著，卫礼贤译，《道德经》，耶拿，1922，1921。]

[21] 克莱默斯评论(见序言第 19 页及其后)：“关于纪年的困难和相对编年史的一些问题，中国现代史学研究已经有了一些新的东西。施韦泽还是遵循着他手头的更趋于传统学说的第二手资料。”

[22] [卫礼贤译，《列子》，耶拿，1911，1921。]

[23] [卫礼贤译，《庄子》，耶拿，1912，1920。]

[24] [页边注]1939 年的平安夜，兰巴雷内。

[25] [页边注][该段落页边画了着重号，到这里，加上了感叹号。]

[26] [页边注]……假设，人可以独自地通过思想认识到自身纯粹的精神本质和他归属于纯粹的在一切事物中皆有的存在。

[27] [iungere：意为连接。]

[28] 卫礼贤译，[《列子》，前言，第 XVIII 页及其后(1981，第 16 页及其后)。]

[克莱默斯评论：“这里提到的《阴符经》极有可能也是一部更后期的作品，就像施韦泽在其手稿里也提到的一样。”第 58 页。]

[29] [页边注]逻辑的发展。

[30] [页边注]1939 年 12 月 31 日，星期日，兰巴雷内。

[31] [手稿：]对生命及世界的肯定。

[32] [根据手稿第 35 页中的草稿的片段添加。]

[33] [首先：]放弃世界的典型。

[34] [页边注]1939 年 12 月 31 日，兰巴雷内。午夜，开始下起了小雨。

[35] [页边注]继续着的人进入一个新的躯体后的重生。

[36] [被划去的版本：]佛陀并没有走这么远，[使劳动成为这些人的义务。]他看待劳动就像一种……

[37] [见关于印度思想的参考文献。]

[38] [页边注]一切以改变世界为目的的行为都要受到指责。重要的不是对他人的奉献，而是对神的奉献……

[39] [页边注]兰巴雷内，星期二，1939 年 10 月 19 日。下雨了。[这一部分(从第 40 页开始)的写作时间早于标记了更晚日期的章节，最终的页码编排则是又在更晚的时候才进行的。(早期的页码编排被擦掉了，但一部分还能看见。)]

[40] [页边注]……它必然会加速虔诚的无为退出历史舞台。

[41] [见前文，第 23 页及其后。]

[42] [页边注]在社会变革方面，他们也比甘地更为自由，这一点在于他们并不像甘地那样坚持和婆罗门思想有关的世界观。比如，甘地坚持种姓制度。

[43] [页边注]……放弃神圣典籍中既定的观念。那用什么去代替[它们]呢？——包含一切的意念。[思想？]开始以自由的方式而活动。新的不要放弃旧的。高度评价在神圣典籍中既有的思想观念。——吠陀赞歌放弃[了那种]古来有之的对生命与世界的肯定观——或者[人们可以从中]进行一种新的解读。在精神史中会不断产生新的解读。新的思想都是通过新的解读在旧的思想面前得以自我确立。

[44] [比较：前面第 24 页及其后。]

[45] [比较：《世界文明中的文化与伦理》，VII，小节：耶稣的对世界否定的伦理观与印度的关系。]

[46] [页边注]兰巴雷内。1939 年万圣节。

[47] [页边注]他们坚信，在吠陀赞歌、《奥义书》以及《薄伽梵歌》中已经具有人类已经达到和能够达到的最终极的认识。

[48] ……包括伦理的行为的思想以及由此产生的对生命和世界的肯定观也可以从中找到根据，只是直到现在才到了真正发掘它的意义、给予它恰当地位的时候。

[49] [页边注](圣者。)

[50] [页边注]当它对于人为来说是可为的，……

[51] [页边注]……由于它缺乏深度和伦理性，所以它失去了方向，只有一个纯外在

的，[……]会给个人和人类及自我隐藏的文化带来巨大的危险。

[52] [页边注]……在[……]欧洲和美国也还有这样的[对生命和世界的肯定观]，它们有着真正的思想深度和完美的典范。

[53] [页边注]世界必须从某种程度上成为我们更大的[？]生活，并且我们的自我必须发展成为世界自我。

[54] [施韦泽列举的文献《印度思想家的世界观》，XV，关于罗宾德拉纳特·泰戈尔的章节。]

[55] [页边注][在正文中划去：]其最古老的。

[56] [页边注]……他不愿意承认，在新时期的现实中发生如下事实，即历史上残存的对生命及世界的肯定观发展成受伦理思想控制，而认为必须假设，这些是古代印度思想家的精神财富中既有的内容。——于是他的理论是，吠陀经是权威的，它包含一切真理，[这是正确的，]泰戈尔要依据吠陀经来解释新的思想。在现实中，实际上是吠陀经在他的创造性的精神下才得以实现自身的全部自我意识。

[57] [页边注]兰巴雷内，1939 年 11 月 6 日，星期一。

[58] [页边下面的笔记：]中国和印度思想都[受]到神秘主义特征的掌控。

[59] [笔记：]见格鲁伯，第 31 页及其后[威廉·格鲁伯，《中国文学史》，莱比锡，1902，1909]

[60] [比较同上，第 26 页。]

[61] [《世界文明中的文化与伦理》，第三章，施韦泽将该书拼写成 *Tschum-tshien*。格鲁伯，引文出处同上，Ch'un-ts'iu。]

[62] [克莱默斯的评论："焚书事件被后来的儒生们夸大了，似乎它本身并没有那么大影响，施韦泽在后面的描述中也有提及。"]

[63] [脚注：]格鲁伯，第 30[页]。

[64] [克莱默斯评论："这里也存在厘清时间以及相对的时序上的困难。以管子的名字命名的著作极有可能跟他本人没有太大关系。类似的情况在晏子及邓子身上也有，只是他们的著作留存较少。"]

[65] [前面是下面被勾掉的文字：]《阴符经》记录了一些大胆的智慧箴言，应当属于老子之前的时代。[此外有脚注：]见卫礼贤译，《列子》的前言，第 XIX 页[XVIII]。但卫礼贤弄错了。

[66] [脚注：]见《吕氏春秋》的前言，[卫礼贤译，《吕氏春秋》，1928，耶拿。]

[67] [这段关于《阴符经》的文字被用铅笔勾掉了。参见注释 65。]

[68] [页边注]兰巴雷内。1939 年 11 月 13 日，水位一直还在上升。

[69] [页边注]不是变化，而是在发展而已。

[70] [克莱默斯评论："我不知道施韦泽这一说法源自何处。我从来没有听说过关于祖先的灵魂和自然的灵魂的分类方法。鬼通常是指那些恶的灵魂，他们不需要食物，却四处游荡。另外，神鬼或者鬼神这样的组合，通常用来指称一切灵魂——在特定的语境中也指祖先灵魂。"]

[71] [页边注]装饰性的伟大。不代表虔诚。

[72] [页边注]中国思想是有宗教特征的，但没有真正的宗教信仰。

[73] [页边注]表面的存在。

[74] [铅笔注]多神论宗教无法生存。一神论宗教因此也无法产生。

[75] [克莱默斯评论："在这里，我们千万不可以把天和地象征男和女的这种古老的二元对立论和远古的——不是对土地，而是对领地——崇拜区分开来，后者没有任何性别因素。另外，中国人从来没有达到多神教信仰的说法是值得商榷的。"]

[76] [《诗经》，《东方圣典丛书》，第三卷，1879，第 399 页："As soon as the fragrance ascends, God, well pleased, smells the sweet savour." 第 317 页："I have brought my offerings, a ram and a bull. May Heaven accept him!"]

[77] [这里施韦泽究竟指哪些内容并不清楚，但有很多相似的章节，比如《书经》引文出处同上：第 52、56、87、96、115、114、127、185、187、197、208 页。《诗经》引文出处同上：第 311、318、341、347 及其后第 354、360、361、364、410 页。]

[78] [页边注]感觉到有罪者和无辜者。

[《书经》引文出处同上：第 90、95、212 页]

[79] [页边注]伦理的思想需要一个伦理治世的君主。

[80][对此见莱格，《书经》，《东方圣典丛书》，第III卷，1879，第476页：“天(天空)和上帝(最高统治者)看起来是完美的同义词”；福尔柯，《哲学》，第29页：“只有很少的情况下会把天空说成是上帝、最高的统治者或是主神”；岑克尔，II，第251页：“一般将主神称为上帝、最高的主人、天帝、天主或是天=天空”；卫礼贤，《中国哲学》，布莱斯劳，1929，第15页：“古代的天(天空)字就已经是一个人头上戴着一顶王冠。”]

[克莱默斯对施韦泽的说法的评论：“情况正好是相反的，皇帝这个头衔是由前221年的第一个皇帝(秦始皇)特意挑选的，这是将上古具有传奇色彩的最初的统治者的名称集中在一起形成的，具体地说是三皇(三位崇高者)和五帝(五位统治者)。由于使用了原本具有宗教色彩的词汇，这些名词也表现了后人对其的史学化过程。上帝这个词要早于天这个术语。”]

[81][页边注]他不是一个人格主体，而是被理解成一个发挥出效力的自然构成物。

[82][页边注]同时自然现象又被归结到一个进行着有意义的伦理权衡的人格化了的天之上。

[83][后文缺失。]

[页边注]?[(原文?)铅笔，用页边竖线，关系到整个段落。]

[84][或者(不是非常清楚)]对自然的观察。

[85][页边注]世界起源于天和地的相互作用，并不源于道。

[86][铅笔注]甲骨文图像(《易经》，I，第217页)。三种原始自然力(《易经》，I，第218页)。缺少原文? [卫礼贤译，《易经》，1924年，耶拿，杜塞尔多夫/科隆，1972，第二卷，第一本，第217—218页，(以及第245—246页)。]

[87][对比。《易经》，1972，第268页。]

[88][页边注]兰巴雷内，1939年11月19日。

[89][用铅笔划去的句子(和注释：不)：]《阴符经》(神秘的补充之书)也确定了该数字。

[90][页边注][在手稿前面的一页上：]千差万别的事物的内在归属性。

[91][1937年稿，第二部分，下，第295页：]四象。

[92][1937年稿，引文出处同上，不同的顺序：]夏(热，日)、春(恒星)、冬(月，[划去：]寒)、秋(行星)。

[93][1937年稿，引文出处同上：][八卦，见]卫礼贤，[《中国哲学》，布莱斯劳，1929，第13页]，八卦[见阿尔弗雷德·]福尔柯，[《哲学》，第20页]。

[94][1937年稿，引文出处同上：]卫礼贤，第13页。

[95][1937年稿，引文出处同上：](也指木。)

[96][1937年稿，引文出处同上：](也指闪电。)

[97][上一段落的行间注：]关于文王，武王[和]周公旦，见卫礼贤译，[孔夫子，谈话录](《论语》)，[耶拿，1910，1921，]第63页[注释5]以及第[215—]216页[注释1]。

[98]卫礼贤译，《易经》，I，第118页及其后。[1972年版：第156页及其后。]损是第41卦。

[99][引文出处同上]这里指的是，即使是很少的一些牺牲品也是有其价值的。

[100][引文出处同上。]

[页边注]格式化表达。

[101][页边注]《易经》是一本关于自然秘密的书和一本占卜……

[102][比较卫礼贤译，《论语》，耶拿，1921，引言，第XII页。]

[103]卫礼贤译，《易经》，I[II，]第193—194页。[1972年版：II，第240页。]

[104]卫礼贤译，《易经》，I[II，]第198、219页。[1972年版：第245页及其后，第260页及其后，第268页。](评传“说卦”和“易大传”。)见《阴符经》，《列子》，第XX页，[注释1]。

[105]《吕氏春秋》，第1卷，第1章。[比较1937年稿的引文选，第二部分，小字，第298页及其后。]

[106]这句话典出《易经》中的卦相泰(和平)(䷊)，这一卦与春天到来的月份相关，它由上面三条代表地的断开的线条和下面三条代表天的完整的线条组成。

[107][页边注]星期一，1939年11月20日，兰巴雷内。

[108][哈克曼，《中国哲学》，第39页。《洪范》是《书经》中的一篇。]

[109] [页边注]大法——星期四，1939 年 11 月 23 日，兰巴雷内。

[110] [页边注]世界并不发展。从一开始，它就处于和谐状态……[……]对于创造物并不是不理解的。这个文化[有着]令人惊讶的伟大之处。敬畏心。而不是成功欲望控制着的思想。文化并没有在周朝变坏的社会关系中崩溃，因为它深深植根于关于世界的思想之中。

我们理解中国伦理的本质可以通过将之与原基督教伦理进行比较。伦理在现实世界中找不到方向，它向世界提出要求。要求一个没有恶人和坏事的世界。对世界做出判断。——在自然哲学中[这个思想？]也暗藏其中。

[宿命的东西？]就让它这样。不去理会最终极的问题。植根于现实，并因此而强大。文化作为最高的价值层次。远离暴力。从不去弘扬暴力的典型。

[111] [这里手稿第 99、100 页都是连接手稿第 98 页的。有可能手稿第 100 页是应该替换掉第 99 页的内容。后者中那些(没有划去的)文字是：]……取决于自然现象。它并没有赋予它伦理的特征，而是在它当中看到了神秘和宿命。对于古代中国思想来说，自然现象是在超越一切人的理解能力之外的方式上有意义和善。

所以，在《阴符经》(卫礼贤译，《列子》，前言，第 XXI 页)中："死者生之根，生者死之根。恩生于害，害于恩。"[引文划去。][第 XX 页：]"天之至私，用之至公。"[引文划去。]

原始思想方法的伟大之处在于对于现实的直接的认可。在古代中国思想当中，这种对现实的直接认可得以深化。它不再以幼稚的方式，而是以一种对神秘之物报以敬畏态度的方式进行。

所以，中国思想首先走上了一条任何其他思想如果尝试了[其他的]话，就必须重新回归的道路。

中国古代思想的态度以深刻的方式得以体现，在《洪范》中通过五福论述了对命运的顺应，以及六极表达了对命运的忍受。[哈克曼，《中国哲学》，第 40 页][在"洪范"这个词上面的注：]错。

[注：]见《阴符经》。[边缘：]《阴符经》，第 XIX 页，[卫礼贤译，《列子》]。

[112] [页边注]兰巴雷内，星期六，1939 年 11 月 25 日。

[113] [见《东方圣典》，XXV，牛津，1886，VII，22(第 219 页)。]

[114] [页边注]只有那些劝诫人们行善的……

[115] [见 A.福尔柯，《思想世界》……，1927，第 155 页。《东方圣典》，III，牛津，1879，第 43、55 页。]

[116] 哈克曼，[《中国哲学》，]第 39 页。[这几行字在手稿中用铅笔(不清晰地)被划掉了。]

[117] [铅笔注：]到达完美的思想。

[118] [比较第 57 页及其后。]

[119] [引文引自 A.]福尔柯，[《思想世界》……，]第 156 页。[关于]管子[另比较：][埃恩斯特·维克多]岑克尔，I，S。第 82 页。

[120] [见 A.福尔柯，《哲学》，第 85、112 页。]

[121] [见上第 73 页。那里的时间在手稿此处作为句尾重复：]生活于前 7 世纪，在孔子之前的齐国的宰相。

[122] [页边注]而是通过来源于精神和道德的力量。

[123] [见哈克曼，《中国哲学》，第 108 页。]

[124] [页边注]由一种正确的感觉所引导……

[125] [页边注]星期日，1939 年 11 月 26 日。

[126] [页边注]先前就已经在自然义务之外提出过爱的义务。就如同对待世界客观事件一样，[中国思想无法]回避爱的劝诫这一主题。

[127] [原稿(不清楚)：]邓析子。[有关这里：]见哈克曼，第 108 页。

[128] 哈克曼[引文出处同上，]第 109 页。

[129] [页边注]戒杀生劝诫比中国人保护生灵的劝诫表现得激进很多。

[130] [页边注]但是这是很难实现的。

[131] [页边注]因为戒杀生劝诫本身就与自然的同情没有太大关系，它也就[……]在教育印度人具有同情心上没有太大作用。

[132] [页边注]对邻人之爱，博爱。

[133][克莱默斯评论：“又是这种相对纪年法的问题，施韦泽使用了这些传统的数据。”]

[134][页边注]宫廷中出现一些不再把古代典籍奉为圭臬的人物……

[135][页边注]两个人都想拯救民众和文化。只是他们采取的途径不同。

[136][见上文，第55页。]

[137]《论语》，II，4[三十而立(卫礼贤译)]。

[138][页边注]星期二，1939年11月28日。

[139]关于《大学》和《中庸》，也可见第[55]页。

[140][页边注]如果人们应当对鬼神报以敬畏的态度，他认为这符合传统，因而也是合理的。

[141][页边注]他奉献牺牲，只因为他不想清除这种传统的风俗。但是对笃信鬼神，他不置可否，也不想赋予它以重要性。祭奠祖先在他看来更为重要，因为以敬畏的方式来对待祖先的英灵是一种自然而然的行为。更为重要的是，人们应该谦卑地对待父母和认识的先人。如果他们不这样做，那么对于完全不认识的祖先的崇敬就毫无意义了。真正的崇敬祖先就是要爱自己的父母(XII[XI]，12)。向王朝的祖先奉献牺牲被他看成秘密：谁知道它的作用呢……(III，11)。[比较第82页。]

[页边注]现在(1)迷信，(2)也符合宗教。信神对孔子来说是不适当的——谈论诸侯[……]神圣的经书，教育诸侯。神秘的。——伦理。符合秩序的——忠顺的子女，忠顺的诸侯，忠顺的臣民[……]崇高的——风俗——神秘的。这些属于自然。——传统中他能认可的东西都给予了认可，因为他必须对它做那么多的删节。——爱的劝诫。对邻人之爱=对他人的友好的态度。不去干涉他人的存在，绝不打扰它。崇高让人会做出很多本来属于爱的范畴的行为。古代伦理思想如此深刻。

[142][页边注]孔子非常虔诚。但是他的虔诚从对伦理的神性人格的信仰中解放了出来。

[143][页边注]第三种原始自然力。它[或者是它们]在于，是否存在一种符合风俗的世界秩序。

[144][卫礼贤译：……“上帝离开了我！”]

[145][卫礼贤译：“知我者，其天乎。”(用天这个字眼是在前言的引文中，见第XXIII章，新版，第26页。)]

[页边注]“获罪于天，无所祷也。”(III，13)

[146][卫礼贤：神，上帝。]

[147][页边注]星期六，1939年12月3日。

[148][卫礼贤译：……“不(容易)听道”。]

[149][页边注]只……实用的问题。

[150][克莱默斯评论：“这里我们现在可以假设，《易经》的传只是后来人们关于世界秩序的思辨而形成的表述，所以孔子自己并没有去研究过它们。”]

[151][见卫礼贤有关V，12：“有关世界观的最终极问题对于孔子来说过于神圣，以至于他不愿多说什么。”]

[152][“这处说明，人们应该虔诚地在他的当下向先人和神灵奉献牺牲，也就是说他必须在场(不应该让别人代替)。”(1921年版的评论)]

[页边注]宗教[对于孔子]并不在于对神灵和不朽的信仰，而在一种仪式[……]

[153][页边注]伦理从宗教中分离出来……

[154][这里用铅笔添加，笔迹上看像是原文？整个段落都被用红笔在旁边圈注出来，以示强调。]

[155][页边注]他使它们变得无害。

[156][页边注]并且变得无比重要。

[157][页边注]伦理的一神论宗教在中国只是停留在未完成的宗教形式的原因在于孔子选择了《易经》所代表的世界观，并且从中产生出一种伦理的神秘主义的虔诚思想，这种思想不需要信仰某个神灵对世界的统治。本身孔子的批判性的思想方法就使宗教思想变得不可能，早在《易经》的世界观中伦理就不是同宗教[……]，而是同自然哲学紧密联系在一起的。孔子所做的工作只是再次强调这一命题。

[158] VIII，21[当然也是指对于VIII，18，脚注12]。

[159][VIII，21，脚注14(第85页)。新版第96页](克莱默斯评论：)“所有这些数据

都是传统的。”

[160] XXI[以及脚注 1，第 215 页]及其后。关于武王和周公见第 66 页。

[161] [卫礼贤译：“如果你们的君王向善的话，则民众也会向善。”]

[162] [施韦泽将所有 II，3 的引文(根据卫礼贤)都圈起来，为了《文化哲学》。]

[163] [对 XII，19 的评论(1921 年版)：……“(按照孔子的理解)统治者的个人品质对于民众有着非常重要的影响，他们的意志有种自然而然的实施力量，就像风吹过，地上的草自动会弯下来一样。”]

[164] [参见 XX，2。]

[165] [参见 XII，7。]

[166] [页边注][……]关爱他人。保持高尚的思想。变得更完善。唤醒内在的完美性。

[167] [卫礼贤译：“人不可以自取其辱。”]

[168] [页边注]孔子并不满足于对现有的义务的阐释。他继续发扬光大。他积极投身到了对伦理的思考当中……

[169] [此处还有一段被划去的引文：]“苟志于仁矣，无恶也。”(VI，4)

[170] [页边注]在君子的规范中存在着真正的关怀身边人的基本原则。

[171] [XV，15 的原话是：“躬自厚而薄责于人，则远怨矣。”]

[172] [施韦泽在他 1937 年手稿第一部分第 206 页中提到了这个记录，作为道家学说的一段传奇。]

[173] [卫礼贤译：“君子不知道争吵。”]

[174] [页边注]自我观察。自发性。

[175] [页边注]孔子非常重视传承的礼仪和礼貌规范，这使得孔子的伦理思想或多或少有些僵化的感觉。然而……

[176] 岑克尔，I，第 151 页。

[177] [页边注]对他人的关怀是仁的思想的核心要素。如果不是出于友善，这种对他人的关怀是不可能的：孔子因此认为人必须善待他人[……]从每个细节去仔细考虑这种关怀，并且宽泛地提出这个要求，是孔子伦理学巨大的贡献和独创性所在。

《论语》中有一处记载了能够代表孔子特点的事例：有一次他听说自己家的牲口圈失火了，就问有没有人因此受到损失，而没有问自己的马匹有没有受损[X，17]。

[178] [页边注]基督降临节第二周前的星期六，1939 年 12 月 9 日，兰巴雷内。

[179] [页边注]尽管这种终极的对他人的关怀离对邻人之爱是如此之近，但我们仍然不能在孔子伦理中谈对邻人之爱。其中缺少……

[180] [页边注]兰巴雷内。基督降临节第二周前的星期日，1939 年 12 月 10 日。

[181] 《礼记》，XXXII，11 及其后。[这段文字来自 1910 年版《论语》卫礼贤译本，有关 XIV，34 的注释 31，第 164 页。那里也有上面引用的孔子的话。在 1930 年耶拿版《礼记》译本第 9，2 章，第 152 页中，卫礼贤用下面的方式来再现了同一段文字：“子曰：如果谁用爱报答爱，这对于人们有一种鼓舞作用；如果人们以憎恨对待憎恨，这对于人们来说是一种警告……谁能以爱回应憎恨，谁就将以他的善良影响更多的人。”]

[182] 《易经》，II，第 199 页。[II，第 1 章，第 2 条。]

[183] [页边注]它还告诉人们，认可一切他被要求的思想和行为。

[184] [页边注]也没有哪种像它这样对人们起到如此之大的作用。

[185] [参见比较孔子的伦理思想和巴赫的音乐，1937 年稿，第 1 部分，下，第 211 页。]

[186] [克莱默斯评论：“孔子伦理思想具有不足之处的这个结论，对我来说有些过于片面。孔子最重要的继承者孟子就非常具有社会批判性，并且一直致力于解决经济和社会问题。他旗帜鲜明地反对那些残民以自肥的统治者。后世的正统儒家学说总是持一种‘抑商主义’的态度，这对于我们来说当然是显得非常古板。但我认为孔子思想的悲剧式的无能为力之处[见下，本节末尾]在于从未解决权力和权威的问题和最终权力在哪里的问题。此处施韦泽的判断(可能)过多受到了西方 19 世纪批评家及其后的中国的批评家们对孔子的看法的影响。”]

[187] [笔记：]不足之处。

[188] [页边注]由此……它[中国文化]在其基本组成部分上受到纯粹性的威胁。

[189] [对比第 57、73 页。]

[190] 关于道和从蒙昧中出现的道家神秘主义，见第[35 页及其后]。

[191] [页边注]星期日，1940 年 1 月 7 日，兰巴雷内。

[192] [《列子》，1921。]

[193] [上面用铅笔：]王国。

[194] [页边注]前 7 篇是庄子本人所著。(孟子于前 322 年至前 319 年也在梁。但他们都视对方而不见。见岑克尔，I，第 205[页]。)

[195] [《庄子》，1920：十分之九。]

[196] [页边注]……它失去了在老子那里所具有的内在性[首先：生动性]和温情。它更完整了，但这种体系上的完善却反而令它贫乏了。——集中意念状态退到了后场。

[197] 关于发狂对于道家神秘主义的产生所起的作用，以及为什么这种神秘主义发展到高级阶段以后又会用集中意念来代替发狂，见第[31 页及其后，第 35 页及其后]。

[198] [比较《列子》，III，7，作为例子证明外在认识的不足以及主观性，比较 VIII，32(施韦泽在阿尔萨斯·洛林家庭日历中引用了一本名为《中国人的智慧》的书中的一篇文章，第 13 页)：]"从前有一个人，他丢失了一把斧头。他怀疑邻居的儿子，就开始观察他。于是他发现他走路的样子像偷斧贼，说话的样子像偷斧贼，表情也像偷斧贼。有一天，他无意中找到了丢失的斧头。当他再看邻居的儿子时怎么看都不像偷斧子的人了。"

[199] 道(Tao)这个概念在 1921 年版《道德经》、1921 年版《列子》、1920 年版《庄子》中，不同于以前版本被用意义(SINN)这个概念再现出来。在上面提及的后两个版本中，"生命"(LEBEN)一词的所有字母也都是大写的。施韦泽既没有使用新的翻译，也没有使用大写，尽管他一定知道这两种写法(他拥有两种版本)。

[200] [这段引言是后来用铅笔写在前面的引言之后的。]

[201] [手稿中错误地写成]老子。

[202] [比较：施韦泽，《印度思想家的世界观》，第六章(慕尼黑/伯尔尼，1935：第 73 页及其后。)]

[203] [页边注]并且人可以因此任意地对待动物。

[204] [页边注]兰巴雷内，星期三，1940 年 1 月 10 日。

[205] [1921 年版：……"所以至高的言谈是不言谈，至高的作为是不作为。"]

[206] [上面用铅笔注明：]内在的东西。

[207] [手稿页的左边缘有一部分被撕掉了，所以留下了一些空白处。园丁回答的话语是按照卫礼贤的译本重新补充完整的。]

[208] [比较第 70 页及其后。]

[209] [这是施韦泽自己的比喻还是引用？ 比较一段墨子的引言，虽然意思不相符，但喻体相似："君子若钟，击之则鸣，弗击不鸣。"(福尔柯，《墨翟》，柏林，1922，第 39 章，第 403 页。)比较《论语》，III，24："天将以夫子为木铎。"]

[210] [页边注]如果在自然中找不到任何按人的理解有意义和善的事物，只能说明这实现了一种在更高级意义上的有意义与善。

[211] [比较：约翰·沃尔夫岗·冯·歌德，《自然，语丝》。(摘自 1783 年 *Tiefurter*)："她看起来秉承了一切个性的东西，但又不是为了单纯的个人。"]

[212] 为了一些特定的祭祀仪式，人们会把狗用稻草串起来，装饰得很漂亮，仪式一结束，它们就被扔在一边无人过问。

[213] [页边注]兰巴雷内，1940 年 1 月 13 日。

[214] [1920 年版：他，生活的人。]

[215] [克莱默斯评论："中文中这里有'如果在四海之内大家都使用它，这就是一种愉悦'。这里既可以指善意，也可以指物，这里涉及的其实是指人对别人说什么，为别人做什么。"]

[216] [根据卫礼贤补充。]

[217] [1920 年版："他有人的形，但没有人的热情……因为他不知人的热情，所以它的重要性就对他的生命毫无影响。"]

[218] [页边注]为了不理想化道家神秘主义，我们应该将这一点当下化。

[219] [相应的句子(第 47 页，新版第 85 页)是"亡身不真，非役人也"。]

[220] [(此处：)古代的真人……"只有在不得已的时候才和人打交道。"]

[221][比如：《庄子》，XIII，7；XIV，5，6；XXVI，5。]
[222][比如：《庄子》，XXVII，2(比较 V，3)。]
[223][比如：《庄子》，VI；XIV，8。]
[224][《论语》，II，16。比较第 87 页。]
[225][《道德经》，68：“善胜敌者不与”。另见《道德经》，81。《庄子》(II，10)和《列子》(V，8)也这样教导。]
[226][“有司杀者杀。”新版“常有司杀者杀。”]
[227][比较：Lk 5，4。]
[228][页边注]兰巴雷内，1940 年 1 月 14 日，我悲伤的 65 岁生日。
[229][页边注][这]根据对它来说必须考虑的前提条件……
[230][这里后面有一句被划掉的话：]它给我们留下的印象不仅在于它的内涵，还在于那些它引起我们内心产生的想法。
[231][页边注]老子和他的后来者并不把自身和产生他们所代表的道家神秘主义思想的原始的道的思想区别开来，相反他们的一些言论还给那些人能够通过修道获取超自然的力量提供了依据。
[232] 关于老子、列子和庄子所保留的原始道的思想的东西，见第[31]页。
[233][页边注]软化老子学说中生硬的成分。
[234][页边注]一个很长时间以来就一直在进行着的过程。
[235][页边注]兰巴雷内，1940 年 1 月 16 日。
[236][页边注]墨子(约前 468—前 376)，认识古代文字。在汉代，墨家思想得以宣扬。
[237][页边注]兰巴雷内，1940 年 1 月 17 日。
[238][引自：福尔柯，《墨翟》，第 172 页及其后。]
[239][福尔柯：译作国王。]
[240][根据福尔柯译本补充。]
[241][页边注]关心着人类的福祉。
[242][页边注]……孔子不能接受，因为他认为这种伦理宗教是建立在幼稚的设想基础上的。
[243][页边注]他提出了伦理宗教中包含哪个最高的劝诫，以及它是怎样被证明的。他发现爱是最高的劝诫。从上天是爱和上天向人类播撒爱可以推导出人必须兼爱。
[244][福尔柯，《墨翟》，第 244 页及其后。]
[245][页边注]墨子是这样超越孔子的，他主张对所有人施以同等的爱，而孔子注重的则是每个人应该尽到自己自然的义务……至于他要求人们对周围的人施以友善的关怀，也是出于理性的考虑。但他并不认为对邻人之爱是构成人与人之间的有序生活的基础。
[246] 有关孔子的友善关怀的主张见第[90 页及其后]。
[247][引文出处同上。]第 245 页。
[248][H.]哈克曼，[《中国哲学》，]第 116 页。
[页边注][新稿脚注 245：]即使孔子也要求人们对他人施以友善的关怀。这对他来说是真正的人性的体现。对他来说仁就是……[比较下一章节的正文。]
[249][页边注]并且是他们认为有必要去斗争的人。
[250][福尔柯引文出处同上，第 246 页。]
[251][引文出处同上，第 173 页(见前面第 113 页)，第 317 页。]
[252][页边注]爱的思想在中国思想中破土而出了。是宗教。——但孔子[则是]更为深刻的[……]。根本未[提及]任何的伦理的人格主体。爱只是一种使人共处的工具。很幼稚。很不成熟。缺乏内在性。
[253][在提及的地方有一些暗指，福尔柯，第 173 页(比较：上面脚注 251)：那些爱和帮助他人的人的幸福。这一处在 1937 年稿的第一部分中也被引用，第 216 页下面，脚注 158。]
[254][比较：相关内容见 1937 年稿第一部分，第 219 页。]
[页边注]他指责孔子把事件的发生看成宿命的结果，而不是天帝。
[255] 实际上守孝的时间并不是整整三年，而是 27 个月。关于孔子的观点请看第[88 页]。

[256] 福尔柯，《墨翟》，第 178 页。
[257] [引文出处同上]第 260 页。
[258] [页边注]《墨子》章节的记数：福尔柯：逻辑学研究第 40—45 章[逻辑学，第 372 页：辩证法……关于逻辑、自然科学和伦理学问题]，虽然通常[这里会提及]第 32—37 章。
[259] [那些(被看成伪传的)篇章 XXVIII—XXXIII 都不包含在卫礼贤的版本中；那些引用的句子都在他的]引言第 XIX 页。[新版第 19 页及其后。缺少的篇章在 J.莱格，《东方圣典》，第 XL 册；以及在吉勒斯，见参考文献，第 345 页。]
[260] [“却”字是施韦泽加上去的。]
[261] 《庄子》导论(卫礼贤译)，第 XIX(第 19 页及其后)页。[根据这个填补了残缺手稿的文字。见 1937 年稿第一部分，第 197 页。]
[262] [“以这样的坚决”是用铅笔附加的。]
[263] [哈克曼，引文出处同上，第 154 页。]
[页边注]惠子(前 380—前 300)。[这些数据来源于福尔柯，《哲学》，第 427 页注释 8]。用语言战胜人。
[264] [福尔柯，《哲学》，第 436 页，注释 6。]
[265] 哈克曼[，《中国哲学》，]第 157 页及其后。
[266] 关于荀子，见哈克曼[引文出处同上]第 195 页及其后。
[267] [或者？]
[268] [关于王充，见哈克曼，引文出处同上，第 229 页及其后。]
[269] [E.V.]岑克尔，[II，第]123[页]；福尔柯，[《思想世界》，1927，第 149、]150 页。[《哲学》，第 450 页]。[关于王充，比较 1937 年稿第一部分，第 232 页。]
[270] [根据 1937 年稿第一部分，第 234 页补充了此句。]
[271] 见哈克曼[，《中国哲学》，]第 158 页；福尔柯[，《思想世界》，]第 178、200 页。
[272] 哈克曼[，《中国哲学》，]第 157 页及其后；福尔柯[，《思想世界》……]第 197 页[及其后]；[岑克尔，II，第 270 页]。
[273] [页边注]机会主义。
[274] [页边注][……]用益性的权衡——相对的。
[275] [页边注]管子(Kuang-tse)(应该是指管子，但拼写方法与其他地方不一致。——译者注)。
[276] 福尔柯，[《思想世界》]第 171、201 页；岑克尔[，I]，第 329 页；哈克曼[引文出处同上]第 157 页。
[277] [页边注]兰巴雷内，星期六，1940 年 1 月 20 日。夜晚，在皎洁的月光下。
[278] [比如 VII，2：“太古之人……故不为名所劝。”]
[279] [卫礼贤：完全。]
[280] [页边注]而是传诸后世。
[281] [《孟子》(孟轲)，卫礼贤译，耶拿，1921。]
[282] [手稿：]它。
[283] [比较：《孟子》，IVA，9 及注释 286(《孟子》，IIA，5)。]
[284] [见第 116 页及其后。]
[285] [卫礼贤：通往。]
[286] [这里应该还包括孟子的一段文章(《孟子》)IIA，5，施韦泽在阿尔萨斯·洛林家庭日历 1923 年第 9 页上引用的(卫礼贤译，1916)：]“通向(和平和)王道的五种途径。孟子说：‘尊贤使能，俊杰在位，则天下之士皆悦，而愿立于其朝矣；市，廛而不征，法而不廛，则天下之商皆悦，而愿藏于其市矣；关，讥而不征，则天下之旅皆悦，而愿出于其路矣；耕者，助而不税，则天下之农皆悦，而愿耕于其野矣；廛，无夫里之布，则天下之民皆悦，而愿为之氓矣。信能行此五者，则邻国之民仰之若父母矣……则无敌于天下。无敌于天下者，天吏也。然而不王者，未之有也。’”
[287] 关于孔子伦理的相互性见第[87、90 页及其后]。
[288] 关于在庄子的著作中提到他们的和平主义的立场见第[117]页。
[289] [这段引文用铅笔加上了括号。]
[290] [《孟子》，VIIA，1。]

[291][比较：《孟子》，VIA，10(结尾)，11。]
[292][《孟子》，VIIB，1。]
[293]这里指的五谷分别是米、稷、黍、麦和豆。
[294][《孟子》，VIIA，2："一切都是神的意志……"]
[295][克莱默斯评论："在孟子那里没有提到老子和庄子，可以解释为，老子和庄子的传统是后来的事情。相反，庄子没有提到孟子，也可以理解为，略为年长的孟子根本没有那么高的知名度和影响力。他实际上是直到宋代才被真正发现的。"]
[296]关于杨朱和他的学说，见第[121]页及其后。
[297]关于墨子和他的学说，见第[112]页及其后。
[298][页边注]看起来孟子对孔子伦理思想的发展是微小的。善意的关怀在他那里称为爱。
[299]关于这种限制，见第[75、91页]及其后。
[300][比较1937年稿第一部分，第230页下及其后。]
[301][页边注]……[孟子的]这个比希腊思想家的典型要高多少啊!
[302][页边注]柏拉图和亚里士多德并没有观察以一个自然的、包括整个民族的国家为出发点的文化国家典型。
[303][页边注]……对它来说不存在，因为这对孟子来说是理所当然的东西。
[304][页边注]兰巴雷内，1940年1月21日，星期天。
[305][页边注]星期一，1940年1月22日，兰巴雷内，牙痛。
[306][克莱默斯评论："这里忽略了荀子和他的学派的巨大影响，极有可能是因为后来宋代的新儒家思想的原因。包括汉代的儒生也被完全忽略，尽管他们对于儒家思想的构建在相当长的时间内起到了至关重要的作用。"]
[307][这个标题在手稿上被划掉了。下面用铅笔：]最终。
[页边注]兰巴雷内，1940年1月24日。
[308][页边注]……佛教在中国得以传播。
[309]格鲁塞(Grousset)，[《亚洲史》(*Histoire de l'Asie*)，II，]第196[页]，[注释1]。
[310][这一段落是以这样零散的句子开始的：]传播到中国及其邻国的佛教并不是佛陀创立的佛教，而是印度北部的晚期佛教，从中然后产生出[……]。[空缺：有些是手稿最下一行残缺的部分。]
[311][页边注]星期天，1940年1月28日，兰巴雷内。
[312][页边注]……它们赋予这个……一个很重要的意义。
[313][页边注]……这就可以解释，为什么中国思想在这里失去了对生命和世界肯定与否定两种观点之间本质区别的敏感觉察，并且友好地接受了佛教思想和对于本土思想来说完全陌生的僧侣生活的典型。
[314][克莱默斯评论："没有证据[存在]来支持认为老子生于孔子或者孔子前的时代的猜测。对于他的生平，我们几乎一无所知——有的人甚至猜测存在着一个作者群。"]
[315][页边注]道家不代表具体的、明确可见的伦理思想……
[316][页边注]……和充满激情的。
[317][页边注]以一种深层次的关于世界的思想……
[318][页下边缘注]慷慨的和外来的。
[319][页边注]……这被看成两个佛教法师……受到了皇帝的召唤……来到他的宫中，并传到中原来的。
[320]关于对阿弥陀佛的信仰见[A.施韦泽，《印度思想家》，在第VII—IX章有多处提及]。
[321][关于达摩祖师参见同上，VIII和]格鲁塞，II，第105[页]。
[322][H.]哈克曼，[《中国哲学》，]第276[页]。
[323][E.V.]岑克尔，II，第59[页][及其后]。
[324][关于中国佛教的章节部分地是对A.施韦泽《印度思想家》中详尽的第VII、VIII章的重复。]
[325][页边注]格鲁塞，[《亚洲史》，I，]第91[页](基督教在波斯)。
[326]波斯哲学，[同上，第]160页。
[327]萨珊王朝和涅斯特利派，[同上第]106页。
[328][页边注]为了能依靠他们。

[329] [Alopen(《宗教的历史和今天》, I, 图宾根, 1909, 《中国》, Sp.1670)。]

[330] [渥依特抄本的修正：Si-an-fu。根据格鲁塞，《亚洲史》, II, 第 275 页：Singan-fou。(后一种写法施韦泽在括号中引用了。)]

[331] [见注释 330。]

[332] 格鲁塞[《亚洲史》, II], 第 275[页]。

[333] 关于这场迫害，见第[138]页。

[334] [页边注]并且在那里，基督教取得了巨大的成功。

[335] [页边注]……于唐代，694 年，来到中国。[格鲁塞，]II, 第 272 页。[页下边缘：]摩尼教徒[格鲁塞，]I, 90。

[336] [页边注]在萨珊王朝统治结束后。[格鲁塞，]II, 第[271、]272 页。

[337] [或者(不清楚)：]von。

[338] [页边注]……不再作为初级的、自在的原存在物来理解……

[339] [页边注]这是由于通过佛教而产生的关于存在的来源和方式的基本问题而要求的。

[340] [页边注]心理学：佛教。

[341] [页边注]因此他可以依据《易经》中这段提到了太极的谜一样的文字，此外太极在这本书中并不是一个前提性的概念。[H.哈克曼，《哲学》, 第 315、333 页及其后；《东方圣典》, 第 XVI 卷，第 372 页(伟大的终点)；卫礼贤，《易经》, 慕尼黑，1956, 第 295 页 § 5(伟大的起始)。]

[342] [该行上面铅笔批注：]看到这里需要完善……[也有可能是指在注释 341 中提到的位置。]

[343] 关于老子和孔子对道理解的区别，见第[99]页及其后。

[页边注]Tchi 是气的意思[哈克曼引文出处同上]第 334[页]。[对此，W.格吕埃尔：这可能是错误的理解。是在讲气和理的时候才应用到这个。](施韦泽读到的是拉丁化的中文概念，他看到的太极写作 Tai Tchi，朱熹的理和气分别写作 Li 和 Tchi。这里有可能是施氏误将两个都拼写作 Tchi 的概念混为一谈，所以在这里加上了错误的页边注。正文中太极以及理和气也在后面给出了拉丁化名称，读者可自行对比。——译者注)

[344] 关于在自然中存在的神秘的对应关系，见第[68]页及其后。

[345] [……无价值且无方向。引自岑克尔，]II, 第 226[页]。

[346] 见福尔柯[,《思想世界》,]第 64[页]。

[347] [页边注，在下面，该页的下边缘：]气心(khi-hsin)[……]岑克尔，II, 第 250 页：[个体的存在、个人及自我是精神和物质相结合的产物，一个一次性的、完全特别的生命现象；所有的事物都是这样的个别现象。还包括天和地，宇宙都有着它的精神(心，hsin)和它的物质(气，khi)。万物皆有生命和意识，万物有感情和爱。][赋予万物以生命的]天地的精神是爱。[人则天生获得了天地的这种精神，并且也由此获得了生命。]

[348] [页边注][后继文字的前稿：]朱熹在本来的体系中给予了物质一个根本的意义，这在既往的中国思想史上是从未有过的。他这样做的原因是想使世界的伦理性和非伦理性变得易于理解。理被当成一个完全伦理和精神的强力。即使这样，他仍然是个革新者。在以往的中国思想中，自然性在伦理性中终结，而他却扬弃了两者的区别，并基于理的观念主张伦理性在一切自然中仍然是寻求自我实现的。现在就产生了为什么伦理性在自然中不能完全自我实现的问题。朱熹通过物质的本质来解释。就像所有的事物和生灵中都存在理一样，它们当中也存在着气。气作为产生出物质的力量的概念与伦理性并不敌对，但物质对于伦理性是持一种无所谓的态度。因此物质就是一种阻碍的力量。精神和伦理在一切事物中以同样的方式存在，但是能感知到的强度却因其在事物中存在的种类不同而不尽相同。人具有的精神作为伦理的精神存在于万物和一切生灵当中。[“生灵”被划掉了，然后又用了写得不清楚的词补上。]

[349] [比较：岑克尔，II, 第 260 页及其后。]

[350] [页边注]星期三，1940 年 1 月 31 日，兰巴雷内。

[351] [根据渥依特抄本修改，手稿]Wang an schi。

[352] [页边注]哈克曼，第 314[页]。[哈克曼标注的王安石的出生年代为 1021 年(第 313 页)。]

[353] [见注释 352。]

[354] [页边注]同时他们也认为，国家可以在一般认为的善恶标准之上去做出决定。

[355] 关于卫鞅、鬼谷子和韩非子见第[119]页及其后。

[356] [页边注]王安石认可传统的善恶和是非的观念。这些对他来说不是相对的、由国家来任意规定的。他只想……

[357] [首先，部分修改：]只有通过普遍的……而不是通过法律和……

[358] [页边注]在最近的时期。

[359] [根据渥依特的抄本铅笔修改，原稿]Wang Yang Ming[根据岑克尔，II，第 283 页]。

[360] 关于老子对从经验体验中获得的认识的蔑视，参见第[97]页。

[页边注]兰巴雷内，1940 年 2 月 6 日。

[361] [页边注]他想用比较客观的方法来确定伦理的本质。同时却不自觉地……

[362] [哈克曼，《中国哲学》，第 369 页。关于王阳明的章节主要参照该书。]

[363] [页边注]……没有正确地理解。

[364] 关于涅斯特利教派见[第 139 页及其后]。涅斯特利教派和罗马天主教会认为耶稣有一个人性的和一个神性的本质。而希腊拜占庭教会则认为耶稣不具有人性的本质。

[365] [在手稿上用红笔加了：](？)[用铅笔注：]是[过去的畏兀儿都]城[蒙古大汗的住地]。

[366] 见格鲁塞，III，第 55 页[第 53 页]。

[367] [页边注][由于]给予佛教过多的优先权，元朝的皇帝失去了民众的认同。

[368] 格鲁塞，III，第 84[页]。

[369] [K.]霍依斯(Heussi)，[《教会史录》]第 273[页]，[第 3 版，图宾根，1913：257i § 88v；第 10 版，1949：§ 64p]。格鲁塞，III，第 89[页]。

[370] [见注释 369。]

[371] 格鲁塞，III，第 90[页]。

[372] [被划去：]在小亚细亚和叙利亚。

[373] [在上面：](Houlou)。

[374] 塞尔柱人 11 世纪初离开他们原有的巴尔喀什湖(Balkasch-See)西进，并且在那个时候他们放弃了涅斯特利派基督教，而改信伊斯兰教。11—12 世纪时，他们占领了波斯的大部分地区以及几乎整个小亚细亚。由于他们的原因，伊斯兰教入主了小亚细亚。

[375] 马穆鲁克人是起源于俄罗斯南部信奉伊斯兰教的骑士，他们是埃及苏丹的雇佣军。在路易九世(Ludwig IX)1249 年进军开罗的时候，埃及苏丹萨利赫(Es Saleh)去世，马穆鲁克人夺取了埃及和叙利亚的政权。(格鲁塞，I，第 253 页。)

[376] [整个段落在手稿上是用过去时来书写的。但用铅笔注明：]要把这一段改成现在时的描写。

[377] [页边注]星期二，1940 年 2 月 6 日，兰巴雷内。

[378] [页边注]……这个[……]被称为元(Yüan)，……[卫礼贤，《中国哲学》，第 124 页。哈克曼，《中国哲学》，第 356 页：元朝]。

[379] [根据渥依特抄本改正。手稿：]Hang We。

[克莱默斯评论："明代的开国皇帝名叫朱元璋。他统治时期的年号被称为洪武，这是中国历史上称呼皇帝的习惯。"]

[380] [先(划去，然后重新在上面写道)：]统治者。

[381] [页边注]非正统的。

[382] 见第[149]页。

[383] [根据渥依特抄本修改。手稿：]Wang Li。

[384] 弗朗茨·克萨威尔(Franz Xavier)神父 1549 年以来在日本传教，1552 年在广东省附近死于来中国的途中。[K.霍依斯，第 4 版，1919，第]458[页]。——岑克尔，II，第 303[页]。

[385] [根据渥依特抄本改正。手稿：]Hoai Tsung。

[克莱默斯评论："在这里指的是思宗(庙号)或者按其年号叫作崇祯。"]

[386] [渥依特抄本中的铅笔注：格鲁塞：1633。比较格鲁塞关于汤若望：III，第

305 页。(这里没有给出具体的年代。)]

[387] [页边注]……使之变得可以接受。

[388] [比较注释 385。]

[389] [根据渥依特抄本修改。手稿：Hoai Tsung。见注释 385 及克莱默斯评论。]

[390] 见[K.]霍依斯，[第 4 版，1919，]第 512[页]，习俗的问题[第 10 版，1949：§100e]。

[391] [页边注 F.]默克尔，《[17 世纪和 18 世纪的]中国和西方国家》，第[129]、131、[133]页[见参考文献]。

[392] [转引自]默克尔，[引文出处同上]第 130[页]。

[393] [默克尔，引文出处同上，第 131 页：孔夫子的伦理观和他自己的差别不大。]

[394] [默克尔，引文出处同上，第 133 页："……他认为在他的时代精神中创造出了一个完全理性证成的道德学说，它不需要宗教的表达方式而完全直接地扎根于人们的精神之中……他将孔子抬升到一位真正的圣人的地位，因为他不需要神迹、表明和神甫就将一个存在了几百年的国家伦理引入了生活中。"]

[395] [默克尔，引文出处同上，第 135 页。]

[396] [圣谕的译文见]岑克尔，II[，第 305 页及其后]。

[页边注]爱亲属，平和待人，举止文明，勤奋工作，忠于职守，重视教育，并且以最好的方式为国家效力。

[397] [比较施韦泽，《印度思想家》，第 III 章(开头，关于印度文献最古老的产物)以第 VI 章(来自关于通俗伦理的演讲的引文)。]

[398] 岑克尔，II，第[306]页。

[399] [岑克尔，II，第 308 页及其后]。

[400] 岑克尔，II，第 309[页]。

[401] [页边注]兰巴雷内，1940 年 2 月 7 日。小旱季(Petite saison seche)。

[402] 完整的标题叫作《太上感应篇》。太上(崇高者)是对老子的尊称。斯坦尼斯拉斯·尤里安(Stanislas Julien)，《得失录》，巴黎，1835，第 I 页，注释 I。[下面引用的引文(其中明显是 A.施韦泽自己译成了德语)与原著相符合。关于该著作比较]岑克尔，II，第 65、155 页及其后。[在那里还提及了另外的版本。]

与《感应篇》同时代的还有在民间广为流传的《阴骘文》，[关于平静之路的小册子，附中文评论的精华(*The Tract of the Quiet Way*, with extracts from the Chinese commentary)，T.铃木(Suzuki)和 P.卡鲁斯(Carus)译，芝加哥，1906，]其中也包含指引人们正确行为的内容。在这本小册子中也表达了综合佛教、道教以及儒家思想于一体的思想精神。

[比较]岑克尔，II，第 65 页。

[403] [手稿：]写得最广泛[指的当然是通过抄本传播最为广泛]并且被阅读得最多……

[404] [比较，比如尤里安，第 5 页。]

[405] [尤里安的版本不仅含有解释，还包括了小故事。]

[406] [比较尤里安，第 6 页。]

[页边注]在每句话附着的小故事中每次都以实例来展现了主人公因为善的或者恶的行为而遇到了好的或者坏的报应。

[407] [尤里安，第 31、130、133 页。]

[408] 关于中国伦理中的因果报应理论见[第 69 页]及其后。

[409] [手稿：]在瓦的缝中和在石块的缝隙中。[尤里安：les interstices des tuiles et des pierres。]

[410] [页边注]兰巴雷内。星期一，1940 年 2 月 12 日。

[411] [根据 H.哈克曼，《道士三百戒》，阿姆斯特丹，1931，第 8 页及其后。]

[412] [克莱默斯评论："就像前面曾经说过的一样：时间排序的困难。施韦泽一定是研究了福尔柯的《中国哲学史》。福尔柯采纳了一些中国学者的观点，认为以一位名人命名的文献是后人重新整理的，但这些思想无疑是晏子本人提出来的。但是把自己的想法假托到一位古代的圣贤身上的传统在中国古代非常常见。"]

[413] 关于中国古代伦理思想中对待生灵的行为见第 69、75 页及其后，有关孔子：第 91 页；晏子：第 75 页；列子：第 98 页，第 104 页；[庄子：第 98 页；]惠子：第

118 页；孟子：第 132 页；朱熹：第 146 页及其后。[另见《世界宗教中的人和创造物》，中国章节。]

[414] [页边注]扭转到对生命及世界的肯定观上……

[415] 从一开始在老子思想中就不是……

[416] [页边注]这些中国思想家的伟大在于，他们不仅简单地宣讲这种伦理的对生命及世界的肯定观，而且还促使每个人能够通过反思自我和世界不断地重新确信这种观点。

[417] [页边注]它假设存在一个非常一般的世界秩序，人们因其伦理的行为而和它保持和谐一致。

[418] [页边注]按它的基本思想是不会衰老的。任何一种新的世界观的出现，无论以什么样的方式，都不会给它带来任何的困难。

[419] [页边注]伦理性早就已经存在于人的本质当中。他从对自身的反思中将之看成一种他应尽的义务。伦理性[对于]中国思想来说是自然的存在和人的行为。中国伦理思想让人去思考一切支配[表示与这相关]他对自己以及对他人的行为的问题。

[420] [页边注]发展到包括各民族的人类。

[421] [页边注][在正文中划去：]通过对伦理领域的无穷性的研究[(正文)发现并研究伦理的全部领域]，中国思想从一开始到今天都走在欧洲的前面。

[422] [页边注]它是多么超越，至今已经达到了这样的地步，终极问题就摆在眼前!

[423] [页边注]兰巴雷内，星期五，1940 年 2 月 16 日。

[424] 岑克尔，II，第 312 页。[由湖南保守派的儒生策动的长江峡谷中的动荡。]

[425] 关于这个见[第 93]页。[(第二章的结束部分。)]

[426] [根据渥依特抄本。手稿：]Hung Siu Tsuen。

[427] 辜鸿铭(Ku Hung Ming)[手稿：Ku Hung Min，]40，144。[《中国对于西方思想之反抗》，耶拿，1911。]

[428] [根据渥依特抄本。手稿：]Khang Yu-Wei[根据岑克尔，II，第 317 页]。

[429] [根据渥依特抄本。手稿(根据岑克尔，II，第 317 页)：]Tzu-Hsi。

[430] Ku Hung Ming[手稿：Ku Hung Ming][引文出处同上，]第 67[页]。

[431] 岑克尔，II，第 313[页][：Wen Tschian]。

[432] 岑克尔，II，第 313 页。Ku Hung Ming，[引文出处同上，]147；第 46[页及其后]。

[433] [手稿：]Khang Yu-Wei[见注释 428]。

[434] 岑克尔，II，第 317[页]及其后；卫礼贤，[《中国哲学》]第 117[页]。

[435] [根据渥依特抄本。手稿(根据岑克尔，II，第 323 页)：]Hu-shi。对此，W.格律尔(Glüer)：Hu-shi 用连字符是错误的，因为“胡”是姓，而“适”是名。

[436] 关于墨子见[第 112 页及其后]。[关于胡适(Hu Schi，Hu-shi)：岑克尔，II，第 322—327 页。]

[437] 关于王阳明见[第 149 页及其后]。[另见 H.哈克曼，《中国哲学》，第 373 页。]

[438] [页边注]不仅是对于作为的心理态度[，而且在于思想]本身行动起来[，自己]站起来。

[439] [页边注]摒弃单一性。

[440] [页边注]兰巴雷内，1940 年 2 月 21 日。在短暂的干旱季节后的真正的第一场降雨。

[441] [手稿的最后一页部分被损坏了，两个角被撕掉了，所以有一些文字缺失。可以根据同时期的草案的内容来填补最后这一段当中的空缺。]

[页边注]在此我暂时先放下“人类思想史”的工作，为了能够制定“敬畏生命的哲学”的草案。A.施韦泽。

中国思想[1] 177

（1937 年第一稿）

［关于中文的前言］[2]

中国思想是以一种很独特的方式受到中文的拘泥与不灵活[3]的影响的。

在中文当中所有的单词都是单音节的。由于单音节的词的个数是有限的，而每个词都有着很多意思，所以只能通过巧妙地配以不同的音调来把它们区分开来。

复合词或者新词的创造在中文中是不可能的。

中文还没有真正意义上的语法。在中文中没有字形的曲折变化，名词、形容词和动词无法从形式上区分，而且也没有主语与谓语之间的一致性关系。它只是把单词逐一地排列起来。对某一个特定意思的表述只是非常不完善地得到了表达。

语言的不灵活性来源于文字的不灵活性。中文不是由字母组成、再由字母组成单词的声音，而是由汉字组成，每个汉字代表了一个单词。[4]

在中文中不仅不可能发展出新的复合词和新词来表达发展出来的

新的思想，而且一个词和一个句子的意义也无法按其需要的方式来进行更为严格的限定。这意味着多大的障碍呢，我们只需要去想一下希
178 腊语的表达方式达到了一种极高的清晰程度，柏拉图和亚里士多德面对语言和词汇所能给予的最大的可能性，最大限度地利用了它们。

德语也是这样一种人们可以不断对其进行创造性发挥的语言，它在哲学方面的表述要比法语和英语好得多。

中文给中国思想带来的难以处理概念的这个问题从某种意义上讲不是单纯的缺点，而是一个好处。它保证概念总是代替着一个实际的具体位置，并且不至于在抽象中迷失。[5]

只谈世界观中的根本问题，而不去讨论人为创造的抽象概念，构成了中国思想的一大特点和一个良好的倾向。

［古老的传统文献］

中国伟大的思想家共同立足于一个已经成型的存在观，它是自上古流传下来的，存在于古代的传承的文献之中。

这些传统文献中最重要的是《易经》《诗经》和《书经》，它们中最古老的部分可以追溯到前1200年左右。[6]

按照[7]古代中国的存在观，一切存在都是从存在的根本原则“道”当中产生出来的。道在两种原力量——阴和阳——中起作用。属阳的有天、热、光、精神、男性的（创造性的）；属阴的则有地、寒、暗、物质、女性的（接受的）。

所有的存在都处在两种原力量相互作用而产生的变化之中。由于两种原力量在道当中融为一体，[8]所以它们的相互作用是和谐。[9]

在《易经》中，阳被用一条不间断的线条（—）表示，而阴则用一

个间断的线条(--)来表达。这些连续或者间断的线条取决于蓍茎是连续的还是断开的,这和进行有预示性的占卜[10]时的抓阄,并取得有预示性的组合是一样的道理。在《易经》这本占卜之书中用两组线条组成的四种可能、三组线条组成的八种可能,以及六组线条组成的二十四种可能 * 都[11]分别代表了在自然现象以及人类社会中出现的两种原力量交互作用的形式以及由此可能出现的现象和状况。 179

四种两组线条的组合“⚌ ⚏ ⚍ ⚎”分别代表了太阳和夏天,月亮和冬天,星辰和春天,行星和秋天。而八卦的前四卦“☰ ☷ ☳ ☵”分别表示创造者和天,接受者和地,震动者和雷,边缘和水。

按照预言术的传统对由六组线条组成的各种组合的阐释,在我们的概念中就当然更为复杂以至于变得不可理解。

光明和黑暗在中国思想中并不像在查拉图斯特拉教、犹太教以及基督教当中那样被理解成是善和恶的一对对立。[12]它们是一起的:在所有的事物中它们都作为两种原力量而统一。它们以成熟的方式相互交织存在于活生生的存在物之中,而最成熟的方式则是存在于人的身上。

在作为最高级的创造物人的身上,道以最高的方式获得表达。通过在他身上存在着的道,他获得了理解在世界中施加影响的力量的能力。并且人要通过做出符合道的行为来实现自身存在的意义。[13]

基于对两种原力量交互处于和谐之中,并以有意义的方式在世界中施加影响的假设,古代中国人的世界观有着非常明显的对生命与世界持肯定观的特色,所以它敢于要求人们在道的意义上能够有所

* 疑为施韦泽的错误,应该为六十四种可能。——译者注

作为。[14]

由于自然现象和人的行为受到同一个道的支配，所以在中国思想家看来，两者就有着一种内在的联系，以至于人的行为当中如果缺失能够影响到自然的法则还会产生阻碍自然现象的正常发生的后果。[15]

180 3世纪*吕不韦著名的《吕氏春秋》一书采用了很多古代的、[16]已经散失的内容，其中表达了奉献牺牲、着装、饮食和每个月份应做之事以及必须遵守的秩序。[17]其中每次都会提到，[18]如果在某个月份人们错误地遵守了另外一个月份的秩序，自然界就会出现什么样的无序的状况。

中国伦理思想中还存在着一种观点认为，人的符合伦理的行为必然会带来幸福的生活。这种观念也是建立在人的行为和自然界的现象之间存在着某种内存联系的前提之上的。这里的思想要比简单的因果循环的思想更为深刻。[19]

古代中国的宗教[20]信仰供奉祖先，[21]在山川、河流、云彩和风中存在的自然灵，星辰和天地。自然灵、星辰和天地并没有被想象成是具有人的形象的神灵，而是一种非人格的力量。只有天在某些时候——比如哲学家墨子就特别这样强调——被理解成一个仁慈的主神。中国宗教中的伦理一神论没有能够得以确立的原因在于道的学说阻碍了它的发展。

[膜拜祖先]

对祖先的供奉表达出了中国宗教信仰是认为死去的人灵魂是不灭的。灵魂被理解为属于阳。但关于一个灵魂不朽的完整学说则并不存在。

181 本质上讲，中国古代的民间宗教相对于个人则更多是由国家、地

---

* 应为前3世纪。——译者注

方和家族进行某种宗教仪式。[22]这和个人维护以及满足个人信仰上的虔诚是毫无关系的。[23]

与道合为一体的神秘主义，既包括建立在对魔法的设想上的原始道教，也包括以老子[24]及其后来者为代表的道家思想更重视个人信仰的宗教的意义。脱胎于原始的法术修炼的道教作为一种民间宗教和高度精神化的道家思想并行发展。

孔子及其后来者保持着和道家神秘主义的距离，尽管他们也承认道家关于存在的学说。[25]对他们来说，个人的信仰虔诚的地位被伦理所取代。[26]

中国伟大的思想活跃于一个帝国走向崩溃的时代。大约于前1046年建立起来的周朝从前8世纪开始已经无力维持帝国范围内的原有秩序。周天子无力阻止分封而建立的各个国家纷纷独立并相互征战。

前221年，在混乱局面持续了几百年之后，秦国的国君终于战胜了其他的诸侯，重新将整个国家纳入了他的统治之中，[27]并且他给自己命名为始皇帝(Schi-Huan-Tsi)，拥有了皇帝的称号。他驱赶走了原来的封建诸侯，将整个国家分成了36个郡，然后派官吏去管理这些地方。中国从一个分封而建的国家变成了一个官吏管理的国家。

为了防止匈奴人的进犯，始皇帝又修建了长城。

[焚书] 182

因为上古的经典文献中记载的传统是反对始皇帝所推行的改革的，因此他于前213年下令焚烧一切国家和私人藏书。只有那些有关医学和占卜的书籍以及秦国国家档案馆中的资料得以幸免。[28]关于这次焚书行为，我们是从出生于五十年后的史学家司马迁那里了解到的。

在秦始皇死后，因为他的后继者非常无能，所以汉朝的君主接替他登上了皇位。在汉朝统治下，中国进入了一个新的繁荣时期。[29]

[老子、列子、庄子的新的繁荣]

老子是比孔子年长的同时代人。

老子姓李。列子和庄子称他为老聃(老师，聃，字面意思是大耳朵)。老子的名字来源于史学家司马迁，我们今天能读到的不多的关于老子的文字都出于他的手笔。

根据这些文字的记载，老子曾经在洛阳任周天子的档案管理员。他看到了王朝不可挽回的衰败，就辞职离开了国都，向西方而去。在通过周朝边境的函谷关时，边关的守卫尹喜留老子住宿，并要求他留下一些关于他的学说的文字。应尹喜的要求，老子写了一篇关于道和德的五千字的文章。他的目的是隐居。至于后来老子往西去了什么地方，又死在哪里，无从考证。

“经”[30]是一种常见的对于经典文献的称呼。“德”是本质、生命、影响力的意思。《道德经》是道和(道的意义上的)生命之书。

《道德经》不一定是老子本人写的。它更有可能是一些在他身边的年轻人对他的箴言[31]的记录。[32]

183 列子生活在大约前450年至前375年。以他的名字命名的著作中包含很多小故事，它们都是以与道合为一体的学说为主题的。

庄子，比列子更为重要的道家代表人物，生活在前369年至前286年，当然也可能更迟一些，也就是说，他是一个比亚里士多德岁数略小的同时代人。他在年轻时短暂地担任了一个小官职后，就隐居起来传授弟子。他很长时间逗留在魏国的都城梁。[33]

在名为《庄子》的著作中，有一系列的小片段是出自他本人之手；其他一些重要性次之的则可能出自他学生之手。

和列子一样，庄子也主要是用寓言故事来表达他的思想。

很明显，可以看出老子、列子以及庄子所代表的与道合为一体的神秘主义思想是发端于一种原始的魔法的神秘主义。在他们的著作中可以找到一些奇怪的文字，根据这些文字的记载，人可以通过与道完全合为一体来达到拥有超自然的力量的能力。

老子《道德经》：

“盖闻：

善摄生者，

陆行不遇兕虎，

入军不被甲兵；

兕无所投其角。

虎无所用其爪，

兵无所容其刃。

夫何故？

以其无死地。”(第 50 章)[34]

列子反复强调，达到了真正的完善的人或者是那些就像他讲的像一个质朴的农民一样无知的人能够入水而不被淹死，能够在火中穿行而不烧伤，能够跳下悬崖而不摔伤，能够在云中御风而行。他还描述了人通过道能够掌握这样的力量，用音乐来使空中的飞鸟落地，能让鱼从水中跳出，能让四季互换，能让飘浮的云朵停住。[35]

从《庄子》中摘录：

“若夫乘天地之正，而御六气之辨，以游无穷者，彼且恶乎待 184
哉。”(I, 1)[36]

“古之真人……登高不慄，入水不濡，入火不热。是知之能登假于道者也若此。”(VI, 1)

> 庄子还在书中提到，列子可以御风而行，在《列子》中一段他和其学生的对话也是以此为前提的。（《列子》，II，3；第 12 页[1981 年版：第 49 页及其后]）

为了使本来的魔法神秘主义相应地精神化，老子、列子和庄子仅赋予了与道合为一体带来的这些身体上的作用一个次要的地位。

列子就表达了这样的看法，他不允许那些达到了完善的人去使用那些他们已经具备了的超自然的能力。

> 子夏对魏文侯说，他听夫子说过，那些得道之人，不能为任何外物所伤，可以游金石，蹈水火。“夫子奚不为之？”魏文侯就问道。子夏说：“夫子能之而能不为者也。”（《列子》，II，12；第 21 页[61]）[37]
>
> “老成子……憣校四时；冬起雷，夏造冰。飞者走，走者飞。终身不箸其术，故世莫传焉。”（《列子》，III，2；第 32 页[76]）[38]
>
> “善为化者，其道密庸，其功同人。”（《列子》，III，3；第 32 页[76]）

与道合为一体的原始神秘主义不是从老子开始才得以精神化的。他已经有先驱者了，生活在老子之前的邓子就已经以和《道德经》中相类似的方式来阐述道和无为的思想了。[39]

在老子那里，一个正在进行的过程得以终结。老子作为一个思想家和一个诗人以伟大的方式阐发了这样的思想，即每个个体应当在与元原则的和谐中来度过他的人生。

185 列子的道家思想则更为古老，他的思想却还未达到老子的发展程度。

庄子的作品则看起来更像是由一个独立的思想家[40]对《道德经》做出的解释和补充。其中有对命运、生和死以及自我的问题的细致探讨。在一个类似后记的地方，庄子自己将他的作品定义为："寓言十九，重言十七。"（XXVII，1，第 207 页）[41]

[道家神秘主义]

和所有的神秘主义思想一样，道家思想也是一种自然哲学。在其中，世界对于每个人一样，[42]每个人在无止境的世界存在中试图理解自我，以期在同世界的精神合一中去经历自身的存在。

就像斯多葛派或者现代哲学所做的那样，试图通过经验的实例来证成自然的本质在道家思想那里是不存在的。[43]试图从外部进入内部在道家思想看来是一条从一开始就注定没有前途的道路。世界的精神本质在他们看来只能通过直觉由人自己的内在的本质来把握。

所谓的道[44]，按老子、列子和庄子的话来讲，是无法用言语来 186
表达的。人们只能说，任何由感性世界以及人的存在而来的假设都无法适用在它的身上。这就是一个神秘的东西，[45]人们都能够感受到它，但却永远无法直接地将它表达出来。[46]

为了能够感知最深度内在性的东西，人们必须放弃惯常的感性世界的行为方式。他要放弃自然的求知欲。只有当他不再用感性世界的外物来干扰自己的时候，才是完全的自我，也才有能力[47]去领会他本质中最深度内在性的东西。从他自身本质的最深度内在性他才能体验世界本质的最深度内在性，通过自身达到的道的状态来领悟世界的道的状态。

列子和庄子在寓言故事中一再描述了达到道的状态必需的内在性、沉醉、封闭、集中和单纯。

列子举了相马者伯乐的例子来说明完全关注观察事情内在本质的道理。伯乐要为秦穆公找到秦国最好的马。六个月后，伯乐回来，并且向秦穆公报告，说最好的马已经找到了，是一匹黄色的母马。结果人们把他所指的那匹马牵来一看，其实是一匹黑色的公马。这位相马者已经如此习惯于将他的视线集中到事物的内在，而一切外表的东西都已经被他忽略掉了（《列子》，VIII，15，第 100 页及其后）。[48]

与道合为一体：

“正言若反。”(《老子》,78)

“古之善为士者，微妙玄通。”(《老子》,15)

“知常曰明。不知常，妄作凶。”(《老子》,16)

“不出户知天下。不窥牖见天道。其出弥远，其知弥少。”(《老子》,47)

“欲若道而用视听形智以求之，弗当矣……唯默而得之而性成之者得之。”(《列子》,IV，15)

“道不可言，言而非也。”[49](《庄子》,XXII，6)[50]

187 “可得而不可见；自本自根，[51]未有天地，自古以固存；神鬼神帝，生天生地。”(《庄子》,VI，1)[52]

[忘我的癫狂状态]

在道家神秘主义中并没有真正的对世界和自然现象的研究。人对于自己和无穷尽的存在[53]的行为方式是由对忘我的癫狂状态的体验来决定的。[54]

婆罗门思想很显然是受了癫狂体验的影响。古代婆罗门教徒不断地鼓吹这种脱离现实世界的状态并且试图告诉大家如何进入这样的状态。[55]

在道家思想家那里，身体上的灵魂出窍已经几乎没有太大作用。然而庄子还是记录了孔子去拜访老子的时候，发现他正处于一种极度兴奋的状态，就好像他已经离开了世界一样(《庄子》，XXI，4)；此外他还描述了要达到与道合为一体时必需的一种意念集中的状态，[56]就好像精神处于身体之外，徘徊于无意识之中(VI，7；XI，4)。[57]然而忘我的癫狂状态在道家神秘主义中如同超自然的神奇力量一样，与其说是一种现实，不如说是一种回忆。[58]然而在神秘主义思想的起源，它曾经起过非常重要的作用。

如同[59]一切原始神秘主义一样，道家神秘主义的起源也是充满 188
神秘色彩的事件。人可以短时间地从自然的自我存在状态中超越出来并体验一种优于现实世界的感觉。[60]这样的神秘事件会给人们一种存在着超自然物的世界观，并且人们可以通过这个超自然物来获得[61]超自然的能力。[62]

后来的道家思想家从对忘我的癫狂状态的体验的原始阐释中发展出了一种更高程度的神秘主义思想，它认为人们并不必然和感性世界保持着自然的联系性，而应该不断地保持一种在精神上进入超感性的存在方式的本质。[63]而对于忘我癫狂体验的印象又使得更深一步的道家神秘主义产生了一种对真实的、更高层次的人生的理想。这是对忘我癫狂体验的一种精神化。在这种精神化了的、持续状态的忘我体验的影响下，突然的癫狂体验失去了意义。这就是为什么在老子及其后来者的神秘主义思想，不再强调原始的忘我癫狂体验，尽管道家神秘主义是由癫狂体验的思想发展而来的。

在高度精神化的道家神秘主义中，无为思想有着重要的意义，这来源于对忘我癫狂体验的评价。因为人在游离于现实世界的状态中就是一种无为的状态，所以无为自然地被视作一种更高层次的生活方式。[64]

本来无为的思想属于对生命及世界的否定观，就像受忘我的癫狂体验的影响而产生的思想一样，自然而然地也应该归属于这种世界观。忘我癫狂状态的本质在于，人处于其中的时候，感性世界的存在以及感性世界本身都归于虚无。

189 [婆罗门的忘我癫狂体验、道家的无为]

基于对忘我癫狂状态的思考，婆罗门教理所当然地到达了对生命及世界的否定观。他们把在忘我的癫狂状态中可以感知的非感性存在看成唯一真实的存在。而感性世界中的一切在他们看来则只是纯粹存在的一种毫无意义的表现方式，人在其中就如同一个陌生人。所以人要用一切方法，不仅通过无为，还通过严格的苦行和不断地进入癫狂状态的练习，来时刻准备着脱离感性世界，为的是在此生就能进入我们生前从那里来、死后将要回到的那个纯粹存在的状态。

道家思想家只承认了从对忘我癫狂状态中派生的无为思想，而没有承认对生命及世界的否定观。他们没有遵循他们面前的路一直走下去，而是依照对生命及世界的肯定观走了下去。同婆罗门教相比，老子及其思想内部存在着不一致性。他要将属于对生命及世界的否定观的无为思想同对生命及世界的肯定观结合起来，这是他的世界观根本上的一个巨大矛盾。

是什么阻止了老子及其思想像婆罗门教那样按照一种逻辑的发展方式去接受对生命及世界的否定观呢?

婆罗门教徒在印度没有遇到已经存在的高度发达的关于存在的思想，他们更无须考虑民众的质朴的对生命及世界的肯定观思想。他们自然有着一种作为教士和精英阶层的自我意识，并自豪地以寻求终极真理的感觉认为自己的思想相对于一切大众的观念是高高在上的。

对道家思想家来说，建筑在道的理念和阴阳两种原始自然力相互作用的原理上的对生命及世界的肯定观是既成事实，他们只有接受。他们无法像婆罗门教徒那样，直接采用从忘我癫狂体验中获取的世界观，并自然地选择对生命及世界的否定。

婆罗门思想由于对生命及世界的否定观而完全不自然；道家思想则一方面倡导无为的原则，一方面又试图把它和对生命及世界的肯定观相结合。

在列子和庄子那里，无为的思想被非常尖锐地表达出来，就好像 190
他们已经以对生命及世界的否定观为思想的出发点了。

> “至人居若死。”(《列子》,VI，9)
>
> “直寓六骸,象耳目。”(《庄子》,V，10)

然而真正的对生命及世界的否定观在列子和庄子那里，[65]其实和在老子那里一样少。对道家思想家来说，感性现实不像婆罗门教认为的那样只是纯粹存在的一个不真实的、无意义的幻象。他们一再假设，感性世界和超感性是有机的整体。超感性在道家思想中，不是在感性世界中以现象的方式表达出来，而是以某种有意义的方式在起着作用。[66]

道家思想家并不怀疑感性世界中的现实。[67]列子和庄子也没有怀疑这一点，尽管他们对梦中经历和现实经验的严格界定问题采取了不置可否的态度。在此他们其实只是想表达，人的认识能力是有限的。[68]

通过道家对于生死问题的看法，我们能够发现他们也是以对生命及世界的肯定观为思想基础的。根据道家的根本观念，生和死不过是变化，是在两种原始自然力(阴和阳)的相互作用下发生的变化。所以死既没有什么值得敬畏的，也没有什么好害怕的。[69]

> “死生同状。”(《庄子》,XII，4)
>
> “指穷于为薪,火传也,不知其尽也。”(《庄子》,III，4)[70]

"形，必终者也……

精神者，天之分；骨骸者，地之分……精神入其门，骨骸反其根，我尚我存。"[71]（《列子》，I，4）

191 "大哉死乎！君子息焉，小人伏焉。"（《列子》，I，7）

按照道家的根本逻辑，只有相互作用构成自我的阴和阳是永恒不灭的，而非自我本身。道家也认为，两种原始自然力在新的结合下还会有自我的某种继续存在。

子来在临死前躺在床上对子犁说："天地为大炉，以造化为大冶，恶乎往而不可哉！成然寐，蘧然觉。"他并没有期待，他的新生是一个人，而是让伟大的造物主按自己的意愿从他身上去创造出新的生灵。（《庄子》，VI，3）

这种新生的观点和印度思想中的转世投胎没有任何关系。[72]

道家神秘主义可以将自我问题当成一个不需要去解决的秘密置之不理。[73]对他们来说，重要的只是由两种原始自然力相互作用而构成的自我自然能够找到面对宇宙的正确的行为方式。《庄子》（VI，5）中就有这样的句子："庸讵知吾所谓吾之乎？"而婆罗门教、佛教就必须将自我的本质阐释清楚。[74]

道家思想家无一例外地选择中国思想中的对生命及世界的肯定观的重要原因还在于在他们身上没有体现出任何的苦行的倾向。

最后要提到的是，在道的理念中包含的有所作为的思想使他们无法采取对生命及世界的否定观。

他们由于一方面要遵守道的理念下的对生命和世界的肯定以及对

世界施加影响的观念，另一方面又要坚持从癫狂体验中来的无为原则，所以道家思想家最终形成了一个充满悖论的无为而治的设想。[75]

以他们的思想的出发点为前提，道家就不得不面对现象和行为之间的根本区别。

对生命及世界的否定观和伦理的对生命及世界的肯定观无须严肃 192
地面对人的行为怎样和自然现象联系起来的问题。对于对生命及世界的否定观，自然现象和人的行为两者都是无意义且毫无头绪的。伦理的对生命及世界的肯定观则认为存在一个至高无上的、朝向个体及社会的伦理上的圆满的行为，并且以此为出发点认为，这一行为符合管理着世间自然现象的创造性意志。

然而，无为的原则又禁止道家思想家承认伦理的行为是对生命及世界肯定观的一种更高级的方式。[76]他们通往伦理思想的道路被根本封死了。在他们引以为出发点的原始神秘主义中，伦理性是根本不起任何作用的。他们敢于承认在自然界中看不到任何符合人们所理解的伦理性的东西。“天地不仁，以万物为刍狗”，老子这样说(《道德经》，5)。

> 在奉献牺牲的仪式上需要很多用草编成的狗，在仪式结束后，它们就完成了使命，被抛在一边，无人过问。

因为道家思想家不能把伦理的对生命及世界的肯定观中产生的行为看成一种在更高级意义上对于自然现象有意义的行为，因此他们并不能形成真正意义上的对生命及世界的肯定观。在他们眼中，完美的人的行为不能带有任何目的性，因此他们必须认为人的行为以其自身的方式与自然现象有着最大限度的相似之处，或者符合自然现象，以图解决这一问题。[77]

世界中的现象的本质在他们看来不是由目的决定的，而是因为由道而和谐共处的两种原始自然力作用的结果，[78]另外这种力量以这样平静而含蓄的方式得到自我表达，并且起到如此神奇的效果。[79]

与道和谐相处，需要人们放弃一切有目的的行为，并致力于成为以平静而含蓄的方式管理着自然现象的道的器官。这一思想在老子及其后来者那里不断以不同的形式得到表达。

很难确定，这种在道的意义上施加影响的观点有多少来源于最初
193 的道的学说，其中在多大程度上是由无为原则对道的学说施加的影响也很难说。

反正，可以这样理解无为而治：如果人能够致力于他精神上的完美化，而不在现实世界的行为中迷失自我的话，那么从其所达到的精神性出发可以对外物施加影响，而这种影响不需要借助于任何的外在的手段，而仅通过一般传播的思想即可实现。

至于无为原则中的精神性究竟是什么，以及如何在日常生活中实施道的意义上的行为，道家思想家则显然只能更多地用否定的形式而不是肯定的形式表达出来。

他们观念中的这个高度内在化的对生命和世界肯定观的理想模型本身虽然不乏问题，但仍然促使他们很深刻地，甚至是细致入微地就人对待自己和世界的行为发表了看法。老子及其后来者的道家思想的伟大之处在于，倡导人纯真，并且促使他们深入思考世界存在的奥秘以及他们在世界中施加影响的意志。

无为而治：

“道常无为，而无不为。”(《老子》,37)

“上德无为而无以为。下德无为而有以为。”(《老子》,38)

“为无为，则无不治。”(《老子》,3)[80]

“人法地，地法天，天法道，道法自然。”(《老子》,25)[81]

“太上，下知有之。”(《老子》,17)

“治大国若烹小鲜。”(《老子》,60)

“天下莫柔弱于水。而攻坚强者，莫之能胜。”(《老子》,78)

“以无事取天下。”(《老子》,57)

“积于柔必刚，积于弱必强。”(《列子》,II, 7)

“至言去言，至为无为。”(《列子》,II, 11)

“知天之所为，知人之所为者，至矣。”(《庄子》,VI, 1)

“古之真人，以天待人，不以人入天。”(《庄子》,XXIV, 13)

“无思无虑始知道， 194

无处无服始安道。”(《庄子》,XXII, 1)

“何为乎？何不为乎？夫固将自化。”(《庄子》,XVII, 5)

“反无非伤也，动无非邪也。圣人踌躇以兴事，以每成功。”(《庄子》,XXVI, 5)

道家思想家和婆罗门教一样，讲求一种超越伦理性之上的精神性，只是他们无法像婆罗门教徒那样坚守理想的信条。对生命及世界的肯定观和由此产生的对有意义地施加影响的创造性的世界原则[82]的假设与这种理想相互抵触。这种有意义性——尽管它处在远远超越了人的理解和判断力意义之上——却必须被理解成好的。在道中变化意味着拥有一种更高层次的仁慈，它不再是以惯常的行善的方式来得到表达，而是更多地在一种精神化的存在中得以自我表现。

于是在庄子那里就可以读到，圣人要使心境日夜不间断地跟随万物，融会在春天般的生气里(V, 4)。根据他的另外一则寓言故事，一个有罪而受过刑罚的人和其他的学生一样跟随一位道家思想家，并且这位老师就用仁慈的方式来洗净他的灵魂(V, 2)。

在道家思想家看来，正确的行为是善良的任其发展。[83]

“我有三宝持而保之：

一曰慈，

二曰俭，

三曰不敢为天下先。”(《老子》,67)

“善者吾善之。

不善者吾亦善之德善。”(《老子》,49)

“夫道，有情有信，无为无形。”(《庄子》,VI，1)

“吾师乎！吾师乎！……泽及万世而不为仁，长于上古而不为寿，覆载天地刻雕众形而不为巧，此所游已。”(《庄子》,VI，6)

195 对道家思想来说，一旦人出现对于善和恶的判断，并且对善的行为大加赞赏的话，说明人此时已经失去了那种可以拥有质朴的、更高层次的善的单纯性。庄子在故事中一再将有道德的人和强盗相提并论。在道德上，他们是有区别的，但是他们都失去了最本初的状态，从而在作为中迷失了自我。

道家思想家们理所当然地还代表了中国古代的关于一切现象之间存在普遍联系的世界观，并且相信人的行为的缺失会影响到自然的运行，并引起自然现象的异状。

“大道废有仁义；

慧智出有大伪；

六亲不和有孝慈；

国家昏乱有忠臣。”(《老子》,18)

“唯之与阿，相去几何？[84]

善之与恶，相去若何？”（《老子》，20）[85]

“呴俞仁义，以慰天下之心者，此失其常然也……故古今不二，不可亏也，则仁义又奚连连如胶漆，缠索而游乎道德之间为哉。”（《庄子》，VIII，2）

如果人失去了单纯，而执着于对知识和伦理的概念的原则，则“上悖日月之明，下烁山川之精，中堕四时之施，惴耎之虫，肖翘之物，莫不失其性”（《庄子》，X，3）。

在攻击义务和爱的伦理时，庄子时常那样地强调超越于惯常的善恶观念之上的状态，以至于人们不禁感觉到，他似乎提出的不再是从道中推演出来的超越一般的善，而是类似于婆罗门教的那种冰冷的超人性的理想模型。

“故圣人有所游，而知为，约为胶，德为接，[86]工为商……有人之形，故群于人……眇乎小哉，所以属于人也！謷乎大哉，独成其天。”（《庄子》，V，5）

“畸人者，畸于人而侔于天。”（《庄子》，VI，6） 196

暴力和战争在道家思想家们看来总体上属于最邪恶的行为。

“天下有道，却走马以粪。天下无道，戎马生于郊。”（《老子》，46）

“故抗兵相加哀者胜矣。”（《老子》，69）

“师之所处荆棘生焉。军之后必有凶年。”（《老子》，30）

［不使用暴力的原则］

代表[87]不使用暴力原则[88]的那些人也应当属于道家思想的范

畴，作为《庄子》附录的第33章就概述了各个哲学流派，也提到了这些人。[89]第33章不是庄子本人所著，而是出自他的学生之手。

“他们试图，”[90]在那些著作中提到这些主张不使用暴力的代表人物，“通过一种燃烧着的爱将世界上的人[91]像兄弟一样联系起来。压抑欲望和贪婪是他们的基本原则。当人们骂他们，他们不以为耻，而只是想到应该制止人与人之间的争斗。他们禁止武力，并试图让人放下武器，好拯救民众于刀兵之中。他们带着这样的信念到处游历。他们警告君主，告诫世人。即使世人不接受他们的观点，他们也会坚定地保持自己的信条，矢志不渝；他们到处游说，即使别人不听从他们的劝诫，他们也会强行坚持，决不放弃”[92]。

197 这种思想中抵制一切暴力行为的成分是与道家相近的，但提倡有所作为，甚至是带着极大热情地、执着地需要得到认可的成分则是与道家思想背道而驰的。

像道家强调不使用暴力的原则一样，这一思想流派出于对伦理的观察而放弃了道家的退让。不使用暴力的原则在他们看来获得了一种伦理的意义。从到达最高的质朴境界的旁边产生另外一种非暴力性的完善典范，并且还有取代前者之势。

如果不使用暴力原则具有一种伦理意义，那么单单像老子、列子和庄子那样表达认可是不够的，道家思想家们必然会要求人们以极大的热情来投入。此外，在那个诸侯战乱的年代，苦难也使得人们能够接受不使用暴力原则。所以，在老子、列子和庄子的消极的道家思想旁边还可以生发出积极主张不使用暴力的伦理原则的分支来。

总的来说，前4世纪以来的道家思想家比之早期寻求在道中变化的理论[93]的道家思想家越来越多地开始探讨实践伦理问题。在这以后的时期甚至还出现了主张国家理论的道家思想家，按他们的学说，统治者应该通过严刑峻法来使民众遵守秩序。[94]

后期的道家思想家不仅在其实践的行为上与早期伟大道家思想家的主张有出入，而且还失去了早期道家思想在精神性上达到的高度。在他们身上，作为道家最初出发点的原始和魔法神秘主义的成分越来越多地体现出来。他们越来越多地和装神弄鬼的、有着神秘主义特色的民间道教交织在一起。这样的道家思想，其实已经不能再算是老子思想，它在公元后的几个世纪里和同样成为民间宗教的晚期佛教相得益彰，并为后者在中国的发展开拓了道路。

在此后的几个世纪中，比如在唐代，道家再度兴盛时，其所指的不仅[95]有伟大思想家的道家思想，还有《易经》以及民间的道教。当然在这个时期，老子、列子和庄子被当作道教的守护神供奉。 198
然而他们本来的学说却再也没有产生过影响，尽管他们的著作被传抄和评论。[96]

直到清代，自 18 世纪始，才又开始了对古代思想家的著作较为客观的研究。由此，老子及其后来者以及孔子和他的学生的思想才重新以它们原来的面目呈现在世人面前。

[道家思想的意义]

在老子及其后来者的道家思想当中没有以客观的方式思考存在的成分。它在研究生命和世界观的问题时没有涉及所有的问题以及终极问题。道家思想有意地停留在幼稚的程度。

从其历史沿革上看，道家思想又可以被理解成一种原始神秘主义的精神化的阐释，这种阐释又是从受到古代中国关于掌管着世界的创造性的道和癫狂体验影响的思想出发的。由于它本身含有相矛盾的成分——对生命和世界的肯定观与无为的原则——并试图去统一它们，所以道家思想内部就有着相当的复杂性。

然而这种幼稚和复杂却有着深度、广度和生命力。这种道家思想的独特性和重要性来自三个方面：它是神秘主义；它承认对生命及世界的肯定观；而在这种对生命及世界的肯定观中，它又觉得超然世俗伦理之上。

作为神秘主义，它是一种更高层次的世界观并有着它的内在性。通过最终选择了对生命及世界的肯定观——尽管神秘主义有着与对生命和世界的否定观天然的倾向性，并且不在乎对生命及世界的肯定观和世俗伦理之间的自然联系，而代表一种超越世俗伦理的对生命及世界的肯定观——道家思想对这两个在人类思想史上不断被提出的问题表达了自己的态度。

199 作为一种主张对生命和世界肯定观的神秘主义和一种超脱于世俗伦理的对生命和世界的肯定观的尝试，道家思想在它的本质中有着一种不会老化，而在各个时代可以保持其吸引力和意义的东西。[97]

内在化的对生命和世界的肯定观的典范和它内部存在着的紧张和矛盾使得《道德经》成为一本永恒的书，它将不断地完成着自己的使命，促使人们去思考自我以及他们和无穷尽的存在之间的关系。[98]

［孔子］

就像在老子之前，已经有一个神秘主义思想发展到了很完善的地步一样，孔子也不是中国伦理学的创始人，而是伦理学的第一个集大成者。他的意义在于，[99]他试图让伦理学作为一种既有的东西变得清晰澄明。[100]

孔子似乎也以道家关于存在的学说为前提，但是他却把世俗伦理
200 看成在道的意义上的行为。[101]他的思想是由自然的感觉决定而不是来自对忘我的癫狂状态的回忆。[102]

Konfuzius是随着耶稣会士在中国传教而产生的对孔夫子（孔子）的拉丁化写法。

孔子的父亲是一位因其英勇善战而著名的军人，年过七旬后

才又娶了一位年仅 15 岁的小姑娘，因为他的正室只给他生了女儿，而另外的小妾也只生有一个身带残疾的儿子。孔子出身于贵族家族，这个家族从其来源上看是商朝王族的后代，周朝建立之初，先后五代人生活在宋国。前 8 世纪左右，孔子的祖先[103]由于和宋国的另外一个贵族之间的仇恨而迁居到了鲁国。在那里，孔子的曾祖父担任一个城市的将军的职位。

孔子在相对比较贫困的环境中长大，他从小[104]就学习了言谈和书写。19 岁时娶了妻室，刚满 22 岁时，在他周围就聚集了一批学生。30 岁的时候，按他一句常说的话来讲，取得了一个比较固定的立足点(《论语》,II, 4)。* 34 岁那年，孔子和他的两个学生去了洛阳(在今河南省)，当时的周朝天子的驻地，在那里探索口头和书面文学的渊源。在那时，老子也生活在那座城市。如果说著名历史学家司马迁记载的关于两位历史伟人的相遇有丝毫真实性的话，那么它必然是发生在洛阳，只是这件事基本上是子虚乌有。

直到前 500 年，孔子已经年过五旬的时候，他试图在国家事务中起到典范影响的毕生愿望终于实现了。鲁国的国君鲁定公召他入朝做官，先让他管理一个城市，然后让他担任司法部部长。然而前 497 年时，他失去了对国君的影响力，因为国君开始不理朝政。此时，他觉得有必要放弃自己的职位，离开鲁国。在他短暂的任职期间，根据史书的记载，他应该在鲁国实施了重要的改革。然后他和他的学生们在外游历了 13 年，时常还要忍受迫害。前 483 年他受到鲁国新任国君的召唤，回到鲁国，从事国君的顾问工作。其中还有他的学生颜渊。晚年，他主要从事整理古代文献的工作。今天我们看到的《易经》《诗经》和《书经》[105]都是孔子整理编纂的

* “三十而立。”——中文版编者注

版本。

孔子应该没有对《易经》——占卜之书——做太大的改动。但是《诗经》和《书经》的材料收集和整理——部分内容还是第一次书
201 面化——看起来应该是出自他的手笔。对于古代文献，孔子只按他自己的观点保留了符合理想的古代的内容。

由孔子撰写的命名为春和秋(《春秋》)的关于鲁国的编年史以及由他的学生收集整理的老师的故事和讲话的《论语》也被看成经典的著作。《论语》是我们认识孔子思想的主要来源。

孔子的讲话何时正式被记录成文字的，已经不可考。《论语》的一个早期版本产生于前1世纪。它的最终形式应该是在2世纪时形成的。

由于对孔子的一些话语的误读，一些人想当然地认为孔子是一个具有自由精神的人，他同一切传承的宗教只有一些外在的关联罢了。而事实上，他是一个非常虔诚的人，对于一切真正宗教的信念和习俗的传统[106]都予以重视。所有应该奉献的牺牲，即使是正餐时的食祭，他也以最严格的方式执行。他的一个学生曾经想取消掉每月初的牺牲，孔子非常严厉地指责了他(《论语》，III，17)。

但是他本人并不对宗教发表看法，而是只把它看成从上古传承下来的一种神秘的东西，现在的人无须对其来源或细节进行考证。“夫子之文章，可得而闻也；夫子之言性与天道，不可得而闻也。”《论语》(V，12)中这样说。[107]

在《论语》中还记录了孔子对于鬼神([II，24；] XI，14[11])，对于王朝祭奠祖先的太牢(III，11)，对于法术(VII，20)，甚至对于死(XI，11)都不做回答，或者都只是绕着弯子回答。

在对上古文献进行整理的工作中，他极有可能把一些在他看来具

有迷信成分的东西抽取出来，然后剔除掉了。

道家思想家笃信的获取超自然力量的信念在孔子这里是找不到的。

世界自然现象中的不完美和无意义的问题在孔子——当然也包括老子——眼中是有别于[108]查拉图斯特拉、犹太教先知、耶稣以及欧洲思想的。他无须去假设世界中存在一种从不完美到完美的发展过程。所有不尽如人意的地方都用道的学说做了很好的解释：那些不过 202
是一种干扰，原因是人类社会处于某种不符合道的状态，当然这种情况也会随时停止，[109]只要人类社会又恢复正常。如同基督教和西方思想中的神义论(Theodizee)问题，在孔子——尽管他主张伦理的世界观——以及老子那里都是微乎其微的。道的学说使得孔子即使在伦理世界观中仍然可以回避二元论，保持一元论的观点。

孔子的宗教性还可以从以下的事例中看出，就像《论语》中多处提及的，他一直确信自己得到了上天的使命，将上古的圣人的真理重新加以发扬。他将自己视为先知，并这样跟自己的学生说："天将以夫子为木铎。"（《论语》，III，24）

在[110]孔子看来，一个思想寻根溯源的全部内容在于伦理问题。

他认为伦理的来源是人们以一种简单而深刻的方式对他人的同情，而这种同情心则又来源于人和人之间存在的作为生灵的相似性。

基于自身对于幸福和痛苦的经验，按照孔子的思维方式，人会对他人相似的经历产生理解和同情。由于自然的感觉，人会觉得应该在面对他人[111]时像自己说的那样，按照相互性(恕)的原则去行事。在对待他人的时候，无论思想上还是行为上都要像你希望别人怎样对待你一样去做。除了或多或少出于理性的权衡提出的、本质上缺乏真正的温情的相互性原则以外，孔子还谈及了真正的人与人之间的爱(仁)。关于两者之间的关系，他却什么都没说。[112]一个很自然的假设是，他并不 203

想对两者做本质上的区分。对孔子来说，人与人之间的爱就是基于人的相互性原则而产生的。孔子的仁爱从不否认其发源，它始终保持在一个理性的尺度内。激情四溢的博爱思想在孔子那里是找不到的。

按照孔子的观点，人总有向善的认识和能力。当他不断按照善的原则去行事，不断使善的因素得以形成，他就慢慢可以到达真正的完人的境界。孔子在很多言谈中都强调，善在于意志的正确形成。

> 《论语》中孔子有关伦理的话语：
>
> 子贡问曰："有一言而可以终身行之者乎?"子曰："其恕乎![113]己所不欲，勿施于人。"(XV, 23)
>
> 樊迟问仁。[114]子曰："爱人。"(XII, 22)
>
> 子曰："苟志于仁矣，无恶也。"(IV, 4)[115]

孔子的善的观念是由理想社会的模型决定的。所以他在他的伦理思想中坚持在社会中存在的自然的秩序，[116]并且逐一相应赋予一定的义务。在他看来，特别需要注意的义务存在于君王和臣子、父亲和儿子、丈夫和妻子、哥哥和弟弟以及朋友之间。孔子直接采纳了中国古代伦理思想中的这五种义务关系。[117]

204 子女应当对父母恭顺并孝敬他们。即使是对自己的儿子，孔子也并不亲昵，而是与之保持着适当的距离(《论语》, XVI, 13)。[118]

> "生，事之以礼；死，葬之以礼，祭之以礼。"(《论语》, II, 5)
>
> "父母唯其疾之忧。"(《论语》, II, 6)
>
> "父母在，不远游。游必有方。(父母应该知道子女所居住的地方，这样他们能随时找到他们，也可以随时叫他们回来。)"(《论语》, IV, 19)

“事父母几谏。见志不从，又敬不违，劳而不怨。”(《论语》，IV，18)

父亲和儿子之间的义务是这样强大，甚至超越了其他任何关系。比如父亲偷了一头羊，那么这时候“诚实”就意味着儿子在接受盘问时不应该揭发自己的父亲，而应该为其保守秘密(《论语》，XIII，18)。

诸侯的任务则在于要像上古的神圣的帝王那样勤政为民。

国君正确的统治方式是要谨慎地行为，并充当民众的榜样，对于微小的过失要能够温和宽容，不可追求迅速成功，更不能贪图小利。[119]

国家则应当建立在统治者和民众精神的关系之上。

官员对于国君的忠诚体现在他能勇敢而正直地发表自己认为必要的意见。如果他认为国君所做的是错的，那么就不能听命于他。如果国君命令他做不应该做的事情，那么这就是他离开的时候。

友谊在孔子看来是一种人与人之间深刻的精神联系。友谊的关系要求人们能够给友人带来努力行善的推动力。

道德的繁荣在孔子看来，一方面是需要规定的社会关系得以维系，另一方面是人不能仅仅追求物质生活，[120]还要考虑获取更多的
知识和修养。使民众富足并且有教养是统治者的任务。 205

孔子关于文化的经典模式也是伦理的和进步的。由此他的思想与老子及其后来者的思想差异鲜明。

尽管孔子认为和平是最高的价值取向，但在考虑到当时社会正处在不安定时代时——他在鲁国为官期间，这个国家受到了诸侯的侵略政策的威胁——他还是提出，民众应该能够保卫自己。诸侯的义务是要能组织起一支足够的防御力量。[121]

子贡问政。子曰:“足食。足兵。民信之矣。”(XII, 7)

但是，民众只有具有正确的意识，才能够胜任战争提出的要求。

子曰:“善人教民七年,亦可以即戎矣。”[XIII, 29]

因为[122]孔子的伦理思想如此生动地致力于改善人类社会，[123]使得很多人愿意将他的思想理解成一种用益主义。这是没有道理的。即使他如此积极地致力于对现实世界施加影响，[124]这种思想究其本质仍然是出于善的理念和内在的必要性。[125]所以，在一切追求施加现实影响之外，孔子思想有着极为深刻的精神性。

对于善在世界中的实现，孔子认为，以伦理人格为出发点的神秘力量比相应的行为更具有推动作用。

国家的状态和统治者的内在的道德本质的水平息息相关，一切精神的东西皆有作用。在这里孔子是直言不讳的，这也让我们或多或少地想起老子来。

“为政以德,譬如北辰,居其所而众星共之。”(《论语》,II, 1)

206 “道之以政,齐之以刑,民免而无耻;道之以德,齐之以礼,有耻且格。”(II, 3)

“巍巍乎! 舜禹之有天下也,而不与焉。”(VIII, 18)(尧、舜和禹是前3世纪的统治者,按照孔子的观念,他们是中国文化的创始人。)

“其身正,不令而行。”(XIII, 6)

“德不孤,必有邻。”(IV, 25)

不断地进行自我修养和自我完善，在孔子看来是人的一项义务。

> “躬自厚而薄责于人，则远怨矣。”(XV, 14)[126]
>
> “攻其恶，无攻人之恶，非修慝与?”(XII, 21)
>
> “见贤思齐焉，见不贤而内自省也。”(IV, 17)

和重视精神性一样，孔子的伦理学思想也非常重视遵守外在形式(礼)。这也构成了他的思想的一处独特性。

孔子本人以非常严格的方式遵守着传统的各种礼貌。尽管他面对国君时有着自由的精神，但是这不代表他不重视传统的宫廷礼节。[127]

对于服丧的仪式，他也重视每个微小的细节，并且不愿意减少其中的任何一个环节。[128]

在史学家司马迁记载的关于孔子和老子相遇的故事中，孔子曾经向老子求教关于礼仪和习俗的问题，老子严厉指责了孔子重视礼只是抓住问题的表象。当然这仅仅是道家宣扬的一则轶事。

对孔子来说，形式并不只是一种外表，而是一种内在行为的表达。如果他坐在一个身着丧服的人身边，为了表达他的同情，他就不会吃饱；而如果他去吊唁，在这一天，他就会放弃歌唱(VII, 9)。[129] 207

> “子见齐衰者、冕衣裳者与瞽者，见之，虽少必作。”(IX, 9)
>
> “师冕见，及阶，子曰：‘阶也。’及席，子曰：‘席也。’皆坐，子告之曰：‘某在斯，某在斯。’”(XV, 41)

对孔子来说，真正的礼貌在于谦虚。“孔子于乡党，恂恂如也，似不能言者。其在宗庙朝廷，便便言，唯谨尔。”(X, 1)

因为最高程度的谦虚需要体现在各个方面，所以在孔子的一则小故事里，孟之反在一次打了败仗退兵回城的时候，自己走在后面，最后一个入城。当人们纷纷称赞他的勇敢时，他即装作打自己的马然后说：[130]“非敢后也，马不进也。”（VI，13）

伦理的精神性[131]和细致的礼节在孔子看来是相辅相成的。两者只有通过对方的充分发展才有意义。道德只有在礼当中才能建立起来；而作为形式的礼只有通过道德才有其实质的内容。

> 棘子成曰：“君子质而已矣，何以文为？”子贡曰：“惜乎！夫子之说，君子也。驷不及舌。文犹质也，质犹文也。虎豹之鞟，犹犬羊之鞟。”（XII，8）
>
> “子曰：人而不仁，如礼何？”（III，3）
>
> “恭而无礼则劳……直而无礼则绞。”（VIII，2）

208 孔子对伦理文化的作用的评价如此高，并敢于宣称：“君子居之，何陋之有？”（IX，13）

在一个人道德修养的完善[132]和礼仪的完善相结合后，孔子提出了关于君子的理想模型。君子作为一个在繁荣文化中施加积极影响的伦理个体，是孔子对生命及世界肯定观指导下的伦理思想的集中体现。

> “文质彬彬，然后君子。”（VI，16）——“修己以敬。”（XIV，45）——“君子不忧不惧。”（XII，4）——“君子固穷。”（XV，1）——“君子成人之美。”（XII，16）——“君子怀德。”（IV，11）
>
> “君子和而不同，小人同而不和。”（XIII，23）——“君子泰而不骄，小人骄而不泰。”（XIII，26）——“君子贞而不谅。”（XV，36）——“君子周而不比，小人比而不周。”（II，14）——“君子忧道

不忧贫。”(XV, 31)——“君子耻其言而过其行。”(XIV, 29)——“君子喻于义，小人喻于利。”(IV, 16)——“君子求诸己，小人求诸人。”(XV, 20)——“君子义以为质，礼以行之，孙以出之，信以成之。君子哉！”(XV, 17)

孔子本人也非常认真地按照君子的理想典范来要求自己。在这些方面如果他有什么体会，还会时不时留下一些话语。他非常谦虚地跟自己的学生子贡说，属于君子之道的三个必备因素有仁、知和勇，而他(还)没有(完全)达到(XIV, 30)。[133]

孔子并不像很多人说的那样迂腐。按照他的那种方式行事，少许的僵化并不能真正影响他的自然的、美好的人的形象。

“子温而厉，威而不猛，恭而安。”(VII, 37)

“子绝四：毋意，毋必，毋固，[134]毋我。”(IX, 4)

“子之燕居，申申如也，夭夭如也。”(VII, 4)

孔子细致入微的智慧和他精妙的幽默之处，在一些言谈中可以找 209
到证据。

“众恶之，必察焉；众好之，必察焉。”(XV, 27)

“唯上知与下愚不移。”(XVII, 3)[135]

另外，孔子也不是一个没有生活情趣的人。有一次他让他的四个学生——暂时忘记孔子比他们年龄更长——讲述自己内心的愿望。第一个人想拯救国家于战乱之中，第二个人想振兴令人民忍受饥饿的国家的农业生产，第三个人则想在宫廷中得到一个官位。而只有第四个学生，点，只想在暮春，不需要穿太厚的衣服的时候，和朋友们一起在小河里洗澡，在风中跳舞享受清凉的感觉，然后大家一起唱着歌回家。这时孔子叹息了一声，说：“吾与点也。”（XI，25）——在另外一个场合下他表达了内心最大的愿望是：“老者安之，朋友信之，少者怀之。”（V，25）

孔子伟大的精神还表现在他在很困难的时期还能够坦然面对悲剧式的命运。除去他在鲁国短暂的居官时期以外，他的生活一直在一种低潮中度过，他关于真正文化的思想和言论并不被接受，而他让这些主张实施影响力的机会也非常渺茫。

然而真理必然得到伸张的信念支持着他。[136]他对精神力量的信仰一直保持不动摇。在生命中最黑暗的时候，他像一个流亡者一样颠沛流离，然而他还非常有信心地说：上天的意志是不会让真正的文化走向沦亡的。[137]

210 [老子和孔子的相遇可能只是“传奇色彩的传说”]

老子和孔子互相攻击的话语没有留存下只言片语。种种迹象表明，两位伟大的同时代者可能并没有相互研究对方的学说。两个人的相遇也许只是一些传说，而并没有发生在现实中。此外两个人都是非常平和的风格，而且在基本原则上是一致的，即不应该辩驳反对者。然而老子的后来者列子和庄子则在他们的寓言故事中将孔子描写为“爱和义务的说教”的创始人、有着渊博的书本知识的学者和崇尚所谓正确行为规范的蠢人。为了减弱孔子的威望和影响，他们采用了不同的方式。在一系列小故事中，他们虚构出一些故事，孔子在这些小故事中就是以道家的质朴和无为原则的宣扬者的面目出现的。

另外一些小故事中——主要散见于《庄子》——作者干脆让孔子和老子碰面，然后让孔子以一种非常谦卑的方式接受了老子的纠正和指导。[138]其中一则故事居然记录了孔子到了60岁的时候突然意识到自己的错误，并最终皈依了道家[《庄子》，XXVII，2]。当然也不乏一些小寓言故事把孔子描写成一个可笑的角色。[139]

老子的后来者们把孔子看成他们道路上的敌人是无可厚非的。但他们没有用客观的方法对孔子做批评性的研究，而是用嘲弄的方式搞恶作剧，甚至无视孔子人格上的伟大及其思想深远的影响，[140]这样无法给他们带来荣誉，也无法取得他人对于他们的思想的好感。

在人类思想史上出现的伟大人物中，像孔子这样有着敬畏精神的人并不多。

孔子的伦理思想的伟大[141]在于，它不是一个个体的思想产物，
而是中华文化几个世纪的积淀，[142]并且在每个人的自我完善中得以 211
实现。

柏拉图和亚里士多德没有可以继承并在他们的思想中得以表达的伦理文化遗产。他们的伦理学是一种由他们一手构建并创立的新理论，其不依赖于任何先人成果的特点一望即知。

孔子的伦理学和巴赫的音乐有着很强的可比性。和巴赫的音乐一样，孔子思想凝聚了一个时代的全部创造力。他们都以特有的方式、独特的丰富和深刻而变得隽永。尽管有着 17 世纪和 18 世纪时的形式和惯例，但巴赫的音乐总是那样现代；孔子的伦理思想中尽管有着古代中国的文化底蕴，然而它却成了人类跨越各个时代的真理。

和老子的《道德经》一样，孔子的谈话录《论语》也是一本永恒的书。老子的深刻体现在矛盾的思想方法上；而孔子则具有一种自然的深刻性，[143]并且以他独有的方式去研究探讨那些日常生活中习以为常的东西。最终他对日常生活的研究要远比那些从他身边擦肩而过者深刻得多。

孔子的伦理学的边界在于他提出的人与人之间的爱的原则，然而他并没有细究其中包含的问题。[144]

虽然他没有用用益主义的方法来证成人与人的爱，[145]而是认为这是人本质中既有的东西，并且属于一个人变得更完善的一部分，但他仍然希望只以单纯符合某种目的的方式去应用它。爱对他来说是这
212 样的，它的提出有利于社会和个人的福祉。他并不认为应当将爱以同样的方式给善人和恶人。他只谈到了实现善，并且人们通过善来以一种合适的方式去面对恶。

或曰:“以德报怨,何如?”子曰:“何以报德？以直报怨,以德报德。”(《论语》,XIV，36)

人与人之爱当中包含着发展成为一种绝对的方式的爱的动力，而这在孔子那里是隐藏的。[146]所以“人只有通过无私的爱才能到达人性的真正完善，只有那样才能实现世界上真正的爱”的伦理思想尚不在孔子的视野中。

［墨子］

孔子死后的几十年不到，墨子提出了从理论上大大超越孔子的伦理要求的兼爱主张。[147]

墨子(墨子,墨翟,拉丁化的写法是 Micius)生活于大约前480年至前400年。和孔子一样,他是鲁国人,他在那里广收门徒,并度过了一生中的大部分时间。他曾经在宋国当过一段时间官。

根据一个古老而又可能不太真实的说法,他精通机械,并对防守城池的理论有很高的造诣。根据列子的记载,墨子曾用木头制造出会飞的鸟。

以墨子命名的包含着十五卷的著作中,第一卷至第九卷更有

可能是其学生记录的有关他的学说，第十一卷至第十三卷则记录了他的谈话，第十卷则是出自后来的学生之手的一部辩证法著作，第十四至第十五卷极有可能是错误地算在墨子名下的有关如何能最好地固守城池的论文。

一段墨子宣扬其兼爱观点的最著名的文字[148]——出现在以墨子 213
命名的著作的前面几段中——如下：

“莫若法天。天之行广而无私，其施厚而不德，其明久而不衰，故圣王法之。

既以天为法，动作有为必度于天，天之所欲则为之，天所不欲则止。然而天何欲何恶者也？天必欲人之相爱相利，而不欲人之相恶相贼也。奚以知天之欲人之相爱相利，而不欲人之相恶相贼也？以其兼而爱之、兼而利之也。奚以知天兼而爱之、兼而利之也？以其兼而有之、兼而食之也。今天下无小大国，皆天之邑也。人无幼长贵贱，皆天之臣也。此以莫不刍牛羊，豢犬猪，絜为酒醴粢盛，以敬事天。[此不为兼而有之、兼而食之邪？]天苟兼而有食之，夫奚说以不欲人之相爱相利也？

故曰：‘爱人利人者，天必福之。恶人贼人者，天必祸之。’”(《墨子》，I，4)[149]

墨子在对爱的本质的认识和证明方面，比孔子的理解究竟超出了多少呢？[150]

墨子相比孔子和老子的独特和新鲜之处在于，他并不像前者那样 214
通过话语和小故事的方式来表达他的思想，而是试图用逻辑的方法来证明。他的著作多是一些论述一个个专题的论文。

当时国家的状况令人忧心忡忡，在墨子看来归结为官员不勤奋，国君[151]向人民征收过重的税并相互频繁发动战争，这和孔子的认识是一致的。同时——这也是其观点的新颖之处[152]——他也在寻找造成这一切不良现象的最普遍、最根本的心理动因，最终他认为这是因为人与人之间缺乏爱。因为每个人只会考虑到自己，而没有为他人着想，所以国君无法做出对于人民应有的行为，民众没有以正确的方式对待国君，官员没有适当地行使自己的职权，父子之间、兄弟之间和朋友之间也缺乏应有的关系。

在他看来，一切的祸源是人与人之间缺乏爱。[153]

> “天下之人，皆不相爱，[154]强必执弱，富必侮贫，贵必敖贱，诈必欺愚。凡天下祸簒怨恨，其所以起者，以不相爱生也。”(IV，14，第 244 页及其后)
>
> “贼爱其身，不爱人，故贼人以利其身。此何也？皆起不相爱。”[IV，14，第 242 页]

215 只有在人们普遍放弃自爱而行兼爱的原则时，这种根本的普遍的变异才能够停止。

墨子不是用相互性的原则，[155]而是用天的意志来证明兼爱，原因在于他将人们用来模仿的榜样上升到另一个层次，并声称必然存在一种至高无上的、包含一切的、对所有人以同样方式有效的典范。即使是上古的贤明君王也要效法的这种至高无上的典范，只有可能是天。而对于人与人之爱来源于天的意志的观点，墨子并不将其宣扬为一种新的、由他代表的学说，而是强调这是自古就已经确立、在《诗经》中就已经被表达出来的认识。（VII，结尾，第 341 页及其后。）

墨子并没有感觉到用无尽的存在的原理去解释证成爱的伦理原则

的难度。他用很质朴的方式说明天要求人们有爱，因为天赋予了人生命，并且人的生命中必然也包含着天道的成分。作为对人一直具有天的观点的证明，他举例说明人向天奉献牺牲以表示虔诚。

> 墨子这种将天看作至高的精神本质的方法，使得他成为中国思想家中最接近西方人性上帝论的人。但是，天对他来说还不是一个真正的人格化的上帝。

神义论问题对他来说还不存在。他的世界观和孔子一样，还是完全幼稚的。

墨子思想的完全幼稚之处还在于他是怎样反驳对于兼爱原则虽然很美好，但是是一个非常难于证明的东西的质疑的。他认为，持久且完全足够的推动爱的动力只需要简单的思考就可以获得，因为这是一个“相互利益的交换”。“夫爱人者，人必从而爱之。利人者，人必从而利之。恶人者，人必从而恶之。害人者，人必从而害之。”（IV，15，第 248 页）爱的行为的难度这个简单的问题并没有被认真地考虑过。

此外，基于自然秩序，善有善报、恶有恶报的古代中国伦理思想的论点也常常被墨子引用。

尽管墨子在语词上容易让人们联想到耶稣的话语——后者也是通 216
过天的爱的意志来证成人与人之爱——但却并不表明，墨子就比孔子更接近耶稣。他的伦理思想还远远落在耶稣之后。他的思想还建立在一种用益性和目的性的权衡之上。按耶稣思想，[156]人们有爱是出于内心的一种必要性，是单纯为了实现更完美的人性，这是作为上帝的孩子，处于上帝的范围内的一种必然要求。按照耶稣的爱的劝诫，人与人之间的行为——对敌人之爱，终极的宽恕，不使用暴力——对于墨子思想还是一些未知数。此外，爱和正义的冲突的权衡也没有进入他的视野。[157]

［与孔子的对比］

墨子还停留在了孔子的轨道上，只是比孔子向前迈进了一小步而已。[158]

217 这种进步在于，墨子在人与人之爱对于伦理的基础的意义上比孔子具有更为深入的洞见。他更加强调必须对每个人都同等付出爱，所以他所倡导的兼爱比孔子的仁爱更为温情、更加生动。[159]

但是，他提出的关于兼爱的具体的要求却非常奇怪，[160]丝毫没有超越孔子。他在描述理想状态时列举了上古时代文王统治时期的例子，在那时，孤寡老人有地方度过余生，孤儿也得到了养育。但在他的论文和谈话中，［除去］很少一些关于富人要周济穷人的地方外，几乎找不到他号召人们要像兄弟般地对待穷人、被遗弃者、孤儿和需要帮助的人的言论。

墨子研究并阐发的只是一般博爱的很小一块领域。

墨子也没有说，关系更远的人之间的义务和关系更近的人之间的义务是相同的。他从来没有说过，对陌生人之爱与对亲属之爱是相同的。五种自然关系形成的义务圈对于他所倡导的人与人之爱同样有着意义。他的认识在于，只有正确的人与人之爱才能给予人们履行好自己义务的能力。

就像有人已经尝试过的一样，把墨子说成最早的社会主义者不过是玩弄愚蠢的文字游戏。任何平均主义的思想以及对社会有所变革的目的距离墨子都很遥远。封建国家对他来说就像对孔子一样是自然而然的必须接受的事物。[161]

此外，他和孔子一样厌恶战争。如果把一切考虑在内的话，那么战争无论对于胜利者还是失败者，都是损失大于利益的事情。和孔子一样，他也认为每个国家都应该有一支强大的军队，可以保护自己的人民不受侵略。像他所说的那样，[162]“以暴制暴”（I，第 178 页），此外他还指出，战争中上天有惩罚邪恶的统治者的可能性（IV，第 260 页）。

虽然墨子在伦理思想和国家学说上和孔子有着基本的相似性，但 218
却如同他自己在和学生的谈话中所说的那样，他赋予礼——比如守孝的习俗和音乐——的意义与孔子不同。另外墨子还非常热情地倡导对神仙鬼怪的信仰。[163]

孔子倡导注重礼，要求人采取一种趋于保守的态度，用一句《墨子》中孔子的一个学生的话来说，人应该这样做：“君子若钟，击之则鸣，弗击不鸣。”[164]而墨子则认为君子必须成为一个自己就可以鸣响起来的钟[165][IX，39，第 403 页及其后，根据意义]。

对于为父母和长子守孝三年、为兄弟姊妹守孝一年的习俗，墨子利用经济的理由来加以限制。[166]墨子认为，因为守孝而放弃劳作，会使田地荒芜，最终家庭的生计也会受到影响。孔子坚持为父母守孝三年的理由是，子女年幼时在父母的怀抱中成长，直至三岁，因此三年守孝期也应该是放之四海而皆可适用的原则。

此外墨子还反对使用上好的棺木、挖很深的坑、堆起高高的坟堆等奢侈的殡葬风气，因为这样会使有亲属过世的家庭陷入经济上的危机。

墨子认为他所要求的短暂而简化的哀悼形式——也许并无道理——依据的是上古良好的风俗，并对抗后来的陋习。

对于被孔子誉为最宝贵的文化产物的音乐，墨子在进行了用益性的权衡后，也进行了批判，尽管他自己也很喜欢音乐。他认为，特别是在宫廷中，音乐造成铺张浪费，并且使人不事生产。于是他进一步认为，出于对公众利益的考虑，应该立法禁止音乐。

219 孔子对于神怪信仰采取了一种非常有所保留的态度，而墨子则认为人们具有这种信仰非常必要，因为在他看来，人们丧失虔诚是礼制遭到毁坏的最重要原因之一。所以鬼神信仰在他看来是有助于良好保持伦理的世界秩序。

在对鬼神存在的证明中，他对于论据的选择显得有些过于不加筛选。任何一个流传中的有关神怪的小故事都可以被他拿来作为可信的证据。

显得非常奇怪的是，他还建议人们即使对于其存在还不置可否的鬼神也应该奉献酒、米和粟，这样家庭成员和乡民并不是为了享受祭祀的供品而来，不信仰也就不可以归结为吝啬了。

在关于对鬼神信仰的论证中，墨子相比孔子处于更不利的位置。他的宗教性更为原始，也不如孔子的纯洁。简单的利益权衡使得他的宗教观和伦理观都显得不那么纯洁。所以说，墨子思想中，高尚的和低俗的是以很奇特的方式并存的。

墨子是一名对待问题非常敏感的思想家，这一点可以从他对伦理的愿望和对命运支配的事件的假设的对立[167]中看出。对于宿命论者提出的个人和社会的命运完全由上天的意志来决定的论点，墨子以古代圣贤君王统治时期的例子来反驳，对上古的君王来说，顺应天命就意味着他们要努力[168]使饥饿的人有饭吃、挨冻的人有衣服穿、疲倦的人有休息的地方，一切混乱都被秩序所替代(IX，第389页)。

220 根据墨子对宿命论的看法，他首先认为，这种思维方式在民众中有着极强的影响力。但他在讲谈中，把相信宿命的思想说成孔子的学生的独到学说则是牵强附会。因为在《论语》中，孔子虽然提及了君子有仁就可以拥有勇于承受一切不幸的力量，但这和命运决定一切事物发展的思想毫不相干。此外，宿命论的思想和孔子的伦理思想也是不相融的，因此也不可能由他的学生将宿命观加诸他的思想体系中。

相反，在道家思想中则是可能形成宿命论的，而它和伦理的作为的思想并不矛盾。在庄子[169]那里我们甚至可以感觉到一些宿命论的基调。在《庄子》中，子桑就说，他既不怨天也不怨地，困境只是归结为某种神秘的宿命的东西（《庄子》，VI，8)。

很明显，在墨子的著作中那些他反驳孔子的地方不一定都出自墨子本人，而只是墨家学派后来与儒家学派争鸣的需要。在后来的论战中，孔子成了一切错误观点的创始人。[170]

［孟子］

如果说墨子是中国古代伦理思想史上的一个特殊人物的话，那么孟子则是继承并集孔子思想之大成者。

> 孟子的生活年代为前 372 年至前 289 年。他是道家代表人物庄子以及西方思想家亚里士多德的同时代人。和孔子一样，他出身于鲁国的一个贵族家庭。[171]
>
> 孟子在一生中到处游历讲学。有时他会在诸侯的宫廷中充当 221
> 一段时间谋士，他在齐国逗留的时间最长。

和孔子一样，孟子也感受到了身上的使命感。在孟子看来，孔子是伟大的圣人，上古圣明的统治者的德行在孔子这里得到了表达。

> “自有生民以来，未有孔子也。”(《孟子》，IIA，2，第 31［页］)

他认为自己是一位先知，受到上天的派遣，去宣传孔子的学说并使之得以实现。他是一位伟大的思想家，在革新孔子思想的过程中使之达到了完善。

对于民间的信仰，孟子采取了比孔子还要自由的态度。他甚至敢于说如果在人们奉献了牺牲后干旱和灾荒仍然继续的话，神灵就可以被换掉。真正的宗教在他看来是对上天的意志的实现。与之相比，一切其他的信仰和虔诚的态度都只不过是次要的。

孟子和孔子一样注重礼，只是不像孔子那样死板。在他看来，理想中的君子是要把道德和遵守礼仪结合在一起的。只是孟子更为注重精神层面上的东西。[172]

在他母亲去世后，他放弃了一切事务，守孝三年。

在孔子看来，对于君主的恭顺不可影响臣子的正直和坦率，而孟子则更进一步认为臣子可以指责君主。孟子更要求，君主要能忍受贤德的人向他们讲述他们的义务，甚至他还要求君主尊重贤士。为了能得到好的建议，君主不应该命令贤士到宫廷里来，而是要亲自去访问贤士(《孟子》，IIB，2)。

> “天下[173]有达尊三：爵一，齿一，德一。朝廷莫如爵，乡党莫
> 222 如齿，辅世长民莫如德。恶得有其一，以慢其二哉？故将大有为之
> 君，必有所不召之臣；欲有谋焉，则就之。”(《孟子》，IIB，2)[174]

此外孟子还明确表示，罢黜一个不勤勉的君主不仅可以由他的宗室(这根据中国古代的传统是可以的)，而且在特定情况下还可以由最高等级的臣子来执行。他还认可了历史上那些臣仆杀掉有罪过的君王的例子，理由就是，被杀掉的不过是罪人，而不是君主。

但这并不是人们通常认为的民主思想在他对待君主的态度中起作用，而是他对于统治者的一种高度的期望。在很大程度上，他的表达比孔子更为直接，因为他觉得自己不像孔子那样是官员，而是君主的谋士。

在孔子时代，周朝的王室至少还在形式上存在。而在孟子的时代

已经很明显，国家的统一只可以由独立的诸侯国[175]来实现。面对着越来越现实的、以什么样的方法由某位君主实现国家的统一的问题，他表达了自己的观点。他不认为一个国家为了使其他国家臣服并创立起新的秩序就应该走上武力的道路。在尚武精神中，他看到了国家处于非常可怕的状况的根源，[176]并且通过武力是不可能有好的改变的。和孔子一样，孟子也不主张以占领为目的的战争。

“则鲁在所损乎，在所益乎？徒取诸彼以与此，然且仁者不为，况于杀人以求之乎？”（《孟子》，VIB，8，第151页）

“行一不义，杀一不辜，而得天下，皆不为也。”（IIA，2，第31页）[177]

“古之为关也，将以御暴；今之为关也，将以为暴。”（VIIB，8， 223
第173页）

“霸者之民驩虞如也，王者之民皞皞如也。”（VIIA，13，第159页）

对于国家统一的局面，孟子希望能够出现一个用自己的正义和仁慈来使人民感到幸福的统治者，然后周围的民众为了同样获得这种恩惠而自觉地臣服于他的统治。此外他认为，人民生活的痛苦应该让人们认识到，情况的改善只有不使用暴力的精神才能真正实现。和道家的和平主义者[178]以及墨子一样，孟子也希望人们能够思考，并使对和平的憧憬真正成为现实。[179]

“养生[180]丧死无憾，王道之始也。”（《孟子》，IA，3，第3页）——“孰能一之？不嗜杀人者能一之。”（《孟子》，IA，6，第6页）——“天下之本在国，国之本在家，家之本在身。”（《孟子》，

> IVA, 5,第 76 页)——“是以惟仁者宜在高位。”(《孟子》,IVA, 1,第 74 页)——“民之归仁也……今天下之君有好仁者,则诸侯皆为驱矣。虽欲无王,不可得已。”(《孟子》,IVA, 9,第 78 页)

和孔子一样，孟子把富足的物质生活看成文化的前提，所以和孔子一样，他是倡导社会的进步的。他很辛辣地讽刺了那些受到道家思想或者墨家思想影响的教派号召人们回到最简单的状态，回归到原始的社会秩序，甚至提出君王和学者也要亲自下田劳动、自食其力的主张。[181]

> “或劳心,或劳力;劳心者治人,劳力者治于人;治于人者食人,治人者食于人,天下之通义也。”(《孟子》,IIIA, 4,第 56 页)
>
> 224 “君子居是国也,其君用之,则安富尊荣;其子弟从之,则孝悌忠信。‘不素餐兮’,孰大于是?”(《孟子》,VIIA, 32,第 165 页)[182]

关于孟子超越了孔子的伦理思想，不仅可以从孟子更多、更热忱地提出了人道的要求中看出，也表现在孟子从更深的层次上去论证它。孔子的伦理思想有两个根源：一方面是用益主义的相互性，另一方面伦理被看成符合人的本质而直接与生俱来的东西。用益性的解释(这在墨子那里是非常突出的)在孟子这里遭遇到了摒弃。人与人之间的爱纯粹地从人与人之间的交互感觉中的必要性中迸发出来。这属于最真实的人性。

孟子决心在伦理问题上放弃用益性的权衡可以从一段他和宋牼的对话中看出。[183]宋牼试图说服秦楚两国的国君放弃交战的计划，当孟子问他用什么论点去说服国君时，宋牼说：“我将言其不利也。”孟子反驳说：“先生之志则大矣，先生之号则不可。先生以利说秦楚之王，秦楚之王悦于利，以罢三军之师，是三军之士乐罢而悦于利也。
为人臣者怀利以事其君，为人子者怀利以事其父，为人弟者怀利以事
其兄，是君臣、父子、兄弟终去仁义，怀利以相接，然而不亡者，未
之有也。先生以仁义说秦楚之王，秦楚之王悦于仁义，而罢三军之 225
师，是三军之士乐罢而悦于仁义也。为人臣者怀仁义以事其君，为人
子者怀仁义以事其父，为人弟者怀仁义以事其兄，是君臣、父子，兄
弟去利，怀仁义以相接也，然而不王者，未之有也。何必曰利？”
（VIB，4，第 144—145 页）

“欲知舜与跖之分，无他，利与善之间也。”(《孟子》，VIIA，25，第 163 页）

由于孟子在对生命及世界的肯定观的伦理思想中拒绝用益性的权衡，并且把行为的最终、最深层次的动机归结为内心的必要性，所以他可以被视为康德哲学的先驱。

孟子深信，善是每个人先天所固有的一种本性，所以重要的只是如何让善在每个人身上得以表达。

“人性之善也，犹水之就下也。人无有不善，水无有不下。今夫水，搏而跃之，可使过颡；激而行之，可使在山。是岂水之性哉？其势则然也。人之可使为不善，其性亦犹是也。”(《孟子》，VIA，2，第 127 页）

“仁，人心也；义，人路也……学问之道无他，求其放心而已矣。”(《孟子》，VIA，11，第 136—137 页）

“大人者，不失其赤子之心者也。”(《孟子》，IVB，12，第 88 页）

就像孟子说的那样，人应该“尽其心”并且认识自身属于天命的本质[VIIA，1]。* 人通过保持其真实的本质来侍奉上天。对于“失去本心”的问题，孟子的话则会令我们想起耶稣：“人若赚得全世界，赔上自己的生命，有什么益处呢？”（《马太福音》16：26）（《孟子》，VIA，10，第135—136页；VII[A，3]，第156页）

“生亦我所欲也，义亦我所欲也；二者不可得兼，舍生而取义者也。”（VIA，10，第135页）

孔子伦理思想核心的君子的理想形象在孟子这里演变成为一种达
226 到完善的人性的人。[184]这比斯多葛派的巴内修斯（Panaitios）（约前180—前110）在欧洲初次形成的人文主义思想要早了两百年，而且孟子已经把它发展得非常生动和深刻了。人与人之爱，在孟子看来是人与人之间的感觉和同情而产生的自然的情感，而且每个人都具有。在舜帝统治时期治理黄河水患，使中国北方成为可以居住的地区的大禹受到了孟子极高的赞誉，当时，只要有谁还生活在水患之中，禹就如同自己也身处水患当中一样；同样的，他也称赞当时负责农耕的稷，因为他每当想到天下饥饿的人，就如同自己也在忍饥挨饿一样（《孟子》，IVB，29，第94页）。由于提出了直接与他人感同身受的同情心和为他人奉献的要求，孟子所倡导的人与人之爱更为普遍，也远比墨子的兼爱要来得深刻，然而关于爱的一些终极问题，孟子还是和墨子一样，避而不谈。有关宽恕的问题，孟子还是仅把视野局限在了亲兄弟关系上。

* “知其性。”——译者注

"仁人之于弟也，不藏怒焉，不宿怨焉，亲爱之而已矣……"
(《孟子》，VA，3，第 101 页)

尽管孟子所倡导的人与人之爱在对待他人方面同墨子的兼爱在很大程度上类似，他却在很多地方指责墨子的思想，似乎由墨子所倡导[185]的兼爱思想是一种更为过分的东西，并且把更远的义务同近亲之间的义务等量齐观甚至会导致家庭和国家的离散。不过这种指责可能对于孟子后来的学生是对的，但并不是他本人。如果我们得到了真实的信息的话，孟子的学生应该从理论上提出了对待陌生人要像对待亲属一样去爱他们的要求。墨子本人则并没有因为一般的兼爱原则就否定血亲关系的存在意义。[186] *

孟子必须与墨子进行斗争，因为后者以及他所代表的学派通过对 227
原始的关系的崇高化[187]、对礼仪制度的贬低、对传统风俗的藐视（对乐的批评以及宣扬对鬼神的信仰）[188]来反驳孔子的学说，并扰乱正常的精神生活。[189]如果孟子站在孔子学说的立场上，把对墨子的批评局限在他所做的事情上，比如不遵守传统的风俗，那么孟子是完全有理由这样做的。如果孟子想作为孔子学派的斗士去攻击墨子的兼爱思想，那么他就是在做一件不可能的事情。他指责墨子片面强调了爱的劝诫，并自以为走了一条理性的中庸之道。但是如何证明他的爱的劝诫就不像墨子的那样片面，也是非常困难的。他自己也完全没有试图去证明之。在他的文章中有四处地方专门讨论墨子的兼爱思想，这时他一般都使用非常泛泛的陈述，采取了非常怪异的论证方法。[190]

他和墨子的爱的原则的本质区别，他所不能认可的墨子将其爱的

* 这段中两处划线部分的"孟子"按上下文似乎应该为墨子。——译者注

原则构筑在用益性权衡之上的特点却没有被提及。

> 总的来说，墨子是一个了不起的辩证法大师。然而他只是心不甘情不愿的，因为他——如同他自己说的那样——为了保持神圣的上古时代以及孔子所宣扬的理论，而不得不同其他人展开论战（《孟子》，IIIB，9）。
>
> 孟子完全没有提及道家思想，尽管道家思想家如列子和庄子用编写愚弄孔子的小故事的方法极力否定儒家学说的关于履行义
> 228 务和仁爱的核心主张。墨子却在一些基本点上和孔子学说有着共同之处。这种闭口不言是否意味着在当时老子及其后来者的道家思想在民众中还没有追随者，因而也没有成为论战的对手？
>
> 更为奇怪的是，无论是在孟子还是庄子都完全没有在著作中提及对方，尽管他们是同时代人，而且有一段时间同时居住在魏国的都城大梁。

在一段论及墨子的文字中，孟子区别了三种爱：对动物的友善（爱）——这还并不是真正的爱，对他人感同身受而油然而生的同情之爱（仁）以及对于父母和亲人产生的自然证成的强烈的归属感（亲）。

> “君子之于物也，爱之而弗仁；于民也，仁之而弗亲。亲亲而仁民……”（《孟子》，VIIA，45，第170页）

然而，他的伦理思想却没有真正将这一区别付诸实施。就算他本打算这样做，但却已经无法真正实现它了。像孟子说的那样，爱是发自最深处的、来自人本质的必要性的，所以它是那样生动、那样迫切，以至于当它寻求向外表达时，一切理论上的区别都已经不再是区

别，就像洪水冲来之时，河床上的一些细小的不平坦之处早被冲刷得非常光滑。爱本身没有实用的层次分化。[191]爱起的作用就像光速，光的速度是那样快，以至于在光速面前，其他一切的速度都变得毫无意义。[192]人所需要努力的就是尽量去拥有足够的爱。

面对[193]对抗和敌对，孟子认为，作为君子的行为，人们应该首先重新回到自身，并且在自身寻找敌对的原因，是否缺乏仁或者是对他人的关爱。如果能认定自身并无过失，并且原因仅在于对方的不理智，那么就设法回避和这样的人打交道。他从来不会放弃君子必须按照仁和正当标准去行事的原则(《孟子》，IVB，28，第93—94页)。

孟子伦理思想的生动性和深刻性，我们可以从如下一些他的言论中窥见一斑。

> “人有不为也，而后可以有为。”(《孟子》，IVB，8，第87页)
>
> “爱人不亲，反其仁；治人不治，反其智……反其敬行有不得者 229
> 皆反求诸己。”(IVA，4)[194]
>
> “仁之胜不仁也，犹水之胜火。今之为仁者，犹以一杯水救一车薪之火也；不熄，则谓之水不胜火。”(VIA，18)
>
> “五谷者，种之美者也；苟为不熟，不如荑稗。夫仁，亦在乎熟之而已矣。”(VIA，18)[195]

孟子相当重视反省，他认为，一切有悖于人自身的东西其实都给予人自我反省的契机。[196]

对于宿命现象，墨子以其不符合伦理的世界秩序的要求为由简单地加以拒绝，但孟子却有另外一种看法。在这个问题上，就合乎理性的原则和人道主义理想的角度，孟子更像是斯多葛派的精神上的近亲。对他来说，一切皆是上天的意志(VIIA，1，2，第156页)，人必须顺从于上天安排的命运。

总的来说，人可以得以慰藉的是，他并不只是将上天的意志当成一种自身履行的命运，而是作为一种赋予他的完成上天使命的自由来加以体验。上天决定他早夭还是赋予他更长的生命，对他来说都无所谓，“修身以俟之，所以立命也”（VIIA，1，第156页）。

君子在谈及上天意志决定的必要之事时，并不是作为一个被动的被审判者，而是一个在其本性上具有完成上天的劝诫的自由的个体（VIIB，2）[第178页]。

> “君子行法，以俟命而已矣。”（VIIB，33，第181页）
>
> 230 “古之人，得志，泽加于民；不得志，修身见于世。穷则独善其身，达则兼济天下。”（VIIA，9，第158页）

孟子还给予了苦难一个很有意思的评价。他多次提到，不管是个人还是一个民族都命中注定承受苦难，然后才有能力实现其完善。

> “故天将降大任于斯人也，必先苦其心志，劳其筋骨，饿其体肤，空乏其身，行拂乱其所为，所以动心忍性，增益其所不能。”（VIB，15，第155页）
>
> “入则无法家拂士，出则无敌国外患者，国恒亡。然后知生于忧患而死于安乐也。”（VIB，15，第155页）

孟子这里的声音已经远远比孔子和墨子要强。从他开始，伦理的对生命和世界的肯定观以一种内在化的方式对现实进行研究。

对于放弃生命的问题，孟子和斯多葛派的想法是不同的。放弃生命对孟子来说，只有人们必须在放弃生命和放弃义务中做出选择时，[197]才可以考虑放弃生命。而其他的任何情况下，孟子都主张人们应该珍视生命。

“可以死，可以无死，死伤勇。”(IVB，23，第 91 页)[198]

斯多葛派所持有的对生命和世界的否定观还远远在孟子的考虑之外。

对孟子来说，最艰难的考验莫过于他自己认定的看成自己最大使命的工作，要让和平和秩序重新回到这个世界，并且他要为了这个目标而奉献自己的全部(IIB，13，第 48 页)。

孟子[199]大概地意识到了爱的思想对于伦理的理性和目的性原则意味着一种威胁。他指责墨子的兼爱思想没有顾及理智和目的性，原因不仅是墨子思想是他天然的辩敌，更是因为，尽管他自己可 231
能并不明确，但他需要通过这个方面来论证自己的爱的思想。他并不清楚充分发展了的爱的思想需要提出绝对的要求，并从目的性的考虑中自我解放。当他自以为自己的伦理思想还停留在理性的和合乎目的性的限制之内时，他的爱的思想早就已经由于其直接性和深刻性突破藩篱，融入纯粹的伦理思想的洪流中去了。哥伦布发现了一个小岛，把它当作一片大陆；孟子按照孔子的思路向下走，是伦理学的另外一片天地最伟大的发现者，他发现了一片大陆，但却以为只是一座小岛。他是最具有现代意义的古代思想家之一。[200]

现实并没有按孟子的理想主义模式发展，新的帝国的皇帝不是一个有着仁爱之心，并爱好和平的君主。始皇帝，新帝国的创始人，秦国的国君，于前 221 年称皇帝，他是一位好战者。他讨厌孔子的[201]伦理文化国家的学说。通过前 213 年下令实施的焚书令，他试图将这些思想排挤出去(孟子的书却很奇怪地得以保全)。

但是汉代的帝王却认可帝国应当建筑在精神的和伦理的基础之上，所以只有孔子和孟子的学说才得以采纳。

于是在新的帝国中，孔子和孟子的对生命及世界的肯定观的伦理学思想以及其中所包含的文化理念才得以确立统治地位，并且在此后的朝代中一直占据主流地位，直到 1911 年辛亥革命，封建王朝结束。[202]

232 [辩论家(批判的思想家),诡辩家]

像古希腊的那些否定基本伦理原则的诡辩家在中国古代是不存在的。但在中国，从很早开始就有了具有批判性精神的人，他们总是去检验那些大家认为理所当然的事情，从而得出一些或多或少怀疑的论点。但他们却并不质疑伦理原则的合法性及其证成，而是把它们视作理所当然。

这些以批判性思维为基本原则的思想家们在中国古代文献中被称为辩士，[203]他们当中最杰出的代表人物有惠子——他的智慧为庄子所称道——以及公孙龙(约前 320—前 250)。

> 中国的辩士们和古希腊的诡辩家们一样致力于提出定义，研究一般性概念和个体物的关系，物和其性质的归属关系，研究逻辑推论，探讨空间和时间的问题以及物的本质属性。和古希腊的诡辩家们一样，他们也善于制造逻辑的悖论。[204]但是他们所取得的成就要远小于古希腊的诡辩家。笨拙的、无法将逻辑关系表达清楚[205]的中文成为形成逻辑学和认知理论的巨大障碍。想了解墨家学派对于逻辑和认知科学研究[206]的状况，可以从以墨子命名的著作的第十卷(第 40—45 章)收录的有关辩证法的论文中了解到[第 413—535 页]。

[王充]

经典时代的最后一个批判思想家是王充(27—97)。他最主要的思想在于驳斥任何形式的对伦理的世界秩序的信仰。在他看来，一切现象不过是由于阴和阳两种原始自然力[207]的相互作用而发生的。在世界和人的生命中唯一起主导作用的是命运。天并不关照人，而只是让 233
一切发生，人处于困境又或是人相互使对方陷入困境。天既不会要求人按照伦理的方式去行为，也不会赏善罚恶。死亡作为一种必然的命运，也是每个人所必须接受的，所以应该放弃一切试图达到长生不老的努力。这种反对长生不老的迷信思想的理论是针对当时后期的道教思想的，因为后者认为可以带来长生的修炼和丹药有着非常神奇的作用。

更为有趣的是，王充在具有批判思想的同时还保有一些迷信特色的思想。[208]因为一切都是由阴阳两种原始自然力相互作用的结果，所以他认为，正确的占星术和预言术是可以正确预见未来的。此外，如同鬼神故事中假定的那样，他也深信无形之质的存在，只是他不认可这些无形之[质当中有人的灵魂]存在。在他看来……[209]

[惠子，公孙龙，荀子]

惠子和公孙龙都提倡人与人之爱的一般原则。[210]王充尽管否定了一切伦理的世界秩序的假设，但是仍然承认孔子的伦理观。[211]

中国古代思想家非常多地讨论了关于伦理性是否能够在人的天性上促使其行善。关于人性的善恶问题，《书经》和《孟子》赞同人性本善。孔子对此没有发表明确的观点，但看起来应该是采纳了《书经》的观点，因为他一向奉《书经》为经典，也以此为出发点。

而主张人性本恶的观点的除了怀疑论者们，还有荀子，一位儒家学说的重要代表人物。伦理性在他看来，只是说服、教育和习惯的结果。[212]他宣称，伦理道德的基本原理早在上古时代就由圣贤制定了

234 下来，因此不可能适用其他的社会规范，而且民众也只有在排斥其自然的个性中的恶的过程中才能真正体会到幸福。

而且，也只有肯定了人性本恶的前提，上古圣贤们的伟大功绩才能真正地得到肯定。

荀子引证了孔子来证明自己的观点，伦理不过是得自上古圣贤们的一种有益的理论。他这样说是有其道理的，因为在孔子那里我们常常可以读到，孔子把他的伦理看成研究上古文献而获取的东西。

荀子这种从外部来理解和证成伦理的方法[213]让他不同于其他的儒家学派思想家。

怀疑论者告子就认为，人性的善恶的区别就像水无法区分西东一样。对此孟子则反驳道：

> “水信无分于东西，无分于上下乎？人性之善也，犹水之就下也……”[214]（《孟子》，VIA，2，第 127 页）

在当时也不乏一些调和的观点，他们认为人性中的善和恶是并存的，人是行善还是作恶，完全看习惯使然。[215]

比怀疑论者和辩士对伦理的效力提出更强质疑的是关于国家本质的理论。

[卫鞅，鬼谷子，韩非子]

按照卫鞅、[216]鬼谷子[王诩]（约前 4 世纪）[217]和韩非子[218]等人的观点，国家完全基于对它有用还是无用的权衡来作为在它的民众中衡量善或者恶的标准。

235 有趣的是，所有提出由国家来衡量善恶标准的理论的人都是道家思想家。由于在道的意义上的行事的学说中在理论上无法推出伦理的行为原则，所以在实践中[219]，由于不能没有行为准则，便得出了由国家意志来决定的理论。

个体的伦理信念在卫鞅看来是完全无用的——这和孔子刚好相反——而且从国家的角度去看，是一种有害的东西。民众根本无须考虑善和恶的问题，而只需要按照国家宣扬的观点，出于对刑罚的畏惧去行事即可。

这时，完全奉献给国家才是一种美德。所以对追求权力的国家来说，恰恰是那些本性更为强悍的恶人比那些生性懦弱的善人要更为有益。对于国民的教育，首要的就是最好地符合战争的需要。对国家来说，最为需要的是农民和战士。

卫鞅认为战争是国家获得尊重、权力和财富的手段。国君为了实现国家的利益，当然不必考虑那些世俗所认可的正义与非正义或善与恶的标准，总之，只要是能够达到一定目的的方法，即使是谎言、阴谋也是可以使用的。[220]

韩非子代表了和卫鞅相同的原则，只是不像他那么极端。韩非子把教育的作用看得很低。在他看来正确的统治者是不需要书籍的。

由后来成为皇帝的秦国国君于前 213 年下达的焚书令就是出于当时的这样一种思想。

后来的秦国渐渐在诸国中取得优势，这还有卫鞅在当宰相时推行的严密的组织和灌输给人们的战争精神所做的贡献。[221]

只有当人们关注到战国时代几个世纪中否定道德、否定教育的国家理论时，才能更好地觉察到孔子的伟大以及孟子在孔子精神的基础上提出的伦理的文化国家思想的功绩。

［杨朱］ 236

当国家理论者卫鞅、鬼谷子和韩非子从集体性角度去否定伦理的效力时，杨朱从纯的个体性角度发出了批判。

> 杨朱[222]应该是墨子和列子的同时代人。关于他的生平，我们可以说是一无所知。他的话语以及故事散见于以列子命名的著作中，特别是在第七篇中。[223]庄子也曾经提到过他。孟子提到，在他的时代，大约前4世纪时，杨朱的学说像墨子学说一样广泛流传。

杨朱大约与古希腊的诡辩家们在同一时期极力倡导了个人按其自然的方式充分享受生活的权利。

在初次认识他的时候，你会把他理解成尼采哲学的先驱，但他其实只是和尼采在一般原则上有着相同之处，即人在自然的对生命与世界的肯定观中与存在的本质相一致，而他理解的不受拘束的尽情生活和尼采却有着不同。尼采思想中富有特色的权力意志、优雅的存在的思想以及悲剧式的生命感觉在杨朱这里是找不到的，他只关心如何最好地享受生活的问题。所以他的这种对生命与世界的肯定观与享乐主义更为接近。[224]

杨朱思想来源于道家。因为他和道家思想有着关联，所以他的学说得以在以列子命名的著作中流传下来。

和道家思想家一样——也和尼采一样——杨朱试图通过体验存在的本质来证明人的行为。只是当老子及其后来者在无为中寻找存在的本质的同时，杨朱认为存在的本质在于寻求尽情享受生活的冲动。如果说他在这个方面同持无为思想的道家思想家有着区别的话，那么他在同无穷尽的存在精神上合为一体的神秘主义基本原则上同道家思想却又是一致的。尽管在他的思想中有那么多怀疑的成分，但他仍然不
237 是怀疑主义者。他不会像诡辩家们那样提出批评，而只会按照他认为确定的东西来得出自己的结论。

和道家思想家一样，他因思想的神秘主义成分属于个体论者。他

要求，人的生活的决定因素应该来源于内部。而孔子及其学生则认为该因素存在于外部，儒家思想考虑到了人对于国家及社会的归属性以及个人对于群体的义务。

杨朱则倡导一种表现为以自然的方式对生命及世界肯定的道家思想。

> 关于道家各种不同的流派是如何面对道家的本源的问题，我们并不清楚。
>
> 根据一段《列子》记录的小故事，老子曾经遇到过杨朱（虽然从时间上来看这是完全不可能的），并且批评后者“只是看到自我满足的东西”，杨朱为此感到非常惭愧（《列子》，II，15）。
>
> 庄子则把杨朱的理论归纳为一种悲观主义（《庄子》，XXIV，5）。

作为一种基本原则，杨朱认为，人生的目标完全在于以最完全的方式去尽情生活。

> “肆之而已，勿壅勿阏！……恣耳之所欲听，恣目之所欲视，恣鼻之所欲向，恣口之所欲言，恣体之所欲安，[225]恣意之所欲行！”（《列子》，VII，7）[226]

这种真正意义上的尽情享受生活还会受到人们通过勤勉来寻求他人认可的追求（杨朱称之为对荣誉的需要）、试图获取权势和财富以及对死亡的恐惧的阻碍。所以说人们往往会屈服于自找的痛苦之下。人们只有从这些东西中彻底解脱出来，并且从对幸福错误的理解回归到自然的理解，[227]才能从生活中赢得快乐。

杨朱认为人生当中可以给人带来幸福的东西不多，所以人们要抓住这些少有的幸福，从这个意义上讲，他的理论具有悲观的色彩。

238 “太古之人，知生之暂来……故从心而动，不违自然所好；当身之娱，非所去也。”(《列子》,VII，2,第 77 页)

在杨朱那里就已经出现了以明确的方式表达自然的对生命肯定观的困难。看起来他有时提倡一种无度的，有时又是一种智慧的享受生活的理想模式。

无度的享受生活的典型见于相国子产的故事。子产是郑国的相国，他的两个兄弟却一个好酒，一个好色，子产劝他们过一种理智而有节制的生活方式。然而在子产劝说两个兄弟的谈话中，两人却向子产说明了，他们的那种生活方式符合自然，因而是正确的；相反，子产的生活却完全是在尽一些发明出来的义务，既不自然，也不正确(《列子》，VII，8，第 82、[88 页及其后])。[228]

在另外一则故事中，他讲述了一个人不断浪费他的财产，以至于最终连埋葬自己的钱都没有留下来。杨朱认为，这样的人才是所谓的真正的完人(《列子》，VII，9)。

尽管杨朱用这样充满悖论的小故事来宣扬他的无意义和无限度的尽情享受生活的思想，但是他真正的观点还在于理智地享受生活能够保证达到的最大限度的幸福感。他提倡人们不要对生活提出过高的要求。

“忧苦，犯性者也；逸乐，顺性者也……岂徒逸乐忧苦之间哉。”(《列子》,VII，19,第 91 页)

“可在乐生，可在逸身。故善乐生者不窭，[229]善逸身者不殖。”(《列子》,VII，5,第 79 页)

像伊壁鸠鲁(Epikur)那样去思考真正的乐趣，把持久的(精神的)快乐置于短暂的(感官的)快乐之上的概念在杨朱那里还完全没有得以体现。在这个方面，他还处在非常幼稚的阶段。

尼采把一切伦理的权衡基本上评价为非自然的，而杨朱却没有达到这样的超越善恶评判的境界。一定的顾及他人以及在理性的范围内的同情心在他看来属于自然而然的行为。他所批评的仅仅是人们把自己变成社会提出的义务的奴隶的行为以及人们试图通过自我牺牲而能有所作为的想法。所以说他倡导的并非纯粹的个人主义。 239

在拒绝出于义务或者奉献思想的作为方面，杨朱和道家又走到了一起。

> “古之人，损一毫利天下，不与也，悉天下奉一身……人人不损一毫，人人不利天下，天下治矣。”(《列子》，VII，11)
>
> “忠不足以安君，适足以危身；义不足以利物，适足以害生。”(《列子》，VII，18)
>
> “古语有之：‘生相怜，死相捐。’此语至矣。相怜之道，非唯情也；勤能使逸，饥能使饱，寒能使温，穷能使达也。”(《列子》，VII，6)

杨朱所认可的伦理在他看来同墨子一样，可以在自然的感觉和对利益的权衡考虑下予以证成。因此他和墨子一样，主张对服丧进行简化。

但是杨朱又没有能明确给出关于符合自然且有助于集体的同情心和夸张的过分的为他人自我牺牲的界限在何处。

如果所有的人都能以自然的方式尽情地生活，按杨朱的观点，就会形成一种自然的社会秩序，君主和臣民之间以及臣民和臣民之间就会形成最好的和谐一致(《列子》，VII，18，第91页)。道家思想家以同样方式期待所有达到了内在完善化的个体能够相互以和谐的方式并存，并由个体组合起来形成一个真正的理想国度。

孟子像反对墨子的兼爱思想一样反对杨朱的个人主义思想。两者对他来说都是极端思想的代表人物，因而他们也必须失去他们在民众中所具有的影响力，以便孔子的取法于上古文献、合乎理性的关于个人尽到对他人、家庭和社会的义务的学说得以确立，并拯救国家于沦亡。

> "天下之言不归杨，则归墨。杨氏为我，是无君也；墨氏兼爱，是无父也。无父无君，是禽兽也……能言距杨墨者，圣人之徒也。"（《孟子》，IIIB，9，第 70 页及其后）

240 即使杨朱[230]能在那个因政治混乱而思想也混乱的时代得到认可，但他的思想仍然无法与孔子的伦理的对生命及世界的肯定观相抗衡，并得以最终确立。[231]如果《列子》中没有记载他的故事和言论的话，那么今天的人们将对杨朱一无所知。

自然的生命肯定观是一种不自然的东西，并始终含有无法自我消解的矛盾。面对这个现实，杨朱和那些在欧洲思想史上采取这一立场的人一样无能为力。

杨朱源于道家。和道家思想家一样，他在存在的本质中来证成人的行为。只是道家思想家认为存在的本质在于无为，而杨朱则推崇尽情享受生活的冲动。[232]

杨朱的生命观中的宿命观点也源于道家，此外还有对孔子伦理思想中要求的有所作为的贬低。杨朱所倡导的生命的基本原则在于，人除了以最完全的方式享受生活外就别无所求了……[233]于是，他们的[234]命运受到外部制约，他们能从生活中得到的乐趣是非常有限

的。如果谁能够把本来不属于其本性[235]的追求、顾虑和恐惧扔在一
边，那么他的命运就是由内部决定的，他就能够从生命中获取所有生 241
命所能提供的东西(这也是道家的)。

杨朱思想的悲观色彩[236]在于，他没有高度评价人生命中的幸福。即使人能够有很长的寿命，但是生命中那些人完全无忧无虑、“从性而游”(《列子》，VII2，第 77 页)的瞬间却是非常少的。所以这种瞬间就绝对不能被夺走。[237]

早在杨朱，这位人类思想史上第一位自然生命肯定观的代表人物[238]那里，我们就发现以明确的方式来表达这种思想是多么困难的事情。在很多关于他的小故事中，人们甚至会认为他在表达毫无顾忌地享受生活的意思。[239]

实际上他认为聪明地享受生活才是最好的方式。[240]

杨朱并不提倡通过最大可能的无欲无求而达到最大限度的幸福感，但是他也建议人们不要对生活提出太高的要求。[241]

尼采把一切伦理的权衡基本上评价为非自然的，而杨朱认为一定的顾及他人以及在理性的范围内的同情心是属于自然而然的生活。他所批评的仅仅是人们把自己变成社会提出的义务的奴隶的行为，以及人们试图通过自我牺牲而[能]有所作为的想法。[242]

在这种对通过义务和奉献产生的忙碌的反感方面，杨朱和道家的代表人物老子、庄子和列子是完全一致的。[243]

尽管他宣扬一种尽情享受生活的学说，但杨朱仍然不是他所宣扬的利己主义的颠覆者。[244]

杨朱没有能够对抗孔孟之道，并使自身得以确立。只是通过《列 242
子》记载的关于他的故事和言论，我们今天才能获悉思想史上自然生
命肯定观的第一次登场。

注 释

[1] [卷宗 24，第 1 号]兰巴雷内。1937 年 3 月到 4 月[5 月底]。

[2] [在第一稿的第二部分，手稿，第 71 页，新的草案，给同一个文本的标题叫作]中国章节的序言。[关于文章，比较：海因里希·哈克曼，《中国哲学》，第 13 页及其后，以及福尔柯，《思想世界》，第 9 页及其后。]

[3] [首先，然后划去：]由于其不可亲近性。[但在新稿中也划掉了，所以没有对第一稿中的重新认定。]

[4] [附上：]概念。

[5] [附上：]纯粹就事论事的。

[6] [注：]这里对于上古文献用小字印出，并且我们只能看到孔子修订过的版本。

[7] [页边注]现在：古老宗教。天—地。这个思想并不改造宗教，而是使自身独立。

[8] [页边注]?

[9] [注：]道 = 原始自然力，世界理性。

[10] [页边注]更短。

[11] [“都”划去。]

[12] [在上面：]因为阴和阳是从天和地派生而来，[它们就不是？]光明和黑暗。[这意味着：两者只属于它们。]两者只是世界的本质。

[13] [在下面，页下边缘：]孔子：道家形而上学。这些人们[称呼]通过道的观念证成的形而上学的东西。

[14] [对此注释：]有意义。

[15] [注：]君主的错误。

[16] [在上面：]这更好更简短。见福尔柯[，《历史》，第 538 页]。

[17] [页边注]道家是中国思想的一个阻碍[？]两个根源。自然主义——非自然主义的思想。

[18] [在下面，页下边缘：]不是宗教。[这？]不言而喻：[……]假设存在永生。道教。古代道家神秘主义。老子参考了它，并以它为出发点。孔子。

[19] [在下面：]自然现象中出现不幸，自然现象可以[追溯到]君主不当的行为。

[20] [页边注]奉献牺牲：有魔力的行为，通过它可以影响到自然的现象。

[21] [对此：]宗教[起？]不到作用。

[22] [页边注]……奉献牺牲被同婆罗门教一样赋予了神奇的效果……

[23] [对此记录了：]不是个人信仰的宗教。

[24] [下面，页面下边缘：]孔子和宗教没有内在的关系。

[25] [页边注]孔子和他的后来者尽管以道家的存在学说为前提，但他们并未声称他们参考了道家的思想。

[26] [对此记录了：]两种运动并行。[这种]自然的——[这种]不自然的思想。共同拥有同一种世界观。

[27] [在这行之上：]关于这些历史事件，见哈克曼，第 164 页及其后。

[28] [补上：]和孟子。

[29] [在两段之间的记录：]这里两个方向。

[30] [页边注]在《易经》中也有很多道的思想(卫礼贤译，第 X 页，《道德经》序言)。[见注释 34。]

[31] [上面：]讲话。

[32] [注：]还有很多更古老的精神产物，由他引用的。

[33] [页边注]《庄子》中的忘我癫狂状态(序言，XIII)。[见注释 36。]

[34] [引自老子，《道德经》，卫礼贤译，耶拿，1921。]

[35] [《列子》，V，11，12。(见注释 37。)]

[36] [这处以及下一处引文引自《庄子》，卫礼贤译。]

[37] [列子这里的话是从《列子》中引用出来的，卫礼贤译。]

[38] [这里下面的引文被划去了：]“孔子之劲，能拓国门之关，而不肯以力闻。”(《列子》，VIII，12；第 99 页[166])

[39] [关于这段有一个附加的记录：]道家思想沉醉和忘我癫狂的弃世思想。

[40] [注：]老子和庄子就像费希特和黑格尔：伦理，精神。

[41][页边注]婆罗门神秘主义的僵化和不生动。不断为认同性思想所吸引。拒绝世界。

[42][注：]通过激发忘我的癫狂状态的体验左右的自然哲学。

[43][注：]因为受忘我的癫狂状态的体验的左右。证成自然的本质。这种自然哲学。

[44][页边注]这种自身和世界的最深度内在性的东西，人只有在认识过程忽略了一切外在的东西才能够领悟。奥秘。和可见的存在相比，这是不存在。它不可以用言语描述。放弃一般的对于外界的行为方式。将感官放置于内部世界。其中不仅包含人要放弃认识自然的意愿，还要人们放弃试图通过一般认为理所当然的行为来对其施加影响，只有这样，才能感受到内在。拥有在自身以及世界内可以领悟两种世界力量在其中相互和谐地作用的自然现象的原始原则的器官。在情绪上调整起来。不经思考的行为——不再以平常的方式去面对感官世界。把从外向内的目光翻转过来。相马的故事。变得简单、质朴，更具有领悟力。

[45][在上面：]就像婆罗门一样。

[46][注：]单纯(庄子)。集中(老子)。不可用。

[47][页边注]兰巴雷内。星期四，1937 年 3 月 18 日。

[48][页边注]在自我沉醉中再次追忆忘我癫狂的状态。自我的最本质……

[49][页边注]表达和隐含揭示出深刻的东西。道可以穿透一切。

[50][下面的引文被划去了：]“无思无虑始知道，无处无服始安道。”(《庄子》，XXII，1)

[这段引文的页边注：]只有像老子那样拥有幼稚方式的深刻的全部魅力，才能发展出全部的效果。庄子那里已经有太多的反思。《道德经》的注疏。

[51][页边注]奥秘的游戏；寓意深刻的言语。

[52][下面记录了：]老子的谜的解释！ [上面的引文有一段被划去的前文：]“夫道，有情有信，无为无形；可传而[不可受。”(《庄子》，VI，1)]

[53][页边注]兰巴雷内，棕榈主日，1937 年 3 月 21 日。

[54][注：](这是个弱点。思想跟随着由体验癫狂而产生的轨道[……])

[55][在此注：]是一种精神体验，一种思想上超越自我。[在该行之上：]宇宙的起源[……]

[56][页下边缘：]精神上的封闭，《列子》，II，4。气息的练习，《庄子》，XV；VI，1。仿佛在自己的身体中做客[……]V，1。

[57][注：]忘我的癫狂状态也被精神化了。在精神化上要远远高于印度神秘主义。

[58][页边注，继续：]高度精神化的道家神秘主义以原始神秘主义的忘我癫狂状态为起点……

[59][在该行的上方和下方新的句子开始：]对于道家神秘主义，如同对于神秘主义一般，神秘事件有着……

[60][在此注：]将目光投向存在的奥秘的意义。向存在的本质中看去。

[61][页下边缘：]用一种精神的体验去代替忘我的癫狂体验，但在各个方面还都很明显地看出，这是可以追溯到忘我癫狂体验的。

[62][注：]最初的道家思想消亡了，只能重构它。

[63][页边注]该页下半部分都被羚羊吃掉了。[后面的三句话以及第四句话的开头都是根据页边的一些草稿增添上去的。]

[64][注：]道是从一个神秘的维度上发展而来的。

[65][在上面：]由于他们不[知道]何为苦行。[他们]都结了婚，并过着世俗的生活。

[66][对此补注：]感性世界是道自然影响的结果。

[这句话在一开始，在一个被划掉的地方表述为：]超感性对他们来说是那种可以穿透，包含感性世界，并在其中起到作用的东西。

[67][在上面：]这里：不是认识理论。回避一切抽象之物。

[68][注：]不进行认识论的思考。

[69][页边注]“出生人死。”(《老子》，50)

[70][页边注]“死之与生，一往一反。故死于是者，安知不生于彼……亦又安知吾今之死不愈昔之生乎”。(《列子》，I，6)现象发生在产生和消亡中。

[71] [页边注]从阴阳中产生了自我。
[72] [注：]和孔子相一致。
[73] [页边注]佛陀：自我问题。
[74] [注：]自我问题。不干预自然现象。
[75] [注：](自我分裂的世界观。)但是[他们]在对自然施加影响中建立起这样的世界观。这从自身而来。[这]多重体。癫狂体验的思想还面临着一个既有的对自然的思考，这在印度是不曾有过的。无为原则得以实施，是在对自然的观察中把自己理解成真正的自然。
[76] [在下面，页下边缘：]那个奇怪的中间物。
[77] [“符合”一词是后来加上去的。]
[78] [注：]每个季节中出现的生长。
[79] [注：]反对世界精神的人格化。
[80] [注：]反对人们观念中的施加影响的意志下的作为。
[81] [注：]四种力量。
[82] [在上面：]更高层次的精神性。
[83] [注：]一种要变得具有伦理性的神秘主义。
提出了自然现象和人的行为的问题，但没有解决。
[84] [页边注]第二等秩序下的人生观。
[85] [注：]善恶是相对的。
[86] [在下面，页下边缘：]无拘无束的——苦行。
[87] [在下面，页下边缘：]没有对现实的观察。超越了他们。
[88] [后来？ 补上。]
[89] [注：这一教派发源于宋钘(前 4 世纪)和尹文(前 4 世纪)。]
[90] [在此行之上：]应该将之置于何处？ 这是出于特殊的目的[？]
[91] [在此行之上：]道学说—道家神秘主义。
[92] 卫礼贤关于《庄子》的引论，第 XVIII—XIX 页。[比较 H. A. 吉勒斯，《庄子》，第 443 页及其后。]
[93] [页边注]兰巴雷内，星期三，1937 年 3 月 31 日。
[94] [注：]很难界定，什么是道家，[什么]不是道家(这意味着道家关于存在的观念)。双重的真理。
[95] [首先取代“不仅”：]更少的是……
[96] [注：]道家也反孔子：探讨人和社会的伦理学说，始终强调人和世界……[？]
[97] [页边注]兰巴雷内。星期四，1937 年 4 月 1 日。
[98] [注：]然而神秘主义。[它]会走向终极问题。把有所作为从旁边的东西中抽取出来。让[人们]不要讨论民众或者人类，停留在这样的问题上，而是要思考自我和世界。放在一旁。强迫目光朝着一定的方向。神秘主义的伟大——有所作为同存在，深刻的质朴。向外驶向高处[Lk5, 4]。在人们生活的社会关系中转变的问题最终还只是那些。只有神秘主义，它以积极的方式在探讨自我。神秘主义是一种积极的思想。不只是简单的对生命和世界的否定观——而是关于一个人[应该]如何作为的问题。是对真正的深刻的对生命及世界观以及怎样过真正的生活提出的问题。
[99] [在下边：]孔子[影响？]了民间思想。
[100] [页边注]这里加上：在《书经》中已经有关于自然的义务的学说：君主和臣子，父亲与儿子，兄长和弟弟，丈夫与妻子，朋友和朋友之间[存在着]五种义务关系。9 种双重道德：平和，仁慈，等等。见福尔柯，《思想世界》，第 155 页。
孔子的前人：管子(齐桓公的宰相)。他说：只有在生活资料得以保障的前提下，道德才能发展起来。福尔柯，同上，第 156 页。晏子(齐国宰相)。简单伦理。他就已经比膜拜活动更加赞同伦理的生活(福尔柯，同上，第 156 页)。邓析子，诡辩家。哈克曼，《中国哲学》，第 46 页及其后。道家思想家，但提出了严格治理国家的方略。
[101] [在上面：]人的伦理的经验。认为世界的原因是伦理的。
[102] [注：]忘我的癫狂状态将他们[老子和孔子]区别开来。
[103] [页下边缘注：]给予宗教不置可否的地位，对于宗教作为传承下来的东西表示一种敬畏，却也剔除了其中在他看来是迷信的东西。
[104] [手稿：]手稿写作：von frühem an。

[105][178页：]文献之书。
[106][在上面：]无宗教的虔诚。
[107][引言，引自《论语》，卫礼贤译。]
[108][该行之上：]思想的终极宁静。
[109][页边注]……之间的稳定的和谐。
[110][页边注]现在：伦理的基本原则。伦理是一个秩序原则，是人类构建社会的一种基本原则。它存在于人的自然关系中，并由此而[发生]。邻人是按照社会准则规定的那个人。理性的伦理。一切按照理性的原则。创造理想的社会关系。没有任何[……]非理性的。效用主义：为追求一定的成果而努力。关于宗教和世界观，孔子直接采用了在他之前既有的东西。内容……见上。
[111][在上面：]顾及他人。[在下面]忘我的思想。
[112][在上面：]没有明言。
[113][首先(被划去)：]博爱。
[114][页边注]现实主义者。
[115][被划去的其他文字：]“能行五者：恭、宽、信、敏、惠于天下者，为仁矣。”(《论语》[，XVII，6])
孔子是不主张如同对待好人一样向恶人也施以仁爱的。为了在现实世界中有所改变，孔子还主张仁必须在现实中有所伸张，必要的时候还应该在适度的范围内对恶人采取行动。[页边注的继续：]将恶人解除武装就属于仁的范畴。恶人如同善人一样[？]被对待。“子贡曰：‘君子亦有恶乎？’”……(XVII，24)
[正文的继续：]“或曰：‘以德报怨，何如？’子曰：‘何以报德？ 以直报怨，以德报德。’”(XIV，36)很有可能，孔子在此做出这样的判断时是对老子的话“善者吾善之，不善者吾亦善之德善”有所推敲的。
[116][页边注]建立在恕的观念上的个体伦理在孔子那里被融入一个社会伦理当中。
[117][这句话旁边的一段(关于子女对于父母的义务的文字)被划去。]
[页下边缘：]调整。符合理性的。古代伦理从中得到了表达。
[118][注：](习俗中的保守之处，只要它不与符合理性的东西相悖。)
[119][页边注]《论语》：赦小过(XIII，2)；为君难(XIII，15)；无欲速(XIII，17)。
[120][在上面：]管子也已经这样了。
[121][页边注]《论语》：防御力量(XII，7)；战争(XIII，29，30)。
[122][页边注]君子和礼。
[123][在上面：]符合目的地施以影响。
[124][页边注][面向]成功，创造更好的环境和文化关系。有着巨大的有所作为的动力[且]还如此强大……很明显地表现出改善世界的兴趣，这是他们希望在现实中得以实现的东西。谈及他们有所作为的希望。用益性的按照目标，而不是按照本质……
[125][页边注]孔子认为，人的道德是一种出于天性的变得完善的倾向，而并非出于社会的要求。因此，孔子的伦理有着深刻的精神性。在善的意义上有所作为[……]对他来说还只是第二性的。在他看来，关键是由现有的思考而出发的精神的作用，他一再强调这点。
[126][页下边缘：]深刻的文化的产物，不是个人。
[页边注]……有特点的是对形式的重视。其中确立了一个伦理文化的特征。
[127][下面的文字被划去了：]“摄齐升堂，鞠躬如也，屏气似不息者。”(X，4)“执圭，鞠躬如也，如不胜。”(X，5)“君命召，不俟驾行矣。”(X，13)
[128][页下边缘：]最细致的关照。
[129][页边注]伦理的本质和形式必须相互对应。以为可以抛弃形式而存在的伦理本质本身就失去了价值……在孔子看来伦理性的两个走向完善的形式是：一个是不断地深刻化，另一个是伦理所采取的细致的形式。
[130][页下边缘：]继续。孔子实现君子的理想。致力于现实。孔子的伦理并不是创造一个个体，而是一个[完整的文化]，相信精神的力量的强权。——孔子常常出现在道家思想家的小故事中，他们常常会拿孔子的思想开玩笑。神秘主义向伦理宣战。没有达到最高的现实。
[131][在上面：]教养。
[132][页下边缘：]经典的文献和孔子的努力：[他]从传统中继承并确定了多少。经

典文献是由[他]从材料中收集和创造出来的。

[133][页边注]夫子温，俭(I, 10)。欢乐(XIV, 14)。能够忍受别人不重用他(XIII, 10)。能在他明知道真理并不得以彰显的日子里保持着勇气和信心。

[134][页下边缘：]深刻，生活的智慧，“能行五者于天下……”(XVII, 6)过时的：几乎同巴赫的音乐一样不可能。优雅的思想方法……思想的成熟。理想主义。人之生也直(VI, 17)。他对文化有信心(IX, 5)。文化的拯救者。

[135][注：]这里还有一些相关的话语，这一句谈及使民众跟随统治者行善，而不应该让他们理解善。

[136][在其上：][使]他保持信心。

[137][注：]这里爱的原则。

[138][在上面：]虚心接受。

[139][注：]这是不符合道家所真正弘扬的简单和质朴的原则的。

[140][页边注]?

[141][在上面：]有意义。

[142][在上面：]表达。

[143][页边注]自然的深刻——不需要用悖论来增加其深刻性。

[144][页边注][第一个页边稿的继续：]

他把人与人之爱看成以非常理性的方式为个人以及社会谋求福祉的东西，它的地位必须始终处于权衡与正义的冲突和伦理需要达到的成果的思索之下，[来得以应用。]可以从实践的思考中推导出来。人与人之爱可以不再由关于良好的社会的思考而派生出来，最终成为一个自主的、绝对的原则的问题在孔子那里始终是隐性的。人与人之爱可以成为一次冒险的经历。

人不是因为考虑到伦理思想对于个人与社会带来的好处而遵守道德，相反，在孔子看来，这出于一种内心的必要性。但是这种出于内心的伦理作为又被他置于伦理要在世界中得以彰显的目的和任务之下。

[145][注：]并非来自模棱两可。

[146][页边注]兰巴雷内。1937 年 4 月 20 日，星期二。很热，很闷。

……爱，当它发展到极致时，就会导[致]，它不再受到任何的控制，就像突破河岸的河水一样。富有激情……爱的思想将发展向何处。控制河道。没有想到它有一天会冲出河岸。

确定好方向的、严格控制的爱——根本错误。

[147][在下面注：]这里按照墨子其他非儒家伦理学者的伦理学。爱。因其对文化的否定与老子有着相近之处。

[页边注]无边界的人与人之爱的劝诫才是真正的伦理，没有设定界限，而是纯粹的。

[148][页边注]爱的劝诫，第 73 页，318 页。

[149][引自福尔柯，《墨翟》，第 171—172 页及其后。]

[150][被删除的页边草稿文字：]

他怎么会想到用天的仁慈来证明人的兼爱？ 从第一印象来看，他已经比孔子更接近耶稣。[比较：第 216 页。]他通过上天(被设想成一个至高无上的神性的道德主体)像爱自己的孩子一样去爱所有的人来证明人与人之爱，并要求人与人之间也应该相互友爱。

但是墨子的精神仍然在一个重要的地方比他在这里或者其他一些类似地方说出的话有所欠缺。由纯粹的人与人之爱至高行为规则决定的终极要求，这些在耶稣的伦理中是得到体现的——爱你的敌人，无限度的宽恕，不使用暴力——而这些在墨子那里却没有得到表达。耶稣要求人们出自内心的变得完善的必要性来爱人，就像人们去证明自己是上帝的孩子，要回到上帝的天国所要求的那样。对墨子来说，爱只是为了达到社会的繁荣而不可或缺的部分。

[151][在其下，页下边缘：]爱的思想发展得更强大——但是仍然躲藏在用益主义和目的性的权衡之中。

[152][页边注]……基于天拥有一切人类的事实，他认为[……]天对所有人的爱就如同对自己的孩子一样。为此他并不想去捍卫一个新的认识。作为对人们证明人们对天所抱有的观点的证据，他指出，人们向天奉献牺牲，膜拜上天。和墨子一样……[见后面，第 215 页]

墨子还完全没有涉及如何将自然现象的根本原则在伦理意义上理解为善，并且在无穷尽的存在的本质中证成伦理性的存在的困难。神义论问题还没有出现。他和孔子一样，在对世界的观察上还相当幼稚。另外，比较幼稚的是他对于人与人之爱的驱动力的言论。[接上面章节的引文]来自 IV，第 244 页。

[153][页边注]只有爱能够给予人们尽到义务的力量……

[154][在其下，页下边缘：][……]根本的区别在于：孔子把义务本身看成一种责任。而墨子却认为爱给了人们履行义务的力量。……通过目的性的衡量来证成爱，而不是看成一种单纯的顺从的行为。是对更高层次伦理的领域的入侵，但是走得不远。

[155][在其下，页下边缘：]举天的例子是道家的。从道家借鉴来的。

[156][注：]只出于上帝而证成。

[157][注：]在这里，孔子就比他要更进一步了。

[158][在其上：]不：不在孔子的轨道上。

[页边注][自前面的第一稿：]墨子思想中的对于他人之爱的全部意义在于，个人和社会的全部福祉最有可能通过它而得以实现——在伦理思想方面，墨子是处在孔子的轨道上的，只是他在这条由他开创的道路上走得更为超前一些。他绝对没有提出与孔子所主张的完全不同的人与人之爱的诉求。

[第二稿：]可以说，墨子停留在孔子的轨道上，只是他略微前进了一步。他超越孔子之处在于，他相对于孔子有着对于爱的基础意义更为深入的洞见。此外尽管他提出的爱和孔子并没有什么质的区别，但至少比后者更加温情和生动。他指出，在文王统治时期，爱导致的直接后果是，没有孩子的老人可以找到他们度过晚年的地方(IV，第 250 页)，孤单的人得到朋友般的对待，孤儿得到了很好的照料。他显然只在非常少的地方(XIII，15)提及，人们应当去关心穷苦人。总的来说，墨子的爱的主张，尽管比孔子赋予爱更重要的意义，但仍然并没有向个人提出高过孔子的任何要求……[除了上面提到的 IV，15，第 250 页还有第 251 页："少失其父母者，有所放依而长。"以及 IV，第 173 页："天必欲人之相爱相利。"比较：还有第 115 页(IX，389)。]

[还接着第三稿页边注。并加入了这样一句话：]墨子就像一个并不太知道自己的发明到底产生了多大影响力的发明家。

[159][在其上：]而不是对于动物之爱。

[160][在这行上面：]提出爱的主张只是一个表面的东西，后面却显出结构的匮乏。

[161][注：]这里对于孔子的态度：他反对他的地方。

[162][在其下，页下边缘：]君子和扛着一袋米的人，第 559 页，[见《附录》，第 212 页]。

[163][注：]也就是说更多道家思想家的成分。

[164][IX，39，第 403 页。]

[165][页下边缘：]孔子已经提出普遍的人与人之爱，只是不作为原则性的。

[166] 实际上为父母及其家庭中的兄长守孝的时间并不是完整的三年，而是约 27 个月。[《孟子》，]第 170 页[，1980 年版：第 236 页，关于 VIIA，46 的注释。]

[167][页边注]摧毁人的行为力。第一个表达出冲突的人[……]命运观和古代中国对于世界秩序的信仰多么难得取得一致。为什么墨子在一段谈话中把对于命运的信仰看成孔子思想的一种独特性，并不可见……

[页边注]伦理思想对于宿命的现象有着解释的困难。对世界现象做伦理的解释。

[168][在其下，页下边缘：]文王，周朝的创立者，《论语》：仁者安仁(IV，2)。孔子也反对殡葬中的铺张浪费(IX，11； XI，7，[10])。严守守孝三年的规定(XVII，21)。不怨天(XIV，37)。对统治者的三年丧(XIV，43)。奉献(XV，8)。古代书籍由孔子整理出来(《庄子》，XIV，8)。

[169][注：]庄子：要听天由命。命运是捉摸不定的(VI，8)。

[170][注：]这里再细述处在孔子和老子之间的伦理思想家。

[页下边缘，属于下个章节的部分：]人与人之爱，其实本质就是一般的爱，只是还没有能从传统的风俗和伦理中解放出来。孟子像犹太教先知一样理想主义。信仰善的权力。

[171][页边注]兰巴雷内。1937 年 5 月 2 日，星期日。雷电交加的暴风雨的日子。

[172][页边注]……孟子不回答一位王子提出的问题，因为王子摆出高人一等的姿态([VIIA，43，]第 169 页)……

[173] [页边注]……孟子本人很清楚，在这些国家当中会有一个能统治其他各国，并实现先前的统一的局面。

重新构建的国家在他的构想中是这样的，一个国家，在其中有着正义与爱[……]的出现……然后其他的国家会臣服于它[……]和平对于世界的作用[……]在现实中却是完全不同的。但是新的世界帝国中应该按照孔子和列子的学说来[组建]。

[174] [页下边缘：]……反对平等的国家间的战争[VIIB，2，第]171 页。痛苦的教育同样也适用民众[VIB，15，第]159 页。乐善作为执政的主要能力[VIB，13，第]153 页。反对扩张的和非正义的战争[VIB，8，第]151 页。(君子为其君主服务)出于用益的原则而裁减军队[VIB，4，第]145 页。[……]通过善而取得世界的统治权[IVA，3，第]75 页。(如果[那些]古代的国王)，[IIA，6，第]34 页。

[175] [页下边缘：]……用温和的方法来统治一个大国 87[？ 比较 IA，6；IVA，3，7]。

[176] [页边注]从暴力中并不能产生真正善的东西。

[177] 伯夷，一位前 12 世纪的君主；伊尹，一位前 18 世纪的宰相，他们都是上古的贤明之人([IIA，2，]第 31 页)。

[178] [在其上：]对和平的爱好。

[179] [在其下：]夫天未欲平治天下也，[IIB，13，]第 48 页。[比较第 196 页其后。]

[180] [页边注]1937 年 5 月 9 日，星期天。旱季的第一个星期天。但还不是非常热。

[181] [页下边缘：]为父母所尽义务的重要性，第 92 页[？ 95，IVB，30？][……]爱你的邻人，尊重你的父母。[IVA，第]79 页。

[182] [被划去的引言：]“彭更说：士无事而食，不可也。孟子回答说：于此有人焉，入则孝，出则悌，守先王之道，以待后之学者，而不得食于子；子何尊梓匠轮舆而轻为仁义者哉？”

[183] 宋牼极有可能和《庄子》第 XXXIII 章中提及的那个和平主义的宗教派别的领袖宋钘是同一个人。见[第 196 页，注释 89]。

[页边注][这句引人的句子的其他稿写在前面的页边草稿：]孟子在行善中拒绝用益性权衡甚至不同意将之应用在对和平的追求之上。

[184] [前页上对该句的注释(手稿第 102 页，页下边缘)：]君子的形象在孟子那里被完善人性的人所[取代]，孔子[是]一棵刚刚萌芽的树，而孟子则是一棵有花有叶的[大树]。

[185] [至此，该句被划去，在新的手稿第 109 页继续。整个段落在后面(手稿第 118 页及其后)微小变动后又重复出现。我们根据第二稿，将之列出。]

[186] [关于墨子的兼爱的学说见第 212 页及其后。]

[页边注](小写)对敌人之爱的问题在后期的墨家学者中才出现，但他们仍然否定了对强盗和罪犯之爱。所以说不爱恶人。(哈克曼，《中国哲学》，第 16 页。)

[187] [第一稿：]通过对无欲无求的崇高化。

[188] [在()中的文字按第一稿。]

[189] 关于墨子与孔子的区别之处，见前文第[216 页及其后]。

[下面的四句话在第一稿中如下：]

此外，当他要去指摘他的关于人与人之爱的理论时，他自己则陷入了一个矛盾之中。他指责墨子的兼爱过于片面性，并认为自己是反对一切片面的观点的，因为片面的观点是用“举一而废百”(《孟子》，VIIA，26，第 164 页)的方法来表达真理的。但是要想真正清楚地表明，墨子的兼爱到底在多大程度上比他的学说更为片面，他的来源于同父母以及亲属之间的义务的爱的效力究竟高明在何处，对他来说并不是件简单的事情。他也曾经说出这样的话语：“仁者以其所爱及其所不爱。”(VIIB，1)

[190] 其中最重要的一处(IIIA，5)是一段非常含混晦涩的文字。

[191] [第一稿：]没有弱化也没有提升。

[192] [在其上(第一稿)：]伦理的无限性。

[193] [从这里开始是第 1 稿的继续。]

[194] [后面接着第 226 页已经给出的 VA，3 的引言。]

[195] [后面接着一个前面已经再现的段落，其开头如下：]对敌人之爱的思想还远在他的视野之外。这句“仁者以其所爱及其所不爱”[见注释 189]虽然很美好，但其并不含有对敌人之爱的意思。但孟子的爱的思想已经发展到了禁止对人产生敌对的情绪，

并要求人们始终采取仁慈和正当的行为准则。如果人们——按他说的那样——开始有了敌对的情绪，就要首先在自身寻找敌对的原因，是否缺乏仁或者是对他人的关爱。如果能认定自身并无过失……[见上，第 228 页，《孟子》，IVB，28]

[196][接最后四个引言。]

[197][见第 295 页：VIIA，10。]

[198][在此注：]是伦理学最伟大的尝试之一。

[199][第二稿一段重复章节的继续。]

[200][在此注：]最具现代意义的……指文化国家。

[201][括号括起来：]孟子的。

[202][在边缘，这句话旁边有一个原来就有的问号。]

[203][注：]哈克曼，《中国哲学》，第 152 页。

[204][后来又加上了问号。]

[205][首先：]非逻辑的。

[206][在下面，页下边缘：]孔子和孟子：共同克服了所有的。

[207][在上面：]见[E. V]岑克尔，II，第 123[页]。

[208][可能的修订：]以一种批判性思想，王充仍然还保有迷信思想。

[209][这句话不完整，因为该页下面被撕坏了。页边草稿：]尽管他否认人死后会有无形之质存在，但却相信世间有鬼怪。他认为，在有形之物以外还存在着无形之质。

[210][在此注：]哈克曼，引文出处同上，第 157[页]。

[211][注：]所以说世界观和伦理彼此独立。

[212][在下面，页下边缘：]在中国思想独立于伦理的世界秩序。

[213][下面，页下边缘：]继续写道。孔子的学说在学术体系内得以展示。

[214][引言的继续，见上，第 225 页。]

[215][在上面：]在中国伦理思想上没有重大事件。从一开始就已经确定了。

[216][在上面：]哈克曼，引文出处同上，第 158 页；福尔柯，《思想世界》，第 178 页。

[217][在上面：]岑克尔，I，第 324 页[270]；哈克曼，第 157[页]；福尔柯，[引文出处同上，]第 171 页。[上面的页码 178 和 171 在福尔柯的《思想世界》中是不对的。福尔柯(《历史》，汉堡，1964)中，是第 450 页和第 483 页，注释 218：第 461 页及其后。]

[218][这个后面的名字后来才加括号。]

[219][在上面：]印度人：[采取了]一个完全实践前的立场。

[220][注：]战争带来的野蛮化。

[221][注：]在草稿中，这些全是归于孔子。

[222][页边注]兰巴雷内，1937 年 5 月 8 日。愚蠢的一天。下午一场可怕的飓风。还要为一个内脏疝病人做手术。

[223] 关于以列子命名的著作，见第[182 页及其后]的注释。

[224][在此加注：]只是不是纯个体性的。

[225][注：]享受，而不是获得权势。

[226][在此加注：]对他来说，完全没有提到损害他人利益而尽情享受生活的问题。

[227][首先，然后划去：]回归正确的。

[228][注：]像道家思想家一样，他试图通过这些故事令人错愕。

[229][在下面：]在矛盾中来回移动。

[230][在该行的上面和下面：]但是他的[杨朱的？]对生命及世界的肯定观不[是]伦理的。只是给予了伦理一小块空间。回归自然的思想[；这]有其原因，在于，他对于民众和个体无任何要求。

[231][在下面：]自然的生命及世界肯定观。

[232][注，在页上边缘：]个人主义的。道家思想并不是一个封闭的学说，而是作为一种基本的思想方法，有着多重流派并存。不再是老子。有特色之处：个体并不属于社会，而是属于自身。社会存在于和谐共存的和谐的[……]根本信念，应当忠于真实的本性。

[第二个注：]一个道家思想的特殊形式，完全个性化的对生命肯定观取代了实现和无为。治的思想的实现。来源于对存在本质的理解。

[233][接着第 237 页已经给出的《列子》(VII, 7) 的引文，以及重复了接在关于阻碍真正享受生活的因素后面的那句话。]

[234][人们。]

[235][或者(不清楚)：]不属于其本来道路上。

[236][最后的手稿页(第 147—150 页)只是重复了第 238 页及其后(手稿第 140 页及其后)的部分，只是表述略有不同。]

[237][接引文 VII, 2；见第 238 页，上。]

[在此加注：]道家思想的潜台词：不是单纯的享乐主义者，不是悲观主义者，不是怀疑主义者。生命被尊重。

[238][修订：]……回归到自然对生命肯定观的基础。

[239][接引文 VII, 8 和 VII, 9, 见第 238 页。]

[240][接引文 VII, 19, 见第 238 页。]

[241][接引文 VII, 5, 见第 238 页。]

[242][接引文 VII, 11 和 VII, 18, 见第 239 页。]

[243][接引文 VII, 6 和根据 VII, 18 的社会自然秩序的段落，见第 239 页。]

[244][接孟子驳斥杨朱段落……，后面接着的引文《孟子》, IIIB, 9, 见第 239 页。]

人类思想，中国思想，1937 年第一稿，第二部分。[节选][1]

计　划

[手稿第 26—32、36 页]

道家思想。神奇的。老子的活生生的道家思想。精神化。至高的境界[是]弃世。忘我的癫狂状态。弃世的生活，[这]是精神化。它的起源[在于]忘我癫狂体验中的超脱。和原始自然力合为一体。掌握超自然的能力[是]次要的。魔法的思想在音乐中。吠陀赞歌中的话："通过旋律，他们使太阳升起。"[2]最初的意思不再重要。而在列子那里，这种想法仍然在闪光。[3]

在神秘主义中的伦理问题，自然哲学和神秘主义的吸引力。承认神秘的东西。我们之于存在的行为是神秘的东西。这[是]道家思想的伟大之处和永恒生命力所在。我们的行为在现实中如何起作用。只提出了这个问题，道家思想就已经具有生命力，即便回答并不令人满意。

行为与自然现象的[相互]关系问题。基本区别。[道家思想]第一个认识到这个问题。[它]怎么解决呢?

[它]的解决方法在于，它否定行为。人必须认识到，自然现象是有着自己运行的规律的。这一判断[来源于]忘我癫狂的体验，别样的存在。放弃他自己的愿望和行为。惯常的生存条件和人生追求对它来
244 说不存在。[4]将追求有所作为的愿望放下。[人应该做]在自然现象中起作用的至高无上的[5]精神存在的无意识的感官。[6]

[道家思想]通过无为建立了与对世界否定观的关系。但是[他并不代表]对世界的否定观。[他站在]高处，而对生命及世界的否定观，如印度思想，则走了渐行渐远的道路。在癫狂体验的出发点中，这一可能性得以确立。但更高形式的存在不[是]脱离自然的。时间和空间的世界[7]并不[作为]至高无上存在的一个不合适的、无意义的现象，而是至高无上的存在在时间空间的世界中起作用；并不是像一场无意义的游戏那样放弃自然世界，而是以自然现象的意义起作用。所以说停留在对生命和世界肯定观的界限的这一头。无为是至高的一种作为。通过对真实存在的理解。[8]

在印度人那里，问题不[在于]，人的行为如何放置到自然的现象中去，而是[涉及]自然现象是否属于存在本质的问题！更加的激进。并且[这个思想]亦是从对忘我的癫狂体验中出发：关键点是从忘我癫狂出发。

道家和婆罗门教的世界观都是以忘我癫狂为出发点的世界观！游离于一切传统之外，但却依赖于这种面对存在的举止的体验，被在更高级的存在[9]中体验存在[控制了，捕获了]。[一种]思想，受癫狂体验所控制。[10]

对世界和生命肯定的特性是[既定的]。施加影响。更高层次的治

的思想。

没有对行为和事件问题的论证。[道家思想]从古代神秘主义中全
部认可了这些。[11]它对此既不从本体上去认识，也不这样去研究， 245
而是仅局限于神秘主义包含的范围。[12]更高的、其他的行为。不是惯常的生命观的行为，而是质朴自然的。

然后[13]是伦理性和自然现象的问题……伦理性在多大程度上是更高的行为，并作为出发点。感觉不到伦理性的奥秘。因为[它，道家思想]受到了癫狂体验的影响。同自然现象合同为一在伦理中被看成更高的行为。在伦理问题旁边经过。并未彻底证成它。于是[它]在作为和无为的问题[旁经过]。伦理属于作为。

同样[它]对于世界现象的意义问题也是[匆匆而过]，而不是追根寻源。而是做出陈述……后来庄子分析了世界现象并最终像斯多葛派一样产生了命运观。这在老子时还未显现，但是庄子是这样，有了反思。宿命思想。

[老子，邓析子]

老子不[是]第一个将神奇的同道合为一体的神秘主义思想精神化并达到一种个体生活与原始自然力和谐相处的神秘主义思想的人。[14]我们拥有一些老子前的残篇，其中某些《道德经》的基本思想也得到了表达。[15]邓析子作为老子的同时代人，他就已经有了《道德经》的基本思想。可能更古老。和道合为一体——智者的无为而治。[16]但是在《道德经》中它[17]第一次得到了发展，得到了表达并在关联中得以发展。[18]而我们在列子那里则可以看到一个相对于老子原始的形式(不完全发展的形式)。庄子则作为一个独立的思想家

把[基本思想]按不同的方面做了加工。在一个独立的思想的媒介中得以显现。细究每个细节，考虑精当。列子，尽管他知道老子，但在很多地方却像老子的前人。[19]在语言上也比老子显得更为古老。

老子并不是精神化的神秘主义的创始人。他有先驱者。但是，[它]是在老子那里第一次发展成为一个整体，[第一次这样]得以表达出来。

246 和一切神秘主义一样，老子、列子和庄子的道家思想究其本质也是一种自然哲学。个体就像在自然中遇到的那样探究世界的无穷尽的存在，并寻找着自我生命与世界的和谐体验。

但是却不存在基于经验事实出发的对自然的研究和证成。[道家并不试图]像斯多葛派或者歌德那样，从外部向内部进发。道家思想所[理解并实践着的]是对自然本质的直觉的掌握，是一种直接的、内在的对其的把握。

道就其自然的认识是不可知的。[按照它的原则]人们必须放弃认识自然的愿望。存在的秘密只有在弃世中才能体验到。不可言传的，而是每个人必须在集中意念中去体验。使他的内在同存在的基本原则相一致：然后这才是可以被感知的。

变化了的同外界的关系，[它]不再对个人起作用，并且个人亦不想对它发生作用，而是一切外在的东西都褪去，以内在的方式[它想？]同无穷尽的存在[……]沟通。[20]个体中的道[在自我中]理解世界中蕴藏的道。全部。到达内在性。这里的话语。

并且在最后：忘我的癫狂体验远离。但是道家思想只有在癫狂体验中得以理解。对感性世界的放弃。老子还[知道？]忘我癫狂状态。(和孔子发生的故事)[21]脱离感性世界，自然的存在。

不再以惯常的方式同感性世界打交道——并且[不再]受它的影响。但是在感性世界中[一同包含了]精神化的世界。没有区分。精神的东西[人们只有]在放弃同感性世界打交道的时候才能领悟，把目光从外在的东西上移开，专注于内在。相马者的故事。[22]马的精神本质。完全不关注外部。放弃惯常的标准，不应用它们。[23]

不是一种对纯粹的探讨和在其中的显现，而是被掌管宇宙的精神掌握。做精神的器官。变得对世界最初的本质开放。

回到质朴(《老子》，10，第12页)。[24]

同道合为一体是对人的理解提出的如此巨大的要求，以至于只有很少的人能实现它，老子就已经这样认为了。

道家神秘主义和忘我癫狂 247

[手稿第37—53页]

道家神秘主义的所有态度都只能从忘我癫狂体验的角度解释(理解)。道家神秘主义不证成任何东西。没有任何关于人和世界的寻找的思索。思想从癫狂体验的角度出发来对人与世界的问题做出判断。接受了癫狂体验的精神的阐释：道家神秘主义正建筑于其上。[这种]思想是受到可以追溯到癫狂体验的传统制约的。对世界的认识也从这种体验出发。

在婆罗门神秘主义中，癫狂作为一种体验处于中心地位，起重要作用。进入意念集中而弃世的状态的练习是被传授的技艺。[这种]真实的身体的对于超脱现实世界的体验在道家[神秘主义]中也是基于癫狂体验而不是现实存在。老子在神游的状态中。[25]在列子和庄子那里，这种状态被描写成一种脱离现世的状态：[他]的身体仿佛只是一具躯壳。[26]——但是[这]仅仅处于次要地位。这是精神化了的癫狂状态。这是一种更高级的生命的存在状态。在一个停止了的癫狂状态中。在[一个特殊]精神理解的状态中度过生命。持续的癫狂状态。符合精神上的癫狂状态的态度，[一种精神的]理解。不能从圈子中出来。最本初的东西得以显现，一种精神状态。

从这里开始[认识]超越生命之上的深层次的真理。人开始致力于研究与无穷的关系。在一种和癫狂状态相符合的状态中。从这里开始，无为的[态度]。不是无为的[理念]。为了维持生命而进行的[作为被人看成]理所当然。没有苦行生活的趋势。所以对于癫狂的解释和应用都被置于既有的对生命肯定的世界观的界限内。

比印度的世界观更为发达。没有变成完全的非自然主义，以及对自然世界的脱离和从自然的存在状态中解脱；由于确定了[通过各自相符合的行为]中国思想及印度思想中的世界观。更高的存在方式。从一种既有的东西出发。对物的自然的评价并且一种自然的质朴的生命意志被剥夺了效力。神秘主义在这里不再是一个人与世界真正的交锋的结果，而是由癫狂体验确定的。

一切原始的神秘主义都是源于(发自)神秘的事件。人暂时从自然的存在状况中脱离出来，并且在这种脱离尘世和比世俗更为崇高的存在中游弋。[27]

精神化的道家神秘主义的特点就是无为的理念。[28]无为的思想
248 可以追溯到癫狂状态，这对精神化的道家神秘主义来说是非常鲜明
的。[29]癫狂状态就是一种无为的状态。根据对癫狂状态的精神化的阐释来看，无为属于一种更高的生命的存在方式。[30]

由于无为的思想，老子和他的后来者的神秘主义思想都走在了对生命与世界的否定观的发展道路上，几乎在所有受到癫狂体验影响的思想当中都有类似的情况发生。癫狂状态的本质在于，感性世界和人的存在在癫狂状态中变成某种虚无的东西。

……基于对癫狂状态的反思，婆罗门教达到了对生命和世界的否

定观。他们把纯粹的存在看成唯一真实的东西，并且人们可以从癫狂状态中获取关于它的知识。而感性世界对他们来说，只是纯粹的存在的一种无关紧要的表现形式而已。所以，人在其中就会觉得自己是个外来者。[31]以各种方式，不仅是无为，还有禁欲苦行和进一步的进入癫狂状态的练习，人必然会追求脱离感性世界，在现世的生命中达到未生之时所处的以及死后将要回到的纯粹的存在的境界。

对道家思想家来说，从对癫狂状态的完全阐释中[32]产生的只有无为，而没有对生命及世界的否定观。他们没有一直向下走完摆在他们前方的大道，而是只走完了对生命及世界的肯定观所允许的一段路程。同婆罗门教相比，老子和他的思想具有不一致性。他们试图将由对生命及世界的否定观而产生的无为同对生命及世界的肯定观结合起来看待，这构成了在他的思想中起作用(同时也是他的世界观的基石)的最大的矛盾。

老子和其他一些思想家的思想是来源于对癫狂状态的印象，这与婆罗门教的逻辑是一致的，但是，是什么阻止了他们选择对生命及世界的否定观呢?

婆罗门教在印度思想中没有任何他们需要认可的关于存在的既有的发达的观念。在民间存在着的原始的生命和世界观根本无须他们给予重视。在他们作为神职人员和精英人士，并且追求着更高级的真理的自我意识中，他们觉得自己比一切在民众中具有效力的信念都要崇高。

相反，道家思想家却一开始就面临着一个高度发达的道的理念以及关于两种原始自然力光明(阳)和黑暗(阴)的交互作用的观念。[33]
这些对他们来说是既定的，是一种既有的存在，他们必须认可这种理 249
念和观念。对他们来说，远离民众的思想方法而另辟蹊径是不太可能的。他们不是神职人员，去证成一个在一小部分精英人士内部的所谓真理，而是要去试图证成对大多数人来说具有效力的生命和世界观。

所以，和道的观念相关的对生命和世界的肯定观是他们思想内部的基本的前提。他们也不可能像婆罗门教徒那样，直接选择从癫狂状态的体验中产生的生命和世界观，从而落入对生命和世界的否定观中去。

婆罗门思想由于其对生命和世界的否定观而完全不自然；而道家思想则是因为其试图统一无法调和的东西——无为的思想以及对生命及世界的肯定观——而显得不自然。列子和庄子时常以非常尖锐的方式表达无为的思想，以至于它变得无法理解，它[在他们那里]完全和对生命及世界的否定观不相关。

有关无为的地方：

> "处无为之事。"(《老子》,2)
> "为无为,则无不治。"(《老子》,3)
> "百姓皆谓:我自然。"(《老子》,17)
> "众人皆有以,
> 而我独顽以鄙。
> 我独异于人,
> 而贵食母。"(《老子》,20)
> "将欲取天下而为之,吾见其不得已。"(《老子》,29)
> "为道日损。
> 损之又损,[34]
> 以至于无为。
> 无为而不为。"(《老子》,48)
> "治大国若烹小鲜。"(《老子》,60)
> "古之善为道者,

非以明民，

将以愚之。

民之难治，

以其智多。”(《老子》,65)

无知对于多数人：

“知我者希，

则我者贵。”(《老子》,70)

“故坚强者死之徒，

柔弱者生之徒。”(《老子》,76)

“天下莫柔弱于水。

而攻坚强者，莫之能胜。”(《老子》,78)

“用志不分，乃凝于神。”(《列子》,II, 10) 250

“常胜之道曰柔，常不胜之道曰强。[35]……积于柔必刚，积于弱必强。”(《列子》,II, 17)

“至人居若死，动若械。亦不知所以居，亦不知所以不居。”(《列子》,VI, 9)[36]

“故至言去言，至为无为。”(《列子》,VIII, 11)

《列子》中表现出的质朴：

“楚人鬼而越人禨。”(《列子》,VIII, 17)

对外物无所谓的态度：庄子。

“今者吾丧我。”(《庄子》,II，1)

但是[他只是把]自我去除掉，为了成为神秘的驱动力量的器官。

“是以[圣人]和之以是非[而休乎……]。”(《庄子》,II，4)(猴子的故事)

“为是不用。”(《庄子》,II，5)

生命是一个梦境的状态(《庄子》，II，9； II，12)。

“庸讵知吾所谓吾之乎?”(《庄子》,VI，5)

死[……](《庄子》，III，4)一切都是变化：生和死。

“不形之形(41),形之不形(42),是人之所同知也。”(《庄子》,XXII，4)

无用(《庄子》，IV，4)；精神的人对于生活是无用的(《庄子》，IV，5)。

“直寓六骸。”(《庄子》,V，1)

生与死(《庄子》，V，3)。“虽忘乎故吾，吾有不忘者存。”(《庄子》，XXI，3)

完人：“眇乎小哉，所以属于人也！ 謷乎大哉，独成其天！”(《庄子》，V，5)

死亡(《庄子》，VI，3)。

在原始自然力当中变化的完人："彼以生为附赘县疣，以死为决溃痈……忘其肝胆，遗其耳目。"(《庄子》，VI，4)［他们］在现在已经将生命中的身体的存在置之度外了。[37]

"明王之治，功盖天下而似不自己。"(《庄子》，VII，4)

"至人之用心若镜。"(《庄子》，VII，6)

"闻在宥天下，不闻治天下也。在之也者，恐天下之淫其性也；
宥之也者，恐天下之迁其德也。"……"故君子不得已而临莅天下， 251
莫若无为。"……"故君子苟能无解其五藏，无擢其聪明；尸居而龙见，渊默而雷声，神动而天随，从容无为而万物炊累焉。吾又何暇治天下哉。"(《庄子》，XI，1)[38]

"堕尔形体，吐尔聪明，伦与物忘……万物云云，各复其根。"(《庄子》，XI，4)

"死生同状。"(《庄子》，XII，2)

"圣人之生也天行。"(《庄子》，XV，2，第 117 页［1969 年版和 1984 年版，第 171 页］)

"大人无已。"(《庄子》，XVII，3)

"何为乎？何不为乎？夫固将自化。"(《庄子》，XVII，5)

(看起来是切实可行的。这些问题都没有得以很好地证成，而是乐于讲述带有寓意的小故事。不做正面的回答。摆在面前的问题，［老子的后来者们］没有抓在手中。老子有一个计划。但是他们无法实施。)

生存的苦处：

“至乐活身，唯无为几存……人也孰能得无为哉?”(《庄子》，XVIII，1)

“尝相与游乎无何有之宫，同合而论，无所终穷乎！尝相与无为乎！澹而静乎！漠而清乎！调而闲乎！寥已吾志，无往焉而不知其所至，去而来而不知其所止。”(《庄子》，XXII，5)[39]

“至言去言，至为去为。齐知之所知，则浅矣。”(《庄子》，XXII，10)

重新回到真实的本质。

“祸福无有，恶有人灾也。”(《庄子》，XXIII，1)

“古之真人，以天待人，不以人入天。”(《庄子》，XXIV，13)[40]

“圣人踌躇以兴事，以每成功。”(《庄子》，XXVI，5)

“言者所以在意，得意而妄言。吾安得夫忘言之人而与之言哉?”(《庄子》，XXVI，10)

“直寓六骸，象耳目。”(《庄子》，V，1)

252

[关于道家学说]

列子和庄子也如同老子一样，并没有提出真正意义上的对生命与世界的否定观。对道家思想家来说，感性世界从来也没有像婆罗门教那样成为纯粹存在的一个不真实的、无意义的现象。他们总是把超感性的和感性世界想象成某种符合自然的(有机的)相互关联。超感性之物对他们来说是某种贯穿于感性世界中，包含着感性世界，并在其中以有意义的方式起着作用的东西。

道家思想家们从来不去怀疑感性世界的现实。

列子和庄子也没有这样做，尽管他们否定了梦境和现实体验间存在明确分野。他们只想由此表达出人类认识能力的局限性。

死和生在道家思想家看来是变化，[41]这种变化符合两种原始自然力相互作用的结果，并且一切事物也都是处在变化之中的。所以在《易经》中，用连起来的线条—表示阳，断开的线条--表示阴，它们共同组合成六十四种排列组合，《易经》又被称为变化之书。[42]

按照道家学说的逻辑，只有相互构成“我”的阴和阳是永恒的，而非“我”。但是受到了传统的祖先崇拜的影响，也假设存在有一个同两种原始自然力结合在一起的“我”的某种方式的继续存在。[43]

这种［通过变化而产生的］新的存在的观念和印度教的轮回学说是不一样的。但是在庄子那里似乎又能找到一些章节，其中对这样的一种“我”的持续存在似乎又有所保留。[44]

对道家神秘主义来说，“我”的问题始终是一个无须解决的秘 253
密。对他们来说重要的仅在于，由两种原始自然力构成的“我”能够寻找到在世界中正确的行为。其他的一切都可以放在一边而不予考虑。“庸讵知吾所谓吾之乎？”在《庄子》（VI，5）中有这样的话。[45]但对印度思想来说，这却是必须的，［……］［有关］此生之前以及之后的存在都必须弄清楚。

在道家思想家的对世界和世界现象以及对生死的观念中，他们是完全站在对生命和世界的肯定观的基础之上的。所以，为了禁欲的生活而禁止一切欲望对于他们还是一种陌生的东西，这也能很好地证明上面的论点。

最终，在道的观念中包含着的治（有所作为）的思想，使得他们无论如何也无法停留在对生命及世界的否定观之上，尽管这种否定观本来与无为[46]的主张更为契合。

道家思想家首先意识到了这个在哲学上常常被忽视或者根本没有引起重视的问题：人的行为是怎样和世界的现象联系起来的。他们首先开始考虑现象和行为之间基本的区别，[47]并且承认，自然现象对于我们始终是一个不可知的秘密。自然现象自然包含行为于其中。

对于人的行为可以如何同自然现象相联系的问题，自然的解决[48]在于，人们必须确立一种至高无上的、在个体以及人类的完善意义上的行为，并且让个体通过这种行为在掌管着世界的创造性意志的意义上有所作为。道家思想家走了一条完全不同的路。它并不要求完善的人的行为具有某种目的性，而是试图使这种行为在其过程形式上尽可能地与自然现象保持一致。自然现象的特点在道家思想家的眼中并不是有目的的确定性，而仅仅是由道使之和谐共存的两种原始自然力相互作用的结果。[49]

为了和道保持和谐，人必须放弃一切与目的性相联系的行为[50]
254 并努力成为在自然现象中平静而不彰显[51]却又起着无比强大作用的道的一个器官。

道家产生将自然现象同人的行为联系起来的奇怪念头[52]在于，他们如同相信由道的理念推演而来的对生命和世界的否定观以及平静的有所作为一样笃信由癫狂体验而来的无为的思想。所以他们必然得出这样悖论式的结论：人的至高无上的有所作为在于无为。由这个悖论出发，他们对于人对自己和世界的行为展开了非常深刻而细致的论述，但是他们却不能在每个细节上真正地论述这种无为而治到底是什么，所以列子和庄子总是停留在编写一个个精辟的小故事，而没有进一步论述关于在道的意义上的行为的实施[53]就变得非常好理解了。

文化在道家思想家看来是纯精神的。理想状态在他们看来存在于古代，人们那时还过着平静、恬淡和清心寡欲的生活，他们一生无欲无求，鸡犬相闻，而民至老死不相往来［比较：《庄子》，X，1］。庄子用意味深长的话语，借一个老园丁之口说出了机器给人带来的危险。孔子的一个学生看到他每浇一桶水都要弯腰去井中打水，就劝说他安装一个汲水井。老翁则回答道："有机械者必有机事，有机事者必有机心。机心存于胸中，则纯白不备；纯白不备，则神生不定；神生不定者，'意义'［道］之所不载也。吾非不知，羞而不为也。"（《庄子》，XII，11）[54]

[道家思想和伦理学][55]

［手稿第 55、60—66 页］

在自然现象中找不到人们理解的那种符合伦理的东西。老子深信，自然是不按人伦划分的爱的。所以，想按照道的原则来行为的人 255
就不可以按人伦之爱来行事。

此外，通常的爱和义务的行为也是禁止的，因为人必须做到无为。

道家思想家同印度婆罗门教徒一样，目的是要达到一种精神性，[56]其中个体的伦理的完满是无足重轻的。只是他们无法以婆罗门教那种方式来坚持对于伦理的优越感。对生命及世界的肯定观，以及由此相联系的对于一个有意义的起着创造性作用的世界原则的假设不允许他们这样做。这种意义也许就是善，尽管是在一个远远高于人类的理解和辨别［……］的意义之上。道就是具有某种善性。[57]在道中变化意味着拥有一种更高级方式的善性，它不要求以惯常的方式来行善，而是要求在精神的存在中自我表达并施加影响。庄子谈到了圣人要有处在春天般的生气的心境（《庄子》，V，4）。一个有罪而受过刑罚的人和其他的学生一样跟随一位道学家，并且接受他用仁慈的方式来洗净他的灵魂(V，2)。

> “我有三宝持而保之：
> 一曰慈，
> 二曰俭，
> 三曰不敢为天下先。”(《老子》,67)
>
> “夫道，有情有信，无为无形。”(《庄子》，VI，1)
>
> “吾师乎！吾师乎！……泽及万世而不为仁，长于上古而不为寿，覆载天地刻雕众形而不为巧，此所游已。”(《庄子》，VI，6)

根据道家思想家的说法，善恶的分野以及对善行的嘉许只有在人失去了其简单和质朴以及人们不再相信超越了人的善恶标准的本真的善存在后才会出现。庄子不断地指出，恪守道德规范的人和强盗并没有多少区别，虽然在道德标准上他们是不一样的，但是他们都失去了最本真的存在，而在具体的作为中迷失了自我，在这一点上，他们又是一样的了。所以，在恪守道德规范的好人消失的那天，强盗也就自然没有了。[58]

因此，重要的不在于教育人们要行善避恶，而在于让他们重新回归质朴的境界，在那里人们可以在至高的意义上做最为正确的事情。

根据中国古代的一切事物皆有联系的观点，道家思想家们用人类
256 触犯自然法则的错误的反作用来解释充满灾害的自然现象。[59]

在庄子指责义务和爱的伦理思想的论战中，他是如此夸张地强调优越于惯常的善恶观念的思想，以至于看起来他不像是在主张从与道合一中产生的更高层次的善性，而像是在主张婆罗门思想中出现的那种冰冷的超人性的理想模型。[60]

附录　人类思想，中国思想，1937 年第一稿，第二部分。［节选］

道家思想家都把战争看成最不好的行为。[61]

从道家思想家的圈子中产生了非暴力原则的代表人物……[62]

关于道家思想的最后一段的草稿

［此外，第 1 部分（第 198 页，手稿第 48 页）有一段删掉的文字，手稿第 68—70 页。］

但这种幼稚和复杂的思想却有着其深度和伟大。老子及其后来者的道家思想是神秘主义，并有着与之相适应的内在性的魔力。他能让人们去思考自我，不仅去探究身边的事情，更能思考他与无穷尽的以及永恒的存在的关系。

当这种神秘主义不再同以往的神秘主义那样去否定生命和世界，而是肯定它们时，它的内在性就多了一种生机，给它又增添了一份魅力和特别的价值。

这种思想的最终目的在于达到一种对生命及世界肯定的神秘主义，而老子和他的后来者仅仅迈出了第一步的尝试。但在他们的思想中却有着一种在任何时代都有其意义的东西。

它是一种试图超越伦理的对生命和世界肯定的神秘主义，它的魅力和意义就［在于］此。[63]不是它如何证成［是重点］。一直以来的人类思想总是尝试把对生命和世界的肯定观从伦理学中独立出来，试图使之成为独立于伦理而存在的东西。老子是第一个这样尝试的
人。[64]［它］以直接的方式与生命联系起来。这样幼稚的思想通过超 257
越于伦理的对生命及世界的肯定观来讨论在思想史上不断出现的问题。［它］解放了自我。对于后来的思想研究的问题，它也表达了观点。

一些在暗处的东西，一切的阐释都是允许的。让存在的秘密得以继续。忘记了它[这种思想]得以确立的前提。不断更新。符合时代。拥有不老且能不断符合时代精神的东西。

……

悖论。因它的内在性，它的内在化了的对生命及世界的肯定观。独特。

内在化的对生命及世界的肯定观

[手稿第 75—76 页]

如果对生命和世界的肯定观开始试图放弃以有所作为方式的自然的表述(表达)，那么它就失去了直接性和力量，失去了能量和自然性。但是，要进行对生命与世界的肯定观的思考及内在化，则必须通过提出关于对生命与世界真正的肯定方式的问题。通常的对生命及世界的肯定观不再作为一种自然而然的东西，这样一来，并不是对生命及世界的肯定观本身，而是其真正的方式，就成为一个问题。关于对生命与世界的肯定观的思考(反思)——关于对生命及世界肯定观的真正方式的思索就有了。与对生命及世界的肯定观是否一定要结合行为才能实现无关。这个问题第一次出现在人类思想史上：真正的对生命及世界的肯定观第一次[被]当成了重大的问题。然后[思想就]开始发展到了无为思想与对生命及世界的肯定观的结合。[一条]岔路，它不能到达目的地。从无为的对生命及世界的肯定观出发，[道家思想家]编了一个又一个细致又深刻的小故事。更高级的有所作为，内在化了的作为。通过精神的力量达到了更高级的本质。

由于道家思想家的对生命和世界的肯定观放弃了其自然的表达，

它失去了直接性、自然性和能量。

不是对生命及世界的肯定观本身，而是其真正的方式成为道家思想家们眼中的问题。他们对生命及世界的肯定观展开反思，此事保持了他们的意义，尽管他们不是基于对存在的意义的研究而是由于对癫狂状态体验的评价达到这一观点的。

孔　子 258

[手稿第 77—80 页]

同老子面对着一个已经基本成型的神秘主义思想一样，孔子也不是同神秘主义思想并驾齐驱的伦理思想的创始人，而是集大成者。

草稿

① 宗教：[与它的]关系很冷淡。(？)只有实际的问题[得到了探讨]。但是[他]是乐观的。对自然现象来说，人的作用[65]的问题[他]并没有提。自然现象是不是具有伦理特性。[66]——子贡，他的一个学生说："夫子之言性与天道，不可得而闻也。"(《论语》，V，12)

关于鬼神和死亡：XI，11。对鬼神持保留的态度：VI，20。然而却有内在的虔诚性。满足天的意志。同天合一(XXIII，[21，26])。——他不是自由的人！　宗教对他来说是传统中无法解释的东西。

② 不，更好在宗教之后，从伦理开始。伦理的基本原则。实施这个。卫礼贤，[S.]XXII 及其后。和休谟有着亲缘关系。不是用益主义，而是由人类本质而决定的必要性。中国人探讨伦理学问题的方式比新时期的欧洲思想要深刻得多。

③ 伦理是以自然关系表达的。一种冰冷的东西。合适的。伦理作为好的意志(卫礼贤，第 21[页][XXII，"没有什么是善的，仅存一善

念。”]）。——命运的思想（卫礼贤，第 XXI[页][比较《论语》，IV，4]）。

④ 国家。孔子并不现代，他强调的是精神。他产生出的每个想法都应该有利于社会。精神性的作用。不仅是一个颂扬古代的人。——对于战争的立场。国家要符合世界秩序的法则（卫礼贤，第 XX[页][?]）。

⑤ 礼。由古代的帝王所创造。

理想：伦理的个性主体。君子。孔子是个激情主义者。同现实做着斗争。

⑥ 在道家评价中的孔子。常常以非常粗鲁的方式予以指责。或者就安排他成为道家思想的传声筒。[67]或者使之皈依道家，但还不是攻击，特别在老子那里还完全没有，这仅仅是从其后来者开始的。

孔子提出的内在的完善化。人性。不是普遍的人与人之爱。“以直报怨，以德报德”（XIV，36）考虑到了现实。

敢于进行决疑（[哈克曼，《中国哲学》，]第 93 页）——符合标准
259 的。五种关系（[引文出处同上，]第 96 页）。——守人伦义务。高度评价友谊。不仅是服务[引文出处同上，第]98 页。憎恨的权利（[引文出处同上，第]102 页）。

对世界秩序，道德化的世界秩序的信仰（[引文出处同上，第]103 页）。

孔子的谦虚。还未达到高度的仁爱（[引文出处同上，第]103 页）。君子的典范，不是神圣的人！ 孔子的言论[是一部]关于伦理的对生命及世界的肯定观的文献集。——孔子的内在性表现在对外在形式的注重上面。

人类社会安定了自然也就安定的思想（卫礼贤，[S.]XXIII[?XXV]）。也就是说，神义论问题不在道的学说的基础上提出。自然的不完善性被解释成为人对于道的干扰。生命中的不成功。但是他们的

思想起了作用。对世界的解释和阐释的问题，世界中的恶的问题没有被提出来。幼稚的观察方法。恶作为一种易逝的东西。——不是发展的想法。不讨论神义论问题。

先知阶层消失——官员阶层(卫礼贤，［S.］XXVI)。

孔子的伟大之处：他对于思想力量的信仰。必须。

起作用的是一个外在化了的儒家学说。此后又将迷信迁入了他的学说(卫礼贤，［S.］XXVI)。后世再也没有出现周朝这样分崩离析的局面，这也可以说是孔子的一项功绩：［他］创立［了］一种想法。

儒家在焚书的思想迫害时的态度(卫礼贤，［S.］XXVII)。

清代对孔子的尊崇(卫礼贤，［S.］XXVIII［?］)。在祭祀中［被］作为大神的一员来予以供奉。但是王朝的没落——是否能够承受他的理想？是否也可以在共和国中应用？符合外在形式的内在。

墨翟(墨子)

［手稿第90—94页］

(墨子；墨翟)拉丁化写作Micius(法贝，［埃伯菲特，1877］)，Me-Ti(阿尔福雷德·福尔柯，柏林，1922)［比较参考文献］。

摘自福尔柯的前言

学说。

在他那里天作为天帝(上帝)。天是最高的存在。所有的人都像它的孩子一样(［……］I，65［？第IV章，第I卷，173］)。从天当中产生出了伦理的世界秩序。——天以善赏善，以恶罚恶。天以这样的方式来起作用。天是最高的精神。在它之外还有鬼神参与到世界的管理中来。鬼怪的存在，墨子用古代的鬼怪故事来证明。鬼怪也能实施赏罚。

反对命运观。宿命论在孔子的学生中如同在庄子那里一样传播开来，孔子自己并没有谈到宿命论。宿命论是有悖于对正义和善将得到伸张的伦理信仰的。

260 国家学说

像孔子一样：文化是古代聪明的国王的。分封而建的国家。不是盲目的服从。上级和下属之间精神的联系。爱是国家的基础，它可以使一切变得可能。首先一个使国家得以保持的想法(49)。——如果把一切考虑在内，孔子只带来损失。于是，一般的人与人之爱。节制：促进人民的福祉。古代统治者赞同节制。反对音乐、铺张的葬礼、长的守孝[时间]。在这些问题上，都依托于古代君王。

个人的伦理

完全针对用益性的权衡。应该说不知道个人伦理的问题。还太幼稚(51)。

关于墨子的论断

直到汉代，一直和孔子享有相同的声望，在汉朝时受到了儒家学派的压制，被排挤到了道家学派。

孟子是反对杨朱和墨子的(第 54 页及其后)。孟子承认对他人的同情之心，但不认为那是爱(第 56 页)。

但是在墨子处，五种人与人的自然关系也有一定意义(第 56[页])。

反对墨子的还有荀子(第 57[页]及其后)。

在《庄子》的最后一章：认可了墨子的好的地方(第 59[页])。墨子还完全不[是]社会主义者，而是以封建国家为前提的。墨子实际上是继续发扬了孔子！在古代，墨子是被这样理解的(第 71[页])。

后世的墨者才不承认五种自然人伦关系。

反对进攻的战争。反对富裕和奢华(第 74[页])。

墨者

将墨子的学说进一步发挥。他们的著作已经遗失了。他们提出的爱的劝诫，要求人们要像爱陌生人一样爱自己的亲人。对于“爱你的敌人”没有表态，墨子也没有(第 83 页)。——和墨子一样，认为道德是可以通过学习获得的(第 84 页)。——主张自我牺牲(第 83 页)。他们发展出了辩证法(定义)。因果性概念(第 92 页)。——福尔柯关于墨子的导论完。

关于孟子的章节的计划

[手稿第 95—96 页]

如果说墨子是中国伦理思想根源中的特殊推动力的话，孟子就是发扬了孔子的工作的集大成者。

孟子的生活状况。

在文化和礼制(形式)[同孔子]，只是没有那么严格，说那么多。葬礼习俗。传承。(首先是这个)孔子[对他来说]是一个古代的现象。[一位]圣人。不自我解放[?]。更自由的国家学说。与统治者斗争[?]。更自由的观点。民为贵，社稷次之，君为轻。还是解放。面对传统的宗
教更为自由。宗教对他是一种具有伦理意义的东西。满足上天的意 261
志。——这样一种渐渐伦理化的观察方法。由善主导的世界帝国。国家将成为世界帝国。引言。

这种思想的优雅之处。对伦理的深入。出自内在必要性的需要。不是相互性。爱的伦理的脚手架已经看不到了，剩下的是爱的伦理的大厦。脚手架在孔子和墨子那里还存在着，在他这里已经无影无踪，已经完全拆除了。

爱：发自内心的必要性。上天的意志。一般的人与人之爱，比墨子所倡导的更为深刻。一样的直接性。自然向善的一种倾向。只是他特别强调了自然义务所产生的权利（由人与人之间的特殊的联系而产生的义务）。爱有很多不同的名字（引用）。但这更是理论上的。人与人之爱在他的思想中如此强大，以至于它的表述[表达？]能给所有人都带来好处。与墨子的论战。学派的不同。——伦理的深刻。保持灵魂。如同古希腊晚期的人文主义典型[……？]（斯多葛派）文化国家的理想。伦理的深刻：在孔子和墨子那里不太容易觉察到的奖赏的思想，在他这里完全没有表达出来。[他]直接以此为前提，因为他假设了道德的世界秩序。但他并不特别强调它的效力。他并不想作为伦理的动机而达到幸福，而是想创造出幸福。

对痛苦的评价。新。在孔子那里[只]看到了忍受苦难的力量。

中国人对于道德的世界秩序的信仰处在了背景中。但并不是说伦理依附其存在。关于道德[世界秩序]的问题不是这样被提出的。[更多的]：一种基本的和谐，在此基础上伦理的动机得以自由地发展。[68]

如同布克斯特胡德斯以及17世纪其他大师的艺术在J.S.巴赫那里得到了集中体现一样，孔子的伦理学也在孟子那里得到了极大的发挥。最后的神圣的文献。——[……]墨子失去了影响。没有对他不好的评价。[69]只是孟子以其完善性和基于现实的考量而提出的深刻的文化理想，使他的学说可以和孔子[并]列。在所有古代思想家中，孟子是最为现代的一个。他第一个给伦理的对生命和世界的肯定观带来了永恒有效的、建立在深刻而个性化的伦理之上的人文主义和文化理想。

孟子不[是]个乌托邦主义者，而是永恒的乌托邦！他亲笔书写下自己的学说。极好的著作。偏爱对话的形式。孟子的文章如同《论语》一样被收录入古代经典文献中去了，作为第九篇和最后一篇。

……

杨　朱 262

［手稿第 101 页］

该章节的计划。

［手稿第 106 页］［比较第 1 部分，第 240 页及其后＝手稿第 136 页及其后］

［在页下边缘（之前的草稿?）：］

杨朱：也是在传播一种智慧。［不］是一种按照人们构造的自然的观念来与自然合一，而就是与现实存在的自然的合一。提出仅要享受生活的观念：其中不是尼采，而是享受主义。——［作为］道家思想的代表人物，［他］认为享受生活就是真正的智慧。而从不作为一种自我实现的愿望。——强大！比如说那种所谓的权力意志的思想在他看来也是愚蠢的。——符合自然的对生命和世界的肯定观。并不是传播［?］利己主义。没有对爱［?］的深化［?］。

……

［插入（文档 8II，第 3 号）：］

佛教在中国，孔子学说的复兴[70]

［关于佛教的草案的第 2 稿，第 16 页手稿。（第 3 稿：在正文 1939/1940 年中）］

［手稿第 1—16 页］

根据一份有传奇色彩的史料记载，汉明帝因为做了一个梦，梦见了菩萨，于是于61年向印度派出了使团，去那里求取佛经，并把佛教学者带到当时处在洛阳的宫廷中来。实际上，中国早在前1世纪时就接触到了佛教。佛教从旁遮普(Pendschab)经由塔里木盆地的交通线，传入了中国。

从2世纪开始，佛教僧侣就开始在中国，特别是首都洛阳，非常积极地传播这个外来的学说。到了4世纪末，佛教甚至传到了朝鲜(格鲁塞[Grousset]，II，第196[页])。

263 在中国传播的佛教不是佛陀的哲学学说，而是一种完全不同的后期佛教，它在印度形成于公元后的几个世纪里。当佛陀对于民间宗教表示出一种拒绝的态度时，后期佛教却重新承认对神的膜拜的合理性，并把佛陀当成了神来崇拜。它就发展成了一种民间宗教，按这种后期佛教的观点来看，不仅存在佛陀一个菩萨，而且有着很多菩萨，他们分别在不同的历史时期放弃了在天上的存在方式，并且以人的形象来帮助人类寻求解脱。同时，所有的这些菩萨都可以追溯到本初佛，它就如同一切存在的根本原因一样。

解脱作为通过完全的弃世而达到的进入涅槃(有意识的存在状态的结束)状态的观念在后期佛教那里被基于对天界佛陀膜拜而产生的进入天界的宁静与安详观念所取代。这种进入天界的宁静与安详的观念被理解成进入涅槃状态之前的一种境界，但实际上，在后期佛教中，这种天界的宁静与安详观起到了比涅槃更为重要的作用。

后期佛教与佛陀最初的学说的关联性在于，从佛陀关于世间一切的现象都是无意义的、一切存在都是苦难的认识中，产生了对生命及世界的否定观以及颂扬同情观念的认识。同佛陀一样，在后期佛教中，由对生命及世界的否定观而证成的无为原则也是和同情的真正修行相悖的。

后期佛教发展的最高形式是玛哈雅纳教法(Mahāyāna)。玛哈雅纳指大乘(意为大的车乘)。取这个名字的意义是，它能够比佛陀所宣扬的教法让更多的人脱离由不断重生而回到痛苦的生命的巨大苦难。佛陀的教法中，只有僧侣才能实现这个目的。大乘教法的代表者们把佛陀所宣扬的教法称为小乘教法(希纳雅纳，Hīnayāna)。

大乘教法的特点是对同情心狂热的颂扬。

在6世纪时，大乘教法在中国取代了原来传播的后期佛教的其他形式而得以确立自己的地位。中国由于伟大的佛教达摩祖师以一种内在化的重视冥想修行的大乘教法而闻名。达摩祖师经由广东和南京来到洛阳，并在当地传教，直到死去(535年)。

建立在对生命及世界的否定观之上的佛教为什么没有让以自然的方式认可对生命和世界的肯定观、根本不了解僧侣生活的中国人觉得这是一种很陌生的东西，并加以拒绝呢？ 为什么它又会对中国人有着吸引力呢？

中国人的精神和佛教的教义能建立起关联的前提在于道家思想
的传播以及道家思想中提倡的无为原则。只是道家的无为并不能追
溯到对生命和世界的否定观，它仍然是以肯定观为前提的。但是在
道家的从癫狂体验的印象中产生出来的对生命与世界的肯定观和无
为原则的联系只是一种人为的东西。自然而然的情况下，无为原则 264
应当和对生命与世界的否定观的行为相适应。由于中国人在很大程
度上已经非常熟悉道家的无为原则，因此它已经为佛教的对生命及
世界的否定观做了很好的准备。于是可以解释，为什么中国人在精
神上失去对本身的对生命及世界的肯定观和佛教中的否定观的差异
的感觉，并最终甚至能因为外来的僧侣生活的理想典型而感到
愉悦。

包括佛教所代表的同情的思想也为它在中国的传播做出了贡献。

由于晏子、孔子、墨子和孟子的作用，中国人历来受到了同情他人的教育，所以中国人能把同样倡导同情的佛教看成某种和自己的思想有着共性的东西。此外，佛教中的同情思想有着一些让它看起来高于中国本土思想的东西。它在佛教中是以一种对世界的本质思考后的产物出现的，而在中国思想中，它却仅仅是一种符合感觉和理性的东西。[71]

如果人们再来看待大乘佛教中同情思想中激情和狂热的东西的话，那么这种外来的伦理思想对于中国人的精神有着如此之大的吸引力就不难理解了。

后期佛教在中国真正的需求是作为宗教。作为每个个人寻找并找到对个体存在的问题的回答的宗教在中国并没有形成，在中国存在的所谓宗教是正确的履行传统的仪式——就像在民间的道教中那样——以及获取神奇力量的法术的施展。直到有了佛教，中国人才真正认识了宗教，它唤起了人们对个性的宗教的感觉和愿望，并试图去满足它们。

中国精神对于外来的思想世界有着很强的接受能力，却没有真正地使之融入自身，并继续创造性地将之发挥下去的能力。中国佛教的活力来源于几个世纪以来不断从印度获得的新的动力。在中国的佛教中，没有比在印度形成的后期佛教产生出更多更新的教法。

从中国佛教的不独立性中也可以看出，在中国佛教内部并没有形成对生命及世界的肯定与否定两种观念的交锋。

335 年，中国皇帝用诏书正式认可佛教。[72]佛教最为兴盛的时期为唐代最开始的两个世纪，在那个时代，中华帝国由于其有效地防御了来自中亚的进攻，又统领了西藏和朝鲜，成为强大的帝国。

629 年，佛教僧人玄奘(Hsüan Tschuang)开始了一次直到 644 年
265 的向印度去的旅程。这次旅行，他从印度带了 657 部经书回来，并

且应唐太宗(627—649 在位)[73]的命令留下了一篇关于此行的报告。在他之前，在晋代，法显(Fah-Hien)于 399 年至 414 年也曾西赴印度朝圣。在 7 世纪和 8 世纪下半叶，有很多中国的佛教僧侣去印度。

在唐代，儒家思想的追随者已经开始了对佛教的对抗。624 年，太史令傅奕向开国皇帝上书弹劾佛教，在其中指出，佛教散布愚民的学说，教育民众不遵守法律，引导他们无所事事，这对于国家的兴旺是有害的。他还指出，当时有僧尼各十万人。

类似的弹劾奏章还有姚崇(714 年)和韩愈(819 年)上过。

在唐武宗时期(841—846)道家和儒家的追随者们联合在一起对抗佛教，终于使得皇帝下了严厉的诏书(845 年)禁止佛教以及几乎一切外来学说。在皇帝的命令下，一共关闭了 4 600 座庙宇，40 000 座佛塔被摧毁，260 500 名僧尼被强制还俗。[74]随着这次宗教迫害，在中国本来已经确立一定声望的摩尼教、景教和查拉图斯特拉教也都受到了株连。尽管佛教还是受到了唐朝后来的皇帝的照顾，但是它也很难从 845 年的大迫害的创伤中恢复过来。唐朝的结束同时也代表了佛教在中国传播的鼎盛时期的终结。

在宋代，孔子的学说重新恢复了声望，焕发了新的生机。

为了[75]了解孔子学说在宋朝的状况，必须要知道它在此之前的状况是怎样的。即使是在佛教的传播和发展取得重大成就的时候，儒家思想的地位也并没有被动摇。它牢牢地根植在民众的感觉当中并且已经属于观念和秩序当中的天然的组成部分，以至于它的地位根本无法被取代。为了奖赏在印度游学多年、于 644 年回归的玄奘法师，并
有效利用他从印度带回的知识，唐朝的开国皇帝太宗很想让他当宰 266
相。这位僧人以他没有掌握做官必须有的孔子学说的知识为由而拒

绝了。

虽然孔子的学说并没有被佛教排挤掉，但却被它置于了阴影之中。儒学被看成一种传统的符合理性的东西而具有效力，佛教却由于赋予它灵魂的生命力而更具有吸引力。它是一种世界观，它直接地面对着每个人的思想，相比而言，在儒家思想那里，从上古传承的世界观则处于一种符合理性、尽到义务的世界的背后。

为了像佛教那样满足由它带来的更高的心理需要，孔子的学说也必须定位在一种自身面向思想的世界观当中。

这些以这样的方式发展儒家学说的思想家们是通晓佛学的。从中他们了解到了一个面向思想的世界观应该是什么样子，并且他们知道了孔子学说在哪里还有不足。

宋代对孔子学说进行革新的思想家有：周子；程颢，又称为明道先生；他的弟弟程颐；张载，又被称为横渠先生，他是程氏兄弟的叔叔辈，但年龄与他们仿佛；在他们中成就最大的则是朱熹(1131—1200)，又被称为朱夫子。和宋朝五位智者同样流派的学者还有邵雍(又称邵康节，1011—1077)。

这些思想家之于孔子就如同柏拉图和亚里士多德之于苏格拉底一样，只是他们的创造性不如后者。

在欧洲，当经院哲学试图将基督教的伦理学说和亚里士多德的世界观统一起来的时候，在中国，一代又一代杰出的思想家致力于将孔子的伦理学说和从关于存在的思辨思想中产生出来的世界联系起来。

朱熹是前面四位智者的工作的集大成者。在前四位先驱中，无疑周子又是最著名的。他和朱熹的关系大约相当于海顿之于贝多芬。他制订了计划的全部草案，朱熹，这位中国的托马斯·冯·阿奎那将它们一一付诸实施。

在他青年时代，朱熹倾向于佛家和道家。但最终他选择了孔子的儒家学说，因为其中的伦理内涵。

出于义务，他还曾身居官位，1195 年至 1197 年做过宋宁宗的谋士。他由于反对皇室亲贵的主张和态度而受到了倾轧。晚年他和他的学生们一起过着宁静的生活。

朱熹和他的前人发展孔子学说的建筑材料是从孔子和道家共同拥有的传统世界观中获取的。他们以《易经》为出发点，并且试图以关于原存在和阴阳两种原始自然力的思辨思想来论证世界运行以及在宁静和不可见的状态中的原存在的现象的奥秘。

在[76]某种角度上来看，宋代的思想家同灵知派和黑格尔有着某 267
种亲缘关系。

在他们开始将孔子的学说同他们对于《易经》的奥秘的思考而获得的世界观联系起来的时候，他们就已经可以说孔子自身已经在这本书中寻求着对终极问题的答案了。根据《论语》中一句话来看，孔子也希望能多活一段时间，从而将对《易经》的研究做完：“加我数年，五十以学易，可以无大过矣。”（《论语》，VII，16）[77]

归结到阴阳两种原始自然力的原存在问题构成了孔子学说的发扬者们的思想的出发点。对邓析子、老子和其他道家思想家来说，这根本不是问题。他们直接把道看成原存在。孔子则直接采纳了《易经》中把阴和阳看成决定存在和世界进程的因素的观点。尽管他了解道的学说，但他却很少利用它，而是细致地论述了作为一个致力于人的祸福并且带有人性特征的神的上天的世界观。他力图停留在通过直接观察而能确定的东西之上，在世界的自然现象中，像它在……［中断了，插入段落结束。］

[孔子学说的革新和在蒙古统治时期]

[来自继续的草稿文字](页边草稿,手稿第133—140页)

……

朱熹……假设在世界形成的时候从原存在中出现了两个存在的根本原则：理和气。[78]理是精神，构建的原则；[79]气是原材料，特质。理在多大程度上和道是一致的，他没有直接说明。这个[……]物质，所指的不仅是感性可以感知的物，而且还包括不可见的、在物质中起作用的力量。这是一种类似亚里士多德的理念说。

这两种根本原则以不可分割、不可消解的方式相互联系……宁静原存在通过运动再重归静止而从自我当中发展出世界。从原存在中产生出阳、运动的，以及阴、静止的。阳归于精神，而阴归于物质。由
268 于两种原始自然力相互作用，产生了五种基础的力量，它们分别以水、火、木、金和土的形式表现出来。[80]从阴阳以及五种基础力量当中产生出[……]在天地中表现出来的力量。[81]天属阳，地属阴。由天和地的交互作用产生了多样性的存在，并构成了现实的世界。这样的创世界是以前后相接的循环表现出来的，每个循环持续129 000年。这种创世轮回的学说最初来源于后期佛教。这种相对比较原始的由原存在发展出多样性的现实世界的观念之所以和孔子的伦理观联系起来，是因为理究其本质被设想成具有伦理性。它自身包含四种伦理的基本力量，爱、正直、敬畏和洞见。[82]在原存在发展为现实世界的过程中，它的伦理性本质必然得到表达。[83]这发生于天和人当中。在天当中纯粹的伦理力量作为创造性的有意义的现象发挥作用。在作为和天一样以最高的方式拥有阳的精神性的人当中理以其四种伦

理基本力量的形式表现出来。

在对世界是自原存在产生的证成当中，朱熹是和实施人基于在其内部起作用的原始自然力并且按其自然的方式具有伦理性的观点分不开的。人必须争取伦理的完善在于，人当中不仅有精神性的力量理，而且还有非精神的、虽然不是非伦理但却与伦理无关的物质(气)在起作用。思想赋予人们精神追求的能力，使之超越非精神和非伦理而成为主人。

对朱熹来说——当然几乎所有的中国伦理学家都一样——伦理的世界观和查拉图斯特拉、犹太教先知、耶稣，以及受基督教影响的欧洲哲学完全不同。

在朱熹和[其他的]中国人看来，存在的终极伦理目的已经实现，因为存在的发展的最终目的就是最高级的精神的，按其本质伦理的创造物——人——[84]发展，并且到这里也达到了终结。[85]

查拉图斯特拉、大先知、耶稣、基督教和受其影响的欧洲哲学基于其伦理的世界观还要求自然现象在其发展中要处在一种有意义的伦理的完满的最终状态上。[86]在他们那里，伦理的世界观并不满足于 269
将伦理的人的出现作为在原存在中既有的从原存在中产生出来的现实世界的发展的终极目标来理解。此外他们希望，整个自然现象能够在神的帝国中找到它们的终结。

朱熹和中国的伦理学家们能够满足于一个对自然现象的伦理本质提出如此微小要求的世界的原因在于，他们继承并试图发展的中国人的由阴阳统治的世界观虽然给予了伦理自我发展的可能性，但却没有位于它的统治之下，而是相对保持着自己的独立性。在伦理形成之初，[87]它就坚守自己的基础想法，因此它具有自己的独立性。

由此，中国人的精神就无法感觉到这样的强制性，[88]一定要把世界观同伦理深刻地联系一致起来，就像查拉图斯特拉、犹太先知、耶稣和基督教的世界观[89]那样。中国思想并没有体会将伦理和对世界的认识相互统一起来的问题的全部难处，因此它也就不需要在伦理的意义上去阐释对世界的认识；也出于这个原因，没有像那些受完全伦理世界观理想左右的思想家们所做的那样，[90]侵入伦理问题和自然现象的问题。

当然宋代的思想家是在一种世界观之内证明孔子和孟子的伦理思想。但是他们并没有把两者紧密地联系在一起，[91]就像孔子自己曾经所做的那样。他们只是把在他们那里零星可见的东西详细表述了出来。[92]他们的——当然也包括孔子和其他中国伦理学家们的——伟大之处在于致力于一种不放弃一元论的伦理的对生命及世界肯定的世界观。

中国的宋代就像欧洲的 18 世纪，其中产生了一个由人文主义理想主导的精神文化。宋代充满着理想主义，甚至还出现了由王安石(Wang An-schi，[93]1021—1086)发起的实现理想国的尝试。王安石的理想是，国家有权[94]采取一切有利于整体和个人的幸福的利益的
270 措施。国家应当取代私有经济的位置而建立对农业和商业的领导。国家用合理的方法来分土地[……]，[95]它将种子分发给农民，并向农民收购粮食。国家在内部有着纯粹的垄断。[96]国家还要规定国内的贸易，并决定进口什么产品，出口什么东西，并且要确定买卖的价格。一切现行的赋税和劳役义务都要废除，取代它们的是按所有的收入进行纳税的方案，通过一定的税率，这样低收入者承担的义务就少于高收入者。国家还取消常备军。所有的国民都要求进行训练，并有服兵役的义务。

这种文化国家的伦理理想的构建是由孔子思想的本质证成的。在对最好的国家形式的思考中，王安石的[97]国家理论的产生前提出现

了。但在孟子的文化国家的理想和王安石的理念之间却有着一个很大的区别。孟子要求国家的统治者及每个人都要意识到履行其社会和精神的义务。一个机构的改革[98]并没有进入他的视线。[99]相反王安石认为，理想国家的产生不在于每个成员意识达到完善，而在于它的组织上的完善，使之能够产生最高的社会效益。[100]于是，在中国思想史上第一次出现了两种完全不同的完善的文化国家的理想模式，它们的对立性在今天的人类历史时期才得以解决。

作为宋神宗的宰相，王安石着手进行他的变法方案。反对他的变法方案的力量首先来自革新儒家学说的五位智者。[101]他们主张建立在个人意识之上的文化国家的理想模式，并要求保持传统的自然的国家组织形式。尽管几乎是一片反对之声，但神宗皇帝却到死都一直非常支持自己的宰相。宋神宗死后不久，王安石也逝世了。宗哲宗继位时还未成年，辅政的太皇太后在孔子学说的追随者一片叫好声中［放弃了］改革的措施。[102]当哲宗亲政后，他又重新致力于改革（1094 年）。哲宗的继任者也试图实施变法。然而自 1126 年开始的同北方入侵的金人的战争意味着这种努力的结束。宋朝的皇帝失去了对中国北方的统治（1127 年），又最终失去了中国南方的政权（1279 年）。

［宋代的哲学家］ 271

宋代出现了试图革新道家思想的思想家。在佛教的影响下，他们阐释道家思想是在否定以时间和空间显现的世界的现实性的否定。庄子［?］和列子就已经进行着现实世界具有不可证实性的思想的游戏。关于世界是人的内在体验以及通过来自外部的客观的确定的认识是不存在的观点的最杰出的代表人物是当时新道家思想家中最为著名的陆象山(Lu Hsi)[?]*(第354页，1140—1192[103])。因为他并[104]不能代表真正的伦理思想，所以这种新道家思想不能和孔子学说并列存在。

在宋代，儒家学说开始[……]在民众思想中更深地扎根。历史的事实导致佛教直到14世纪还在威胁着儒学的统治地位。从宋代结束一直到明代(1368—1644)建立，其间中国处在忽必烈汗建立的元朝的统治之下。元朝的统治者笃信佛教并推广它的传播。

[书摘的注释]

[手稿第133—135页]

[海因里希·哈克曼,《中国哲学》,慕尼黑,1927,第]37[页]及其后第51[页]：

……掌管一切的秩序。一旦哪里[受到]干扰，然后一切都受到影响。无序在别的地方影响。符合。整体和个体。

元素=行(hsing)，这个词表示运动的意思。在《书经》中[哈克曼：Schutching]：君主以天在和谐中引导一切(《书经》中《洪范》的段落。哈克曼，第37[页])。

没有对于产生做出思考。只是一些命题。

阿尔贝特·施韦泽：道是否属于中国最初的世界观？ 或者它是否是和癫狂体验相联系的？ 后者的[理由是]，邓子将道理解为空(哈克曼，第51[页])。

---

* 原文将人名书写错误，陆象山生于1139年。——译者注

[阿尔弗雷德]·福尔柯，[《思想世界》，]慕尼黑和柏林，1927，第51[页]：

……大的世界原则在他[杨雄(Yang Hsiung)]那里称为太玄(Tai-hsüan，巨大的奥秘)。他的代表著作是《太玄经》(*Tai-hsüan-king*)，巨大的奥秘之书。其实和道是一回事，只是在孔子的学生那里[有]了[一个]不同的名字(A.施韦泽：因为他们不想使用同道家一样的称 272
谓)。道这个名词已经被道家专门化了。

[在同样位置，第 64 页及其后：]

……理[是]同道(不过只是[一个]不一样的表达，福尔柯，第64、65 页)相当的。理(理智)是根本原则，太极[称谓]。一理[是]一切生命，一切感觉和一切感情的源泉。

但是(A.施韦泽！)和简单道教的巨大差别[在于]，道是存在于阴阳之中的——而相比之下这里阴和阳从混沌中产生，但是却一直同理在一起；理一直贯穿于其中。这意味着更复杂。

[王阳明][105]

[手稿第 169—182 页]

在明朝初期几位皇帝的统治下，通过朱熹发展了的[106]孔子的学说被国家正式认可。在取得官位的考试中要求考生掌握朱熹对于经典文献的解释，而那些和他相左的学说则遭到了禁止。国家政权对儒家思想偏袒，并首先针对道教和佛教。基督教作为一种倡导符合理性的爱的宗教，被认为和孔子以及朱熹是一致的。

明朝出现了大理学家王阳明，[107]他尝试着把道家对世界的理解同儒家的伦理世界观统一起来，并由此创立了与朱熹相对立的学说。

和朱熹一样，王阳明青年时代深受道家和佛教思想的影响；也和他一样，王阳明最终选择了以自然的方式的经验来研究现实的儒家伦理思想。当他做了高官后，35岁时遭人诽谤受杖责五十，[108]发配到西南。在发配期间，他就像是大彻大悟一样，形成了后来决定其思想的基本认识。三年后，他又重新得到任用。由于勤勉，他得到了皇帝的信任，最终代表皇帝管理四个省的政务。闲暇之时，他著书立说，教导学生。不仅由于他的学说，单是他伟大的人格就已经产生重大的影响力。

他提出了和国家确立的学说有出入的理论而没有受到惩罚的原因要归功于当时的皇帝，他一直保护着忠于他的臣子。

273 在发配边疆期间大彻大悟的过程中，他确信对世界本质的认识不是从外部，而是从内部发生。他自己用这样一句话来表达：“我自身的天性足够了。”本来[109]他的大彻大悟不过是采纳了老子、庄子和列子早就提出，再经由陆象山以及宋代受佛教影响的新道家主义者重新论证的认知原则。像这些前人一样，他放弃了现实的客观的探寻并且认为真正的知识在于人从其本质中凭直觉对世界本质的领悟。他实际上是遵循了老子说的那句人可以“不出户知天下”。[110]

但是过去的道家思想家和王阳明之间还有很大的不同。道家思想家完全不试图通过客观的现实世界的事实去认识世界。从对癫狂体验的印象中，他们只认可以直接方式产生的认识。[111]王阳明却在孔子的精神上致力于通过针对物的客观的研究来认识物的本质。但是他观察竹子，却无法弄明白竹子的生长，于是他就认为，世界是一个完全神秘的东西，人只能以直觉的方式来了解世界，因为事实上世界的本质早就在人的本质中存在了。他指出，在一切存在物当中，[112]都有一种精神力在起作用。物与物之间的区别只是在外在的形式上的，而不是在内在的本质上的。

王阳明并没有对感性世界只存在于人的精神的想象当中的思想真的进行权衡。精神和实体对他来说是两个本来构成一个整体又相互依存的现实。

如果说王阳明同道家[113]在对世界本质的直觉认识原则上是相同的，那么他以并不和他们一样的方式来致力于对世界本质的探索。在道家那里，人的精神在世界精神中实现自我理解并且达到本质上的同一性，通过沉浸于世界精神当中，人的精神超越关于善和恶的一般观念，并且将每个人心中的想要有所作为的冲动，被当作谬误排挤到一边。

而在王阳明看来，人的精神并不是通过有意的同世界精神相一致来认识后者。他认为人和世界精神本质上的相同性是一个既有的事实，并确信通过精神的自我探究自然可以揭示世界的本质。他绝对没
有放弃伦理和有所作为的施加影响的倾向。辨善恶在王阳明看来是认 274
识能力的最高境界。

和朱熹一样，王阳明的思想也以伦理为其目的。在朱熹和他那里，重要的首先在于把伦理性理解成一种符合自然的东西，并加以表达。[114]朱熹认为原存在[115]发展为空间和时间的世界，伦理是在原存在中包含着的最终在人的精神中以最高的方式存在，在构建的思想中他想从对世界的认识来证明伦理。王阳明却走了相反的路子。他先确认伦理存在于人的本质当中，并由此推出，它也存在于神秘的世界本质当中。[116]只有以这种方式，他才能把他认为是正确的道家的认识原则以及儒家的行为的伦理统一起来。

朱熹和王阳明两个人都想把孔子的学说完善起来：朱熹是通过从以孔子为前提的中国古代的世界观中［建立］一个可以作为孔子伦理思想基础同时还包含它的世界观来实现；[117]而王阳明则是通过将孔子的伦理同道家的直觉认识世界的原则相结合从而使道家思想伦理化的

方法。

在中国思想史上，如果说孔子是苏格拉底，那么朱熹的地位则相当于后来的亚里士多德，而王阳明可以看作追随亚氏的柏拉图。

王阳明并没有把伦理看成至高无上的东西，[118]并给予绝对的效力，尽管他承认它的基础意义，在这一点上，他又有着道家思想的倾向。善和恶的区分对他来说是相对的，就如同杂草和非杂草一样。没有哪种植物生来就是杂草，而只是[它]处在那里是多余的，不融入整体，且有害，所以说也就没有本来的善和恶，而应该考虑实际的情况。如果人处于绝对的宁静当中，那么通常意义上的善和恶对他来说也就没有意义了。那时候，人就像自然一样，在一种本初的、超越伦理的方式上是善的。只有在人感觉到了偏爱和反感，并必须做出选择的状态下，才会出现正确地区分善恶的问题，此时无私的为善，非无私的即为恶。

王阳明在道家思想中陷得如此之深，他确信在善恶观之上还存在着自然的善的理论以及因此不再试图以纯粹的方式确定善和恶的本
275 质，这些意味着他的学说中的缺陷以及他对其研究的孔子思想所犯下的过错。

最为深刻的是他对知和行的内在联系的论述，这也表现了这位影响力很大的思想家的独特和伟大之处。在王阳明看来，人并不是通过纯粹的认知欲而进一步获得真理，而是通过认识和行为。[119]只有精神自身既是认识的又是行为的，才能和知道的、神秘创造性的世界精神保持生机勃勃的联系。王阳明说："知是行之始，行是知之成；知外无行，行外无知。"在真理是知行以神秘的联系相互参与的体验的思想的实施中，王阳明是真正的孔子和孟子学说的集大成者了。

当他选择了孔子的伦理思想时，他并没有以佛教和道教的敌人的面目出现，而是也把它看成具有效力的学说，尽管它们不像孔子的

［学说］那样完整和纯洁，但其中仍然表达出了真理性的东西。[120]王阳明从来没有说各种学说要相互斗争，而是希望通过每种学说不断地自我审视[121]和自我深化来实现进步。他身上还保留着中国古代精神中的宽容的思想，这一点在明代中国民众中仍然能体现出来，尽管国家已经只认可儒家思想一派。直到清朝[122]统治时期，中国才开始变得狭隘，开始抵制一切外来的东西和不符合国家认可的儒家学说的观念。在明代，王阳明的学说流传很广，追随者很多，但是它没能起到好的影响。由于他的思想当中包含的善恶相对主义观点，有人将它错误地理解为在善恶之间达成妥协，所以它不像朱熹所代表的［学说］那样富有教育意义，因而也就不能真正地得以确立。它当中包含的道家的元素也不允许它民间化。因为它以其自身的方式深刻并和将神秘主义与伦理学相统一的巨大问题相关，所以直到今天，王阳明的思想仍然享有声望，并对中国思想施加着多方面的影响。自17世纪以来，王阳明的思想在日本起到了不小的作用。

王阳明没有能以令人信服的方式将道家的神秘主义和孔子的伦理观察方式统一起来，尽管如此他的这种尝试仍然非常了不起。

如果说孔子学说在朱熹那里发展出的形式在中国取得了最终的统 276
治地位的话，其原因在于，它代表了一种更为深刻的自然伦理，[123]并且这种伟大简单的世界观的计划和原材料早在中国古代观念中就已经存在了。

而这种学说被国家上升为教条后导致出现了越来越以学术化的哲学的形式表现的思想，它会以过于表面化的方式来对学说本身进行研究，并且将其更多地理解成需要通过机械记忆来掌握的材料而不是在其最深刻的内涵中需要精神领会的思想创造物。

在这种不可避免的学术化哲学之中还是产生出了真正的思想家，他们以生动的方式发展着孔子、孟子和朱熹的学说。新时期伦理唯心主义的杰出代表有陆陇其(Lu Lung Tchi，1630—1693)。

顾亭林(Gu Ting Lin)[124](顾炎武，Gu Yen Wu； 1612—1681*)，是陆陇其的同时代人，但要年长一些，他主张以一种客观的科学的方法来考证古代的文献，因此他对于中国新时期的思想起到了很大的作用。于是，在17世纪的中国精神生活中出现了一场类似于欧洲文艺复兴时期的人文主义的运动。[125]人们越来越试图重新回归孔子学说的本来面目。对古代文献的科学的研究还使得本来没有收录入传统的经典文献和由于所谓的不正宗而渐渐快被人们遗忘的古代典籍重新进入了人们的视野，重新唤起了人们研究的兴趣。对古代文献研究和出版工作[126]做出最大贡献的学者是戴震(Tai Tschen，1722—1777)。

于是中国思想在新时期处在一种对其有益的意识之中，直到它与西方思想和现代化的自然科学发生冲突，并且以它为前提的政治、经济和社会状况发生改变后面临着其自身无法消解的危机。

但是并不能认为中国人的精神当中就此放弃了伦理的对生命及世界的肯定观，它由于中国思想的本质以及孔子学说的巨大教育作用早就成为一种理所当然的东西确定下来。[127]

277

中国思想中的人和创造物[128]

[手稿第185—198页]

中国思想是把人与其他创造物之间广泛的本质亲缘性的存在看成自然而然的。它假定在一切生命体内，有两种原始自然力阴和阳以和谐的方式并存联系。因为这种并存联系在人身上获得了最完善的体

* 顾炎武的生卒年一说为1613—1682。——中文版编者注

现，所以人是自然中最高级的创造物。

认为人和其他创造物间最基本的区别在于只有人才获得了不朽的本质的思想和中国思想还有着很大的分歧，总的来说，中国人还是倾向于以阴阳为基础的观点，认为一切创造物作为生命的一次性的、个性化的显现是易逝的。但是构建生命的阴阳两种原始自然力，即永恒不灭，又会以一定的方式重新结合成新的生命，从这个意义上讲，生命又是不朽的。“指穷于为薪，火传也。”《庄子》(II，4)中这样说。[129]

否定一切形式的易逝性的中国思想家也否认人的易逝性；而那些承认某种形式的个体的易逝性的人则如同认可人的易逝性一样，认为所有创造物皆是易逝的。

当中国人还在史前时代的时候，他们从祭祖的仪式中认为逝者的灵魂可以个性化地重生，但根本没有涉及生命是易逝还是不朽的问题，而他们开始试图把生命解释成阳和阴的统一时，就必须仔细地阐述这个问题了。

道家思想家和孔子学说的代表人物以相同的方式强调，人和其他的创造物之间具有某种本质的亲缘性。

> “状不必童而智童；智不必童而状童。圣人取童智而遗童状， 278
> 众人近童状而疏童智状与我童者，近而爱之；状与我异者，疏而畏之。有七尺之骸，手足之异，戴发含齿，倚而趣者，谓之人；而人未必无兽心。虽有兽心，以状而见亲矣。傅翼戴角，分牙布爪，仰飞伏走，谓之禽兽；而禽兽未必无人心。虽有人心，以状而见疏矣……言血气之类心智不殊远也。”(《列子》，II，18)
>
> “天地万物与我并生，类也。类无贵贱，徒以小大智力而相制，迭相食；非相为而生之。人取可食者而食之，岂天本为人生之。”(杨朱。载于《列子》，VIII，28)

“人之所以异于禽兽者几希，庶民去之，君子存之。”(《孟子》，IVB，19)[130]

孔子学说伟大的革新者朱熹潜心致力于用阴阳观来细致地解释人与高级的生物之间存在的本质亲缘性。动物，包括植物，在他看来和人一样，以相同的方式具有精神和伦理的本质，只是它们的精神性和伦理性由于自身存在的物质性而没有能像在人身上那样完全发挥出来。

由于他们的世界观，所以中国各个时期、各个流派的思想家都一致认可人和其他创造物之间存在着的联系性。但在究竟如何行为的问题上，他们的评价则是不一致的，关键在于他们对于有所作为的伦理观是推崇还是拒绝。

因为道家思想家完全否定伦理的作为，所以人对于其他创造物的仁慈在道家看来就仅仅停留在，人应该有对于其他创造物友善的意识，尽可能地避免伤害到它们。给予它们一种和上天既定的自然的进程不一样的命运在道家看来是一种对自然现象任意的、不可能是有益的侵扰。

杨朱用一个小故事来说明这个问题。有人在新年时将斑鸠放生，以表示其善心。但是在捕捉的过程中就有很多斑鸠死掉了。所以说，直接让这些鸟儿自在地生活才是对它们更好的(杨朱。载于《列子》VIII，27)。

庄子有一则关于生物之间生存斗争的寓言流传了下来：有一天，庄子在拿着弹弓想打鸟的时候，发现这只被他瞄准的鸟正准备去捕一只螳螂，而那只螳螂在毫无知觉的情况下正聚精会神地想去吃掉一只
279 蝉。面对这样的一幅场景，庄子惊慌失措地扔掉了弹弓，躲在家里，三个月没有见他的学生(《庄子》，XX，8)。

晏婴(晏子，？　—前500)是比孔子稍长的同时代人，他是中国思想史上第一位将爱他人之爱的劝诫提到伦理的中心位置的人，在他那里已经提出了要仁慈地对待周围创造物的要求。

孔子那里没有流传下来直接的话语，但是在他的思想中已经出现了顾及其他生灵的思想发端。在《论语》中记录了他不用网捕鱼，而只用钓具(因为他只捕捉自己需要的，绝对不多杀生)，另外他只会射杀天空中飞着的鸟，而不会去杀待在巢里的鸟(意味着正在孵小鸟的成鸟)(《论语》，VII，26)。

这种对于其他创造物的强烈的感情在孟子那里得到了更大的发展。孟子称赞他的同时代人齐宣王(前320—前302在位)，因为他同情一头将要被宰杀作为牺牲的牛，而将其放生了，然后又用另外一头羊去代替了原来要被宰杀的牛。尽管由于不能耽误祭祀的仪式而杀掉了另外一个动物，但孟子仍然从中看到了仁，因为当人看到了动物那种恐惧的样子的时候，就产生要放生它的感觉。如果能将这种仁的感觉带到日常的每个行动中去，他就可以成为天下的统治者了。

在与齐王的对话中，孟子最后说："君子之于禽兽也，见其生，不忍见其死；闻其声，不忍食其肉。是以君子远庖厨也。"(《孟子》，IA，7)

为了不至于让人怀疑他在宣扬一种抹杀自然关系的爱的思想，孟子将人对于创造物的行为命名为友好(爱，Ai)，而爱(仁，Yen)这个概念则专门用来指人与邻人之间的好感(《孟子》，VIIA，45)。[131]

墨子以上天对于一切生灵的仁慈为例，来证成人与人之间的普遍的爱。[132]然而很奇怪的是，在墨子那里居然没有任何关于人对于其他生灵应当具有仁慈的义务的论述。

辩论家惠子提出了对一切创造物之爱的主张，因为所有的生灵[133]共生于同一个宇宙而构成一个整体。

对儒家学说后期的代表人物来说，对于创造物的同情的行动具有不证自明性。日本新时期的儒家思想重要代表人物贝原益轩(Kaibara Ekiken，1630—1714)的伦理思想中就充满了人不仅要爱邻人而且要爱一切生灵[134]——包括植物——的理论。

280 人对于创造物的爱在民间伦理思想中占有什么样的位置，可以从《感应篇》中看出。[135]

《感应篇》中的劝诫

“慈心于物。”——“昆虫草木，犹不可伤。”——“行恶……射飞逐走，发蛰惊栖，填穴覆巢，伤胎破卵……”[136]

由于中国的伦理思想和认可人与其他生物间以自然的方式有着本质亲缘性的世界观相联系，所以它就有可能变成一种普适的伦理观。为了实现这种可能性，它就通过发展爱的思想并使之具有效力的强有力的方式而具有能力和力量。

从自身当中，而不是像人们所说的受到了佛教的影响，中国伦理思想发展到了这样的地步，赋予了爱的劝诫以适用于所有生灵的意义。[137]

中国人的普适的同情心的思想与印度的完全不同。它不像印度的思想是和对生命及世界的否定观相联系，不是受到了无为原则的限定，而是产生于在对生命及世界肯定观基础上的自然的同情心的深化。它既对自己的责任和义务的领域非常明了，又不加阻拦地认可对有所作为的寻求。[138]

而当中国思想结识了印度思想后，前者只是受其影响加强了对普适的同情心思想的认可力度。

所以，中国的普适的同情心的思想在新时期的思想家、《感应篇》《中极三百大戒》当中有了印度思想的痕迹，但这种影响却丝毫未触及它的本质。[139]

回顾的草稿[I] 281

［手稿第 199—202 页］

两大潮流在中国思想当中并行不悖：一个是神秘主义，一个是伦理学。[140]道家神秘主义和婆罗门神秘主义一样，从原始的魔法神秘主义的通过与原力量合一而变得强大的思想中发源，并建立在癫狂体验之上。而中国的神秘主义的特点在于，它尽管出于癫狂体验，却并没有因对生命及世界的肯定观而混乱，相反它还一直保持在这种观念中。[141]这种神秘主义的最初形式在列子那里可以被看得很清楚。在老子和庄子那里，它就已经达到了很高程度的精神化，并发展成了一种和神秘的世界精神(道)合而为一[142]，并且在道的意义上不平静的、不需要人的任何行为就能施加影响的神秘主义了。这种神秘主义最大的问题就是它和伦理的关系。尽管它自我感觉超越于一切一般意义上被称为义务的东西，但还是由于其认可了对生命和世界的肯定观以及施加影响的思想而与伦理有着某种关联。[143]它认为，世界精神在世界中起着作用，而自然界的现象又是有意义的，那么在自然现象中就存在着一个人类观念所无法理解的至善在起着作用。人必须以什么样的方式实现这种无为的至善，老子、列子和庄子都没有明言。[144]对他们来说，理想就是至高的精神性，而不是至高的道德。从老子的字里行间可以感觉到伦理的意味，而在列子和庄子那里就变得很弱了。

在道家思想当中，还出现了不遵循无为原则的思想家，他们反而主张研究人的社会生活。鬼谷子以一种表面化的方式提出[145]，人们应该把从事君主——按他的意志——认为是好的事情、不做君主认为是恶的事情看成一项义务。在墨子那里，道家思想皈依了建立
282 在一般的、无边界的[146]爱思想上的伦理。而在宋钘和尹文那里，道家思想则偏于倡导放弃暴力的思想[147]，[148]这多少还和它的本质相符合。

试图将道家和伦理相统一的最著名的尝试是由王阳明做出的。道家思想当中，他只选取了世界不是通过由外向内，而是基于人的精神同世界精神的同一性由内向外被认识的认识论观点。他放弃了神秘主义。和墨子以及其他思想家一样，他也没有试图把伦理理解成同世界精神合为一体的实现。伦理在他们看来是一个既有的东西，本身充满意义，并且在人身上得以发挥。

中国思想史上没有实现神秘主义和伦理的真正统一。

在佛教的影响下，也产生出一种庙宇道教，它带有了很浓厚的伦理色彩，以至于无为原则好像也变得具有伦理性。[149]道士们也像佛教僧侣一样追求善念，并力图不去伤害其他任何生灵。

道家没有能给中国人的精神生活带来非常深刻的影响。尽管它在一定时期内——比如在唐代，在一定的阶层内享有声望，然而由于它忽略事实和现实的要求，且仅推崇一种否定实体问题的意义和社会进步的纯精神化的文化理想，所以最终它不能世俗化。

然而，作为一种停留在对生命及世界的肯定观中的神秘主义，道家在数个世纪以来一直在中国[150]思想当中捍卫着神秘主义的生存权，因而是人类思想史上的一个重要现象。[151]

[回顾的草稿]II

［手稿第 202—207 页］

伦理思想在中国特别有着非常优异的发展土壤。它首先面对着一种包含伦理元素的对生命和世界肯定的世界观。基于这样的世界观，在上古的伟人的创造下产生了最为古老、最为繁盛的为我们所知的伦 283
理思想。建立伦理思想的材料和基础都已经有了，只要有伟大的建筑师，就能把已经开始的思想继续发展下去，并最终完善。这些伟大的人物出现了。我们所知的、最早的发端起源于晏婴，在他那里形成的爱的劝诫就已经非常强烈，以至于惠及其他生灵。如果说晏子还是一种直接的创造，那么与他同时代的后来者孔子就是在古文献中去求证爱的伦理，并揭示出它是怎样存在于我们的社会生活所依赖的基本的人伦关系中的。[152]孔子是君子的伦理理想的创造者，君子要习传统的交往礼仪，并存有真正的仁爱的精神。他的说教意味虽然很浓，但仍然表达了非常生动的伦理思想的谈话录得以以文字的形式保存下来是一件很重要的事情。

对孔子伦理发展并完善的集大成者是他的后来者孟子。对于建立善的概念，他放弃了一切用益性的权衡，认为善是从人的精神本质当中生发出来的。[153]孔子用粗的线条勾勒出来的理想的君子形象，在孟子那里变成了拥有最深刻的伦理人性的人。他以精妙的言辞表达出了其伦理的丰富、细腻和理想性。

中国伦理[154]的一个巨大特点是，无论是晏子、孔子还是孟子，都曾经做过官。他们都受到了伦理理想国家的影响。孟子狂热地笃信，诸侯分裂的中华大地上最终会产生一个由伦理原则引导的新帝国。[155]

中国思想比其他任何一种思想[156]都更早地出现了爱的思想、人文主义理想和伦理文化国家的理想。

284 直到宋代，孔孟的伦理学说才得到了民众的认可，并在民间扎了根，确立了自身的位置，在中国思想[157]史上能和自1世纪以来就在中国得以传播的道教和佛教分庭抗礼。在明代，被朱熹发展了的儒家学说[158]获得了国家认可的效力。朱熹从细节上扩展了儒家学说，[159]并将之和由他取材于古代中国观念而发展的世界观联系在了一起。

中国伦理思想是世界思想史上的一大重要功绩。较之其他任何一种思想，中国思想都走在了前面。它第一个将伦理视为一种以绝对的方式存在于人的精神本质中的东西，它也是第一个从其基本原则中发展伦理思想，并且第一个提出了人文主义理想、伦理文化国家理想——并且以一种适应任何时代的方式。作为一种高度发达的伦理思想，中国伦理对人与人之间的行为提出了很高的要求，并且赋予了爱还要涉及生灵及万物的内涵。这种先进性和巨大的成果还来源于中国伦理采取的正确的对生命及世界的肯定观，它以自然而细致的方式去面对现实生活中的实际问题。

发展得更远的还在于：中国伦理并没有触及最终的要求。

对于一些人与人关系当中最困难的问题——如忍受不公平，不加限制的宽恕以及对敌人施加的爱——中国伦理都没有进行深入的探讨。中国伦理只论及了那些可以做出的行为，而不讨论那些单纯为了达到内在完善性的必要动机。虽然孟子将认识上升到了伦理要求具有
285 绝对效力的认识高度，但要认可不受任何限制的伦理要求，不论是孟子本人还是他的后来者都没有意识到。

同样，中国思想也没有感觉到不加任何限制的伦理将爱的劝诫扩

展到对一切生灵之上有任何问题。不加限制的伦理提出的不能实现的要求的问题也不会给中国思想带来任何的麻烦。

在面对伦理和对世界认识之间存在的冲突时，中国思想也并没有感到有多大困难。它并不像基督教那样不能承受自然现象是非伦理的，也没有试图去用伦理的方式来阐释自然。尽管他们提出了伦理的文化国家的理想，但是却并没有去理会天国是否也是如此。它也没有痛苦地去用假设人在自然界的伦理行为有意义的问题来折磨自己。

在一切的深刻性的基础上，中国伦理思想还保持着某种纯真的东西。这既是它的优势，又是它的缺点。因为它纯真，所以它看起来令人信服。也正是因为它以完全的确定提出要求，所以它才能够几千年以来赋予一代又一代的人以伦理的意识。[160]

由于它本身有如此强保持其纯真性的能力，中国思想却[161]没有触及终极问题和伦理的问题，也没有意识到与伦理的对生命及世界的肯定观相联系的困难。[162]它也没有像欧洲思想那样必须走上一条困难的变得更具有批评性的道路。由于它不是出于自身选择了放弃，而是在结识了欧洲思想后丧失了原有的纯真，因此，它在今后不可避免的前进道路上不会轻松，反而会越来越困难。

然而由于中国思想在纯真当中就可以把伦理当作一种自我主张[163]而自在的东西，它就已经具有一些批评性思想必须努力[164]获得的认识。

关于中国思想发端的章节的重新修改的草稿[165] 286

［手稿第 208 页］

在思想得到了充分发展之前，就有两种未充分发展的思想，它们在前者当中得以继续发展和形成：一种是神秘主义的，另一种是非神秘主义的。神秘主义的思想是最古老的。它的出发点是人可以通过某种起着神秘作用的仪式而和掌管着事物的原力量合为一体，从而获取神奇的超自然力量的观念。这种观念在今天的原始人思想中还存在。人可以通过某种饮料或者自我的精神暗示，从自然的生存状态中超脱、进入一种超自然的状态的事实，在这种魔法的神秘主义中有着重要的作用。根据从原始人那里可以观察到的情况，达到超自然力量的神秘主义是通过与原力量合为一体而从癫狂体验中产生的。[166]尽管事实情况是人只能暂时地处于这样一种更高级的存在状态，但是……

关于中国思想最古老的世界观的章节的草稿

民间世界观[167]

［手稿第 216—228 页］

中国古老的宗教在于膜拜祖先，精灵，存在于山川、田野、河流、云彩和风当中的自然神，星辰、土地和上天。自然的强力和星辰被理解成具有人格特征的神祇。[168]

如果祭祀祖先和膜拜神祇的活动在古印度的宗教中是分别进行的话，那么它们在中国古代宗教中就是一种相互交融的状态。皇帝的祖先被当成神灵来供奉，甚至他们被赋予比自然神和星辰更为重要的角色。有时也会出现被当成神灵来供奉的皇室祖先占据了自然界神祇的位置。

287 天和地是最主要的神，它们包含了其他的一切。地起先看起来是最重要的神，后来天渐渐取代了地的位置。

在神灵以下的是自然灵和魔鬼(鬼，Kuei)。它们一开始被理解成同时具有精神和实体；后来，把它们理解成和逝者的灵魂一样无形的观念渐渐占据了统治地位。他们的行为被赋予了地上发生的事情很重要的意义。

一般说来，在自然界中活动的灵魂对人没有好的意图，尽管人们也认为其中的一些可能对人并不坏。而逝者的灵魂则始终被看成家庭的守护者。

向皇帝、祖先、天地奉献牺牲以及主要的祭祀神灵的活动是国家的事务，要由皇帝亲自来做。普通的祭祀神祇的活动则可以由诸侯以及官员作为受天子委托的人来进行。祭拜祖先的仪式则必须由家长来主持。

像在古代印度宗教中一样，古代中国也有两种牺牲。一种可以被理解成是为了请求或者表示感谢而进献牺牲的行为，另外一种则是人们用神奇的力量而对神灵和力量起作用的仪式。魔法的灵验则被认为是神秘的，是在奉献牺牲的固定仪式上出现的旋律中蕴含的行为和力量起作用的结果。这样一种在我们看来很陌生的将音乐作为一种能起作用的魔法[169]来看待的观念在古印度宗教中也有过。“歌唱着一些（神灵）想着伟大的旋律，由于它的力量，它们使太阳升起”，吠陀赞歌里有这样的话。[170]音乐最早是属于巫术的，这可以从中国古代文献中论及它的地方找到根据。

奉献牺牲作为一种特别能起到魔法效果的行为的观念，不仅在古印度，而且在古代中国宗教思想当中都起着一个比把奉献牺牲看成对恩赐的答谢的观念更为重要的角色。它植根于达到神奇的超自然力的思想当中，它几乎统治着所有的原始宗教的思想世界，并且只要这些宗教还存在，它就被严格地遵循着。

在古印度宗教把唯一拥有向神祇奉献有效的牺牲的仪式和与超现实力量所需要的知识的婆罗门教士看成具有类似神的本质的同时，在

中国思想当中，这个角色是由皇帝来承担的。作为天子，他和至高无
288 上的权力相联系，并且同神交流就如同和自己交流一样。由于诸侯和高级官员起到了最高级的神职人员的作用，因此在中国就没有像在印度那样出现神职贵族阶层婆罗门。中国的神职人员并没有形成一个将自己和外行人划清界限的独立阶层。

在印度，神职人员和武士构成了最高级的阶层，而在中国也没有专门的武士的阶层。[171]在中国有四种阶级：官员、农民、手工业者和商人。*武士从这四个[阶级]当中产生。在最高阶层的官员之后的是农民。他们被看成国家的养育者，所以享有比手工业者和商人更高的声望。

和印度一样，中国的神职阶层也带有萨满(巫师)的起源。中国的神职人员主要履行着和原始宗教有着密切联系的职能。他们用龟甲占卜，并阐释它们的含义；通过在庙宇或者特定场所进行的仪式和牺牲来驱赶走恶鬼的侵害；在进入癫狂状态后，他们把自己看成进入他们身体内的某种超自然神力的一个器官。此外，中国的神职人员还常常被用来在奉献牺牲的仪式中最好地与鬼神交流，从而能够利用他们对于自然界的力量和精灵的奥秘的知识来告知人们，以便人们能够更好地决定建造一座楼作为住宅是否吉祥、办成一件事情的宿命中的先决条件是否具备。

无论在古代还是在现代中国，任何对此有使命感并且掌握了这些知识的人都可以扮演神职人员的角色。而且进入癫狂状态的情况也非神职人员独有，有时非专业人士也可以进行。

尽管中国有着专业的神职阶层，但非专业神职阶层的理念仍然一直在中国得以保持。非专业的神职阶层的根基在于祭祀祖先的活动。

---

* 即士农工商。——译者注

而在印度教中，非专业的神职阶层就已经不复存在，尽管在一些祭祖活动中还能偶尔见到。因为在印度，他们无法与强大的、组织严密的婆罗门教士相抗衡。

印度思想从教士阶层中起源，而中国思想则是在非教士阶层中发端，这导致两者尽管在先决条件和观念的出发点上有着如此的亲缘关系，却仍然走了完全不同的发展道路。

中国古代的占卜术建立在对线条的阐释之上。在占卜术中所依据的线条是骨头和龟甲在经受火烤之后出现的龟裂的细纹；以及以特定方式从连续或弯折的蓍茎当中随机抽取，然后再把后抽出来的放在先
前的线条之下而相互组合起来的线条的组合——这极有可能就是与欧 289
洲的蓍草有着亲缘关系的一种高山蓍（*Achillea alpina*）。[172] 占卜的意义来自对选出的蓍茎的种类以及相互之间的排序做出阐释。

中国12世纪著名的思想家朱熹认为，乌龟是自然界中最长寿的动物，而蓍则是剪除后长得最快的植物。因为人们认为这两种生物中承载着神奇的生命力，所以它们就成为展示出事物发展奥秘的东西。[173]

从龟甲和兽骨上解读出来的预言必然是一种随机的现象，并且由某种预言术对其进行任意专断的解释。而从蓍茎中得出的连续和间断的线条的组合却可以用一种规则来规定，并形成一个系统。对连续和弯折的蓍茎形成的组合进行细致入微的阐释，并把它们理解成为自然现象的符号表达的方法见于《易经》。对连续和弯折的欧蓍草茎进行符号化的表达，分别用连续和间断的线条来表示它们（一和--）。《易经》中就介绍了三个线条形成的八种排列组合，以及六个线条组合的六十四种排列组合。[174]

中国古代思想方式的一大奇特之处在于，除了占卜以外，自然的思考仍然保有自己的重要性。

《洪范》[175]是文献之书《书经》中的一篇，内容主要讲了如何正确地施政，其内容应该可以追溯到夏朝(前 2205—前 1766)。[176]其中提出了一条规则，帝王在“解决疑难问题”时除了占卜，还要倾听自己的内心、文武大臣以及民众的声音。只有当这些都一致的时候，也就是说出现了所谓的“万众一心”时，他才可以下定决心去按正确的决定来行事。

290 在从古代宗教中发端而来的中国古代思想——道家神秘主义是比较特殊的——构成了两个方向。[177]两者的共同点是都超越多神论。但是这一点并不表现为它们与之形成冲突并最终摆脱，而是采取了避而不谈的方法。只有包含其他一切力量支配的至高无上的强力才进入它的视野中。

其中一个潮流[178]是向伦理的一神论发展。在它当中形成了上天作为至高无上的在一切存在中施加影响的存在的思想。这种至高无上的存在也同时被理解成是具有伦理性的。

另外一个发展趋势则是形成了自然现象和世界的存在归于天和地两个原始自然力的观念。

中国的多神论虔诚信仰向一神论过渡，走了一条和印度思想完全不同的道路。印度思想必须通过首先确信各个神祇不过是一个主神的不同的表现形式从而实现向一神论的转化。这样一来，就会造成人们有时把这个、有时又把那个神祇看作主神。最高级的神祇不再被割裂开来，而是在某种意义上构成了一个只是有着不同名称的共同人格。主神的伦理特征在于各个神祇，主要有阿耆尼(Agni)、伐楼拿(Varuna)和密多罗(Mitra)所具有的伦理本质。这种形式的一神论已经在约前 1000 年左右的吠陀赞歌中体现出来了。[179]

中国古代宗教信仰则是走了另外一条路到达一神论。天和地从一开始就是神性的东西，它们有着比其他一切的神祇都要崇高的地位。

它们包含所有的神祇。想实现一神论，只需要认为地不是和天平起平坐，而是受到上天掌控的一个范畴即可，这样天就成了一切力量的代名词。

这种把地降格到天之下的情形在有着一神论倾向的民间宗教中悄然发生，但是在膜拜仪式上并没有显现出区别，地仍然继续被放在和天相同的位置被顶礼膜拜。

不但印度宗教，而且中国宗教都能在不必拒绝和不放弃多神论的情况下选择一神论。它们都有着能把多神论和一神论相统一的观念，而不是把两者尖锐对立起来。所以，进步到一神论时，也不需要和多神论的传统相冲突。在相对主义的观察方法中，两者还是有着特征上的区别。印度宗教必须为自身创造出众多神祇是主神的不同表现形式的观念；而中国人可以基于他们的多神论信仰的特殊性而把众神理解为主神上天的器官。这构成两者最为重要的区别。 291

由于古希腊宗教不具备允许一种在一神论和多神论信仰之间相调和的观察方法的思想，所以它也就不能上升到一神论。这对他们来说，唯一的可能性是将多神的信仰传统辨析清楚，并彻底与之决裂。然而对此，古希腊人又缺乏这种力量与决心，而在伊朗和以色列宗教中，由于出现了伟大的先知来倡导一神论信仰，他们才能最终实现这样的转型。所以，一神论没有在古希腊的宗教中产生，而直到希腊哲学中才出现。[180]

多神论向一神论的发展可以归结为两个原因：一个是理智的，一个是伦理的。进步了的思想在面对那种认为由被理解为超越于人的众多的神祇共同行使对世界的统治权的幼稚且不能令人满意的观念时，自然而然地产生出要把世界的起源和在其中发生的现象解释为由一个至高无上的力量来统治。[181]

同时，一神论还受到了日益加深的伦理思想的促进，这也就会和还在人类原始发展阶段的伦理思想中产生的不完善的、有缺陷的神性观[182]相冲突，所以最终导向了对一个伦理的、有着完善性的至高无上的本质的膜拜。这个至高无上的本质既可以证成人的天然的伦理本性，又可以保障自然现象的伦理确定性。

伊朗和以色列宗教向一神论过渡的动力是伦理观，而在印度宗教中起主要作用的则是符合理性的驱动力。[183]在中国思想中却是两者皆有的。

古希腊思想没有实现向一神论的过渡的原因则在于，古希腊人在经典前时期还没有充分感受到符合理性的思想的必要性，也没有很深入地研究伦理的问题。直到希腊哲学中才出现了类似的、和宗教有着联系的、渐渐脱离多神论而迈向一神论的思想。

最终，无论中国还是印度的宗教，都没能再从将多神论视为民间的一种思想方式而予以认可的不完善的一神论中走出来。[184]

292 [去掉的继续的新稿=(手稿第 229—232 页)]

[手稿第 233—236 页][185]

中国古代的一神论宗教对于中国思想的作用不同于犹太教和基督教对于欧洲思想起到的作用。

其原因首先在于进步的中国思想感觉到神性观存在的问题。它感到按照人的个性去设想主神是有困难的。尽管表示上天的汉字(天)[186]从形象上看是一个人，上面戴着一顶王冠，并且在《书经》和《诗经》中的一些章节中讲述了，上天对人们奉献的牺牲表示高兴，闻它们的香味，倾听人们的请求，用目光注视着人们，向人们表达着意志，奖励人们的善行，对于有违道德的行为表示愤怒，能够感觉到谁有过错、谁没有过错。同时我们又完全能看到在其中非常小心地——在《书经》比较老的一些部分中——着力回避按人性特征来理解上天的观念。这种努力随着时代的发展越来越明显。在更古代的时期，天常常还被冠以人们称呼皇帝的名称——至高无上的统治者（上帝）。在《书经》后面的章节中，“上帝”这个词出现的频率就越来越低。

尽管在《书经》和《诗经》中天被设想成神，但它还只是一直被视为世界的统治者，而非世界的创造者。

当欧洲思想——即使在康德和新时期的哲学家那里也是这样——还普遍地不加考虑地认可一神论中存在着的人化神性观时，古代的中国思想就已经不是这样的了。它想按照天本来的样子去理解天作为一种超越尘世的存在，但是又做不到。如果要非常严肃地去操作，就必须承认宇宙本质的不可理解性。作为一种宗教性而形成的思想，无法摆脱将主神理解成为一种以意义和伦理为依据并有和人的自然感觉相符合的力量的观念。也许有过一种基本的关于自然现象和人的行为的区别的意识，并试图将自然现象不理解成由人性出发的行为。由于坚信在自然现象中意义和伦理一定能够得以实现，中国思想认识到了假设自然现象中有一个起作用的意志的必要性。中国思想试图将这个意志设想成非人性的，然而意志的前提则必然是从一个人格主体出发的，从中产生了中国古代神创思想的最为矛盾之处。天不是一个人格主体，而是一个自然的物质；同时，一切的自然现象又归结于它，就好像它是一个有着意志力和行为力的人格主体一样。[187] 293

而且在中国，道的思想阻碍着神创论思想的发展。这种一开始属于原始宗教关于一切人类的观念和理解都无法掌握的非人格原力量的思想被吸纳入中国思想，并在其中得到了发展。因为道本身是神秘而非人格化的东西，所以它无法被理解为主神。此外，它也不允许有其他的人格化的主神与之相并存了。[188]

[(中断的文字的)继续，手稿第 236—242 页]

中国思想早在前 1500 年时就已经感觉到了神创论中存在的困难的原因，不仅在于中国思想在其天性上以其特有的方式保持着客观和批评性，而且在于它很早就认同非人格化的原力量的观念，以至于失去了产生人格化的主神观所需要的质朴和纯真。

无论是中国思想中的道，还是印度思想中的婆罗门，都构成了神创论思想发展的障碍。两者都在从多神论向一神论的发展过程中夭折，因为由原始的魔法宗教而来的非人格化的原力量的观念从中起作用。并且两者——无论是道还是婆罗门——都不仅是非人格化的，而且是超越了伦理之上的崇高的原力量，因此它们对于神创论的影响就在于，它们阻碍了具有伦理完善性的主神观的形成。[189]

当然[190]在古代中国也存有不对伦理一神论的形成造成阻碍的民间思想，它还是把上天理解成一个决定世界的发展进程以及每个人的福祸的人格化的主体。孔子一开始面对的就是这样的伦理一神论，但是出于正义感，他不得不选择放弃对这种观念的接受，尽管他对于伦理在这样的观念之上会有怎样的停顿是有着思考的。[191]

伦理一神论受到了道的思想的阻碍，孔子学说又没有把它吸收到
294 自己的体系中来，这意味着尽管有着其自身价值，但也有着自身特有的困难的伦理一神论在中国人的世界观中始终没有实现其地位。

因为在中国宗教中，伦理一神论始终不能达到统治地位，所以它只能是不完善的。作为一种宗教观，它始终不能达到探讨人的思考中经历的关于人生和世界的终极问题，而只局限在主要由从事某种驱赶

恶鬼的宗教仪式和实施某种魔法的虔诚性之上。一个宗教如果在其身旁允许一种精神化的或者甚至还未完全精神化的虔信观存在，而不去使自身得以进一步发展、向更深的层次思索，是非常危险的，这在中国宗教观上得到了证实。在中国思想史上有着特定的时期，那时迷信和魔法的观念在民众的宗教中占据主导地位。[192]

从古代多神论中生发出来的中国古代思想认为，世界中并不是只存在着一个神性的万能因素，而是有两个相互作用的强力，这比一神论在中国古代世界观当中有着更深的根源。根据最古老的世界观，天和地是宇宙中两个相互影响的神祇。至于把地的作用降格到天的作用之后，把天看成世界的统治者的思想，则是后来受到了民间宗教中产生出来的一神论倾向的影响的结果。

“惟天地，万物父母”，《书经》中这样记载。[193]所以中国的古代世界观是从一种神秘主义世界观中发展出来的，但这又是从对自然的观察中得出的结果。所有的生物都是由雄性和雌性相结合的产物，相应的，世界以及自然的各种现象也必然是天作为阳性的、地作为阴性的力量相互作用而产生的。代表这种观念的，大约在前 3 世纪下半叶。

中国古代思想没有涉及纯想象的神话。如同印度的吠陀赞歌中一样，关于由巨人创造世界的原始神话看起来在中国也有类似的版本，只是它直到后来的 1 世纪的文献中才有所表现。[194]但是发展出来的关于世界的思想却和它没有关联。

中国最古老的关于世界的思想[195]和阐释连续或间断的线条及 295
其组合的占卜术有着联系。两者相互之间的联系是这样的，人们很难界定，究竟是占卜术可以归结到自然哲学，还是自然哲学从占卜术中而来。

连续的线条代表天，强大的、创造的原则；断开的线条则代表弱的、接受的原则。连续的和断开的线条的组合表达出了天和地两种力量在现象和事件中参与的不同情况。

一切自然现象在中国古代思想看来都是在变化之中的，变化由天和地的不同的相互作用来决定。所以，其中记载着阐释连续和间断的线条组合的书被称为变化之书——《易经》。四象(Siang)，由连续和间断的线条构成的四种组合分别代表了四个季节以及四种星辰：

⚌夏季(热，太阳)

⚏冬季(月亮)

⚎春季(恒星)

⚍秋季(行星)

从八种组合八卦(Ba Gua，卫礼贤；Pa Kua，福尔柯)中，这意味着从三个连续或者间断的线条中产生的八种组合可能性命名的(三线条图，Trigramm)……[196]

开始的两种组合意味着天和地，后面的六种组合表示六种不同形象的原力量，它们在其中交互表现。

对于八卦的阐释至少可以追溯到前 2000 年，而且极有可能会更早。它被人们认为是由伏羲，一位上古的贤明的君王，发明的。[197]

对于从 6 个线条组成的 64 种排列组合(将三道线条的八卦上下重叠在一起产生)的阐释，则追溯到文王(死于前 1135 年)，他是周朝的创立者的父亲。相传他是在被囚禁期间推演出八卦的。[198]

中国古代思想的独特之处在于，推演出占卜术的不是神职人员而是上古神圣的君王。[199]

296 在《书经》中就表达出了不论在自然界的相区别的事物之间还是在自然现象和人类活动的领域内都存在着神秘力量的信念，[200]因为在万物中同样都是从天和地中产生的力量在起作用，只是每个具体情况下稍有不同而已。从这个信念出发，推导出了一个推论，即人应当努力追求使自己的行为同在自然界中起作用的力量保持一致。在这个方面向人们提出了一个重要的要求，人不能做和主导的时令相违背的事情。[201]关于各个方面符合时令的行为(礼)的具体描述则散见于古代文献之中。在《礼记》中，这些规定被整理收集了起来，这本书有可能是孔子直接的门徒所著。这本书有一篇叫《月令》（Yüeh-Ling 或者 Yuoh-Ling），[202]其中详细记录了人们在每个月份中应该做以及不可以做的事情。与之稍有不同的描述还出现于著名的吕不韦的春秋编年史《吕氏春秋》中，这部著作产生于前 3 世纪，但是却考证了大量上古的，甚至没有流传到今天的文献的来源。这些关于每个月份的规则应当可以追溯到对周朝(前 1150—前 249)的记载……

[对中国思想的]最后肯定

［从去掉的文字，手稿第 243—249 页，页边文字手稿第 247—249 页］

没有哪种思想像中国思想一样充满着存在的奥秘。印度［?］［……］对感性世界没有兴趣，而是把在其中展现出来的自然现象看作无意义的。二元伦理的宗教——如伊斯兰教、犹太教和基督教——则把自然现象看成从非伦理向伦理的一种发展。对科学有着浓厚兴趣的欧洲哲学则致力于认识在自然现象中起作用的规律。二元伦理宗教和科学的对世界的解释观有着共同点，它们不再认为世界是神秘莫测而无法解释的，相反它们都致力于解释自然现象。中国古代思想——这就是其深刻之处——则一直保有这种神秘性。也许因为它一直把自然现象看成天和地的相互作用的结果［……］但在中国古代思想中却有着一个沉浸在自然中的行动——这是一种还非常幼稚的、保留着神秘主义思想方法的深刻的自然哲学。这是一种对自然的神秘之处的深刻的体验。当思想在试图阐释世界和自然现象时[?]，[……]它把它当作
297 一种对奥秘的阐释，描述[却]不[是]对奥秘的阐释。两种原始自然力一直是一种不可以被解密的东西。它[中国思想]只敢于理解它在生存中必要的那一小部分。在中国思想中[存在]着一种敬畏的心理。

中国思想的伟大还在于，它完全让人去思索自身与无穷尽的存在的精神联系。也许它很强烈地具有伦理的指向。但是伦理问题在它看来却不是伦理本身，而是被推到了与无穷尽的存在保持和谐的大问题当中去了。人对于社会的正确的行为举止也被理解成来自同无穷尽存在有着精神联系。如果说中国思想还带有神秘主义色彩的话，那么它就是以其深刻的方式既是伦理的，又是神秘主义的。

中国[……]前 1500 年时，在那样一个各种思想还仅仅处于发端的年代，就有了这样一个属于高度发达的精神文化的世界观。不得不说，这是一个精神思想史上永远无法解释的谜。

[关于自然现象和人的行为的关系的章节的新稿]

[手稿第 250—262 页]

那么[203]人们基于和神秘和谐主导的世界的联系性应该如何去做呢？ 这个问题早在最古老的文献中就有回答。人们必须努力保持自己各个方面都要和自然现象相一致。这里包含一个双重性：一方面，人们在自身的行为中要遵守自然现象的要求；另一方面，人们也要努力发展伦理的意识和行为。[204]

基于贯穿始终的、在一切存在和现象中存在的普遍联系，人会被自然侵扰而牵扯进来，同时自然也会因为人的不正当的行为而陷入混

乱。人类让天地的力量以正确的方式起作用是其能够以正确方式在自然现象中起作用的前提。

按照天子和君主所采取的态度，他们的行为是否和自然相一致有着举足轻重的作用。

人们于是必须注意，他们的举止和行为要和所处的相应季节保持一致。各方面符合时令的行为的描述见于古代文献中。在著名的吕不
韦的春秋编年史《吕氏春秋》——一部产生于公元前3世纪、综合了 298
很多甚至已经灭失的古代文献的观点的著作中，综述了［这样的一些描述］。每个月应该遵守的各种规则还记载于《礼记》（对习俗的记录）中，只是细节略有出入，这部著作的最古老的部分应该是由孔子的门徒所收集整理。相关的章节是《月令》。[205]

很可能，2世纪的每个月的规则是从《吕氏春秋》中取出并纳入《礼记》中的。

这些和每个月份相关的规则的主要部分很可能在夏朝时就已经在起作用了。[206]

根据《吕氏春秋》的月令规定，摘录关于新年第一个月份的规定如下：

> “孟春之月：日在营室……[207]其帝大皞（大的照亮者）[208]。其神句芒（播种者）。[209]其虫鳞。[210]其音角[211]……其数八。[212]其味酸。其臭膻。其祀户。祭先脾。[213]［第1页］
>
> 东风解冻。蛰虫始振。鱼上冰。獭祭鱼。[214]鸿雁来。［第1页］
>
> 天子居青阳左个……载青旂，[215]衣青衣，服仓玉，食麦与羊[216]……［第1页］
>
> 是月也，以立春。先立春三日，大史谒之天子曰：‘某日立春， 299
> 盛德在木。’天子乃。立春之日，天子亲率三公、九卿、诸侯、大夫以

迎春于东郊。还反，乃赏公卿、诸侯、大夫于朝。[第1、2页]

命相布德和令，行庆施惠，下及兆民。庆赐遂行，无有不当。[第2页]

乃命大史，守典奉法，司天日月星辰之行，宿离不贷，毋失经纪，以初为常。[第2页]

是月也，天子乃以元日祈谷于上帝。乃择元辰，天子亲载耒耜，措之于参保介之御间，帅三公、九卿、诸侯、大夫，躬耕帝藉。天子三推，三公五推，卿、诸侯、大夫九推……[第2页]

是月也，天气下降，地气上腾，[217]天地和同，草木萌动。[第2页]

王命布农事：命田舍东郊，皆修封疆，审端径术，善相丘陵、阪险、原隰，土地所宜，五谷所殖，以教道民，必躬亲之。田事既饬，先定准直，农乃不惑。[第2、3页]

是月也，命乐正入学习舞。[第3页]

乃修祭典，命祀山林川泽，牺牲毋用牝。[第3页]

禁止伐木。[第3页]

毋覆巢，毋杀孩虫、胎夭、飞鸟，无麛无卵。[第3页]

毋聚大众，毋置城郭。[第3页]

掩骼埋胔。[第3页]

是月也，不可以称兵，称兵必天殃。兵戎不起，不可从我始。毋变天之道，毋绝地之理，毋乱人之纪。[第3页]

300 孟春行夏令，则风雨不时，草木蚤落，国时有恐。行秋令，则其民大疫，猋风暴雨总至，藜、莠、蓬、蒿并兴。行冬令，则水潦为败，霜雪大挚，首种不入。”[第3页]

人的道德行为和自然现象之间有奇妙的力量在掌管着它们的关系

的观点早在《洪范》中已经有了。雨水、阳光、温暖、寒冷以及风在每个季节中是否以适当的量出现，按照《书经》中这一章节的记载，应该是和人类是否存在着尊严、文明、洞见、审慎和智慧这五种美德相联系的。

按照中国古代的观念，统治者凭借其品德和正确的方式来领导人民，从而使一切基本元素得以保持有序。自然灾害、气象中的异相以及其他的灾祸都应当给予统治者以启示，让他们首先检验，[218]他和他的臣民是否处在正确的道路上。

同时，古代中国的世界观也认为统治者可以对民众施加神秘的精神影响。民众的行为与统治者的行为相一致的原因并不在于后者树立了榜样的作用，而是因为他的思想以一种直接的方式作用到了民众身上。

中国民间笃信好的行为会带来幸福、恶的行为会招致不幸的信念，也可以追溯到不同的事物之间普遍联系的这一理论上来。这比单纯的奖赏和惩罚观的意义要更多。因为期待着好人会生活幸福、恶人会招致不幸的理论的基础在于人们认为好的行为是和自然的世界规则保持一致的，相反恶行则是对其的一种破坏。所以，幸福和不幸不再是一种分派到个人身上的奖赏或是惩罚，人应该把善的行为看成一种符合自然的世界规则的东西。

中国古代思想的伦理世界观是以其独特的和深刻的方式与查拉图 301
斯特拉宗教、犹太教以及基督教世界观相区别的。在这些伦理二元的世界宗教中，伦理世界观包含世界是处于从不完善和非伦理向着完善和伦理的发展过程中的思想。设想世界进程中有着这样的变化对中国思想来说则是非常陌生的。它认为这个进程是既有的，对中国思想来说，在生物界的王国中出现了人这种能辨别善恶，并以行善事为自己任务的生灵的事实本身就说明了世界进程是伦理的。

中国古代思想是一元论的、由伦理信念所掌控的自然哲学。对这个自然哲学来说，自然的现象和伦理并不是对立的。它们两者并不需要像二元伦理宗教[219]所认为的那样，需要通过世界的进化来相互达到和谐一致。它们自然地相互联系。伦理就是从人的身上得以表现的自然之物。由于天和地的力量在人身上以最深刻的方式和最完善的形式相互作用，所以，人是一个伦理的生灵。[220]在产生这样的伦理生灵的过程中，世界的伦理特征也得以自我展现。伦理性是自然性的最高形式的表达。

中国古代思想所进行的一切对自然寻根究底的研究都只有一个目的，就是不断地加深对伦理和自然之间的关联性的确信。

伦理的世界宗教的伦理世界观过度地把希望寄托在天国之上，这意味着本身包含着善的绝对统治，而中国古代思想则已经满足于把伦理看成自然性的最高的展现，并且已经存在于世界之中了。于是，中国古代思想肯定世界，并认为它是有意义的和善的。[221]世界本身孕育着的希望在于，它可以成为集伦理之大成的人类居住和活动的场所。

中国古代思想还属于一种保持质朴的思想，这样它就不必去探讨世界上存在的恶。世界上存在着的恶的问题迫使查拉图斯特拉、犹太教先知和基督教采取了二元主义的观察方式。但是，中国思想并不能长久地处于这样的质朴中，终究它还是要去面对这些问题。

在自然现象和人的伦理道德状况之间存在着内在联系的思想无疑起到了巨大的帮助作用。这使它可以在关系到世界的恶的方面时就这样去考虑：[222]总是在一定程度上由人类不端的行为引起的阻碍和自
302 然现象相关联。由于这种考虑已经成为基本法则，所以中国思想历来没有真正意识到世界中存在着的恶的问题的全部严重性，当然这要除去其思想史上少数几个以很特别的方式批判的审视世界的思想家。

附录　人类思想，中国思想，1937年第一稿，第二部分。［节选］

中国思想需要非常多地讨论命运问题是由它的世界观决定的。

基于自然现象和人类的道德状况之间存在的这种内在联系，中国古代思想能够期盼世界将来可以达到一个前所未有的圆满状况。它可以推断，善在人类社会中达到了统治地位后，自然界也会比先前更加温和。但是，它从来不曾像伦理世界宗教那样期待着有其中一切既有的现象都为完美的自然现象所取代的天国的出现。在中国思想中，永远围绕着世界本来的[223]自然的本质的完全显现的主题。完全脱离宿命和恶从来未进入中国古代思想的视野。一个像《约翰福音》*(21：4)中的上帝启示的话语“上帝将擦去他们眼中的一切泪水，死亡将不复存在，再也没有苦难，没有呼号，没有疼痛”中表达的氛围对它来说是陌生的。在中国古代思想中还存在着对现实的简单认同，这既是属于原始人类的一种思想方法，又是任何一个别的思想在对其他的道路经过失败的尝试后必将重新回归，并在更深刻的层次上去操作的一条道路。[224]在中国古代思想[225]中，对现实的简单认同已经达到了深化。它不再是一种单纯简单的，而是一种出于对现实中的奥秘的敬畏的认同。

中国古代思想的态度以深刻的方式在此得以表达，《洪范》中将命运中好的东西归结为五福，而把人们遭受的各种不幸列为六极。[226]

有关古代中国哲学的伦理思想的草稿[的文字]

［手稿第263、265—292页］

按照[227]中国古代思想的观念，伦理是思想和行为的原则，通过

* 应为《启示录》。——中文版编者注

这一原则实现在人类社会中的有序的状况，当然也是符合世界中起作
303 用的秩序的。所以说，伦理是世界观的有机的组成部分。

在我们所知道的它最古老的形式上，中国伦理就已经到达了一个非常高的发展水平，但是这并不说明它可以要求其成为比过去就已经形成并传承下来的伦理风俗的确定更多的东西。但是这种伦理的风俗已经处在对人类以及世界有所探究的思想的影响下，并在其中拓宽、磨砺和深化。与这种高度发展的以完善的风俗的形式出现的伦理相适应的是，社会真正的秩序的实现并不在于期待每个人要服从伦理的权威，而是每个人思考以后的自然归属。伦理已经到达了这样的精神化的程度，以至于它受到了法律及传统所能约束的东西的不足之处的意识的控制。

中国古代伦理思想尽管达到了高度的发展水平，但究其本质还是只传承了古代的风俗，这体现在它只研究人与人之间基于自然产生的相互关系，而对于邻人的关系则不在它的研究范围之内。《书经》中的伦理就探讨了五种关系——君主和臣民，父亲与儿子，哥哥和弟弟，丈夫与妻子，朋友与朋友。它要求人们所具有的品德可以保障人与人在这些义务圈子中的关系。

长兄有着特殊的权威地位，其他的兄弟都必须认可这种地位。

中国思想将朋友关系这种由人创造的关系纳入其视野中，这使其扩展了自然形成的义务圈子的伦理。它开始接受不是自然形成的，而是在社会中构建起来的人与人的依存关系。然后它自己并没有承认这种关系有着根本上的崭新的意义，同时意味着迈向确认同邻的关系的重要一步。它把友谊看成一种由人创造的自然关系，并把它和自然的血亲关系相提并论。

在《洪范》(包含一切的规则)中列举了五种美德：尊严、文明、洞见、审慎和智慧。这五种美德被以人为的方式和人的五种属性——

外表、言谈、视觉、听觉和思考——联系起来了。尊严是外表的正确形式，文明是言谈的正确形式，洞见是视觉的正确形式，审慎是听觉的正确形式，智慧是思考的正确形式。[228]

在《书经》的一处可以找到将九种成对的品德放在了一起：[229]友善和尊严，平和和坚毅，直接和礼貌，守纪和谦恭，灵活和勇气，[230]
正直和温和，宽容和原则，果断和可信，勇气和公平。在另外一处， 304
则把谦恭和节约、忠诚以及适度放在了一起。[231]

但是和五种义务相对应的五种品德却没有提及。

要求天子具有所有的一切美德，而诸侯需要具有其中最重要的品德。

道德觉悟的开端在于子女对父母的孝顺。

在古代的道德教化中，后来由孔子确定的君子的形象就已经初现端倪了。

人生来自然的倾向是行善，这对中国古代思想[232]来说是理所当然的事情。它认为，构成影响统治世界的秩序的天和地的力量在人身上表现为一种能够让他们分辨善恶，并最终驱使他们行善的能力。伦理对它来说是自然的。所以中国思想认为，问题仅在于，人在多大程度上能让已经自然存在的伦理性得以彰显。而存在那些阻碍人的自然伦理倾向发展的能量的问题，中国思想还未予讨论。[233]

符合其所属的世界观的中国古代伦理还是以一个完全肯定生命和世界的方式存在的，它试图朝着世界中的某个能把人和人类带到完善的方向去发展。[234]

[和古代印度伦理的比较]

在对生命和世界的肯定观中，古代中国的伦理与印度思想相悖，而又与古希腊及查拉图斯特拉的世界观相一致。

一个完全的对生命和世界的否定观的伦理是缺乏可操作性的。它会质疑人类的存在。所以，无论是婆罗门教、耆那教还是佛教都认识到承认人以某种方式和在某个范围内过着有所作为的生活，并对此提出相应的规则的必要性。

婆罗门教、耆那教和佛教都共同具有对生活和世界的否定观，但又是以不同的方式得以证成的。在婆罗门教中，对生活和世界的否定观与神秘主义的与梵作为纯粹和单纯的存在合为一体的思想密切相关，而在耆那教和佛教中，否定观则来源于对人们提出的致力于通过转世轮回而脱离现实感性世界的要求。

其中最早包含着与纯粹存在合为一体的婆罗门学说的《奥义书》
305 起源于大约前 1000 年至前 800 年。耆那教应该可以追溯到前 8 世纪左右。佛陀生活在前 565 年至前 485 年，他的学说是以耆那教为前提的。而他本身的独到之处在于拒绝了耆那教和婆罗门思想中过于强调禁欲和自我诋毁以及对生命及世界的否定观的内在化和精神化的部分。

婆罗门在完全的对生命及世界的否定观之外仍然认为，属于某种种姓的义务应当是理所当然的。所以，他们要求自己的种姓之内的成员在其生命的一部分时间内从事神职工作，并建立家庭，由此来保证神职阶层继续存在。只有当他们的孩子成家立业，再有了后代以后，他们才应当隐居过遁世的生活从而达到完善的境界。

耆那教和佛教是以另外的方法来承认对生命及世界的肯定观的，它们并不是让同样的人一部分的生命以对生命及世界的肯定观来生活，另外一部分则贡献于否定观；而是假设世界上有两种人，其中一种具有到达完全的弃世的生命状态的洞见和力量，而另外一类人则还没有具备完全脱离现世的能力。后者处在一种惯常的生命状态和由此产生的作为当中努力进行着伦理的转型，并且希望能在不断地重生轮回中最终达到一种能够完全地持有对生命及世界的否定观，并且具有彻底地脱离感性世界的存在的能力的生命状态。

婆罗门教徒违背其本来的学说过着完全的遁世生活的情况，在早期只是个别的现象，而在佛陀出现的时代就显得更为平常了。

尽管古印度思想基于对生命和世界的否定，但仍然在某种方式上让人处于一种有所作为的生活中，那么这种作为和由此适用的伦理与真正意义上的对生命及世界的肯定观毫无关系。在其伦理的行为方式中，古代印度人的精神世界由对生命及世界的否定观所决定，他们有所作为的行为方式仅限于他们以活着的方式存在于世界中。它不存在改良人类物质和精神状态的理想，所以这是它和古代中国伦理思想的根本区别。

［与古希腊伦理思想的比较］

和古希腊伦理思想(这意味着前智者以及前苏格拉底时代)相比，中国伦理和它的共同点不仅在对生命和世界的肯定，还在于都与传统的伦理道德有着关联。但中国伦理却比它有着更高的发展状况。构成古希腊伦理思想内容的伦理道德传统并没有像中国伦理思想那样经历过探寻世界和人类，使之焕发生机并不断得到凝练的思想的影响。古希腊伦理由于其视野相对狭小而受到了阻碍。它产生的前提是，适用这些伦理的人属于一个较小的城邦国家，[235]而不是一个大国中的全 306
体国民。像中国伦理那样，由国家的多样性组成的大帝国而产生的关于人类的思想还没有进入古希腊思想的视野。在柏拉图和苏格拉底那里，由于城邦国家导致的视野的局限性还非常明显。

当古希腊伦理必须尽其所能地试图和对它毫无益处的多神论相统一之时，中国伦理可以和一种以其自身的方式深刻的关于世界的思想相统一，并且上升为人类可以通过伦理的行为方式和在自然界的秩序中起到作用的神秘力量相和谐一致的神秘主义观念。对伦理思想来说，含有重要意义的是古代中国的世界肯定观不仅是更为慷慨的，而且是更强烈、更深刻的。在古希腊的世界肯定观必须去探讨生成的思想时，它往往并不能在其中成功地进行自我表达。这表现在通过思考的途径而获得并取代了传统的关于善的思想当中，世界肯定观并不是以直接的，而是以派生的方式存在。

在智者那里，在德谟克利特和苏格拉底那里，渐渐地善的概念成为从幸福观当中派生出来的东西。如果说这种伦理，就其在苏格拉底时的形态，也具有生命力和深刻性的话，那么它至少一开始就受到了仅仅由人对自身的探讨的基本出发点的威胁。它没有赋予人以义务，在实现幸福的努力中缺乏必须在世界中有所作为的必要性。实际上，探讨正确的幸福的古希腊思想在一步步放弃对世界的肯定观，这最后导致的结果是对生命的肯定观也不能得以确立。对生命的肯定观和对世界的肯定观是紧密相连的，如果生命的肯定观离开了对世界的肯定，就变得软弱无力，最终沦落到僵死的状态。因此，发端于对生命及世界的肯定观的希腊思想终结于[236]对生命与世界的否定观。这一转变也波及伦理思想。它越来越忽略现实的需求，最终，在现实中以伦理的方式行为的人的理想被弃世的和隐逸的智者的理想取代。[237]

这一悲剧式的、亚里士多德和斯多葛派学者也无力回天的转变的原因在于古希腊的对世界的肯定观从一开始就不够强大，不够深刻，不足以形成人在现实世界中有所作为的理想的伦理观。在中国思想中，相应地存在着一个活生生的伦理思想和一个牢固的对生命及世界的肯定观，它们相互支持，在思想中不断得到深化和凝练。

307 [和查拉图斯特拉伦理的比较]

查拉图斯特拉的伦理[238]和中国古代伦理的共同之处除了毫不动摇的、强大的对生命及世界的肯定观之外，还有古希腊伦理所不具有的关于世界秩序的任务。

然而，两者之间深刻的区别在于，古代中国伦理致力于对自然的世界秩序的完善，而查拉图斯特拉则是努力实现一个新的秩序，并且在这个新秩序中，善的力量可以完全战胜不善而得以自我确立。

因为查拉图斯特拉是二元主义思想，把世界现象看成光明与善同黑暗与恶的斗争，所以它的伦理思想是激情四射的。它要求人们终其一生都要致力于同世界上以及自身中黑暗和恶的因素做斗争。

［和犹太教和基督教伦理的比较］ 308

犹太教和基督教伦理也是充满激情的。然而它们的二元主义的世界观并不像查拉图斯特拉教那样建立在对生命及世界的肯定观上，而是建立在否定观之上。

尽管阿摩司(Amos)、以赛亚(Jesaja)以及其他的以色列和犹太先知在流亡(前 586 年)之前的世界观还完全和查拉图斯特拉一样是肯定生命和世界的。这在那些在流亡之中和于前 538 年回归耶路撒冷的民众中还一直存在，他们期待着上帝的天国，它基于优选出的民众和大卫家族的具有上帝的精神的统治者的伦理力量而产生。[239]

后期犹太教(它的思想世界在产生于前 164 年受到西流古国王安条克四世对犹太宗教的压迫的印象的书中得以表现)以及从中产生的基督教教义中，自然世界被看成一个堕落的东西而彻底地放弃了。上帝的天国被想象成超越现世的状态，它在某个由上帝决定的时间彻底脱离自然世界。伦理的努力被期待的热望所替代。伦理思想的核心在于为了参加到天国中来而要求的达到伦理的完善状态。

后期犹太教和基督教生命和世界否定观的独特性在于，它不像印度教那样要求在遁世中保持纯净的世界，而是同时也要求人们进行一种有异于现实世界的行动的爱的不断完善的练习。

通过对生命和世界的否定观，后期犹太教和基督教伦理的激情被上升到了极致。它代表着一种对善的奉献，对此无须做任何的有关用益性的思考。所以它也发展到了提出极端的、不再考虑自然感受的要求。

[古代中国伦理]

中国古代伦理是完全没有查拉图斯特拉教、犹太教和基督教伦理的那种激情的。[240]因为它的理想是实现完美的自然秩序，所以它并不给人附加与他自身相冲突的义务和责任，而只是提出了与其有着基于自然关系的亲属之间的伦理要求。它只向人提出理所当然的以及可以实现的要求，而不会去用一种基于伦理必然性的、漫无边际的、无法解除的罪恶感意识的思想来使人无所适从。任何缺失都不过是在人
309 的关系中需要实现的理想秩序的倒退，然后它又可以通过重新回归伦理的关系而自动得以修复。如果这是一个统治者或者全体民众的道德缺失的行为，并且又从自然的异常现象中表现出来的话，那么统治者就必须接受惩罚，并且要通过他亲自发起的教化以及他做出的正确行为的表率来结束这种道德缺失的现象。

尽管中国古代伦理局限于自然关系的范围之内，但它已经具有真实的内在性。它的道德教育已经提出了一个高度发展的伦理的理想人的模型。对自然义务正确的履行的伦理的思想应当已经是一种受人道主义理想控制的伦理。中国古代伦理思想是一个萌芽的果核，它开始爆发出其中蕴藏的力量。

中国古代思想尽管已经发展到一定的高度，但仍然局限在自然关系的范围之内的原因是双重的：一方面，它与传统的道德风俗紧密联系；另一方面，它又与自然哲学水乳交融。[241]传统道德风俗的伦理究其自然只涉及人与其亲属和其族人的关系。把人应当按照统治世界的秩序来行为作为基本原则的伦理思想不可能任意地向人提出更高的要求，而只能提出那些属于在人类社会中实现自然秩序的思想所包含的要求。

在古代中国思想中，局限于自然关系的义务的伦理达到了最高程度。这种完善的大成不仅在于它在其道德学说中达到了它所能达

到的最高的繁荣和内在性，而且在于其植根于自然哲学而达到的深度。[242]在强调符合理性以及目的性的方面，古代中国伦理观和18 世纪的欧洲伦理观有着共通性，然而它却从来没有像后者那样陷入成为一个纯符合理性的探讨个人与群体的最大福祉的可实现性的学说的危机之中。它不像后者那样只探讨个人与社会，而是一直在研究自然。一切有目的性的思考都在于，人在其思想和行为上必须有益于创造最好的秩序以及亲属和全体人类社会的福祉，从而达到与世界秩序保持一致的目的。这种神秘主义的因素构成了古代中国伦理的独特性和深度，并赋予它的这种简单以广度。

随着[243]时间的推移，中国伦理思想并不能停留在仅对基于人的自然关系而产生的同亲属和民众的义务和责任的关注之上。它必然要 310
在发展过程中扩展它的范围，并提出对其邻人之爱的劝诫。这一步在经典时期由孔子、墨子和孟子走出。然后，它就面临是否应该还忠实地停留在其原本的缺乏激情的本质之上的问题。它是否应该通过承认爱的思想后，不是将理想局限于在人类社会中实现完善的自然秩序，而是在最高的行为上去认识爱的思想。[244]

孟子在孔子的精神与古代传统伦理思想的影响下与倡导兼爱的墨子之争就体现了这一矛盾。

当爱的思想发展到最完全的清楚的地步时，[245]它就不会再受到行为是否符合目的性的思考的影响，也不会再把实现人类社会尽可能好的秩序看成最终的目的。爱的思想的本质在于其绝对方式的有效性。[246]

爱的思想的出现不仅表明了伦理思想的集大成，同时也是对其发展的一种侵扰，因为为此精心规范的伦理理想必然要被放弃。

在承认了爱的思想的同时，中国伦理思想不仅面临是否能够忠实地保持其自身的缺乏激情的本质的问题，而且它是否能够继续保持与自然哲学的联系也变得不确定。当查拉图斯特拉、犹太先知和基督教都开始认可爱的劝诫时，它们都不存在与其本身伦理思想的冲突。[247]二元论中不存在对自然的敬畏，也没有沉浸其中。它在阐释自然的时候是基于其开始就认定的伦理信念。古代中国思想，如同一元论思想一样，是以对自然的观察为出发点的，并且只能认可那些与对自然的观察相统一的伦理信念。爱的原则无法从自然现象中发现。伦理思想也就只能从自然哲学中吸取关于秩序的基本原则，而不是爱的基本原则。中国古代伦理由于始终不能从自然哲学中独立出来，所
311 以尽管它达到了一定的深度和内在性，却仍然没有发展到爱的思想。所以，对于二元论伦理思想不成为问题的发展道路对中国伦理思想来说却充满了阻碍。由于同样的原因，爱的思想对斯多葛派、斯宾诺莎和歌德来说只是很陌生的东西。

如果不去否定中国伦理思想最根本的本质属性，它就无法脱离自然哲学的影响。拒绝承认爱的思想对它来说则[又是]不可能的，因为它在其发展过程中必然会到达这一地步。于是，中国伦理思想从经典时期开始就已经处在必须尝试一件不可能完成的任务的地位，一方面保持与自然哲学的关系，另一方面又要代表与自然哲学完全格格不入的爱的思想。

它在试图达成某种妥协的努力中，首先考虑到的就是尽可能完全保持与自然哲学的关系。

[中国思想中的人和生灵(1933 年)的草稿页，标注为 1937 年]

伦理。人和创造物。孟子。

翻译：卫礼贤。

“人之所以异于禽兽者几希。”《孟子》，IVB，19，第89页。

国王，公牛，大钟祭，IA，7[……]

不是爱，而是友善地对待动物。VIIA，45。(第170页)

但是却认为人们食用动物的肉并将它们当作牺牲是理所当然的。

列子：

人和动物，[《列子》，]II，18。没有大的区别[在人和动物之间]。

庄子：

关于动物。生存斗争史。[《庄子》，](XX，8)

人和动物之间不大的差异还被哲学家和诡辩家王充(27—97)提出用来驳斥不朽的理论。[阿尔福雷德·]福尔柯，[《中国文化圈的思想世界》，哲学手册，慕尼黑/柏林，1927，第V单元，第III部分，第]141[、7页]。

人和动物和植物都有伦理的理的能力(朱熹)([海因里希·]哈克曼，[《中国哲学》，慕尼黑，1927，]第342页及其后，第347页)。也就是说，动物和植物原则上也有着更高的精神发展的能力，只不过在实现性上比人更具有局限性而已。[248]

[卷宗8，第7号更多的注释(1936年和1937年)
——除了在前言中引用的关于中国思想的注] 312

档案。第423、427—429页：

中国思想。伦理思想不试图对世界进行符合发展的阐释。一个不鲜活的世界观。抛开历史的世界观。伦理思想没有成为宗教。这是其弱点。

老子：神秘主义的在一切陌生性和一切黑暗中都可直接理解的语言。——老子是教导人类通向神秘主义的人。——这一神秘主义的最最基本的。——在一切陌生性上基本。

不是在一切细节上[……]展示中国思想，而是使之变得更易于理解并从哲学的角度上来审视它。

在中国，思想并不是由教士阶层所专有的。

在邓析子那里也已经有了类似孟子那样的关于国君的大胆的表述([海因里希·]哈克曼，[《中国哲学》，慕尼黑 1927，第 48]页)。宿命的思想在《书经》(哈克曼[见前注，第]40 页)和《邓析子》(哈克曼[，见前注，第]48 页)中也已经存在。

中国宗教，仅在于偶像崇拜！ [……]存在的问题没有宗教的意义。宗教不去研究此在的履行。

外行人[……]对甲骨文的阐释的艺术追溯到《易经》[之上][……]

关于结尾：完全不是中国思想是否得以休养、扩大世界观的问题，而是人类的思想是否在做这个事情的问题。

从来没有伦理家针对道家的斗争！ 却总是有道家对伦理家的斗争。所以，道家思想在民众中并没有多少影响力。道家思想的兴盛是在同孔子的斗争中取得的，同时在民间产生了神秘主义的民间宗教。两者总是保持着相互的关系。[249]儒家同神秘主义的民间宗教的斗争。因此有了对宋代道士的斗争。

“天不表达其仁慈之处，便是其表达最高的仁慈的地方，这就是生命。”(摘自道家著作《阴符经》，前 8 世纪。这不是原来的文字，而是神秘主义化的表达。)[250]

《荀子》，VII，17：“什么是损害国家的呢？ 当小人统治民众，掌握权力。”[251]

313 孔子不像佛陀那样是一个宗教的建立者，只[是]到后来才慢慢成为那样一个人。

尽管道家思想和民间道教在历史上是合在一起的，我还是把道家神秘主义思想和作为民间宗教的道教区分开来。

孔子：［在他那里］思想和民间宗教得以分离，但却有着非常鲜明的伦理特征。保持着和民间宗教的紧张关系。注重传统。

一个将伦理从诡辩术中拯救出来的苏格拉底在中国历史上是多余的。中国不像古希腊，理性作为唯一权威的思想并没有能施加很大的影响。

注　释

［1］［第二部分（施韦泽自己称其为“1937年草稿”）中或多或少的都是一些加工出来的片段，定义的变体，补充的引言和零星的提要式的注释。］

［页边注］兰巴雷内，1937年3月3日。［最后的日期，手稿第276页：1937年12月22日。］

［2］［见第287页，注170。］

［3］［注：］关键问题：理解他在无穷尽的存在中的存在。

［4］［在此注：］起作用。

［5］［“至高无上的”（不清楚）是后来补上去的。］

［6］［注：］身上还带有神奇的神秘主义的过去。并没有回到过去。［……］

［7］［页边注］它谈到了问题的重点和本质。放在解决之上。

［8］［页边注，在对《庄子》，IV，1和3的摘录之外（作为正文，手稿第16页），A.施韦泽在前面的手稿页中把它叫作“关于真正的人的绝妙的阐述”：］

以什么样的途径实现了不可能的事，把自然哲学和伦理思想揉在了一起？

两者互相不可以反推！从自然哲学中引出伦理思想，或者伦理思想发展出自然哲学。从必要性出发，［使得］伦理世界观得以保持。

充满了构成我们世界观的两种因素的差异性。

(1) 一种世界观。来自世界的认识。被动的自由。听天由命。在顺从中成为自然的个性主体。并不试图去弄懂命运——所有的［命运只有］一种意义，当我在其中去获取世界的自由。去向世界探求我生命的东西。

(2) 伦理生命观。从我出发的东西。自发的。

(3) 通过我自身内部的东西去［试图］了解世界是错误的！变戏法。我自身的东西，［我能］理解。作为世界的别样存在是什么？令人吃惊，伦理的本质能证成的东西那么少。

［9］［在其上：］对更高的存在的体验。

［10］［页边注］道家思想中和婆罗门教相同的弃世思想。常常是相同的话语。但是含义却是另外一个。治的思想，有意义的！还有高于现实世界的优越感。

［11］［页边注］没有对世界的证明。

［12］［在其上：］神秘主义的阐释。

［13］［页边注］完全奉献于神秘的东西中去。在神秘的事物面前理所当然的就这样做。世界在印度人看来是毫无意义的，对道家思想家来说是充满了神秘的。所以就会有对癫狂状态的不同的精神的阐释。癫狂状态在道家思想中已经不再起什么作用。并不是他们用肉体去感受弃世。——但是，思想却受到某种可以追溯到癫狂状态的传统的影

响。集中意念的体验。

[14][页边注]人作为这些。

[15][页边注]尘世的符合天国的。

[16][在上面：][海因里希]哈克曼，[《中国哲学》，]第45页。

[17][基本思想。]

[18][手稿(不清楚)：]发展得不够[但这与句子开始相矛盾。可能的情况是“发展得不够”应该归入下面的句子。]

[19][比较：R.P.克莱默斯关于1939/1940年稿的个别地方的注释，对于手稿第19、32页，注释21。]

[20][页边注]积极的神秘主义。

[21][《庄子》，XXI，4。]

[22][《列子》，VIII，15，第100页。]

[23][页边注]超感性的世界存在于感性中。感性世界是超感性的一个后果。在感性[世界]中可以看到[超感性的]样子。通过感性的去认识到。没有无质量的存在。与生命相关的神秘主义。

[24][《道德经》。]

[25][《庄子》，XXI，4。]

[26][《庄子》，XXI，4；XXII，2；《列子》，VI，9。]

[27][这里在手稿上接两个划去的段落。]

[28][页边注]无所作为。

[29][被划去的第一稿的句子：]无为的理念可以从癫狂状态的思想的确定性中得到解释。

[30][首先：]为了生命的圆满。

[31][页边注]对癫狂状态的现实主义的阐释。

[32][页边注]对世界认识的钥匙。

[33][页边注]兰巴雷内，棕榈主日后的星期一，1937年3月22日。

“至阴肃肃，至阳赫赫；肃肃出乎天，赫赫出乎地；两者交通成和而物生焉，或为之纪而莫见其形。”(《庄子》，XXI，4)

[34][页边注]后面有着一个巨大的奥秘。

[35][页边注]遁世，不参与任何事情。

[36][页边注]对现象的揭示：没有外部的手段而[产生]效果，这是老子对自然观察的伟大之处。

[37][页边注]在庄子那里实现的变迁：无为导致后果。对于对生命和世界的否定观，他毫无抵抗能力。

[38][页边注]并不证成，只是叙述。

[39][页边注]在秘密周围兜圈子。

[40][页边注]对善恶的分辨：将原来一体的东西生硬地分开。

[41][页边注]“指穷于为薪，火传也。”(《庄子》，III，4)“夫言死人为归人，则生人为行人矣。”(《列子》，I，8)

“死之与生，一往一反。故死于是者，安知不生于彼……亦又安知吾今之死不愈昔之生乎。”(《列子》，I，6)

“大哉死乎！君子息焉，小人伏焉。”(《列子》，I，7)

[42][接在第250页及其后已经列出的，出自《庄子》，XXII，4和XII，2的引文。]

[43][接着子祀、子舆、子犁、子来四个人的故事，将造物主比作铸炉，《庄子》，VI，3。(比较第1部分，第191页上以及1939/1940年稿，第98页。)]

[页边注]“欲恒其生……精神者，天之分；骨骸者，地之分……精神离形，各归其真……精神入其门，骨骸反其根，我尚我存？”(《列子》，I，4)

[44][页边注]星期二，1937年3月23日。

[45][在第250页就已经引用过了。]

[46][页边注]无为的思想带来了……

[47][页边注]不朽的思想：人与道合一，就因此而不朽(《庄子》，XI，3)。他独自真实地存在。

道家思想的伟大之处：［它］让奥秘继续存在。终极的［……］：对生命及世界肯定的神秘主义。

一种至高无上的伦理的在自然现象中有意义的作为，［是？］向着存在的完善而发出的。

道家提倡无为是由癫狂状态中［获取］的关于存在和面对存在的行为的认识［……］

不是它想做什么，而是它如何做。

［48］［划去并改成：］试图解决的自然（的进程）。

［49］［在其下：］是对生命肯定的自然哲学和神秘主义的一次尝试。这是其伟大之处。所以永远是新的。庄子已经展示了其不可更为详尽的叙述。

［50］［页边注］［他们］变换命题，但并不对［其］进行操作。其解决不能满足对生命及世界的肯定观的要求。他们畏首畏尾，无所作为。

［51］［在上面的另外一种可能性：］在一切平静和隐性之中。

［52］［页边注］去个体性。

［53］［页边注］口授解决方案。

［54］［这里接着一个重复了的在第249页及其后已经引用了的在老子、列子和庄子中关于无为而治的段落。］

［55］［这里接前面引用过的老子、列子和庄子的话。手稿第56页，页下边缘的注：］在老子那里，伦理还不［是］争论。——但只是思想伦理。——超人！ 理想模式：一个完善了的精神，不是伦理的完满……进步：回归古老的简单。汲水井的故事，《庄子》，XII，11［见上］。

［手稿第57页注：］列子处没有太多关于伦理的内容。［页下边缘：］是否像敬虔的东西。

［56］［页下边缘：］一个无法实施的观点（观念）。当相反的东西形成的时候，出现了分裂。

［57］［在此行下面：］没有客观的对自然现象的评价。没有变错。秘密。

［58］［比如《庄子》，X，3。］

［59］［又接着前面引用过的《老子》，18，20，57和《庄子》，VIII； XII，13；X，3。］

［60］［接着前面引用过的《庄子》，V，5和VI，4。］

［61］［接着前面引用过的《老子》，46，69，30。］

［62］［接一些关于《庄子》的第三十三篇的陈述，以及重复了卫礼贤引论中的引文。接下来的段落几乎和第一部分第197页的内容相同，所以这里删去。］

［页边注，在那些段落的最后］：星期二，1937年3月23日。

［63］［页边注］因为这种独特性，使得老子的《道德经》成为一本永恒的书……以《道德经》而获得精神的超越。

［64］［页下边缘：］在生命和世界［……］以及伦理学的黑暗中运动。给予人们一些东西。内在性。幼稚和深刻的混合（统一）——永恒的魔力——来临前的夜晚。吸引。在生命中的应用。

［65］［页边注］属于道。

［66］［页边注］自然现象的理智性问题。

［67］［页边注］阻止了齐国国君的指控……但［他］一直保持着礼貌。

［68］［页边注］兰巴雷内。星期六，5月2日。特别潮湿。

［69］［在此注：］不是，第71页。［他被］道家收编了。没有这些，他的思想不可能保存下来。当然有可能没有墨子的话，孟子的爱的原则也不可能发展到这个样子。是对原则的完全发展的动力。［下面的一些话不清楚其位置：］……但是对他来说不是成为他所是。很有可能。

［70］［页边注］兰巴雷内，1937年。

［71］［页边注］在孔子那里就是一种属于人类本质的东西。

［72］［在其上：］格鲁塞（Grousset），II，第335、［206］［页］。

［73］［在其上：］格鲁塞（Grousset），II，第217［页］。

［74］［在其上：］格鲁塞（Grousset），II，第270［页］。

［75］［页边注］存在的合法性。在民众中具有效力。复兴。在人民的生活中具有一席之地。有追随者。在国家生活中也起着作用。［格鲁塞（Grousset），］《历史》，II，第

263[页]。但是却置于阴影中。佛教被看成一种更为深刻的东西。学者[对它]更感兴趣。在宫廷中。不是为了取得声望。在学者圈子中有一定的吸引力。更有趣。在儒家学说之侧也能取得一席之地。

[76][页边注]对一种已经存在的世界观的剪除。

[77][这个引文是放在该行的上面。接着的注：]只在草案里继续。[见下面的文字，最后一页手稿的页边草稿。]

[78][在此注：]让人很大程度上想起了亚里士多德。

[79][在此注：]理[是]一切形式的统一。

[80][最后三个词被划去了，重新补上了一个新的修改稿，但是字迹无法辨认。]

[81][在此注：]一个通过影响物质而在现象世界中自我展现的理念世界。

[82][在此注：]伦理是理的完全的发挥。

[83][首先注，然后划去：]……出现。

[在此注：]伦理[作为]现象的最高展现(在孟子的思想中已经是这样了)。

[84][在此注：]不是对世界的伦理的改建。

[85][插入的，非常不清楚的句子：]对他们来说，人在自然现象中的伦理作用有哪些意义的这个[问题]并没有提出。

[86][在此注：]伦理上特定的事件消解了自然的事件。伦理要成为事件的原则。

[87][原先：]还未形成。

[88][原先，然后划去：]没有这样的需要。

[89][在手稿上不清楚：]世界行程[?]

[90][原先：]必须做。

[在下面注：]伦理没有[?]冲击自然现象。柔软的边界。

[91][原先：]更紧密的联系。

[92][在其上：]在一个系统中。

[93][手稿上：]Wang an shi。

[94][在上面插入：]不必顾及[……]

[95]按照[……]抽签以及[……]抽签[?]

[96][在页下边缘：]不试图在自然现象中给予人的作用以意义([没有]任务)。

[97][不可辨认的插入文字：]硬[?]

[98][不可辨认的插入文字：]带来的[?]

[99][在此注：]自然的机构就随它而去，像孔子一样。

[100][在此注：]对一贯要求自然关系的孔子的背叛：君君臣臣，每个人都在最高的意义上履行自己的义务。

[101][哈克曼，《中国哲学》，第314页。]

[102][一个被划去的版本：]他的后来者放弃了改革，一切又回到了原先的状态。

[103][陆象山，福建人？(1140—1192，哈克曼，《中国哲学》，第354页)。]

[104][在上面注(附加？)：]就和经典的道家思想家一样。

[105][施韦泽总是写成：]Wang Yang Ming[根据岑克尔，II，根据福尔柯(和克莱默斯)修改]。

[106][首先，未划去：]获悉了的。

[107][页边注]兰巴雷内，1937年7月2日。

[108][哈克曼，《中国哲学》，第359页：40。]

[109][手稿，不是本来：]根本上。

[110][《道德经》，47。]

[111][在其上：]……认识。

[注(不清楚是属于这句还是下面一句的)：]于是基于取得的经验。

[112][在其上：]他的放弃外在的认识[是]深刻得多的：[这建立在]对世界的绝对神秘的经验上。

[113][首先，然后划去：]过去的道家思想家。

[114][首先，然后划去：]证明。

[115][在其上：]通过研究来寻根究底。直接的探寻。

[116][页边注]他以古代中国的观念的材料来建设一个……世界观。

[117][添加：同时(？)(这个世界观应该是孔子伦理的基础并且包含它。)]

附录　人类思想，中国思想，1937 年第一稿，第二部分。［节选］

［118］［在其上：］至善，其中就没有了善和恶的区分。善和恶在［其中］不分开。

［119］［在其上：］在行动中。

［120］［添加的：］也包括朱熹［……］

［页下边缘：］中国思想做出了巨大的教育的行为。

［121］［在其上：］进行。

［122］［在其上：］［直到］后来。

［123］［在其上：］包含对个人和社会来说的伟大的伦理理想。

［124］［在其上：］卫礼贤，第 113 页［《中国哲学》］。

［125］［在该行上面和下面：］在中国产生出了客观研究它的文献资料的潮流。而在印度却直到新时期，从欧洲获取的动力。梵语文献。

［126］［在其上：］卫礼贤［，《中国哲学》，］第 113 页。

［127］［这里接着关于《感应篇》的一段，但是部分的和 1920/1921 年稿雷同，有的和 1939/1940 年稿雷同。见第 162 页及其后。］

［128］［1933 年相关章节的新稿。］

［页边注］兰巴雷内，1937 年 7 月 9 日，星期五晚。再次由于信使而好几天没有工作。

［129］关于中国人的易逝与不朽的观点，见比如第 82、97 页及其后，第 191 页及其后，第 252 页及其后。

［130］［注：］但是却并不严肃地讨论［这个］问题，是不是［可以］用［……］动物来作为牺牲，人是不是可以用动物来充饥。［作为］一种理所当然的。

［131］见第［288］页。

［132］［在其上：］所以孟子在爱的思想上比墨子更进一步。

［133］［在其上：］哈克曼［，《中国哲学》，］第 137 页。

［页边注］……因为所有的生灵都属于一个且是同一个存在。

［134］福尔柯，［《思想世界》……］，第 214［页］。

［135］关于《感应篇》（行为和报应之书）见［1939/1940 年稿，第 162［页］及其后］。

［136］［这里省略了其他的引言（对这些劝诫的注释，起解释作用的小故事，《中极三百大戒》中的劝诫），因为逐字放入了 1939/1940 年稿中，参见第 163 页及其后。］

［137］［在页下边缘：］中国伦理是完善了的、完整的伦理。

［138］［页边注］1937 年第 14 个星期三的休息的下午。

［139］［页下边缘：］神秘主义习得了伦理，它本身当中不会产生。

［140］［在上面添加：］与此相比，所有其他的只是支流。

［141］［页边和该行之上，不是很清楚地添加了：］［……］的特点是，它同时认可无为的原则和对生命及世界的肯定观（［两者］相互［……］统一）；由于统一两者而内部紧张。

［142］［添加了：］神秘地、平静地起作用，［……］

［143］［页边注］道家思想由于佛教而归于平静。

［144］［页边注］道家无法自我产生出伦理思想。但是一种和伦理建立积极关系的必要性却是它无法回避的。道家在历史发展中也有着不断的尝试。

［145］［页边注］道家思想的大问题在于，它愿意并且能在多大程度上具有伦理性。

［146］［写在前面的词上面的。］

［147］［首先：］［想法，］原则。

［148］［页下边缘：］佛教的作用。问题实用的解决。产生了道教神职阶层，并且这些人生活在遁世的环境中。脱离现世的生活。善念。忽视现实的要求。

［149］［页边注］老子提出的得到了发展。重新回归老子（在他那里，伦理是最强的［=在下面，存在？］）。老子神秘主义［是］伦理上更热情。不像庄子和列子膜拜纯精神性，这永远不可能世俗化。

［150］［手稿：］印度的。

［151］［页边注］星期天，1937 年 7 月 18 日，晴，凉爽且安静。

［152］［句末（被划去稿的残余？）：寻求到它的［划去：她的］受规定的应用。］

［153］［首先，然后只是部分的划去：］作为一种……纯粹既有的必要性。

［154］［页边注］(1)实干的人，处在公共的事务中［(?)。］国家理想——一个伦理的国家本质。

(2)经历了很长时间，直到在民间植根。通过对文献的对比权衡。含有孔子和孟子的言谈的作品的大的印迹。什么时候［或者：为什么？］得以确立？　和世界观相联系。理解的原本的东西成为世界观。伦理的思想，世界必须夺走它的胜利[?]没有经历完全的冲突。

这是些对我们受到基督教影响的西方人来说完全陌生的东西。

(3)伟大：和现实的斗争。完善性。它的自然性。

[155][首先：]中国的诸侯国会统一成一个完全通过伦理原则统治的帝国。

[156][被抛弃的句首：]

(1) 中国思想可以为了自己而需要……

(2) 在中国思想中比其他思想要早……

[157][页边注]人类思想史的进程的草稿。

[158][页边注]还有其他的学说。

[159][页边注]并不是困难的经历伦理世界观的问题。但是一切这些是原则上的[……]没有宗教阻碍它的发展。不是无计可施。每一个思想的功绩是居功至伟的[……]

孔子及其后来者的伦理的对生命及世界的肯定观的伟大之处[：]

(1) 自然([……])

(2) 面对现实。

深刻的内在性和完整性。爱的劝诫涉及其他生灵。

但是[它]并不[进入]问题的高地。终极的要求和人与人之间伦理行为的问题(宽恕的行为)都没有考虑。也没有感觉到对生灵的伦理行为在实施上的困难。无视[?]这些向伦理提出的问题。终极要求自己提出，伦理的最终问题自我展现。

在一切伟大和深刻之余，它保留(保持)着其纯真。达到了很深刻的认识，但不是终极的。只是和世界认识的冲突的理论。问题被解放的状态。未发展的。但就在其纯真的伦理的对生命和世界的肯定观中施加很大的影响。

[160][首先，然后部分地被划掉：]教育一代又一代人伦理意识。

[161]“却”字被划掉了。

[162][在其上，但属于前面的句子：]有教育作用的。[中国伦理]束缚着他的人民。

[163][页边注]伦理的独立性。兰巴雷内，1937 年 7 月 23 日。忙于楼梯的设施和开凿一口持续供水的水井的事情。

[164][注：]详细叙述这个：如何适应的。伦理，世界观的意义。伦理[……]

[页边注]没有对自然现象问题的把握。为了不进入伦理世界观的歧途。

18 世纪对中国思想的研究。开始时对印度思想的研究排斥了其他。因为印度……

[165][在下面(作为第 2 标题？)加了：]癫狂体验在人类思想中所起过的作用。[这个重新修改有可能是涉及道家神秘主义和癫狂状态的章节，第 247 页及其后。]

[166][页边注]强大的；惯常的观察，体验和思考变得毫无意义。

[167][页边注][在前面关于本章的草稿结尾：]兰巴雷内，星期日，1937 年 10 月 3 日。

[本草稿开始的页边注：]我决定要先用一个章节来介绍其中已经包含经典时间的问题的中国最古老的思想。

[168][在其上：]力量。

[169][手稿：]将音乐理解成一种魔法的思想。

[170][VIII，29，10(阿尔福雷德·希尔德布兰特，《梨俱吠陀》，哥廷根/莱比锡，1913，第 99 页)。]

[171][在其上：]福尔柯，[《思想世界》，]第 181 页。

[172][在其上：]见[H]哈克曼，[《中国哲学》，]第 380[页]，注释 11。尚德皮(Chantepie)[de la Saussaye，《宗教史教程》，I，第]97 页[1905(3)； 1925(4)：第 205 页]。

[173][注：]哈克曼，第 28 页。

[页边注]兰巴雷内。星期天，1937 年 10 月 10 日，雨季渐渐来临了。幸好水井完工了，大多数建筑也都封顶了。

[174][在其下，页下边缘：]《易经》的创造者不是神职人员，而是文王。[比较：E.V.岑克尔，I，第 25、26 页：文王和他的儿子周公旦作为最早文献的整理者和添加的文字的作者。]

[页边注]有趣：考虑的同等排列。卫礼贤，[《中国哲学》，]第 12 页及其后。

[175][页边注]在《书经》中：天地万物之父母。(福尔柯[，《思想世界》，]第

101页。)天地二元。归人更大更高的二元结构中！　一个精神化的宗教[?]带有一神论倾向。

"洪范"(福尔柯，第87页，哈克曼，第37页，卫礼贤，第11页[《中国哲学》])……关于《易经》中的道：尚德皮，第711页[?比较Ⅰ，第205页]。

[176][在这些文字之上写道：]不。是后来的产物。

[177][页边注][页下边缘的注：]两条线的并存和交融。这两条不是严格的并行发展的。

[178][手稿：]这个在两者中的一个方向中发展的思想。

[179][注：]表象，看起来是伦理一神论……

[180][页边注]兰巴雷内。1937年10月23日，星期天。这个下午被一场暴雨破坏了，什么事情也做不了。

[181][注：]保有自然性的思想在其一切深刻性……

[182][在其上：]神的人格性。

[183][在其上：]带动起来。

[184][页下边缘注：]分层级：地作为天的妻子([福尔柯，《思想世界》，第]40页)，地作为女王([第]41页)。一神论有它的特色：世界不是由天创造的([第]42页)。

[185][日期在前面的手稿页的页边注]星期日，1937年10月24日。

[186][在其上：]卫礼贤，第15页[《中国哲学》]。

[187][页边注]因为虽然道和婆罗门两者都不是被看作不具有非人格特征的，而是一种超越于伦理之上的崇高的原力量，但是它们却对于神创论起到了反作用，就好像它们内部包含着伦理特征一样。

[188][直到这里才开始新稿。]

[189][比较：注释187。]

[190][下面接着的两节是在新稿中对手稿第229—232页划去的相关文字的重新拾起。]

[191][自手稿第231页的相应位置的页边注]克服多神论[……]由于多神论，同时有神论也受到了疑问。假设存在一个唯一的主神并不是明确的解决——观念……思虑有效。

[192][页边注]兰巴雷内，星期三，11月3日。几个星期以来，我第一次能够在白天有点时间写作这本书。

[193][在其上：][……]莱格(Legge)，《书经》，第283页。[《中国圣典》，第三卷《书经》，第2部分，1865：Heaven and Earth ist he parent of all creatures。]

[194][在其上：]福尔柯，[《思想世界》，]第90页。[相关的文献在那里被指出不属于1世纪，而是3世纪。]

[195][一开始的一稿(划去，然后又重新用了)：]中国最古老的自然哲学。

[196][此处接在1939/1940年稿中，见第65页及其后，以同样顺序出现的对八卦的展示以及说明：]卫礼贤，第13页，[《中国哲学》]。

[197][在下面注：]这里旧的文字被新的代替了。

[198][在上面注：]尚德皮(Chantepie)，第94页[?205]，卫礼贤[，《中国哲学》，]第121页。["周(Tschou)"在尚德皮处写作：Tschen。]

[199][注：]这里有一个对六线条图案的阐释释例。

[这里下面被划去的章节("草稿")接着一句话：]中国古代世界观的一个独特之处在于，其中充满着存在和现象之间普遍联系的观点。

[200][页边注]星期天，1937年11月7日。下大雨了。

[201][在很多行之下写道：]草稿。

[202][手稿：]《月令》。[描述：]福尔柯，[《思想世界》，]第123页；尚德皮，第58页[?]；吕不韦，第VII页。[《春秋》，卫礼贤译，耶拿，1928。]

[203][页边注]在中国思想中能力和价值被保留了下来。

[204][注：]这里：斯多葛主义的"顺应自然生活"(naturae convenienter vivere)在这里获得了它的内容。

[205][在其下：]福尔柯[，《思想世界》，]第123页。尚德，1905(3)，第58页[?比较1925(4)，第202页]。《吕不韦》，第VIII页[卫礼贤译，耶拿，1928]。

[206][页下边缘注：]搞清楚，这句话在《吕氏春秋》的引论，第VII页的意思："相

关的顺序在夏朝的历法中有着详尽的形式……此外这本小册子还包含在《大戴礼记》中。”

[207] 营室是飞马座(Pegasus)的A和B星。[关于这个文本的解释也出自同一版本，第462页及其后，《吕氏春秋》。]

[208] 太皡(Tai Hau[Hao?])是神话了的古代帝王伏羲氏(Fu Hi[Hsi])，他用五行中木的力量来统治国家，并且在东方被奉献牺牲。木是属于春的元素，东方是天空中属于春的地区。

[209] 句芒(Gou Mang)被看作木的保护神。

[210] 有鳞的动物，其中龙是它们的领导者，属于东方，属木。

[211] 角(五音中的角。——译者注)属东方，属木。

[212] 数字八属东方，属木。

[213] 脾脏属东方，属木。

[214] 被水獭杀死后放在冰面上的鱼是被看成它们奉献的牺牲。

[215] 绿色作为属木的颜色表示着春天。

[216] [注：]这里指人们在其他月份吃的东西，在注释中。

[217] 《易经》中的标志“䷊”(泰)表示着进入春季的月份，它由三个表示天的连续的线条和三个表示地的断开的线条组成，这里连续的线条处在断开的线条之下(摘自《春秋》，第465页)。

[218] [在其上：]福尔柯[，《思想世界》，]第116、122页。

[219] [在其上：][在其中]伦理[占据]一个很特殊的位置。

[220] [在其下注：]对自然的寻根究底。不忽略问题，保持开放。

[221] [在其上：]中国思想非常谦虚。

[222] [插入：]试图。

[223] [在其上：]本来的完善的显现。

[224] [页下边缘]伦理前阶段。大：不和现实作斗争。

[225] [页边注]兰巴雷内，1937年12月1日。很多物质的工作使我非常劳累，然而精神上是饱满的。

[226] [陈述]哈克曼，[《中国哲学》，]第40页。

[227] [页边注]圣灵降临节的第三个星期日，1937年12月12日。小旱季已经开始了。整个下午都受到了打扰。

[228] [陈述：]哈克曼[，《中国哲学》，]第38页。

[229] [陈述：]《书经》，[第]71页(福尔柯，[第]155页)。

[230] [首先，然后划去：]大胆[这是按照福尔柯，只是这些品德是用形容词的形式列举出来的。]

[231] [陈述：]《书经》，第532页(福尔柯，[第]155页)。

[232] [首先，然后划去：]对于中国古代伦理。

[233] [在其下：]影响——不完善。

[234] [对于下面的星号，在括号中加了一个问号。]

[235] [首先(划去)：]较小的国家。

[236] [这个词很不清楚。]

[237] [页边注]星期三，1937年12月22日，兰巴雷内。房子下面的木桩(105根)已经从11月3日开始施工换成了水泥桩，房子的地基更深了，部分浇了混凝土。主要工作是由艾玛·豪斯克内希特小姐完成的。

[238] 草稿[有关查拉图斯特拉和中国的伦理思想(手稿第279页，中断了正文)]：

中国古代伦理观和查拉图斯特拉的伦理观共同都持有对生命及世界的肯定观。但是两者的区别在于，查拉图斯特拉伦理是富有激情的；而对中国古代的伦理来说，激情的东西是完全陌生的。它的原因在于，查拉图斯特拉伦理是二元论的，而中国古代伦理思想是一元论的。查拉图斯特拉思想的基本信念是，在世界上有一个善的光明的力量，还存在一个恶的黑暗的力量，两者并行存在，最终善又必然战胜恶。人需要决定自己站在哪一方。如果他选择了善和光明，那么他就充满了信心(至少他是这样感觉的)。作为伟大的战争以及实现世界秩序的任务中的一名斗士，查拉图斯特拉伦理中的这种战斗的精神在中国古代伦理思想中是不存在的。二元主义的和一元主义的世界观。善是秩序的原则，它已经存在于世界中。[问题只在于]人类的秩序。自然哲学。对现实的敬畏。

伦理思想不是要创造一个新的现实。但是［其中］有生机和内在性。它想在世界中实现的东西是些理所当然的东西。［人应当］在真实自然的意义上行为。不夸张。自然性。过失：违背真实自然的行事。［中国伦理是知道］这一过失的。统治者必须因这种过失而遭受惩罚。没有过失的意识，没有罪恶感。伦理：可以完成的东西。［这正是］神秘主义的东西，满足掌管自然界的意志。一种平静而庄严的东西。符合理性的伦理。一列巨大的列车。［这一伦理］使人们不容易。但是［伦理］并不想实现某种超自然或者不自然的东西，而是以最深刻和最崇高的意义去实现真实的自然的东西。善就是自然，恶就是不自然。不是不可实现的，但是是最高的伦理［……］［中国思想坚守］在这样的思想上：伦理性处于自然之中。困难性还未被它所认识。一个简单的伦理。局限于一些主要的要求之上。没有反思，没有冥思苦想。绝不与自然的东西相冲突。和谐。原始。就是一个和自然哲学相关联的伦理。尽到自然的义务。这一领域是否足够大。伦理是否能局限于此。人不去提出要求。

［在几页纸后的对此草稿部分重复的注：］《申辩篇》的内容！ 斯多葛主义没有给出内容。［比较：前面第 297 页，注释 204。］

［239］［页下边缘：］伦理：正确方式的生活。

［240］［在该行之上和之下：］中国伦理［不］具有对世界的解释。是严肃的，不是激情的。［来自草稿手稿第 30 页的句子：］中国思想没有受到解释世界的负担。

［页边注］查拉图斯特拉教、犹太教和基督教伦理思想中那种不平静和冲击力在中国古代伦理中都是不见踪影的。［……］没有那种因高度紧张的伦理而产生的紧张的罪恶感……

［241］［在其上：］可以将世界设想为自然而然的样子。

［242］［页边注］不使用暴力。关怀生灵。不使用暴力的统治。在适度的原则内。通过罚来保持秩序。

［243］［页边注］它的外在的本质必须在同其内在的本质的关系中发展。与自然哲学相脱离。——其他的对世界的观察方式。——一个还没有完全发展起来的伦理的完善。

［244］［页边注］（无限制性）。

［245］［在其上：］在孔子的精神和中国古代伦理思想中。

［246］［页边注］爱可以被纳入秩序的任务中去吗，或者说［它是］个独立的原则［？］

［247］［页边注］［在手稿第 290 页及其后，在最下面一行直到页边用铅笔写下的一段草稿文字（结束语）：］伦理的基础——。

不能停留在自然的范围之内。爱的劝诫——不再只是单纯的秩序原则——［具有］了更多的内容，比人类秩序的最高原则要［多］，而是神奇的东西——爱不会屈从于任何规则之下。没有边界。纯粹性。一种最基本的生命力爆发出来。二元主义的伦理思想发展得更超前。没有那种属于伦理的本质的老练与和谐。潮流是同一的，尽管［它］还是平静地在流淌——快要到突然加速的地方，在那里爱的二元主义的伦理从一切客观的自然哲学（［在其上：］自然观察和沉浸在自然中）挣脱出来，奔流向前。

［248］［最后的这一段被划去了。］

［249］［或者（不清楚）：］内部的关系。

［250］［关于这个文字，比较福尔柯，历史（见参考文献），第 244 页及其后。这段引文在那里找不到，然而在别的版本中，卫礼贤在关于《列子》（见参考文献）的导论第 XXI、［XX］页中，杜塞尔多夫-科隆新版，第 18 页：“天之至私，用之至公……生者死之根，死者生之根”。A.施韦泽在手稿第 99 页引用了 1939/1940 年稿（见前，第 71 页，注释 111）。卫礼贤将书命名为《阴符经》，神秘的补充之书。显然这是指的同一本书，然而 A.施韦泽从何处引用了上面的文字就不得而知了。］

［251］［比较福尔柯，见前注，第 236 页。］

关于中国思想 1939/1940 年的草稿(节选)

关于道家神秘主义的章节的计划[1]

［文档 8II 第 4 号］

① 首先是老子一个人。然后是列子和庄子作为代表人物。[2]

② 简短的生平［老子］。老子开始提出：没有来自外界的认识。[3]

③ 先驱：管子(岑克尔，I，第 85 页)和邓析子(哈克曼，第 50 页)。

老子不是道家神秘主义的创造者，而是第一个重要的代表人物。在老子之前，道家神秘主义已经发展到什么样的程度，可以从以相国管子命名的著作中的神秘主义思想中看出。[4]在管子的著作中，道作为不可知的、在一切存在中存在着的原存在以及关于与道合为一体的奥秘和无为思想的表达与老子的《道德经》是完全一致的。同样地，在以邓析子命名的著作中也是如此。

老子是已经高度发展了的道家神秘主义思想的集大成者。在《道德经》的高深的言语中，道家神秘主义全部的深刻性得以显现。

计划：无为

[道家思想家们践行，]证成从癫狂体验以来就确立的无为原则作
314 为在自然中行为的基本原则。无为的实施在于对命运的顺应。正确的
对生命的肯定对他们来说则会成问题。

[文章]

[手稿第14—24页，这里是来自手稿第14—18、21—24页]

“知天之所为，知人之所为者，至矣。”庄子这样说(VI，1)。[5]

这样的话语表达了构成中国思想本身的独特性和深刻性的东西。对于人的行为必须和自然相一致的观点，无论是孔子还是道家思想家都将其作为自己的基本原则。从这一相同的基本原则出发，两者却形成了关于符合自然的人的行为的截然不同的观点。

对孔子来说，人与自然保持和谐一致在于，人以最好的方式去行为，用符合道德的举止去完成分派给他的义务，并以最好的方式为人类社会保持秩序和良好地发展做出贡献。

道家思想家则否认人以其行为在世界的事件中履行着某种职责。他们提出了一种非常独特的评价人的行为的标准。根据他们的观点，人的行为的完善并不在于其抱有的根本目的，而在于其行为的方式。所以，至高无上的行为是与自然最为接近的方式。

自然是以什么样的方式运行的呢？

在自然中，一切都是以现象发生的，而不是通过行为。自然并不

像人那样有目的的做某事，而是一切都是顺其自然。在自然中存在的力量以非常平静和不引人注意的方式起作用并展现出造化的奇妙。

为了和道保持一致，人必须放弃一切有目的的行为，并努力成为在自然现象中默默起作用的道的器官。它的运行必须失去行为的特征，而保留发生现象的特性。

这种无为的思想作为最高的行为准则在老子及其后来者那里不断地被强调。

他们是如何形成这种奇怪的观点，以至于他们会认为人只在无为的状态下才会和自然相和谐，才会以完善的方式扮演在世界中的角色呢?

基于他们和中国思想的主流相一致的对生命和世界的肯定观，有所作为的思想在他们看来是某种必须认可的东西。所以在对生命和世界的肯定观的范围内，道家思想家不能像婆罗门教那样把道看成永恒平静中的存在，而只能理解为一个创造性的、有所作为的存在。所以
说有所作为是他们必须要认可的东西。而从癫狂体验中，无为则又是 315
他们所必须要认可的思想认识。[6]所以，对于他们就产生了如何把对生命和世界的肯定观要求的有所作为的思想和对生命及世界的否定观认可的无为的思想统一起来的问题。在沉浸到自然的方法中，他们寻求并找到了解决的方法。道家思想家们——如同《易经》所做的一样——坚持让自己的观点同自然现象相一致，日月星辰的运行、季节的更替、万物的生长是如何出现的，他们认为这些一切现象的独特之处在于，它们平静而自然地发生，这些不过是从内而外，以不知不觉的方式起作用的力量的结果。所以，在他们[这些思想家]那里形成了矛盾的观点，至高无上的影响力是不需要通过行为来达到的。

他们受到了将无为思想和有所影响的思想统一起来的必要性的推动，而以如此深刻的方式来探讨自然现象的奥秘表现了老子及其后来

者的思想的高深之处。

另外一个伟大的功绩在于，他们第一个将人怎样以他的行为来完成自然现象中的任务看作一个困难和难题，并且他们首先去探讨关于现象和行为之间的意义深远而又基本的区别的问题。[7]

如何在无为中施加影响，显然道家思想家们是无法给出回答的。他们总是以泛泛的方式来谈及这个话题。他们总是不断地阐释为什么不是有所作为地施加影响，而是从来不以肯定的方式来论及无为而治。此外，人如何有别于有所作为而以别的方式施加影响的问题，他们也没有具体论及。

他们的理念中可以实现的成分是尽可能的限度下的否定的成分，即无为的原则。肯定的情形下所谓的无为而治必须在不是迷失于对于现实世界的作为中，而是达到了最深刻的集大成与内在性的人基于其本质而向外物施加的影响之下才有可能实现。至于人们如何能够以同样的方式保持神秘的自然力量又能够施加影响，始终是不可理解的。道家思想家的理念中始终存在着主动的自我悖论和主动的[……]的因素。[8]

在多大程度上道家的生命的理念是伦理性的呢?

婆罗门教因其无为的原则而感到自己超越于善恶的标准之上。婆罗门教认为，只要人还停留在有所作为的生活中，就必须从善避恶。如果他选择了[9]对生命和世界的否定观，那么对于有所作为的那种区别就不再进入考量的范围。人的意义在于最高的精神性，而非伦理性。

316 道家思想家并不是以相同的方式来看待伦理问题。他们保持在对生命和世界的肯定观和有所作为的思想当中，因此必须对善和不善有所区分。[10]但由于他们要在无为的原则上施加影响，所以他们就不能直接应用对于行为有效的善与不善的标准，而必须创造出一种可以应用在现象中的关于伦理的观念来。

按照人的概念，自然现象中本身不存在区分人的行为的标准的伦理性。确认并认可这一点对于道家思想家来说并不困难。他们假定自然在另外一个更高的层次上实现意义和善，[11]而这并不是人所理解的有意义和善的东西，而是一种在至高的意义上的有意义的和善的东西。所以这就需要我们放弃惯常的人的观察方法，而采取一种用于评判自然现象的更为高级的观察方法。人认为每个个体得到照料是有意义的，是善；而对于自然来说，关键在于整个生灵得以存在和幸福地生活。

“天之至私，用之至公。”[12]

“恩生于害，害于恩。”(《阴符经》)[13]

“天地不仁，

以万物为刍狗。

圣人不仁，

以百姓为刍狗。”(《道德经》,5)

人认为的善的行为，对道家思想家来说只是一种对自然的武断的干涉，并且是对其进程的一种侵扰，真正的善在这种情况下是不可能实现的。

……

道家神秘主义的结语的草稿

[手稿第21—24页]

老子及其后来者的道家神秘主义没有以客观方式来探讨存在问题

的思想。它来源于原始神秘主义并且自身还保留这样的特点。在精神
317 化的观念背后还能看出那种原本的东西。精神化的合为一体的思想还没有和以为前提的东西分离开来。[14]于是道家神秘主义有意地保持在幼稚中。

但由于它还是神秘主义，[15]所以拥有这种思想本身就具有的深刻。所有的神秘主义，包括发展最不完善的，都会把人从对身边事物的忙碌——职业、家庭、民众、人类——中解脱出来，并让他首先对自我以及对于自我和对于世界的行为加以思考。神秘主义是一个走向特定高度的行程。

无论随着时代的变迁发生怎样的转变，人们在神秘主义中所考虑的问题[一直]是那些不变的。因为只有次要的东西——那些人、民族和人类生活的社会关系——发生了变化，而人的本质和世界的本质不会变，于是人类必须面对的终极问题也总是那些。由于所有的神秘主义思想都提出对人来说必要的终极问题，并试图给出回答，所以无论在哪个时代，[16]它都能给予人们一定的启示。

道家神秘主义是有着特殊之处的。它较之婆罗门神秘主义有着更为丰富的问题和思想[17]。婆罗门教就是认同性神秘主义，它建立于人的自我与世界的自我是相同的思想之上。人的灵魂属于世界的灵魂，它从其中来，又回归其中。从这样的和无穷尽的存在的神秘主义关系中，必然产生人的完全的对自然世界和生命的否定的无为的行为准则来。他们的理念就是无为和对生命和世界的否定观。[18]

道家神秘主义对生命和世界的肯定观和否定观是并存并相互对立的，这点同印度教如出一辙。道家如同印度教一样，把内在化的对生命和世界的肯定观以及最高形式的施加影响力看作其理念。两种理念对要以最深刻的方式思考他在世界中的企盼的人来说会成为大的问题。

进而，在道家神秘主义中出现了关于现象和行为的区别的深刻的问题以及与此相联系的难题。人如何以其施加的影响在自然现象的任务中定位，这一难题有着如此之深刻的影响。[19]

因为道家神秘主义选择了对生命和世界的肯定观，所以在其中就有着最为基本的权衡，即是否可能，或者在多大程度上可能存在着一种对生命和世界肯定的神秘主义思想。

如同佛陀还有印度教神秘主义一样，道家思想家们致力于赋予无为以伦理的特性并最终达到了一种伦理思想，在这种思想中，最重要的事情在于以精神的方式起作用的思考。它们共同探讨变得完善的伦理思想[……]和伦理的行为的关系问题，并敢于违背自然的感觉而贬 318
低后者的作用。

在道家神秘主义当中出现了一切与世界观和人生观有关的问题，这一原因不在于道家思想独有的深刻性，而在于它从一开始就走了一条必然会遇到各种问题的道路。它的深刻性在于，它充满矛盾。这种深刻性的产生方式在于它自身拥有对生命肯定观和否定观、伦理和非伦理的因素，[20]并试图达到一种综合。

想认识道家神秘主义，就意味着去认识那些出于惯常的思考不会涉及的问题和决定。

对欧洲思想的命题熟悉的人来说，阅读老子的《道德经》是一次重大的体验。他会为此被抛离轨道。很多本来是理所当然的东西，现在都变得有问题了。他会惊讶地发现，他一直以来都拥有一种他必须选择放弃的无知，此外还要把眼光投向他所未知的高而深远的领域。

尽管他一直对神秘主义采取拒绝的态度，但实际上他做不到。尽管他可能对于这种思想方法中暴力的、陌生的和矛盾的东西加以拒绝，但是神秘主义自身却有着让人无法抗拒的东西。在那种陌生的、暴力的和矛盾的东西中提示出了真理。人们终于发现，在探讨终极问题时，只能应用神秘主义的思想，因为人们必须用最基本的方式来探讨终极问题。道家神秘主义给出的解决方案可能并不令人满意。它的重要性也并不在于其给出的回答，而在于其提出的问题、它展现在人们面前的视野以及其中生机勃勃的精神。

如果谁无法回避如何施加影响[21]的问题，并且认可老子的矛盾的观点，认为由精神引发的精神的现象[22]是主流，而有所作为产生的影响不过是分支，那么他就是真的理解了道家神秘主义。

如果不对道家神秘主义理想化，显然我们就无法理解它。我们忽略它其中存在的原始的思想方式的东西。[23]从中产生的思想对我们来说与它本体分离。本身并没有认为是精神的东西，我们理解为精神的；本身并不认为是纯伦理的东西，我们将之阐释为纯伦理的。它给我们的印象不仅来源于它自身所包含的思想，还包括那些它使我们产生的思想。[24]

这一思想的巨大问题是伦理的和对生命及世界肯定的神秘主义。
319 老子的[神秘主义]是最古老、最伟大的即兴发挥的序曲。《道德经》
当中包含的最高的神秘主义的要素也使它本身焕发出魔力。康德和黑格尔是欧洲思想史上的重要人物，而老子是人类思想史上的人物。他以关于最高形式的施加影响的基础的和基本的问题洗理了[][25]人们的思想。其他人，也是如此伟大，则探讨了一些前在的和边缘的问题。

《道德经》是一部永恒的巨著，它不断在发挥着它的作用，保持人处于质朴的状态，强迫人们去深刻地反思自我，去理解无穷尽的存在。

……

中国思想的进程[26]

[手稿第 67—69 页 = 第 III 章引言段落的扩展稿,1939 年 11 月 6 日,第 54 页及其后,也比较前面第 281 页及其后。]

中国思想和印度思想一样有着两大潮流：一个是同婆罗门教一样自癫狂体验而来、究其本质属神秘主义、由老子发扬光大的道家思想；另外一个则是以孔子为代表人物的以自然的方式对待世界的对生命和世界的肯定观。

但是中国思想的进程与印度思想不同。在印度，对生命和世界的肯定观一开始遭受到否定观的排挤，在经历了漫长的发展时期后才以伦理的对生命和世界的肯定观的形式得以确立；[27]而在中国，两大思想潮流一直是并存发展，只是自然的思想从一开始就比从癫狂体验中产生的思想[28]要占有更多的优势。

中国思想的进程和印度思想相比不相同的地方还在于，自癫狂体验中产生的思想在中国从来没有像在婆罗门思想中那样发展成为一个纯粹的对生命和世界的否定观，而只是采纳了无为的原则。中国人的道，也就是印度婆罗门认为的存在的原本质，不是纯粹的、不变的存在，而是被理解为一个不需要任何行为就在世界中施加影响的神奇力量。感性世界在婆罗门教看来不过是婆罗门派生的不重要的现象，而道家则认为它是道起作用的一个自然领域。

中国和印度思想发展进程中的差异性的原因在于，早在婆罗门思 320
想发端的一千年前就已经萌生出了对自然的思考基础之上的伦理的对生命和世界的肯定观。在这种伦理的对生命和世界的肯定观的影响下，癫狂体验中产生的思想在中国无法像在印度那样自由发展，因为在印度只存在有非常不成熟的对生命和世界肯定的思想，无法阻止婆罗门对生命和世界否定观的发展。而在中国，精神生活中既有的对生命和世界肯定的思想已经非常强大，它的影响是神秘主义所无法排除的。因此，癫狂体验中产生的超越于现实世界的思想在中国无法发展成为对感性世界的全盘否定。虽然中国的道家思想也和婆罗门一样提倡了无为的原则，然而这种无为原则的提出不是基于对感性世界无意义的认识，而是源于人们在达到了与道合为一体的境界时洞悉了有所作为对世界来说是无意义的。所以它选择了无为，这与道在自然现象中以神奇的方式施加影响是一致的。

中国人的精神世界并不承认从癫狂体验中产生的思想是弃世的，反而从中生发出内在化和精神化了的对生命和世界的肯定观，它不再要求有任何的作为，而是提倡了从癫狂体验中得出的无为的原则。

对于第 217 页，注释 162，摘自福尔柯，《墨翟》，第 559 页(谈话录，第 47 章：《贵义》)：

子墨子曰："世俗之君子，视义士不若负粟者。今有人于此，负粟息于路侧，欲起而不能，君子见之，无长少贵贱，必起之。何故也？ 曰：义也。今为义之君子，奉承先王之道以语之，纵不说而行，又从而非毁之。则是世俗之君子之视义士也，不若视负粟者也。"

注　释

[1] [页边注]兰巴雷内，1940 年 1 月 4 日。
[2] [页边注]无为[无为，不做任何事情。(哈克曼，第 64 页)]。
[3] [页边注]老子被打上了道教的一个重要人物的印记。
[4] 特别是在第 II、V 章中。(岑克尔，I，第 85 页。)[关于文章，比较 1939/1940 年稿，第94 页。]
[5] [页边注]直到伦理问题的努力。询问有所作为的目的究竟是什么。自我的思考。倾听本性的声音。
[6] [页边注]在无为的生命："何为乎？ 何不为乎？ 夫固将自化。"(《庄子》，XVII，5)
[7] [页边注][他们]发现了[这点]。
[8] [在下一行注：]这里第 33 页和并。

[这里有可能指的是那个放弃吊桶打水的装置的老园丁的故事——《庄子》，XII，11，(比较1939/1940年稿，第101页。)]

[9][在其上说明有个新的版本：]因为它……选择。

[10][第一个字母不清楚(划去又涂改过)。]

[11][不同的先前的版本：]

(1) 在一个超越惯常的、人的理解之上的方式上有意义且善。

(2) 在一个有别于有的方式上有意义且善。

(3) 然而还是以有意义和善的方式在运行。

[12][《阴符经》(卫礼贤，《列子》的引论，第XX页，新版第18页)。]

[13][同上，第XXI页，及第19页。]

[14][前面的那些句子被纳入了一个新的并不足够清楚的辨清的稿子中去了。]

[对于文本，比较1939/1940年主稿，第108页。]

[15][加入：]深[……]在这样的意义上，即所有的神秘主义都是深刻的。

[16][加入：]包括那些从前的已经过去的[时代]的。

[17][问题和思想被划去。]

[18][修改：]他们的理念是简单的：无为和……

[19][从句被划去：]尽管它一般都不引人注目。

[20][因素划去。]

[21][划去：]按照最高的方式。

[22][首先]由精神出发的现象。

[23][修改后的稿：][这些，……]我们忽视。

[24][这样按照前面的版本。一个更早的：]它在我们心中唤起的。

[最后：]那些它[它的思想?]使我们心中产生的。

[25][看不清楚的字迹：一个冠词不清楚是den还是die。]

[26][页边注]兰巴雷内，1939年11月12日。星期天。水位很高，我带着很多想法和感悟读了辜鸿铭。

[页上边缘：]确实的。[后来加上的：]换掉了。

[27][在新时期印度思想中；比较A.施韦泽，《印度思想家》，第XIV、XV章。]

[28][页边注][对生命的否定观]必须[在中国]谋求一席之地。——刚开始的地位就受到动摇，也从来没有像在印度那样得以确立领导的地位。还受到了对生命和世界的肯定观的影响。

后　记

阿尔贝特·施韦泽论中国思想

——一个汉学家的评论

海纳·洛兹

当其他学科的研究成果对于汉学起到的输出研究方法和命题的作用怎么评价也不为过的时候，我们发现直接的关于中国的其他学科的研究还相当不足。不管怎么样，还总是有着一些例外的情况，它们显示出，即使不通晓中文也仍然完全可以在汉学核心的研究主题内部做出非常有意义的贡献，冒着侵犯语文学家的保有领土的危险并非那种从一开始就注定是错误的举动。一些细致的、因而享有盛誉的阐释思想，如马克斯·韦伯(Max Weber)的《儒教与道教》(1920)，此外还有卡尔·雅斯贝尔斯(Karl Jaspers)的关于孔子和老子的《伟大的哲学家》(1959)，以及和雅斯贝尔斯大约属于同时代但在对于中国伦理学的评价上比韦伯更为细致的阿尔贝特·施韦泽的《中国思想》都属于这些例外的情况。

众所周知，施韦泽在他的伦理思想上是有悖于时代精神的，“有意识的故意‘出离时代’”，[1]而坚守启蒙的传统，坚定地认可18世纪理性主义。[2]这几乎自动地使他接触到了中国，并且早在欧洲启蒙者那里就已经出于理性独立于教士的监护下把中国的孔家儒学当作自然伦理的可能性的主要证人了。自启蒙运动以来，在欧洲就没有像施韦泽这样，在苛刻的、基于理性而不是非理性之上的伦理构架之中如此认真地对待中国思想的人。

施韦泽和其他很多同时代人一样对中国和印度有着浓厚的兴趣。然而施韦泽显然有别于利奇温（Adolf Reichwein）于20世纪初确立起来的“亚洲热潮”。如果说在欧洲危机中，人们的眼光开始投向东方，那么通常情况下就会从建筑在理性之上的现代“文明”中移开，寻找着一个新的“精神的文化”以及“生命的内在化”[3]。“东方”本身——人们可能会想到中国的张君劢（1887—1968）和印度的罗·泰戈尔（1861—1941）——从浪漫主义以来就已经形成，并且在自然哲学的各种游戏形式中得以维持，直到今天仍然生动的模式中不无感激地得到相当多的可以借鉴的东西，[4]并且自认为重新找到了自我。诚然，施韦泽在生命哲学的潮流中至少看到了对西方来说思想的逊位以及事件进程中的宿命式的集合。对于将这种潮流通俗化的奥斯瓦尔德·施宾格勒（Oswald Spengler），其对立主义的文化理解下的“文明的撞击”的论点在20世纪和21世纪之交获得巨大影响力时，施韦泽认为：“他对于世界事件打出节拍就如同一个路过军乐队的孩子一样。”[5]

在施韦泽看来，欧洲文化的宿命的发展应当归咎于启蒙运动的理性思想的缺失，而并不在于理性思想本身。他对于亚洲的研究从一开始就立足于一个对于“西方”理性主义的绝对的认同。这使得他敢于违背当时时代特色（并且渐渐又时兴起来[6]）的尝试，在生命哲学的精神中——虽然他的敬畏生命的理论与之共享核心概念，但并无其中的非理性主义成分[7]——并且与它在纯具体的、特定场合的、特殊的和直观的标志中去阐释中国伦理。他甚至希望，中国能够将欧洲失去的东西重新带来：启蒙时代的伦理的信念。[8]如果说相对于某些文化，诸如非洲文化，施韦泽坚持启蒙运动的标准有落入欧洲中心主义的偏见之嫌的话，[9]那么在对中国这样一个自身在古典时期就已经经历了启蒙运动的国家时则很大程度上形成了非常合适的评价。

在施韦泽逆潮流而动的坚持启蒙运动以来的“伦理理性主义”[10]的著作中，能够寻找到启蒙运动中有关中国印象的主题绝非偶然。[11]如同18世纪一样，他盛赞中国的“基础”和“自然”，而不是通过陈腐的、同时也是“理性”的思辨。与启蒙思想家一样，他也更倾向于教导人们要在对“精神力量的信仰”中“对自我进行反思”[12]，而20世纪20年代的浪漫主义色彩的对文明的怀疑思潮则体现了道家思想的特征。就像对于启蒙思想家一样，在施韦泽看来，中国不仅仅是一个有着学术意义的研究对象，它同时也是一个伦理情节——寻找“伦理文化”发展的基础——的对象。这样的发展基础还应当维系思想的现状，赋予实践的意志以“能量”，也就是说在两个方面能够发挥出类似18世纪进步运动的效果力量来。

这样的一种现实的兴趣要求施韦泽放弃了仅作为一种纯学术活动而丧失了其“公众职能”的哲学伦理，同时促使他重新将目光转到启蒙运动上去。[13]因此从一开始施韦泽就从未因为中国思想追求实践的相关性且力图贴近生活而去否定它的哲学性。情况恰恰是符合了恩斯特・卡西尔对于施韦泽的评价，施氏的伦理思想的核心在于表达出在学术界被忽略了的、侧重于公众效应的哲学的“世界概念”[14]，这才是施韦泽对于中国思想的看法。他虽然一再用“基础的”这个词来形容后者，但却并不是原始或者蒙昧的意思，而是指符合理性的、对于生命中重要问题的指向。

在施韦泽看来，不能孤立地、以纯学术的方式去研究伦理，而且其发展也不可能在一个纯的系统中进行。为了能完成伦理学给自己提出的任务，对现实的问题做出具有指向性的回答，他首先必须明确历史的状况。出于这个目的，施韦泽对于伦理思想的发展史进行了广泛的重构。伦理思想要想获得“真正的进步的力量”就必须首先吸收“精神生活的全部精华”[15]。对施韦泽来说，非欧洲学术传统中的思想理所当然也归于“全部精华”之列。作为实践者的施韦泽很早就意识到了“全球性”这个概念，并最终突破了单一文化传统的垄断地位。他更多地在倡导一种“世界思想的朝向”[16]以及对欧洲乡土主义情结的一种克服。同时代哲学思想的主流在施韦泽看来则正是在这一方面有所欠缺。相对于世界哲学的殿堂，他们固守于妄自尊大之中，从而也不可能正确认识到“我们的西方哲学，如果我们就其最终的直接的判断来评价的话，比我们自己愿意承认的要幼稚得多”[17]。

对非欧洲传统的中国以及印度的研究，施韦泽在1920年以前就开始了，此后中国就散见于他不同的著作之中，如《文化和伦理》(1923)，但首先仍然只局限于一些比较研究的章节之中。20世纪30年代时，施韦泽在兰巴雷内这样一个“远离所有图书馆”[18]的情况下撰写了至今才得以出版的、拥有大量摘要的内容翔实的手稿。其中从本书第二部分中发展出来的第一部分，尽管标题称为“印度和中国思想史”，然而其主要内容仍然是关于中国思想的。[19]施韦泽在手稿中提供了一个关于中国哲学从古到今的基本发展脉络的概况，它不仅在量的层面上大大超越前人，并且在其对中国思想的积极评价上也可以说是前所未有的。本书的重点在于前6世纪至前3世纪的经典时代，施韦泽特别偏爱儒家的“伦理的对生命和世界的肯定观”。在他看来，儒家思想使中国先于印度和古希腊，并且先于其他一切人类的文化而走上了正确的伦理发展的道路。施韦泽在其手稿中写道：“中国伦理思想千百年来对于个人和全民族的教育的功绩是伟大的。

世界上没有任何一个地方能有这样一个建筑在伦理思想之上的文化来与中国这块土地上存在的相匹敌。”[20]

施韦泽没有对自己的手稿做最终审订，因此建议读者们应对在本书的注释中保留下来的、非常有益的“文本变体”“延伸边注”给予足够的重视。本书在作者有生之年未能付梓[21]的原因有可能在于施韦泽本人对于手稿中还存在的矛盾之处以及模棱两可之处尚不满意。[22]此外，来自汉学界的评价也很难说是积极的。施韦泽曾于1937年征求了时任苏黎世大学汉学系编外讲师的E.H.冯·查尔纳(1950年后升任正教授)的意见，然而此次意见征询的结果未知。查氏的继任者罗伯特·克莱默斯于1969年，施韦泽谢世4年之后，对手稿做出了一分为二的评判。考虑到在欧洲以及中国自20世纪20年代以来开始的新历史批评主义，他建议部分出版手稿。“有的部分”存在问题，且已经“不合时宜”，关于孔子和老子的章节则被评价为“非常有益”且“极为重要”。[23]汉学家S.恩勒特最终在1974年时对手稿未加详细说明地加以了全部的否定。在恩氏看来，把一些过时了的关于施韦泽的研究编辑起来，修订成册“甚至都可以超越施韦泽本来手稿的范围”[24]。

恩氏的这种评价有可能是受了当时在中国境内兴起的反对孔子的运动的影响。孔子当时被看成周朝没落奴隶主贵族的精神卫道士，从而他的伦理思想中一切积极的和跨越时代的因素也遭到了否定。汉学界的批评本可以在施韦泽过少的史学批评性方面展开，然而有趣的是，克莱默斯却将施韦泽归入同卫礼贤、辜鸿铭[25]一样的有着成问题的理想主义化倾向的作者。他们两人也在奥托·弗朗科1925年的著作《历史的孔子》中被称为当前“孔子热”的创始人：“卫礼贤以及和他相近的用英语写作，并以其乐于引经据典而闻名的中国人辜鸿铭在德国唤起了新一轮的孔子崇拜的群体，他们丝毫不逊于17世纪、

18世纪博古通今的理性主义神父，并且因为这些游历的哲人的深刻观察，无论是否记下了日记，[26]都拥有了科学的形式。”[27]

施韦泽也属于这个所谓的“新一轮的孔子崇拜的群体”，并且将自身对孔子的狂热盲目地视为历史的真实吗？他在1937年12月9日写给冯·查尔纳的信中写道：“很多我要归功于亲爱的卫礼贤，我于1921年结识了他，并非常欣赏他。”[28]然而施韦泽却并没有简单复述通过卫礼贤的翻译做研究的汉学家的话语。[29]尽管很大程度上依赖于汉学的研究成果以及他们的翻译，[30]然而，他在对材料的阐释和评价上整体地融入了自己的哲学的构架。以他的对东方哲学“从哲学的问题提出为出发点”的展示和评价，施韦泽试图为哲学提供一些在他看来当前的专业文献中缺少的东西。[31]在汉学对于中国古代思想家的研究方面，他认为缺少了纯粹的哲学的视角，这正是他相对于历史批评而所要追寻的东西。他认真对待文本，绝不割裂其时代，重视其真实性，并“将它们纳入世界哲学中去，并以此为出发点来评价它们”[32]。

在此施韦泽遵循了阐释学的原则，用达到一个作为准绳的发展目标的观点来评价和阐释中国哲学文本，而这种导向的目标正是实现“伦理文化”[33]。所以，这些文本在他看来事实上不是史学化的摹写中单纯的事物，而是为了再现这一理想的机遇。正是从这个出发点来看，施韦泽对于思想史、对于高度评价的中国已经进行的发展有着非常纯粹的感觉。他的历史眼光在于，他对一开始的、本身有着重要意义的问题的提出和它的还未出现的持续的发展以及已经获取的认识和由它认可但还未形成的认识一以贯之地加以区分。[34]所以，施韦泽的思想与当代新儒家思想的立场有着显著的平行性，中国伦理的完善在他眼中仍然是一个未来的项目，这需要儒家思想能够克服它历史的、自身与生俱来的“僵化”，“从自我的力量中以适应其本质的方式实现现代化”并“与其他思想和进步的知识接触”，最终能够“按照它的理念来改变现实”[35]——首先就是那个由“所有经典时期思想家中最具有新时代特征的”孟子提出的不是建立在权力，而是建立在个体的伦理之上的“文化国家”理念。[36]在施韦泽看来，历史上的中国并没有能够实现这一“理念”。因此他避免了一个将中国历史和儒家思想的效果史等量齐观的错误。因为他认识到，儒家伦理思想究其本质要远远超越它当初在具体层面上的构建以及它一开始想实现的东西。一个类似施韦泽这样的一分为二的研究思路有可能在事实上是独一无二的，从这种思想出发，中国的传统和现代的关系既不能以打破传统的方式，也不能以回归过去的方式来予以确立，尽管施韦泽仍然过高地估计了现代化了的儒家思想的影响能力。

施韦泽哲学启发式的思想方法的基本构架区分了不同类型的世界观。对世界观来说，首先要看它们的“对生命和世界肯定还是否定的态度，以及对于伦理和非伦理的态度”[37]。(这里如果能仔细探讨一下韦伯的宗教社会学就好了，然而据我所知，它却令人感到奇怪地完全没有被施韦泽提及。)然而就要看该世界观是二元的还是一元的。在这样的组合之下就形成了一种阐释的模式，尽管它如同当前存在的所有模式一样并不能、当然也不旨在于涵盖所有的细节，但它至少使得大的结构条分缕析。施韦泽并不想做世界思想的单纯谱系研究。他的文化概念并不是针对某个特定的个体，而是最终面向整个人类的伦理进步。尽管他一再表现出将“中国精神”囿于固定的、不可逾越的框架之内的倾向，指出中国伦理的“固守在某种既有状态”[38]上的趋势，施韦泽仍然遵循了一个受到神学启发，而又不仅仅由神学理论证成的发展观念。这种发展观对世界的肯定观和伦理化对一切个体文化来说是有效的，使之相互拉近、相互统一的目标，因为相反的对世界的否定观则注定没有发展前途。

印度走过一段漫长的弯路，才最终克服了对世界的否定观从而达到这一目标，相比之下，施韦泽认为，中国哲学很早就已经处在“对生命和世界的肯定观”的方面。这种观念符合一种“自然的”——这并不等同于一种不假思索的“自然而然的”[39]——人与世界的关系。中国人的这种人与世界的关系在施韦泽看来在儒家思想之前——尽管儒家思想使其更为完善——就已经具有“非常完备的伦理特征”[40]，此外，它在杨朱的享乐主义哲学中是以一种非伦理的形式得以表达。对生命和世界的肯定观被一以贯之地保留了下来，甚至在来自癫狂体验的超越现实世界的道家神秘主义理念中。道家神秘主义尽管在癫狂体验上与印度婆罗门教同出一宗，然而却在印度婆罗门教严格遵守的弃世观和儒家思想“自然的”入世理念中走了一条中庸的道路：道不同于梵，不是一个“没有创造能力，没有生命力的存在”，相反它在世界中积极地创造。否定观仅仅局限在“无为”(Nicht-Tätigkeit)的行为准则上。

中国能够早早地形成一个建立在“伦理的对生命和世界的肯定观基础之上的文化”的原因被施韦泽归结为“在中国思想中”固有的“客观性的方式”，并且在其1937年手稿中还将这种思想方法归结为中文语言形式的影响。中文的语言形式导致思想家们不能很好地对概念进行操作，然而这也防止了中国思想在“抽象中的迷失”[41]。值得庆幸的是，施韦泽在其1939/1940年稿中将这个有可能是来自哈克曼和福尔柯的[42]不无问题的，然而及至今天还没有完全消失的[43]论点连同其他有关中文的结论都删掉了。那么这种神秘的联系就只在于已经孕育着伦理性的“中国精神”，施韦泽还赋予了它古代中国对天的信仰的伦理特征。信天的宗教应该是伦理的产物，而不可能是相反的，因为“存在着伦理的世界统治者的假设”要求“一个唯一的万能的神主宰着世界”[44]。实际上，西周时期的对天的信仰同伦理的普适化在克服对祖先膜拜的宗教进程中合而为一，这样的发展正杜绝了把中国的伦理作为“精神”来看待。而中国又没有像很多西亚国家那样出现神论的发展脉络的原因[45]在施韦泽看来又只能用“中国人的精神”来解释，中国精神的客观和直接使得它很难接受把自然现象归结为行为的人，而不是自然的力。这是一种对宇宙观的偏爱，从而拒绝了宗教。这里就存在着一个施韦泽中国阐释的典型的“既，又”：中国思想的从“观察”出发的拒绝一切空洞的思辨的思想中令人艳羡的“自然性”既是对想象力的阻碍，又保护它不至于落入空洞幻想的深渊。对伦理来说，这里指的是儒家伦理思想，它意味着恪守由先师已经指出符合“自然”的“合乎理性的原则”，防止任何过度的发展。最终，中国伦理在走向“不设边界”的博爱的最后一步止步不前了。[46]

伦理和自然的关系处于施韦泽关于中国思想的考虑以及他本身哲学思想体系的核心地位。[47]所以，徘徊在这样的一个中心议题上是有着特殊的意义的，特别是整个欧洲对于中国伦理的解读几乎都围绕着这一核心，并且一直延续到了今天。

从自然中派生出伦理，这一施韦泽得自叔本华，并基于自身的经验而进一步逼近的信念，意味着，以纯幼稚的乐观主义掩盖了它的破坏力。“同自然现象保持一致”就会令伦理不再是伦理。[48]伦理的规范因此只能针对自然而定义；如果用描写的方式来证成它本身的存在就会导致生物主义。它们另外一方面浮于半空之中，让自然的事件和可能性变得无足轻重。此外自然在施韦泽的“敬畏生命”原则中是伦理的最为关键的东西，无论如何在“自由的思考”中，“指向一切生命一般”。由此“人本身的自然……与自己处于了矛盾之中”[49]。于是，施韦泽的思想形成了一种独特的一元论与二元论的交融。[50]而他关于标志中国伦理特征的自然关系的论述就应当在这样的一个背景之下来解读。对中国的阐释同时也是他自己的伦理哲学的展现，它自身(未能解决)的困难与中国伦理非常相似。“自我的思想”在施韦泽看来就是“在人类思想中寻求自我理解”。

在施韦泽看来，中国伦理总的来说是一元的，即伦理的行为意味着要和自然的世界秩序保持一致。人通过伦理的行为，“达到天人合一的境界”，[51]这一点和有着二元论倾向的一神论的世界宗教反抗自然现象有着鲜明的区别。伦理的秩序，“按照古代中国人的观点”就应当“符合掌管世界的力量”，这在施韦泽看来意味着，“人道要与天道保持一致”[52]。

施韦泽在这里忽略了一条可以上涉到儒家代表人物荀子及其先驱的思想传统，它有别于整体论的世界观并明确地将“天道”与“人道”分离开来。这样一种分离在道家思想看来则是文明发展带来的罪恶，并加以大张挞伐。[53]然而，施韦泽处于他自身的年代，在那个时代(及至更后一些时期)的汉学界内对于经典哲学思想中的阴阳宇宙观以及五行学说有着过度强调的倾向，虽然这两者在三位最主要的古代儒家思想代表人物——孔子、孟子和荀子——的著作中根本没有占有一席之地，甚至(在荀子那里)还遭到了批评。当在汉学和哲学文献中“中国思想”因其表达的宇宙观的倾向而常常被置于“神话般”的概念之下时，在施韦泽的文字中，特别是在1939/1940年稿——也是最成熟的文稿中——可以读到非常一分为二的评价。[54]他应当感觉到了上面提到的那种分离，他也在其文稿中浓墨重彩地指出了古代中国只是将“行为”而不是“现象”——即世界的进程——作为伦理性的东西来理解，因为人们并不把世界的进程看成某个神灵有意识的行为的结果。[55]在此，一元论思想经历了一个重要的具体化过程。尽管施韦泽在文稿中泛泛而谈“中国思想”，但却在道家、儒家和新儒家当中找寻到了三种完全不同的有关伦理和世界的关系的理论构架。

对于道家，施韦泽非常欣赏，特别是老子对于质朴的信念的一种颠覆，以及有关“通常的伦理”或者是“惯常的对于善与不善的概念”[56]。道家号召人们重归质朴，将人们从身边所忙碌的事情中解脱出来，如同儒家一样促使人们自我反思。[57]从这个意义上讲，老子也是理性主义中国哲学的一员，因为反思也是理性的一种。[58]理性主义需求的兑现在施韦泽看来在道家思想内部是不可能的，因为在其自然哲学的理论基础上，不可能像儒家那样给予评判的个体以相等同的地位。只有当他们的计划在现实中破产的时候，施韦泽才认为，道家思想家会回到张扬个性的主张上去。

虽然施韦泽也认为道家也看到了对于伦理问题至关重要的“现象和行为之间深刻的区别”[59]，然而他们却选择站在了“自然现象”的一边，他们不去谈思考，而是主张癫狂体验，不去谈认识，而是主张对于世界的行为的体验。[60]在对一切“源于目的的行为”放弃中，人就成为赤裸裸的“掌管着世界的道的器官”[61]。施韦泽认为，通过对行为的放弃——这根本上来说是完全不自然的——人们不可能成为“在世间万物中起作用的自然力的器官”，因为人本身是“个体”。道家的主张意味着对“个体存在”的错误认识。[62]

由于其“对个性放弃”的对立主张，施韦泽内心的共鸣不同于海德格尔对道家的“自然现象”以及“自然发生”的概念抱有的怀疑态度。[63]对反感一切存在于集体、民族和国家中的思想的，“最重要的应该是个体的精神和伦理价值”的，没有个体的伦理理性主义理想的建立就无法谈及文化的启蒙运动者来说，他们是无法和道家的思想之间产生亲和力的。而施韦泽最终偏向了儒家学说的原因在于，他不同于一个广泛流传的误会，而认识到了后者的个体伦理的内核。孔子(施韦泽坚持写作 Kung-tse，因为他认为我们不应该“给这些思想家继续沿用一个他们从来不曾有过的名字”[64])的“君子”形象就被他认同为“伦理的个体”[65]。

包括宋代的看起来是发展了的关于世界关系的新儒家思想也不能使施韦泽信服。尽管新儒家思想家——如同儒家思想家一样，不同于道家——仍然是伦理家。但是在施韦泽眼中——施氏主要研究了朱熹，只是在佛教的印象下把传统的儒家思想扩展成为一个不无问题的“系统”[66]——究其本质，他们不过是给儒家思想奠定了道家思想的根基。朱熹试图建立的不过是一个“自然现象的伦理原则”[67]。

如果这是中国伦理思想发出的最后的声音，那么施韦泽从中丝毫无所得，甚至必然会成为中国伦理思想的批评者。与“自然现象和谐一致”的伦理在他眼中是一个“灾难”，[68]更不要说从中“发展”出来的伦理思想了。这一灾难西方哲学也曾经(在黑格尔)经历过。此外，“系统的封闭性”也会阻碍中国伦理思想的未来能力。[69]施韦泽就必须在中国伦理思想的第三种模式，即经典的儒家伦理思想中找到一个理论构架，从而形成积极的评价。[70]所以才会有这样的印象，似乎他在新儒家思想的本体论中只见到了经典儒家思想家未曾直接表达出来的关于宇宙观的假设的一种单纯的显性表达。于是他在关于新儒家思想的章节中写道，孔孟的学说“看起来只涉及善恶的判断”，在现实中隐性的却又是理所当然的与“自然现象”有关，并且是在《易经》的世界观的意义上。[71]以这样的一个判断——当然这也可以看出，施韦泽最终还是很大程度上囿于西方看待中国的自然范式的框架之中——施韦泽的观点又倒退到了先前已经取得的一分为二的对古代思想家自然关系的分析之前，这也是没有最终统一校对的手稿中存在的矛盾之处。

尽管施韦泽对于经典儒家思想也构建起了从观察自然到伦理思想的过渡，使得伦理性成为“自然的完善”[72]，但是这并不意味着伦理就同宇宙观相一致，因为与自然的联系只以很弱的形式存在。其表现主要在于，自然把人作为一种伦理的本质创造出来，并最终让人来实现其伦理的“目标”。此外，与自然的联系应当是一个不必进一步予以证成的“秘密”，为此施韦泽特别提到了《论语》中记载的孔子对于一些“终极问题”表现出来的难于表态的状况。[73]孔子的这种缄口不言可以防止消融伦理的、后来才在儒家思想中出现的、关于自然哲学的错误推论。自然并不像某些二元主义宗教那样是反对的客体，中国也缺乏那样“必要的能量”[74]（再次回忆起韦伯），但它也没有被接收到伦理当中去，只是被整体地收纳了。[75]于是“自然在伦理当中终结”，两者的区别仍然尚未消除。[76]施韦泽关于孔子的伦理思想写道：“他的思想的伟大之处还在于，它敢于构建于自我体系之上，并且依托于它本身的必须性和真实性。”[77]在人的身上，而不是对于“原始自然力”阴和阳，施韦泽认为，“问题在于，是否存在一种符合伦理道德的世界秩序”[78]。被伦理思想隐含地借用的宇宙观的微弱也可以说明，为什么施韦泽把孔子对伦理以重建对天、对神灵和鬼怪信仰的方式进行宗教化的确立看成“不符合理性的”并加以放弃（这里更多的是一个谨慎的，甚至是怀疑的保守态度）更多地看成一种“大胆的行为”[79]。孔子认识到了这样一个大胆的行为的必要性，同时“又对有关伦理的不断被以新的方式提出来的命运问题，即伦理究竟可不可以缺乏信仰的基础而独立的存在”，做出了肯定的回答，这些使作为哲学家的施韦泽觉得孔子是“伟大的思想家”之一。[80]这一评价还在这样的意义上有着举足轻重的作用，但凡是神学背景的作者，如果对他评价是正面的，总是倾向于把孔子理解成一位神论伦理学家。对孔子的这种评价也很清楚地表达了施韦泽神学思想与哲学思想之间的关系。

即使不知道荀子的地位，施韦泽对于中国思想中人性和自然性的分野的影响也是十分敏感的。这一分野虽然得到了一定程度的弥合，但仍然不可能消解。在1937年稿中，他明确地写道："中国思想的独特之处在于，它没有世界观和伦理观之间深刻的联系。道家在关于对世界的思考中得出了一个没有生命力的伦理。孔子和孟子的伦理则是一个自在的伦理。并不发达的世界观更多的是一种背景，而不是产生的根据。"[81]在此之前写道："在中国人那里对于道德的世界秩序的信仰处在了背景中。但并不是说伦理依附其存在。关于道德[世界秩序]的问题不是这样被提出的。[更多的]：一种基本的和谐，在此基础上伦理的动机得以自由地发展。"[82]

以一个音乐方面的隐喻——施氏特别善于使用它们来启发读者——他标志了中国伦理对自然的关系是一种自由的联系。这是一个具有高度原创性，又是有着很大发展前途的阐释建议，它一方面超越了由黑格尔、韦伯以及葛兰言等人代表的有着广泛影响的不加区分的整体论的解读方式，另外也处于前者和一些一分为二的观点之间；并且我个人在自己的一些文章当中也采取了类似的方法。施韦泽的伦理思想自身在"自然的世界秩序"和"绝对的理性思想"之间交互变化，[83]因此这也许是他的伦理思想与中国伦理之间深刻的相似性的一种表达。

如果没有因为相应的早期的认识而与自然相分离，并能够"自我主张而自在"且"能够自我满足"，[84]那么中国伦理思想中就完全没有任何可以让施韦泽欣赏的成分——纵然被他当作"康德的先驱"[85]的孟子拒绝一切的用益主义的思想，以及孔子的伦理思想中提出的个性"更完美"的相补充的原则，又抑或是他所倡导的被施韦泽认为不仅是《论语》伦理思想的核心，甚至是一切伦理思想核心的"对他人的关怀"原则。[86]施韦泽通过其具体的对与自然的关系的阐释获得了一个新的视角，从这个视角出发，他能够进一步挖掘人们常常忽略掉的，中国的即儒家伦理思想的双重含义。伦理与自然世界之间紧密关联的松动可以为传统的伦理和既定的风俗之上的结构相似的步伐提供更多的空间，从而不必以简单的方式对两者加以否定。[87]因此，孔子对施韦泽以及“中国的思想家”来说只是传统的“继续缔造者”，然而他又绝不是不加批判地对待传统的东西，而是按照“真正的文化”的标准来检验和评价它们。[88]一直被泛泛地称为“中国伦理”的思想，实际上却只是儒家伦理思想，尽管它可能只不过是“从过去慢慢演化形成，并且在传承中被保留下来的道德习俗”，但同时却“可以认识到法律和传统规定的不足之处”[89]。相应的，人们并不是期望每个人都去被动地遵守某些社会的规范，而是像那个很优美的表达所说的那样“每个个人在思想上服从于它”[90]。尽管根据施韦泽中国古代思想“基本上只谈及了人与人之间基于自然的关系而产生的义务”，但同时他也因为由孟子提出的“五种关系（五伦）——君和臣，父与子，长与幼，丈夫和妻子以及朋友和朋友”——[91]而认为中国已经走上了通向无条件的“一般的博爱”的道路。在这“五种关系”中将朋友之间的关系也纳入其中，意味着将“人与人之间自发形成的关系同自然形成的关系等量齐观”[92]。就像只有很少作者那样，施韦泽认识到了这个第五个人际关系的潜在的爆炸力。[93]孟子确立的这种潜在的力量只有在他的“普遍的感受”的伦理中才能得以发挥，这在施韦泽看来，必然是中国哲学的发展高峰。

我在这篇后记中基本上局限在介绍施韦泽有关中国思想的思考的核心构架，并且在一些方面延续他的论证，以便能更好地展示他的启发学的功绩，让人们了解他在何种层面上对中国思想进行探讨，乃至于对我们今天仍然有哪些帮助。当然就如同他自己所说的那样，[94]他作为一个“外行人”，他的文本中不可避免地会有错误和疏漏之处，有的时候人们甚至不能认同他下的某些结论。比如，他关于中国古代帝制的怀旧情结就和当代的共和政体的潮流背道而驰。他的文稿的疏漏之处，随着汉学研究的发展还会越来越多地显现出来，然而却丝毫不能掩盖施韦泽所达到的成就——对中国哲学的基本定位的一个概念清晰、论证严密的阐释。尽管中国哲学的全部财富还有待进一步开挖，但是施韦泽的文稿却以其独到的眼光和规范的认识原则而展示了巨大的创造力，这正是很多专业的汉学家们的研究中所缺少的。

因此，人们可以把施韦泽的文稿归为为数不多的对中国哲学的独到的见解。它的世界公民性的、伦理的见解在这样一个儒家思想作为“文明冲突”的阵线，同时必须为日益发展的商业文化提供精神元素的时代里有着高度的现实意义。

注　释

[1] 恩斯特·卡西尔，《阿尔贝特·施韦泽作为对19世纪伦理学的批评》，《纪念阿尔贝特·施韦泽诞辰70周年》，A.A.洛巴克编，剑桥出版社，1946，第245页。

[2] 关于施韦泽的伦理学和其他问题，比较：汉斯·林克，《反面一页的日记》，斯图加特拉，迪乌斯出版社，1990，附录；克劳斯·君茨勒等编，《阿尔贝特·施韦泽今日——他思想的焦点》，蒂宾根，卡兹曼出版社，1990；以及克劳斯·君茨勒，《阿尔贝特·施韦泽思想导论》，慕尼黑，贝克出版社，1996。

[3] 利奇温，《18世纪时的中国和欧洲》，柏林，奥斯特海德出版社，1923，第9页。——关于这个概念比较H.施内德尔巴赫(Schnädelbach)的《1831—1933的德国哲学》，法兰克福，苏尔埃普，1983，第172页及其后；H.基塞尔(Kiesel)的“魏玛共和国的启蒙和新非理性主义”，载《欧洲自古典到现代的文学、哲学和政治中的启蒙和反启蒙》，J.施密特(Schmidt)编，达姆施塔特，科学书社，1989，第497—521页；C.盖尔(Geyer)的《文化哲学导论》，达姆施塔特，科学书社，1994，第8页及其后。

[4] 比较：盖·S.阿力拖，《最后一个儒生——梁漱溟和中国现代性的悖论》，伯克利，洛杉矶，伦敦，加州大学出版社，1986，第11页及其后；以及魏尔纳·迈斯纳，《分裂中的知识分子：关于梁漱溟、胡适和陈独秀的个例研究》，见于卡尔-海因茨·波尔、古德龙·瓦克和刘辉如(音)编，《中国20世纪的知识分子：在传统和现代之间》，汉堡，亚洲中心，1993年，第126—132页。然而张君劢后来在转向康德后与生命哲学的反理性主义思想保持了距离。

[5] 《文化哲学》，III，转引自君茨勒，1996，第28页。[《A.施韦泽，对生命的敬畏的世界观》，上卷，慕尼黑，1999，第433页。]

[6] 比较：海纳·洛兹，《轴心时代的中国伦理》，法兰克福，苏尔坎普，1992，第301页及其后。

[7] 君茨勒，1996，第29页。

[8] 《印度和中国思想史》，第175页及其后。

[9] 比较：君茨勒，1996，第32、57页。

[10] 阿·施韦泽：《文化和伦理》[1923]，慕尼黑，贝克，1990，第16页。

[11] 关于启蒙运动的中国印象比较海纳·洛兹，《古代中国的人和自然》，法兰克福，伯尔尼，纽约，彼得·朗，1984，第6页及其后，以及《孔子》，慕尼黑，贝克，

1998，第107页及其后。

［12］《印度和中国思想史》，前文，第90、86页。

［13］《文化与伦理》，第20页。

［14］康德将之与侧重于“灵巧性”的“学校概念”区分开来；见康德《逻辑》。《康德全集》，第Ⅴ卷，W.魏舍德(Weischedel)编，达姆施塔特，科学书社，1983，第446页。——比较恩斯特·卡西尔，“哲学概念作为哲学的问题”(1935)，引自君茨勒，1996，第39页。

［15］《文化与伦理》，第15页。

［16］《文化哲学》，III，第4部分，档案，第574页，引自君茨勒，1996年，第15页。

［17］《文化与伦理》，第85页。

［18］1937年12月9日写给埃杜瓦·查尔纳的信。引自本书序言，第14页。

［19］印度先前已经是一本专著的研究对象(《印度思想家的世界观》，慕尼黑，1935)。

［20］《印度和中国思想史》，前文，第170页。

［21］在他死后，1972年在奥斯陆以挪威语部分出版了。

［22］比较序言，前文，第15页。

［23］罗伯特·克莱默斯，“对于阿尔贝特·施韦泽手稿《印度和中国思想史》”，档案，第389页。

［24］比较：序言，前文，第20页。

［25］辜鸿铭(1857—1928)，一位受到西方教育的没落的清王朝的文化保守主义的追随者，他用英语写作，并且很多著作被译成德语，从而成为在欧洲读者最多的中国作家。他反对西方的“物质化的”和“用益主义的”现代西方，建立中国的“精神价值”。施韦泽却是直言不讳地对那种过分强调德语的对“文化”(Kultur)和(英语的)“文明”(Zivilisation)的对立，而辜鸿铭正是在这样的语境中被德国所接受了。(见奥斯卡·A.H.施密茨关于《辜鸿铭的中国人的精神及战争的出路》的序言，耶拿，迪德里希，1916，第4页。)

［26］这里指的是赫尔曼·凯瑟琳伯爵(Graf Hermann Keyserling)的《一个哲学家的日记》，达姆施塔特，莱锡尔，1918。

［27］《德国东方协会杂志》，第79卷，新4集(1925)2，第169页。

［28］引自序言，前文，第13页。

［29］除了卫礼贤以外首先有海因里希·哈克曼(《中国哲学》，慕尼黑，1927)，阿尔福雷德·福尔柯(《中国文化圈的思想世界》，慕尼黑和柏林，奥尔登堡，1927)，此外还有埃尔恩斯特·维克多·岑克尔(《中国哲学史》，莱辛堡，施迪普尔，1926及1927)。

［30］这主要涉及卫礼贤的译本。他往往以一种对于无法参考原文来对比的普通读者不易察觉的方式将翻译和阐释混合在一起，特别是在对道家思想的文本翻译中尤为突出。这并不必然导致误读。所以说施韦泽中重要位置引用的句子“知天之所为，知人之所为者，至矣”(施韦泽引用的卫礼贤译本译作：“Das Wirken der Natur erkennen, und erkennen, in welcher Beziehung das menschliche Wirken dazu stehen muß, das ist das Ziel.”《印度和中国思想史》，前文，第100[、193、314页])，在严格意义上讲不能算是译文，而是卫礼贤(《庄子——南华真经》，杜塞尔多夫，科隆，迪德里希，1977，第83页)对于《庄子》，6中的文字的阐释性质的再现。原文的字面翻译应该是：“Wer weiß, was die Natur tut und weiß, was der Mensch tut, der hat es erreicht.”尽管卫礼贤从句子意思的角度来看是歪曲了原文，但是他的表达显然是完全符合庄子所要表达的整体意向的。

［31］施韦泽则在1937年12月9日写给埃杜瓦·查尔纳的信(引自《序言》，前文，第13页)中说：“我将从哲学一般的问题出发来展示东方哲学，二十多年来一直尽我所能地去研究这个问题。然而对我来说，如果能有一位专家在即将出版之前将书稿通读一遍，无疑会令我更加放心。他们为我做这样的事情，我非常地感谢。我相信，从哲学自身的出发点开始展示中国哲学(它比之印度哲学要重要得多)是非常必要的。”

［32］《文化哲学》，III，前言笔记。(见A.施韦泽，《敬畏生命的世界观》，上卷，慕尼黑，1999，第32页。)

[33] 比较，特别是下面涉及老子的一些章节(相应也有关于孔子的文本)："我们以研究老子神秘主义的方式对它进行着理想化，我们还忽略了它其中本来包含的蒙昧的成分。当中并不是纯的精神的东西，我们将其理解为纯精神的，当中并不是出于纯伦理考虑的东西，我们把它当成是出于纯伦理考虑的。[这里后面有一句被划掉的话：]它给我们的印象，不仅在于它其中包含的东西，还在于那些它引起我们内心产生的东西。理想化是道家神秘主义的一个特点。它是伦理和对生命及世界肯定的神秘主义思想的先驱，其中思想终将归于平静。其他所有的神秘主义都来源于对生命和对世界的否定，因而也都不包含伦理的特征，而道家思想则建筑于对生命和世界的肯定之上，并致力于获取伦理的特征。它就像一曲前奏，但在其中已经完全孕育着整篇交响曲的主题。"(《印度和中国思想史》，前文，第 110 页。)

[34] 比较：《中国思想史》，1937，II，前文，第 285 页。

[35] 《印度和中国思想史》，前文，第 174 页及其后。

[36] 《中国思想史》，1937，II，前文，第 261 页。

[37] 《文化哲学》，III，第 4 部分，第 254 页。

[38] 《印度和中国思想史》，前文，第 175、77 页。

[39] 比较：《印度和中国思想史》，前文，第 52 页。[那里提到吠陀赞歌中完全单纯的对世界的肯定观。]

[40] 同上，第 26 页。

[41] 《中国思想史》，1937，I，前文，第 178 页。

[42] 比较：哈克曼，1927，第 17 页及其后，以及福尔柯，1927，第 11 页。

[43] 关于它的当前性，比较葛瑞汉(Angus C. Graham)，《道教辩士——古代中国的哲学辩论》，拉萨尔(La Salle)，1989，第 398 页及其后。

[44] 《印度和中国思想史》，前文，第 60 页。

[45] 关于这一点以及(施韦泽没有重点论及的)庄子中神论的成分，比较张聪东，《庄子中的形而上学，认识论以及实践哲学》，法兰克福，克罗斯特曼，1980，第 12 页。

[46] 《印度和中国思想史》，前文，第 75 页。

[47] 比较：君茨勒，1996，第 91 页及其后。

[48] 《文化和伦理》，第 242 页。

[49] 同上，第 243、242 页。

[50] 比较：君茨勒，1996，第 171 页。

[51] 《印度和中国思想史》，前文，第 69 页。

[52] 同上，第 72 页。

[53] 比较：洛兹，1984，特别是第 20、21 条。由德效骞(Homer H. Dubs)部分翻译出版的《荀子》(*The Works of Hsuntze*)自 1928 年就已经问世(伦敦，普罗普斯坦因)。它在施韦泽的《印度和中国思想史》一书的参考文献中并没有出现，然而不管怎么样仍然在重要章节有着错误的阐释。

[54] 在《中国思想史》，1937，II，手稿的"最后肯定"的一条注释中(前文，第 296 页及其后)以及在其他的一些正文的重要位置，施韦泽还赋予"中国思想""神秘主义特征"(比较：《文化和伦理》，第 85 页。)，尽管他根本上把它看成"以深刻的方式既是伦理的，又是神秘主义的"。相应的第 255 页注释 56，"出现了分裂"。而在《印度与中国思想史》中"中国思想"被阐释成虽然是"一元的"，但同时又显然是神秘主义的，超越了"分裂"之上。

[55] 这里施韦泽显然是看到了道家的《阴符经》(见《印度和中国思想史》，第 57 页，注释 65)，其中自然现象不加评判的被称为"强盗"或者"破坏"(灾)。卫礼贤将《阴符经》列为最古老的道家文献的做法虽然非常值得商榷，但是这里可以不去细考，在《老子》，5 中有一个相近的表达。(引自：施韦泽，《印度和中国思想史》，前文，第 105 页。)

[56] 《印度和中国思想史》，前文，第 103、105 页。

[57] 同上，第 110、108 页。

[58] 草稿 1939/1940，档案，第 367 页及其后[未出版]。

[59] 《印度和中国思想史》，前文，第 102 页。

[60] 同上，第 100、95 页及其后。

[61] 同上，第 100 页。

［62］同上，第 103 页。
［63］《中国思想史》，1937，II，前文，第 247 页及第 254 页注释 52。关于海德格尔，比较：瓦尔特·施魏德勒(Walter Schweidler)“海德格尔对老子的接受”，收于《汉诺威哲学研究所哲学年鉴》，第 8 卷，1997，第 270 页及其后，彼德·科斯洛夫斯基(Peter Koslowski)和理查德·申克(Richard Schenk)编。
［64］《文化和哲学》，第 60、23 页。
［65］《印度和中国思想史》，前文，第 54 页。
［66］《中国思想史》，1937，II，前文，第 258 页；比较：在下面引用的相类似的孟子的评价。
［67］《印度和中国思想史》，前文，第 143 页。
［68］同上，第 145 页。
［69］《文化和伦理》，第 242 页。
［70］《印度和中国思想史》，前文，第 174 页。
［71］同上，第 142 页。
［72］同上，第 72 页。
［73］《印度和中国思想史》，前文，第 81 页；比较：第 168 页。比较：洛兹，1998，第 82 页及其后。
［74］同上，前文，第 72 页。
［75］同上，第 71 页，注释 111。
［76］同上，第 147 页，注释 349。
［77］同上，第 92 页。
［78］同上，第 81 页，注释 143。
［79］同上，第 115、83 页。
［80］同上，第 83 页。
［81］《中国思想史》，1937，II，档案，第 265 页。［未出版。］
［82］《中国思想史》，1937，II，前文，第 261 页。
［83］比较：君茨勒，1996，第 58 页及其后。
［84］《中国思想史》，1937，II，前文，第 285 页。
［85］《印度和中国思想史》，前文，第 225 页。
［86］同上，第 87 页。比较棱克(Lenk)，1990，第 104 页。
［87］我曾经试图把儒家伦理学的这种特殊性作为风俗和道德的双重结构来进行描述；比如见洛兹，1998，第 90 页及其后。
［88］《印度和中国思想史》，前文，第 79、80 页。实际上孔子并不把自己看成创新者，而是要求自己“述而不作”(《论语》，7.1)。尽管如此，如同施韦泽正确判断的那样，他仍然大大超越了传统的东西。比较：洛兹，1998，第 68 页。
［89］《印度和中国思想史》，前文，第 72 页。此处比较：我的一篇论文《通向现代的桥：传统批评的中国传统》，《传统和现代——中国的宗教，哲学和文学》，第 31 卷，多特蒙德，1997，第 15—36 页。克莉斯蒂安娜·汉默(Christiane Hammer)，伯恩哈德·菲雷尔(Bernhard Führer)主编。
［90］《印度和中国思想史》，前文，第 72 页。
［91］同上，第 73 页。在施韦泽的书稿中列举的五伦关系应该典出于《中庸》，20(他将《书经》作为出处列出可能源于一个误解)；在《孟子》，III A，4 当中的五种关系则是：父与子，君与臣，丈夫和妻子，长与幼，朋友(或者伙伴)和朋友。
［92］《印度和中国思想史》，前文，第 73 页。
［93］比较：洛兹，1992，第 167—173 页。
［94］1937 年 12 月 9 日写给埃杜瓦·冯·查尔纳的信，引自“序言”，前文，第 13 页。

参考文献

关于中国思想

尚德皮尔(Chantepie de la Saussaye),《宗教史教程 I, II》, 图宾根, 1905, 1925。

法柏尔(Faber, E.),《古代中国社会主义的基本思想或墨子的学说》, 埃柏菲尔德, 1877。

福尔柯(Forke, A.),《古代中国哲学史》, 汉堡, 1927。

同上,《社会伦理家墨子及其学生的哲学著作》。首次全文翻译版, 柏林, 1922。

同上,《中国文化圈的思想世界》, 慕尼黑/柏林, 1927。

吉勒斯(Giles, H. A.)译,《庄子, 神秘主义者》, 伦理家和社会改良家, 上海, 1926。

格鲁塞(Grousset, R.),《亚洲史》, 第一卷,《东方》, 巴黎, 1921; 第二卷,《印度和中国》, 巴黎, 1922; 第三卷,《蒙古人》, 巴黎, 1922。

格鲁伯(Grube, W.),《中国文学史》, 莱比锡, 1909。

哈克曼(Hackmann, H.),《中国哲学》, 慕尼黑, 1927。

同上,《道家中极三百诫》, 阿姆斯特丹, 1931。

霍依斯(Heussi, K.),《教会史录》,图宾根,1919。

尤里安(Julien, S.)译,《得失录》,巴黎,1835。

辜鸿铭,《中国对于西方思想之反抗》,卫礼贤译,耶拿,1921。

同上,《中国人的精神》,耶拿,1916。

雷格(Legge, J.),《中国圣典》,出自《东方圣典丛书》。

同上,译,《中国经典》,全四卷,香港/伦敦,1861—1872。

第三卷,《书经》,或历史文献之书,1865。

第四卷,《诗经》,诗歌之书,1872。

默克尔(Merkel, R. E.),《17 世纪和 18 世纪的中国和西方国家》,1931。

施韦泽(Schweitzer, A.),《我的生活和思想》,莱比锡,1931。

同上,《基督教和世界宗教》,慕尼黑/伯尔尼,1924。

同上,《世界宗教中的文化和伦理》,第三章,1920/1921(属于,《世界文明中的文化与伦理》,慕尼黑,2001,第 35—70 页)。

同上,《人和创造物》,第二章,1933(同上,第 182—188 页)。

苏慧廉(Soothill, W. E.),《中国三大宗教》,巴黎,1934(由勒帕日从 1929 年伦敦出版的英语原版译为法语)。

铃木(Suzuki, D. T.)/卡鲁斯(Carus, P.)译,《阴骘文》,芝加哥,1906。

卫礼贤(Wilhelm, R.),《中国哲学》,布莱斯劳,1929。

同上,《中国的灵魂》,柏林,1926。

同上,(翻译)。

《庄子》(《南华真经》),耶拿,1920。

《易经》(《变化之书》),I—II,耶拿,1924。

《孔夫子的谈话录》(《论语》),耶拿,1914。

《老子》(《道德经》),耶拿,1911。

《列子》，耶拿，1921。

《礼记》（《习俗之书》），耶拿，1930。

《吕氏春秋》，耶拿，1928。

《孟子》，耶拿，1916。

岑克尔（Zenker，V. E.），《中国哲学史》，第一卷，莱辛贝格，1926；第二卷，莱辛贝格，1927。

关于印度思想

施莱格（Schlegel，F.），《关于印度的语言和智慧》，海德堡，1808。

施韦泽（Schweitzer，A.），《印度思想家的世界观》，慕尼黑/伯尔尼，1935。

薄伽梵歌

多依森（Deussen，P.）/施特劳斯（Strauss，O.）译，《摩诃婆罗多的四个哲学部分》，莱比锡，1906。

加尔伯（Garbe，R.）译，《薄伽梵歌》，莱比锡，1921。

冯·施罗德（Schrœder，L. von）《薄伽梵歌，崇高的歌曲》，耶拿，1912。

玛努斯法典

布勒（Bühler，G. U.）译，《玛努斯法典》，见东方圣典丛书，第XXV卷，牛津，1886。

施特莱利（Strehly，G.）译，《玛努斯法典》，见集美博士馆年鉴，第二卷，巴黎，1893。

古拉尔

波普(Pope, G. U.),《古拉尔》，伦敦，1866。

梨俱吠陀

希勒布兰特(Hillebrandt, A.)译,《梨俱吠陀》，哥廷根/莱比锡，1913。

本书来源目录

文档/卷宗(Sac/Doss)	文本内容	手稿页	日期	图书馆	档案页	德文版页
卷宗 24，第 2 号	印度和中国思想史	1—318	1939 年 10 月 19 日—1940 年 2 月 21 日	苏黎世中央图书馆	1—161	23—176
卷宗 24，第 1 号	中国思想史，第一部分	1—150	3 月至最终	苏黎世中央图书馆	163—235	177—242
文档 8 III	中国思想史，第二部分	26—280	3 月 3 日—1937 年 12 月 22 日	苏黎世中央图书馆	236—351/351b	243—311
文档 8 II，第 3 号	佛教在中国/孔子学说的革新者	1—16	1937	苏黎世中央图书馆	270—276	262—267
卷宗 8，第 7 号	关于中国思想的注释	423，427—429	1936/1937	苏黎世中央图书馆	351c/d	312—313
文档 8 II，第 4 号	关于中国思想的草稿	13—64 [65、66]	1940 年 1 月 4 日—2 月 17 日	苏黎世中央图书馆	352—379	313—319
文档 8 II，第 4 号	中国思想的进程	[67—69]	1939 年 11 月 12 日	苏黎世中央图书馆	380 后	319—320

在序言中引用的书信

1921 年 6 月 27 日致 Ch. T.尚皮翁的信	君斯巴赫中央档案馆
1937 年 12 月 9 日致 E.冯・查尔纳的信	君斯巴赫中央档案馆
1937 年 12 月 9 日向 E.冯・查尔纳提出的问题	君斯巴赫中央档案馆第 385 页
1938 年 1 月 11 日冯・查尔纳的回信	君斯巴赫中央档案馆第 385、386 页后
1962 年 4 月 22 日致古斯塔夫・渥依特和罗伯特・明德的信	君斯巴赫中央档案馆
1940 年 4 月致马里・渥依特-撒克列坦的信	君斯巴赫中央档案馆
1972 年 12 月 9 日与 S.P.恩勒特的通信	
1978 年 12 月 8 日与 S.P.恩勒特的通信	见第 388—394 页，约翰・齐歇尔编
1969 年 8 月 11 日克莱默斯的报告	
1981 年克莱默斯对引用其报告的许可	

索　引

（页码均为德文版页码，即本书边码）

1. 名称（包含人物、朝代、神祇、神话人物以及地名）

2. 概念

索引译者注

[1] 此处的“爱”指儒家学说中的爱；而与德语中 Liebe 一词表达的意思有区别，因此这里要将爱(Ai)和爱(Liebe)区别开来。

[2] 此词为肢解奥义书所得，是一部在欧洲出版的奥义书部分内容的小册子。

[3] 此处也包含原文中使用 Gewalt 一词的地方。其中 Gewalt 含义具体，而 Gewalttätig-keit 抽象。

[4] Erhabenheit 这一词条在原文中常常以形容词形式 erhaben 出现，根据上下文，有的译作优越。

[5] Dasein 在德语中含义很广，原文中很多地方根据上下文的意思直接译成了存在或者“人”。

[6] 施韦泽在 1939/1940 年稿中用此词来阐释“仁”的概念，见原书第 87 页。

[7] Edles 所指并不是具体的人，而是指君子应当具有的那些抽象的道德和品行。

[8] 参见 1939/1940 年稿，注释 344 中的译者注：“施韦泽读到的拉丁化的中文概念，他看到的‘太极’写作 Tai Tchi，朱熹的‘理’和‘气’分别写作 Li 和 Tchi。这里有可能是施氏误将两个都拼写作 Tchi 的东西混为一谈，所以在这里加上了错误的页边注。正文中‘太极’以及‘理’和‘气’也在后面给出了拉丁化名称，读者可自行对比，译者注。”编者由于也非中国思想方面的行家，因此，这两个可能是被施氏误读的概念也被编在了一处。

[9] Gutes 和 Gütigkeit 都可以指善，但前者具体，后者抽象；此外，卫礼贤的译本中采用 Gütigkeit 翻译了孔子学说中“惠”这个概念。

[10] 这里的“上帝”是指中国古代思想中对(部分)人格化为世界统治者的天的称呼，有别于西方宗教中的上帝(Gott)。

[11] “无为”这一道家重要概念在本书中有多种德译的方法，含义基本相同。其中包括 Nicht-Tun，Nicht-Handeln，Nicht-Geschäftigkeit，Nicht-Tätigkeit，Tatenlosigkeit 以及 wu wei，其中以 Nicht-Tätigkeit 最为多见。

[12] 原文中有很多是以形容词形式出现。

[13] 同上。

图书在版编目(CIP)数据

中国思想史 / (法) 阿尔贝特·施韦泽 (Albert Schweitzer) 著 ; (法) 贝尔纳德·肯普夫, (瑞士) 约翰·齐歇尔编 ; 常晅译. -- 上海 : 上海人民出版社, 2024. -- ISBN 978-7-208-19043-6

Ⅰ. B2

中国国家版本馆 CIP 数据核字第 20246XR905 号

责任编辑 王笑潇 罗泱慈
封面设计 张志全工作室

中国思想史

[法]阿尔贝特·施韦泽 著
[法]贝尔纳德·肯普夫 [瑞士]约翰·齐歇尔 编
常 晅 译

出　　版 上海人民出版社
(201101 上海市闵行区号景路 159 弄 C 座)
发　　行 上海人民出版社发行中心
印　　刷 上海商务联西印刷有限公司
开　　本 635×965 1/16
印　　张 27.25
插　　页 2
字　　数 333,000
版　　次 2024 年 12 月第 1 版
印　　次 2024 年 12 月第 1 次印刷
ISBN 978-7-208-19043-6/B·1771
定　　价 128.00 元